가치 불확실 사회의 교육

실천교육학을 위한 기고

Erziehung in einer wertunsicheren Gesellschaft

Beiträge zur praktischen Pädagogik

10

볼프강 브레징카

안정수 · 엄호현 옮김

서문당

한국의 독자에게

이 책은 현대 유럽의 문화적 상황과 교육의 과제를 주제로 다루고 있다. 독일적 시각에서 쓰여졌지만 여기서 조사되고 있는 문제들은 세계의 고도로 발달된 사회에서는 어디서나 현존하고 있는 것이다. 어디서나 산업화, 인구 증가, 사회적 유동성, 민주화는 전통적인 생활 형식의 변화를 초래하였고, 종교적·도덕적 관습에의 내적 결합이 약화되었다. 발전하는 과학이 그 대신 역할을 하거나 보상을 제공하는가 하면 그 어느 것도 그렇게 하지 못하고 있다. 비판적이고 합리주의적인 사고 방식은 기술적 진보와 물질적 부(富)는 가능하게 했지만, 인간들에게 삶의 의미를 조달해 주고 공동체의 응집(凝集)을 보증해 주는 신념들을 위협하고 있다. 자신의 삶을 개인적으로 형성하는 자유가 과거 어느 때도 지금처럼 컸던 적은 없었다. 그러나 이런 자유와 더불어 가치 불확실성, 미래에 대한 불안, 인생의 위기도 증대되었다.

서방 세계의 부유하고 계몽된 국가들은 '개인주의적 사회'로 넘어가는 도중에 있다. 이들 국가는 그 성원들의 가치 정향(定向)에 있어 심한 개별화가 두드러지고, 생활양식과 세계관과 모랄의 '개성화' 또는 '주관화'가 특징이 되고 있다. 이들의 사회에서도 교육되지 않으면 안 되는 아동과 청소년들이 성장하고 있다. 그것은 어떤 것을 목표로 하여 행하여져야 하는가? 어떤 어려움들이 고려되지 않으면 안 되는가? 수단으로는 어떤 것이 적당한가? 부모가 이행해야 할 과제는 무엇이며 교사가 이행해야 할 과제는 무엇인가? 이것이 이 책에서 해답을 시도하는 문제들이다.

　이것은 한국에서도 현실성이 있는 문제들이다. 개인의 권리를 보호해 주면서도 그들을 공동체에 대한 의무로부터 면제시켜 주지 않는 새로운 생활 형식들을 얻고자 하는 노력은 동서(東西) 어느 곳에서나 진행되고 있다. 오늘날 유능하고 건실한 삶의 정신적·도덕적 전제 조건에 대한 염려는 양의 동서를 막론하고 교육학적 숙고(熟考)의 중심이 되고 있다. 본인은 이 책을 한국의 독자들에게 접해 볼 수 있게 해 주신 데 대해 안정수 교수님, 엄호현 원장님, 그리고 서문당 사장님께 충심으로 감사드린다.

1997년 8월

텔페스 임 슈투바이(티롤)에서

볼프강 브레징카

제3판 머리말

　지난 수십 년간 생활 여건들이 크게 변화되었다. 복지와 사회 보장, 그리고 자유는 서(西)유럽의 여러 나라에 있어서는 자명스러운 가치가 되었다. 사람들은 지속적인 풍요 속에서 버릇없는 사치 생활을 일삼았고, 개인의 삶의 충실성(充實性)과 공동체의 번영(繁榮)이 의존하는 도덕적 전제 조건들은 소홀히 하였다. 사적인 행복을 누릴 기회가 증가하는 "성취 압박" 없는 "지배로부터 해방된 사회"에 대한 환상들이 전파되었고, 이들은 현실 감각을 약화시키고 성장세대의 교육을 손상시켰다.

　그러나 이 같은 환상들은 그 사이 각성(覺醒) 앞에 굴복하였다. 우리들은 다시 궁핍과 경제적 위기, 전쟁 위험과 테러리즘, 환경 파괴, 그리고 아욕(我慾)만 추구하고 자유를 오용(誤用)하려는 인간의 경향, 정신적 근거의 상실, 타락과 범죄를 위험으로 평가하고 있다. 근거가 되어 주는 종교적·세계관적·도덕적 전통들로부터 등을 돌린 결과 초래된 가치 불확실성(價値 不確實性)이 점차 부담으로 체험되고 있다. 근본적으로 생각을 바꾸려는 용의가 고조되고 있다. 점점 더 많은 사람들이 새로운 정향(定向)을 찾고 있다. 가치 정향(價値 定向)의 불확실성은 교육을 위태롭게 하기 때문에 아동과 청소년들을 책임지고 있는 사람들은 새로운 정향을 특히 절실히 필요로 한다.

　어떠한 해결책이 존재하는가? 우리는 어떻게 교육의 세계관적·도덕적 기초에 대한 새로운 명확성에 도달할 수 있는가? 어떤 목표를 향하여 교육되어야 하는가? 우리는 어떤 난점들을 고려해야만 하는가? 어떤 수단들이 적당한가? 부모는 어떤 과제들을 이행해야 하고, 교사는 어떤 과제를 이행해야 하는가? 이것이 이 책에서 다루고자 하는 테마들이다. 이 책은 실천 교육학(實踐敎育學)을 위한 기고(寄稿)들을 포함하고 있다.[1] 이들 기고는 부모, 교사, 여타의 교육자, 정치가, 경제 지도자, 그리고 사제(司祭)들의 질문에 대한 대답에서 나온 것이었다. 이로써 저자는 반성을 위한 자극이 되고 우리 시대의 근본적인 교육적 과제들에 대한 이해를 깊이 하는 데 기여하고자 한다. 이 실천 교육학의 근저에 놓여 있는 철학적 사려(思慮)들을 저자는 졸저 ≪신앙, 도덕, 그리고 교육≫(1992)에서 서술한 바 있다.

제3판은 다수 수정을 포함하고 있고, "오늘의 가정 교육"을 논제로 한 장(章)이 하나 더 보충되었다. 이탈리아어(語) 번역판 ≪탈정향(脫定向) 사회에 있어서의 교육≫(L'educazione in una societa disorientata)이 1988년 로마의 아르만도(Armando) 출판사에서 출간되었다. 이 번역판은 같은 해 이탈리아 문학상(文學賞) "프레미오 카프리"의 명예를 수여받았다. 스페인어(語) 번역판 ≪위기의 사회에 있어서의 교육≫(La educación en una sociedad en crisis)이 1990년 마드리드의 나르세아(Narcea) 출판사에서 출간되었고, 일본어(語) 번역판 ≪가치 다양성 시대의 교육≫은 1992년 도쿄의 다마가와(Tamagawa) 대학 출판부에서 출간되었다.

이들 번역판은 고도로 발달된 다원주의(多元主義) 사회에서는 모두 유사한 문제들이 존재하고 있다는 것을 알려 주는 표시다. 종교적·도덕적 전통에 대한 내적 결합은 어디서나 더 약화되었

---

1) 이러한 종류의 교육이론의 목적과 특성에 관해서는 Brezinka 1978, PP. 236ff. 참조.

다. 제반 과학(科學)이 그에 대한 보상을 제공할 수 있는가 하면 그렇지도 않다. 공동체에 대한 그의 의무로부터 면제시켜 줌이 없이 인간의 권리를 보호해 주는 새로운 생활 형식들을 쟁취하기 위한 씨름이 도처에서 행해지고 있다. 어디서나 오늘날 삶의 충실성(充實性)의 종교적·세계관적, 그리고 도덕적 전제 조건들에 대한 염려가 교육학적 성찰들의 중심에 서 있는 것이다.

1992년 7월 보덴 호반(湖畔) 콘스탄츠에서
볼프강 브레징카

목 차

제9장 교사의 직업 에토스 / 257

제10장 오늘의 가정교육 / 327

제1장 가치 불확실 사회에 있어서 교육의 새 정향(定向)

　출생시의 그 영아 상태로부터 인생 영위 능력을 갖춘 성인의 인격적 특성들이 구비되기까지의 간격이 우리 시대만큼 큰 적은 없었다. 과거에는 어린이들이 더불어 사는 사람들의 행복과 조화를 이루면서 독자적인 삶을 영위할 수 있을 때까지 그토록 많은 것을 배우고 또 고쳐 배워야만 할 필요는 없었다. 과거에는 이 과정에 있어서 차질이 생기고 손상을 입을 가능성이 그렇게 많지 않았다. 그렇기 때문에 성장 세대들은 과거보다 더 많이 과거보다 더 오래 좋은 교육에 의존하지 않을 수 없는 처지에 놓여 있다.

　좋은 교육은 여러 가지를 전제로 한다. 가장 중요한 것은 교육자들의 좋은 정신적 상태인데, 이것은 그들의 행동에서 나타나는 것이다. 어린이들은 무엇보다 그들과 가장 가까운 사람들을 보고 배운다. 그 때문에 어린이들은 그들의 생활공간 내에서 인식과 능력, 태도와 미덕에 있어 습득해야 할 바를 위해 좋은 본보기를 필요로 한다. 그들은 학습하려는 욕구를 지니고 있고 칭찬을 필요로 한다. 그 때문에 어린이들은 일반적으로 사람들이 그들에게 기대하는 바를 따른다. 그러나 이것은 어른들이 일치된 모습을 보일 때, 그리고 같은 요구가 지속적으로 유지될 때만 그렇다. 좋은 교육은 어린이들과 마찬가지로 성인들도 표준으로 삼는 좋은 예의범절(禮義凡節)이 공동의 생활 공간 속에 존재할 때 성공하기가 가장 쉽다. 공동체의 모든 성원들에게 통용되는 이상(理想)들도 좋은 예의범절에 속한다. 즉 훌륭한 인간과 훌륭한 처신이라는 정평이 난 모범들이 그것이다. 이들 이상은 개인의 성향(性向)에 영향을 미치고 그것을 뒷받침한다. 동시에 이들은 후계 세대의 교육을 위해 공동의 목표가 되어 준다.

이들 좋은 교육과 그 성공을 위한 전제 조건들이 우리 사회에 있어서 온전하게 존재하지 않고 있다. 젊은이가 자립하기 위해서는 과거보다 더 오래 필요로 하면서도 과거보다 위험에는 더 많이 내맡겨져 있다. 많은 생활 영역들에 있어 좋은 예의범절, 공동의 이상, 일치되는 요구들이 부족한 것이다. 우리들의 후진들은 도덕적으로 무력하고, 분명하지 못하며, 우유부단한 시대 정신과 만나고 있다. 그들은 자신의 이상에 대해 확신이 없거나, 이상이 없어도 그럭저럭 살아갈 수 있다고 생각하는 사람들 속에 섞여 성장하고 있다. 이들은 그 출구가 불명확한 하나의 심각한 정향(定向) 위기에 빠져 있는 사회 안에서 살고 있다.

I. 정향의 위기, 가치 평가의 위기, 교육의 위기

정향의 위기란 가치 정향(價値 定向)의 위기이다. 여기서 가치 정향의 위기라는 용어로 내가 뜻하는 바는 이런 것이다. 곧 무엇이 가치 있고, 무엇이 추구할 만하며 무엇이 거절되어야 하는가, 무엇이 더 높이 평가되고 무엇이 더 낮게 평가되며, 무엇이 우선시되고 무엇이 가벼이 여겨져야 하는가에 대한 확신의 위기를 뜻하는 것이다. 개별 인간에 있어서 그 위기는 가치 의식(價値 意識)과 가치 관점(價値 觀點)의 불확실성을 통하여 나타난다. 한편 공동생활의 경우 그것은 근본이 되는 규범들에 대한 불일치를 통해 나타나고 가치 담지자(價値 擔持者)의 공통적인 서열에 대한 불일치를 통하여 나타난다.

가치 정향의 모든 위기는 또한 교육의 위기를 야기한다. 가치 평가에 있어서의 불확실성은 교육에 있어서의 불확실성도 초래한다. 가치가 불확실한 사회는 교육이 불확실한 사회이기도 하다.

이것은 그 누구도 가치 평가 없이는 교육을 할 수 없다는 단순한 사실에서 분명해진다.[1] 교육은 결단을 전제로 한다. 교육하는 사람은 자기가 하고자 하는 바가 무엇인지 알고 있어야 한다. 그는 교육의 목표를 필요로 하고, 이 목표들을 달성할 수 있는 수단을 선택하지 않으면 안 된다. 교육의 목표 또는 목적은 교육하는 사람이 교육되어야 하는 사람들에게서 촉진하려고 하는 인격적 특성들이다. 관계 법령에서는 긍정적으로 평가된 인격적 특성들을 묶어서 그 전체를 "충실성"(充實性)[2] 또는 "삶의 충실성"(Le

---

1) Brezinka 1978, pp.92ff. 및 1981, pp.148ff.와 pp.106ff. 참조.

2) 1919년 8월 19일의 독일제국 헌법 제120조; 1922년 7월 29일의 제국청소년복지

benstüchtigkeit)[3]이라고 명명하고 있다. "충실성"은 가장 일반적인 교육 목표이다. 부모와 교사와 여타의 모든 교육자들은 자녀와 학생, 여타의 모든 피보호자들에게 유능하고 건실한 삶을 사는 인간에 속하는 가치충만한 인격적 특성들을 획득하고 유지하도록 영향을 주는 시도를 할 의무가 있다. 마찬가지로 그들은 부정적으로 평가되는 특성들은 습득되지 않도록, 또는 - 그런 특성들이 이미 존재한다면 - 다시 사라지도록 보살펴 주어야 한다. 우리는 모두 도덕적으로 뿐만 아니라 법적으로도 청소년들을 "도덕적, 정신적, 또는 신체적 타락에 맞서 보호할"[4] 의무가 있다.

후진들을 충실성을 목표로 교육하고 타락에 맞서 보호하여 주는 일은 우리가 공동 생활의 급변하는 상황 속에서 신속하고 확실한 가치 판단을 가능케 하는 가치 관점(價値 觀點)을 견지하고 있을 때만 가능하다. 요구되는 가치 관점에는 교육 목표로서 효력을 지니고 있는 인격 이상(人格 理想)들과 그 서열에 대한 동의(同意)도 속한다. 또한 이 이상들과는 조화될 수 없는 온갖 행동 방식들에 대한 거부도 이에 속한다. 나아가 교육 목표의 성취를 위해 유익한 영향원(影響源)과 해롭게 작용할 수 있는 영향원의 구별을 도와 주는 가치 관점들도 속한다. 그와 같은 가치 관점을 토대로 해서만 우연적이거나 천박하지 않은 교육적 결단들이 내려질 수 있다. 생의 영위를 위해 특히 중요한 가치 관점들을 심리학에서는 심성(心性)·태도(態度)라고 부른다.[5] 좋은 교

법 제1조; 1946년 12월 2일의 바이에른 공화국 헌법 제126조; 1946년 12월 1일의 헤센 주(州) 헌법 제55조; 1947년 5월 18일의 라인란트 팔츠 주(州) 헌법 제25조; 1947년 12월 15일의 자알란트 주(州) 헌법 제24조 참조. 해석에 대해서는 Brezinka 1987 참조.

3) 1947년 10월 21일의 브레멘 주(州) 헌법 제23조 참조. "부모는 그 자녀들을…… 삶의 충실성을 지닌 인간으로 교육할 의무를 진다."

4) 1919년 8월 11일의 독일제국 헌법 제122조, 바이에른 주(州) 헌법 제126조 제3항, 브레멘 주(州) 헌법 제25조, 라인란트 팔츠 주(州) 헌법 제25조.

육은 교육자의 좋은 성향을 전제로 한다. 하지만 사람은 좋은 성향을 자기 자신에게서만 획득해 낼 수도 없고 전적으로 독자적으로 고수할 수 있는 것도 아니다. 좋은 태도는 외부로부터 요구받고 지지받아야 한다. 즉 자기와 가까운 주위 사람들, 자기가 의존하는 공동체, 사회의 문화에 의해서 요구와 지지를 받아야 한다.

이러한 연관들은 좀처럼 주목을 받지 못하고 있다. 입법자들과 여론은 젊은이들을 삶의 충실성을 목표로 교육해야 된다는 의무를 부모, 교사, 기타 직업적인 교육자들에게 지정하는 것으로 만족한다. 그들은 교육자들이 이 의무를 완수할 수 있도록 하기 위해서 현존하지 않으면 안 되는 세계관적·도덕적 전제들에 대해서는 거의 염려치 않는다. 좋은 교육을 할 수 있는 능력 및 이 교육의 성공은 본질적으로 교육자와 교육받아야 할 자들이 속하고 있는 그 공동체의 가치 질서에 달려 있다. 개별 인간의 내적 가치 정향은 일반적으로 그들이 생활권 안에서 지각하는 외적 가치 질서보다 더 좋을 수가 없다. 모든 가치 질서는 세계관적·도덕적 토대를 갖는다. 이 토대들이 명확하고 비교적 영속적일 때만 그 가치 질서는 정향 확실성(定向 確實性)을 매개할 수 있다.

이로부터 나오는 결론이 우리 시대의 교육 위기는 우리들의 다수가 빠져 있는 가치 평가 위기, 세계관적 위기, 도덕적 위기를 극복함이 없이는 극복될 수 없다는 것이다. "교육을 위한 용기"를 북돋우기 위한[6] 외침만으로는 거의 도움이 되지 않는다. 우리 사회에는 교육적 활동이 부족한 것이 아니라 오히려 너무 많다. 쓸모없는 교육이 너무 많다. 부족한 것은 무엇인가. 생산력 있는 세계 해석(世界 解釋)과 비(非)이기적인 공동의 이상들에 대한

---

5) Rohracher 1976, pp.393ff. 참조.
6) 본(Bonn) 포럼 "교육을 위한 용기" 1978 참조.

신념을 전달하고 강화시켜 주는 가치 평가 공동체가 부족하다. 그러한 신념 내용의 가치를 인정하고 스스로를 거기에 결속시키려는 힘이 부족하고 성장 세대로 하여금 그런 신념 내용의 가치를 인정하여 거기에 결속(結束)되도록 하려는 힘이 부족하다. 신념 내용의 가치 인정이 위기에 처하고 그런 가치에의 결속이 어려워지고 있다는 것이 오늘날 교육 위기의 근원이다.

　한 공동체의 모든 시민들이 똑같이 이 위기에 심하게 사로잡혀 있다면 사정은 암담할 것이다. 다행히도 그런 경우는 아니다. 위기에 건드려지지 않은 사람들도 많고, 그것을 이미 따돌려 버린 사람도 많다. 그 파트너들이 믿을 만한 이상들을 소유하고 그에 따라 살아가는 친목단체, 결혼, 가정, 그리고 보다 큰 집단들도 많다. 뿌리가 뽑히고 가치 불확실성에 빠진 인물들은 어느 모로 보나 소수다. 그러므로 가치 평가의 위기는 피할 수 없는 운명이 아니며, 우리는 그것을 극복할 수 있다. 가치 평가의 위기는 국민의 근본 태도에서보다는 지식인들의 공시(公示)된 의견과 매스미디어의 센세이셔널한 보고에서 더 나쁘게 나타나고 있다. 쇠망(衰亡) 현상들만 존재하는 것이 아니라 성공적인 인생 영위(營爲) 사례도 많고 자기 분별에의 용의도 있다. 만일 우리가 위기로부터 벗어 나기 위한 출구를 찾는다면 이것을 실마리로 삼을 수 있다. 그러나 이성적인 출구는 어떻게 발견될 수 있는가?

　우리는 우리가 만든 오진(誤謬)의 결과로부터 가장 많은 것을 배운다. 이것은 사적(私的) 인생에 대해서만이 아니라 공적(公的) 인생에 대해서도 타당하다. 새 정향은 지금까지 효력을 지녀 온 정향을 비판적으로 검사하는 것을 전제로 한다. 지난 수십 년의 시대정신을 규정해 온 세계관적·도덕적·교육학적 이념들에 있어서 무엇이 불충분하고 일면적이며 해가 되는가? 무엇이 잘못 만들어졌는가? 그것이 개인 및 전체의 복지를 위해 필요함에도 불구하고 간과되고 소홀히 되고 놓친 것은 무엇인가?

이 물음들은 우리가 이념이나 사건들을 평가하기 위한 척도를 가지고 있을 때만 대답될 수 있다. 모든 세계관적·정치적 진영들에서 광범위한 동의를 얻고 있는 경험적인 척도가 두 가지 존재한다. 인격의 심적·정신적 건강이 그 하나이고, 평화와 자유와 복지 속에서의 공동체의 존립을 위한 조건이 그 둘이다. 본인도 이 척도에 의지할 것이다. 그러나 이 둘만으로는 충분하지 않다. 이들 척도에 속하는 것이 구체적으로 어떤 것인지에 대한 논쟁이 이미 이 점을 시사해 준다. 예로서 하느님 신앙에 대해 생각해 보자. 하느님 신앙은 인격의 심적 건강에 속하는가? 혹은 많은 이들이 주장하였듯이 심적 건강에 해가 되는가? 또 다른 예는 국방 태세다. 국방 태세는 원자핵 시대에 있어서 아직도 한 민족(Nation)의 생존 조건에 속하는가? 혹은 보다 강한 자에게 복종하려는 용의를 더 변호하는 것인가?

그 척도가 어떤 것인가 하는 문제와 관련해서 의견의 차이가 있을 뿐만 아니라 그 척도를 어떻게 적용하는가라는 문제와 관련해서도 의견들은 일치하지 않고 있다. 우리 시대의 정신적 투쟁은 양자를 중심으로 하여 전개되고 있다. 즉 가치 척도 및 그 해석을 둘러싸고 전개되기도 하고, 이 척도들의 도움으로써 일정한 이념과 규범, 정세(政勢)와 사건들에 대해 우리가 수행하는 평가를 둘러싸고 전개되기도 한다. 이 같은 평가는 거명된 척도에만 의존하지 않고, 세계관적·도덕적 근본 확신에 의해서도 함께 규정된다. 나의 경우 유럽 문화의 가치충만한 존립에 대한 우리들의 책임, 이성(理性)과 과학의 한계,[7] 전통들의 가치,[8] 권위의 좋은 의미,[9] 유익한 신화의 불가결성(不可缺性)[10] 등에 대한 보

---

7) Brezinka 1971, pp.166ff.; 1978, pp.253ff.와 1992, pp.45ff. 참조.

8) Landmann 1961, pp.147ff.; Lorenz 1973, pp.68ff.; Brezinka 1981, pp.62ff. 참조.

9) Strohal 1955 참조.

수적인 신념들이 그것이다. 우리가 처한 상황의 정신적 원인들을 평가하려 함에 있어 이로부터 어떤 결론이 나오는가?

---

10) 콜라코브스키의 <신화의 현재성(現在性)>이라는 의미에서. Kolakowski 1984 및 Brezinka 1981, pp. 99ff.도 참조.

II. 위기의 정신적 원인들

우리가 처한 역사적 상황이 성립됨에 있어서는 조망 불가능할 정도로 수많은 영향들이 함께 작용하였다. 나는 물질적 생활조건에 있어서의 거대하고 급속한 변화들은 주지된 것으로 전제하고,[11] 제2차 세계대전이 종식된 이래 우리 인간의 가치 의식이 내맡겨져 있는 바 가장 중요한 정신적 영향들을 중점적으로 살펴보고자 한다.

우리 시대의 정향의 위기, 가치 평가의 위기, 교육의 위기에는 무엇보다 세 가지 중심사상이 기여하였다. 이성(理性)을 일면적으로 과도하게 평가하는 것이라는 의미의 이성주의(理性主義), 개별적 인간의 관심을 일면적으로 과도하게 강조하는 것이라는 의미의 개인주의(個人主義), 그리고 쾌락과 만족과 향락을 최고의 선(善)으로 일면적으로 과도하게 평가하는 것이라는 의미의 쾌락주의(快樂主義)가 그것이다. 외적 문화의 이들 중심사상들은 개인적·인격적인 가치태도(價値態度)의 내적 문화에 영향을 미쳤다. 이들 중심사상들은 또한 교육이론과 교육실천에 있어서도 주효(奏效)하였다.

현대의 시대정신의 이 세 가지 요소들을 우리는 좀더 자세히 살펴보기로 하자. 이들은 어느 정도까지 가치 불확실성을 발생시키는 공동원인으로 작용하였는가?

---

11) Bell 1975; Fritsch 1981 참조.

이성주의(理性主義)

이 정신적 흐름은 자주 "주지주의"(主知主義)라고도 불려진다. 이것은 이성(理性)이나 지적 능력, 합리적 사고(思考)만 있으면 삶을 영위해 나가는 데 있어 부족할 것이 없다는 무비판적인 신념을 뜻한다. 이성주의의 한 특수형태가 "과학주의"라는 것이다. 이것은 제반(諸般) 과학, 과학적 사고방식, 과학적 의식을 일방적으로 과도히 평가하는 나머지 여타의 문화재와 사고방식과 의식구조들은 희생시켜 버리고마는 입장이라고 할 수 있다.

"이성주의", "주지주의", "과학주의"라는 낱말들이 여기서는 질책적인 의미로 사용된다. 단 이 질책(叱責)은 정의적(情意的)인 힘과 신념재(信念財)가 지니는 가치에 대한 맹목성과 결부된 지능과 지식이라는 가치의 일방적인 과대평가에만 해당된다. 이 비판은 이성(理性)과 과학을 경멸하는 일 따위와는 하등 관계가 없는 것이다. "이성주의를 질책함은 과잉 오성(悟性)을 두고 말함이 아니라 그릇된 곳에서 그릇되게 적용된 오성을 두고 말함인 것이다."[12]

이성과 과학을 최고 선(最高 善)으로 무비판적으로 믿는 것, 과학과 기술을 통한 진보를 무비판적으로 믿는 것은 19세기의 시대정신을 지배했다. 그러나 그런 신념은 제1차 세계대전의 파국으로 말미암아 매우 심대하게 흔들렸다. 문화염세주의(文化厭世主義), 철학적 비이성주의(非理性主義), 정치적 메시아주의, 전체주의와 같은 강력한 반대운동(反對運動)들이 발생한 것도 그 당시였다. 그들은 이성을 생존에 불리한 것으로 반대하였고, 비판적 사고를 문화 및 공동체를 파괴하는 것으로 반대하였다. 그 대신 직관과 감정, 신화, 신앙의 충실, 권력에의 의지가 찬양되

---

12) Rüstow 1957, p.15.

었다.[13]

1917년 러시아에 공산주의 독재가 수립되었고, 1922년 이탈리아에 파시즘 독재가 수립되었으며, 1933년 독일에 나치즘 독재가 수립되었다. 각 체제는 저마다 시민들에게 소수의 착종된 세계관을 강요하였고 독립적인 사고를 박해하였다. 비판적인 이성이 아니라 신앙과 복종이 요구되었다. 이러한 정신 속에서 제2차 세계대전이 발발하였고 전유럽으로 불행이 엄습하였다.

나치의 테러 통치가 1945년 붕괴하였을 때, 독일 민족은 그로 말미암아 그 역사상 최대로 비참한 처지에 빠졌다. 이 전쟁에서 살아 남아 파국의 원인을 숙고해 본 사람이면 "독재는 안 돼! 다시는 안 돼!"라는 소원으로 간단히 만족할 수만은 없었다. 독재를 초래했던 그 정신적 전제 조건도 깨뜨려 부수지 않으면 안 되었던 것이다.

하지만 그것은 어려운 - 그 때문에 좀처럼 감행된 적이 없었던- 식별(識別)이 요구되는 일이었다. 과거에 존중되었던 것을 일괄적으로 유죄 판결하고 그 당시 불리했던 것을 예찬하기가 십중팔구였다. 평가의 변경은 여러 면에서 필요하였다. 그러나 오용된 이상들과 과장된 모든 미덕들이 모두 저주를 받아야 할 까닭은 없었다. 그 중 많은 것은 인간의 영적 건강을 위해서나 공동 생활을 위해서 불가결한 것이었고 지금도 여전히 그렇다. 그것들의 무게를 새로 달아 보고 소홀히 된 대극(對極)을 그들과 어깨를 견주게 하여 양자가 동등함을 인정하는 것이 중요한 일이었다. 이를테면, 심정적(心情的) 결속에 대해서는 비판적 사고(思考)를, 신앙적 확신들에 대해서는 인식(認識)을, 권위를 인정하려는 태세에 대해서는 권위가 주장하는 것들을 검사해 보려는 용기를 병렬시키는 것이 요체(要諦)였음에도 불구하고, 그러기는커녕 과거의 일방성들이 새로운 일

---

13) 이에 관해서는 Holm 1963이 잘 개관해 주고 있다.

방성들로 대치되었을 따름이었다. 실망에 빠진 사람들은 증오와 고통으로 가득 찬 비이성주의의 시기가 지나가고 난 후에는 그만 이성주의적인 반대 이상(反對 理想)들 쪽으로 몸을 돌렸던 것이다. 계몽주의(啓蒙主義)의 약속들이 새로운 매력을 획득하였다. 이것은 가치 의식에 대해서, 그리고 교육에 대해서 어떻게 영향을 미쳤는가?

1) 지능과 비판적 사고를 보다 높이 평가하는 나머지 심정(心情)은 경멸되기에 이르렀다. 이것은 현실에 합당한 인간상(人間像)으로부터 동떨어지고, 이성과 감정, 머리와 가슴의 평형(平衡)이라는[14] 오랜 이상으로부터 이반(離反)하는 것이 됨을 의미하였다. 인간의 가치 정향이 정서적인 애착 또는 결속에 의존한다는 것은 심리학적으로 의심의 여지가 없다. 덧없이 변화무쌍한 갖가지 사물에 대한 사고(思考)가 아니라 소수의 선택된 가치 — 그것이 인물이든 이념이든 혹은 자연과 문화의 사물이든 간에 — 에 대한 영속적인 사랑이 의미를 매개해 주고 지지(支持)가 되어 준다. 통속적으로 표현한다면, 우리는 살아가는 데 있어 우리의 "가슴에서 성장한" 것 또는 "우리의 가슴이 의존하는" 것에 따른다.

그의 "가슴에 무엇이 성장할 수" 있기 위해서는 사람은 시간, 육성, 그리고 뿌리뽑힘(사회적·정신적 근거의 박탈)을 막아 주는 보호를 필요로 한다. 사랑할 만한 가치에 대한 정서적 결속은 우리가 소수의 가치에 관심을 기울이고, 다른 경쟁적인 가치들과 비판에 맞서 그들을 비호(庇護)해 줄 때만 성립될 수 있다. 회의(懷疑)와 "배후 묻기"에 내맡겨져 있을 때는 결속이 잘 되지 않는

---

14) Lersch 1952, pp. 450ff. 참조. [필리프 레르슈의 심리학 용어를 인용하면 "Noopsyche"와 "Thymopsyche"의 평형(平衡): 역자 보충]; "균형잡힌 교육"이라는 이상에 대해서는 Brezinka 1992, pp.121ff. 참조.

다. 자극의 홍수가 없는 전통에 묶여 있는 생활 환경에서는 어린 이들의 심정 교육(心情 敎育)에 대해 심려할 필요가 별로 없었다. 그에 반해서 오늘날의 다원주의적(多元主義的)인 대중·매체 사회에서는 심정형성적 경험들에 대한 아동들의 영적 감수성을 양육하고, 지지(支持)가 되어 주는 심정적 결속들을 보호하기 위해서는 큰 교육적 노력들이 필요하다. 지난 수십 년 동안 이것이 부족했다.

2) 과학적 인식을 일방적으로 높이 평가하는 나머지 과학적 인식의 한계와 위험이 너무 적게 고려되는 결과가 초래되었다. 그 한계라는 관점에서 보자면 과학적 인식은 그것만으로는 가치 정향을 획득할 수 있기 위해서는 충분하지 않다는 사실이 간과되었다. 과학적 인식은 최고의 선(善)으로 간주되고, 종교적·세계관적·도덕적 신념들은 과학적으로 확증될 수 없기 때문에 평가절하되었다. 종교적·세계관적·도덕적 신념들은 가치 정향과 인간의 정신적 착근(着根 : 뿌리 내리기)을 위해 그들이 지니는 유익성(有益性)을 인정받지 못하고 계몽된 의식을 전파시키는 데 성가신 장애가 되는 것이라고 해서 배척되었다.

이렇게 된 데는 정신적인 합일성을 바라는 소망(所望)도 한몫을 하였다. 개방되고 다원주의적인 사회에 있어서 과학적 인식과 과학적 사고방식은 다양한 세계관적·정치적 신념을 신봉하는 사람들이 서로 함께 공통적으로 소유하고 있는 정신적 가치에 속한다. 과학의 전파를 촉진하는 사람은 사람들 사이의 합일성도 촉진하는 것처럼 보인다. 과학이 사람들 속에 깊숙이 도달할수록 세계상(世界像)이 더욱더 통일적으로 되고 사람들은 서로 더 가깝게 다가온다는 것이다.

만약 과학적 인식과 사고가 가치 평가의 확실성을 제공하고 공동체를 기초지어 주기에 적당하다면 이런 견해는 적확할 것이다. 그러나 사실에 있어서 공동체 감각의 성립을 위한 원천(源泉)은 그 가치가 느껴지고 믿어지는 공동의 비(非)과학적인 자산들에 대한 심정적 결합 속에 놓여 있는 것이다. 이를테면 공동의 이상(理想), 공동의 생활 양식, 공동의 고향(故鄕), 공동의 역사(歷史), 공동의 과업(課業)과 같은 것이 그것이다.

  이성주의를 신봉하는 사람들은 과학적인 자산들만 일방적으로 보호함으로써 이와 같이 지반(地盤)이 되어 주는 심정적 결합을 위협하고 있는 위험들에 대해 잘 모른다. 사람들과 그들의 이념과 제도의 상이성(相異性)에 대해서만 너무 인식하는 것은 자기 자신의 생활 형식들에의 심정적 결합을 약화시킨다. 종교, 세계관, 도덕, 그리고 지배질서들의 성립사(成立史)를 두고 심리학적으로나 역사적으로 따지고 분석하는 것은 이들에 대한 자명스런 찬성과 동의를 파괴시키기 쉽다. 모든 종교적·세계관적·도덕적·정치적 신념 내용들이 얼마나 수상쩍고 논쟁의 여지가 있는가라는 지식 비판적(知識 批判的) 인식은 회의(懷疑)와 염세주의(厭世主義), 불안과 절망을 조성한다. 과학을 믿는 이성주의자들은 과다 인식(過多 認識)도 그 대가를 치른다는 점을 간과하였다. 이미 구약 성서 속에 이런 구절이 있다. "지혜가 많으면 번뇌도 많으니 지식을 더하는 자는 근심을 더하느니라." (전도서 1장 18절)

  과도한 인식으로 인하여 증가되는 고통에는 가치 불확실성도 속한다. 후진들의 정신적 건강에 마음을 쓰는 교육 제도라면 이 고통이 가능한 한 경미한 것이 되도록 해야만 할 것이다. 하지만 순진한 이성주의로부터는 그 반대되는 일이 발생하였다. 과학은 우리 사회를 위해서 큰 의미를 갖는다는 올바른 견해로부터 이 사회의 모든 구성원들은 "과학에 정향되게" 교육받아야 한다는 잘못된 결론이 도출되었던 것이다. 더욱이 언어, 정치, 종교, 그리

고 예술에 대한 관계를 포함하여 모든 점에서 그래야 한다는 것이었다.[15]

이 프로그램은 중용(中庸)을 벗어나 도를 지나친 것이었다. 그런 정신으로 수많은 학생들에게 무의미한 부담들이 부과되었다. 근본적인 인식과 능력을 확보하는 것 대신 사이비 지식, 불손(不遜), 요설(妖說)들이 장려되었다. 학교는 유능하고 건실한 삶에 이르는 교육에 봉사하고, 이와 더불어 가치 확실성에 봉사하지 않고 과학을 신앙하는 자들에게 내맡겨졌다. 사람은 앎을 필요로 할 뿐만 아니라 정신적 근거(根據)도 필요로 하며, 판단력뿐만 아니라 비(非)과학적인 문화재에 대한 애정, 그리고 전통(傳統)에 대한 외경(畏敬)도 필요로 한다는 사실이 망각되었다.

우리 시대의 가치 평가 위기에 기여한 제2의 정신적 조류(潮流)도 이성주의와 연관되는 것이니, 개인주의가 그것이다.

개인주의(個人主義)

이것은 공동체와 그 규범들에의 결속을 희생으로 하여 개별 인간과 그의 자유권(自由權) 및 관심을 과도하게 강조하는 것을 말한다. 이성주의가 그렇듯이 개인주의도 일면적인 사고(思考)로 인한 하나의 본질적인 원칙의 훼상(毁傷)이다. 오직 개인의 고유가치와 그의 기본권만 강조되고, 공동체와 그 생존 질서의 가치 및 개인이 이들에 대해 지니는 의무의 가치는 강조되지 않기 때문에 개인주의는 일방적이다.

계몽주의 시대 이래 "자유주의"라는 근본 사상(思想) 아래 개인의 권리를 확대하고 그의 자율성을 강화시키기 위하여 많은 일

---

15) Deutscher Bildungsrat : Strukturplan für das Bildungswesen, 1970, p. 30 및 p. 33.

이 행해졌다.[16] 가정, 신분, 영주(領主), 교회, 관료주의 국가 등
에 대한 오랜 예속으로부터의 해방이 이루어졌다. 그러나 이와
함께 정서적 안전과 정향 확실성도 하락하게 되었다. 거대한 인
구 증가, 도시화, 가혹한 산업 노동조건들이 사람들로 하여금 그
들의 생활수준 개선을 약속하는 새로운 세력에 감염되기 쉽게 만
들었다. 뿌리뽑힌 대중들은 사회주의 운동(社會主義 運動)에서
도움과 새로운 지반을 구하였다.[17] 그 급진적인 분파가 러시아에
서 1917년 최초의 전체주의적인 국가를 수립한 이래 집단주의
(集團主義)는 인간의 자유를 위협하는 가장 큰 위험이 되었다.
독일에서 집단주의는 국가사회주의(나치즘)로서 이것은 내부로부
터는 더 이상 제거될 수 없었던 테러 통치를 초래하였던 것이다.

　12년 후 독일 민족국가의 비참한 몰락 속에서 종말을 보았지
만, 테러 통치는 "자기 이익에 앞서 공동 이익"이라는 강령하에
시작되었던 것이다.[18] 이 파국(破局)에서 살아 남은 사람들은 이
제 "전체주의적 공동체 성향"을 지닌 "전체주의 국가"가 무엇이라
는 것을 알게 되었다.[19] 그 선전자(宣傳者) 중의 한 사람은 이미
1933년에 그 강령을 다음과 같은 문장으로 표현했다. "전체주의
국가란 …… 국가를 위해 각 개인이 총체적인 의무를 수취(受取)
함이다. 이 의무 수취는 개별 실존의 사적(私的) 성격을 지양시
킨다."[20] 히틀러의 말로는, "누구도 전적으로 자기 자신에게 내맡
겨질 수 있는 시간이 존재한다고 말해서는 안 된다"는 것이다.[21]

---

16) Schnabel 1964, pp. 121ff.; Wiese 1917 참조.

17) 이에 대해 철저히 연구한 것으로는 Hayek 1976.

18) 국가사회주의 독일 노동당의 강령(綱領) 제24조, Hofer 1957, p.31.

19) Forsthoff 1933, p.45.

20) Forsthoff 1933, pp.42f.

21) 1935년 제국당대회에서 Adolf Hitler의 발언. Hehlmann 1942년, p.179에
　　의함.

국가사회주의적 독일에서 이 집단주의 프로그램의 영향을 체험한 사람은 1945년 이후 사적 생활의 자유와 개인주의를 새로이 존중할 줄 알았다. 게다가 전체주의 국가의 집단주의로부터 벗어날 수 없어서 독일의 서부가 다시 획득한 저 자유를 1989년부터 1990년까지도 누리지 못했던 우리의 동쪽 이웃에게도 시선(視線)이 갔다. 이와 같은 경험과 비교에서 개인주의적인 분위기가 일어났던 것이다. 자기의 개인적이고 사적인 관심들을 가능한 방해받지 않고 추구할 수 있는 자유가 이제 최고 선으로 간주되었다. 심지어 기본권(基本權)에 대한 평형추(平衡錘)로서 국민의 기본의무(基本義務)는 제대로 강조하지 않고 각자에게 "인격의 자유로운 발현권"[22]을 보장하고 있는 헌법을 내세울 수도 있었다.[23] 개인주의는 가치 의식과 교육에 어떻게 영향을 미쳤는가?

1) 개개인의 관심의 일방적인 과도한 강조(强調)는 공동체에 적응하고 정당한 권위의 요구를 인정하려는 용의를 약화시켰다. 무제한적인 자기 결정(自己 決定)이 중심 이상(理想)이 되었다. 현존하는 공동체와 그 규범들에 대한 애착은 경시되었다. 사람들은 공동체와 그 규범들에서 단지 개인적 활동 공간을 속박하는 것만 보았고, 공동체와 그 규범들이 인격의 내적 근거와 가치 평가의 확실성을 위해 발휘하는 것은 잘못 보았다. 권위를 지닌 자에 대해 원칙적으로 불신적인 입장을 취하고, 그들의 명령들을 문제시하는 것이 진보적인 것으로 간주되었다. 심지어 법(法)에 복종하는 것조차 개별 시민의 수의(隨意)에 맡기는 사람들이 많다. 그리하여 시민들이 경우에 따라서는 가옥 점거, 교통 봉쇄, 수업 보이콧 등과 같은 시민적 불복종(不服從)을 통하여

---

22) 1949년 5월 23일 제정 독일연방공화국 기본법 제2조 제1항.

23) Isensee 1982 참조할 것.

그들의 도덕적 또는 정치적 목적들을 위법적으로 추구하는 것도 승인되고 있는 것이다.[24]

어린 세대의 교육을 위해서조차 "해방"이란 것이 가장 중요한 원칙으로 찬양되었다. 과거에 있어서의 권력의 오용(誤用)에 대한 지적이 이를 정당화하는 데 봉사했다. 그와 더불어 지배와 권위, 지도와 복종은 깡그리 저주되었다. 학부모와 교사들은 위축되었다. 어린이가 하자는 대로 양보하는 것이 친인간적(親人間的)이고 '민주적인' 것으로 간주되고, 엄한 것은 비인간적(非人間的)이고 '권위주의적인' 것으로 간주되었다. 아동과 청소년들은 부모나 교사와 같은 권위 담지자(權威 擔持者)들과 그들의 명령을 비판적으로 "따져 들어가도록", 그리고 어디서나 자신들의 권리를 챙기고 의존(依存)으로부터 해방되도록 요구되었다.

이런 추세는 또한 성년(成年)이 21세에서 만 18세로 낮추어짐으로 해서 촉진되었다.[25] 그런 조치는 복잡화된 현대적 생활조건 아래서는 정신적·도덕적 성숙 및 경제적 독립성이 획득되기까지는 시간이 이전보다 더 오래 걸린다는 사실에 대한 고려도 없이 행해졌다. 그로 말미암아 부모의 권위와 가정의 근거 제공적(根據 提供的) 영향력이 근본적으로 약화되었다.

2) 자기 이익의 개인주의적인 과도한 강조는 평등 프로파간다를 통하여 크게 강화되었다. 평등이라는 이상(理想)은 - 그것이 법적·정치적 평등을 벗어나는 한에 있어서는 - 존재하고 있는 이상 중에서 가장 불분명하고 논쟁의 여지가 많은 이상에 속한다. 그것은 대체로 보다 상등급적(上等級的)이고, 보다 유능하

---

24) 비판에 대해서는 Wassermann 1985 참조.

25) 독일연방공화국에서는 민법전(民法典) 제2조의 이 변경이 1975년 1월 1일 발효되었다. 오스트리아에서는 성년이 1973년 21세에서 만 19세로 낮추어졌다(ABGB, §21 in der Fassung Bgbl. Nr. 108/1973). 그에 반해서 스위스는 만20세를 성년으로 고정하였다(스위스 민법전, 제14조).

거나 보다 성공적인 모든 사람들에 대한 시기(猜忌)를 먹고 사는 것이다.[26] 그것은 현존하는 지위와 수입의 차이를 부정의(不正義)한 것으로 평가절하하기 위한 이념정치적(理念政治的) 무기로 봉사한다. 정확하게 말하면 더 많은 평등은 오직 더 적은 자유라는 대가를 치르고서만 소유될 수 있다. 그러나 단기적으로는 불평등에 대해서 지나치게 민감한 하나의 여론 풍토로 인하여 보다 낮은 지위에 있는 사람들에게는 이들이 제도로부터, 그리고 업적 성취와 복종 및 의무 이행에 대한 지도 세력의 요구들로부터 보다 쉽사리 벗어날 수 있기 때문에 자유의 획득이 가능한 것처럼 보이게 된다. 하지만 이 상태는 장기간 지속될 수는 없다. 어느 사회든지 지도층(指導層)을 필요로 하기 때문이다. 미해결로 남는 문제는 어떤 엘리트가 지도하는가 하는 것이며, 그들이 어떤 가치 질서(價値 秩序)를 위해서 어떤 수단으로 동의(同意)를 요구하는가 하는 것일 따름이다. 엘리트들을 원칙적으로 거절하는 것은 현실을 모르는 것이다. 하지만 바로 이런 일이 개인주의적인 시대정신의 지배하에서 발생하였던 것이다.

방종한 개인주의적인 평균 모럴을 위하여 성취 엘리트들과 그들의 이상과 미덕들을 경시하는 것이 우리시대의 가치 평가의 불확실성에 많은 기여를 하였다. 그 가운데는 물질적으로 보다 잘 사는 사람들에 대한 시기(猜忌)뿐만 아니라 보다 유능하고 도덕적으로 - 자기 자신에게 보다 높은 도덕적 요구들을 제기하기 때문에 - 더 나은 사람들에 대한 질투도 숨어 있다. 노력은 덜하려고 하면서 보다 나은 사람들과의 비교를 통해서 창피를 당하고 싶어하지 않는 사람에게는 더 나은 사람들을 평가절하하고 그들의 영향력을 삭감시키는 것 외에 달리 남는 일이 없다. 그리하여 평등이라는 구호(口號) 아래 인간들 간의 저 차이들 - 그들의 신

---

26) Schoeck 1973과 1979 참조.

넘과 가치 태도 속에 놓여 있는 차이들 – 을 인정(認定)하기보다
부정(否定)하기에 이른 것이다.

　동시에 관용(寬容)이라는 이상을 오용(誤用)한 것도 중요한
역할을 했다. 관용은 낯선 의견과 행동방식에 대한 너그러움을
의미한다. 그것은 공동 생활을 위한 하나의 불가결의 미덕(美德)
이다. 하지만 이 관용이라는 좋은 명칭은 종교적·세계관적 결합
에 대한 무관심을 정당화시키고 갖가지 사상의 진리 내용(眞理
內容)과 갖가지 이상의 가치 내용(價値 內容)의 불평등(차이들)
을 무시하는 데도 이용되었다. 관용이란 명령의 보호를 받아 자
신들의 생활방식과 사고방식에 대한 어떤 비판으로부터도 벗어나
는 것이 통례가 되었다. 그런 생활방식과 사고방식들이 그토록
위해하고 무책임한 것들임에도 불구하고 말이다. 모든 빗나간 행
동이 관용되어야 한다는 요구가 수많은 사람들의 가치의식을 불
확실하게 했고 교육자의 교육 의지를 점점 더 마비시켰다.

쾌락주의(快樂主義)

　이 정신적인 흐름도 하나의 정당한 근본 사상, 즉 개인적인 행
복을 위한 감각적 쾌락, 만족, 향락(그리스어 hedone)이라는 가
치를 과도하게 하는 것이다. 선(善)으로 존중될 만한 많은 종류
의 만족이 존재하는 것은 틀림없는 사실이다. 그러나 쾌락, 만족,
그리고 향락이 유일한 선(善)은 아니다.[27] 만약 우리가 그것들만
꾀한다면 인생은 성공할 수 없다. 만약 그것들이 최고의 선(善)
으로 평가되면 개인의 복지를 위해서나 공동복지를 위해서 더 중
요한 다른 선(善)들이 해를 입는다. 인간이 쾌락과 그 쾌락을 마
련해 주는 사물을 점점 더 많이 가지려고 하는 것은 그 인간에게

---

27) Brentano 1952, pp.165ff.; Paulsen 1903, Bd. 1, pp.245ff. 참조.

하나의 위험이다. 그 때문에 모든 성현(聖賢)의 가르침에서는 평형추(平衡錘)로서 금욕(禁慾)이 권장되고 있다. 즉 탐욕의 제어, 분수 지키기, 자율과 극기 등이 그것이다. 고조된 쾌락주의는 몰락의 신호다. 그것은 대개 하나의 부정적인 생명감(生命感), 무희열(無喜悅), 자기 포로(自己 捕虜)에서 연유한다.[28]

전체주의가 지배하고 사회가 병영화(兵營化)된 제2차 세계대전의 여러 해 동안에는 정신적 안녕을 돌보기 위한 여유가 거의 없었다. 그 당시는 희생 정신, 자기 극복, 봉사 의지 등 영웅적 이상들이 가장 높이 기려졌다. 전후(戰後) 민족과 국가에 대한 헌신(獻身)에 대해서는 사람들이 보다 냉정해졌으나, 가정, 친척, 친구와 이웃, 교회, 기타 신념 공동체(信念 共同體)에 대한 봉사 속에서의 무사무아(無私無我)는 아직도 대단했다. 고난과 빈곤이 극복되고 아직 한 번도 현존한 적이 없는 복지상태(福祉狀態)가 급속히 확대되었을 때, 비로소 사람들은 자기 자신에게 눈을 돌리고 호사생활(豪奢生活)로 치닫기 시작했다. 풍년에 들어서서 흉년기에 향락에 소홀했던 것을 만회하려고 했다. 다시 한 번 빠져나왔다는 감사하는 마음은 줄어들고, 소비 욕망은 증대되고 요구 수준이 높아졌다. 달성된 생활수준은 자명한 것으로 간주되고 온갖 물질적 재화(財貨)들을 한층 더 소유할 수 있을 것으로 탐욕스레 상상하기 때문에 불만이 발생하였다.

점점 더 많은 사람들이 가능한 최대 양(量)의 수입(收入), 향수(享受), 쾌적(快適)으로 이해되는 그들 자신의 행복만 염려하였다. 심지어 필요 이상으로 소비하고 뽐내고 낭비하는 것이 칭찬할 만한 것으로 간주되기도 하였다. 그것이 수요(需要) 이상으로 생산하는 경제를 돌아가게 하기 때문이라는 것이다.

이 같이 이기주의(利己主義)로의 전환(轉換)이 이루어지게 된

---

28) Scheler 1954, p.357참조.

것은 본질적으로 기독교적 신념의 퇴각(退却)으로 인한 면도 있으며, 기독교적 신념의 퇴각은 핵무기의 섬멸(殲滅)에 대한 불안과 결부되는 것이었다. 이 같은 사정을 니체는 아주 적절하게 이렇게 표현하였다. "행복의 사냥(추구)은 오늘과 내일 사이 그것(행복)을 날쌔게 붙잡아야 할 때 가장 커질 것이다. 모레는 아마도 수렵기 자체가 모두 끝나 있을 테니까."[29] 쾌락주의는 가치의식과 교육에 대해 어떻게 영향을 미쳤을까?

쾌락, 만족, 향락의 과대 평가는 - 개인주의적 생활 감정과 결부되어 - 성인들을 도덕적으로 분열시켰고 청소년들에게는 건실하고 유능한 삶에의 길을 어렵게 했다. 도덕적 분열은 개별 인간의 경우 한편으로는 과도하게 높아진 자유와 만족을 향한 요구와 다른 한편으로는 적응, 욕구 포기, 극기(克己) 사이에서 갈팡질팡함에서 나타난다. 외적으로는 즐김에의 강력한 권유들에 의해 꾀임을 당하고 내적으로는 쾌락주의적 소원들로 채워져서 노동, 직업, 공동체의 의무가 필요로 하는 단념(斷念)이 더 이상 자명하게 되지 않고 부담으로 느껴진다. 단념한다는 것은 자랑스러운 미덕(美德)으로서가 아니라 필요악(必要惡)으로 간주된다. 이것이 청년들에게 성취의 희열(喜悅), 봉사 용의(奉仕 用意), 자제(自制)를 학습하는 것을 어렵게 함은 물론이다.

그런데 쾌락주의는 수많은 개별 인간들을 도덕적으로 찢어 놓고 있을 뿐만 아니라 전체로서의 사회를 도덕적으로 분열시켰다. 사회는 복지와 번영을 확보하기 위해서 늘 그 시민들의 근면(勤勉), 질서 용의(秩序 用意), 그리고 자기 단련(自己 鍛鍊)에 의존해 왔고 이는 앞으로도 변함이 없다. 경제, 행정, 학문에서 책임을 지고 있는 사람들은 이 점에 대해 추호의 의심도 갖지 않는다. 하지만 사회의 문화 경영(文化 經營)에 있어서는 이 필수불

---

29) Nietzsche 1976, Bd.I, p.313.

가결의 미덕들에 상치(相馳)되어 온 지 오래다. 일체의 제한(制限)에 대해서는 반항하고 욕망의 세계가 제공하는 것이면 온갖 것을 만끽하는 독단적인 자아(自我)가 선전되고 있다. 개인의 지속적인 행복과 전체의 번영이 달려 있는 저 의무와 가치 태도를 경멸하는 새로운 여론 조성자(輿論 造成者) 계급이 성립되었다. 그들은 허무주의적인 반문화(反文化)를 전파하고 있는데, 이것은 무엇보다 청년들에게 향해지고 있다.[30] 그렇게 함으로써 그들은 우리의 어린이들이 건실하고 유능하게 될 수 있기 위해서 만나지 않으면 안 되는 최소한의 도덕적 일치(一致)를 위협하고 있다.

---

30) Bell 1975, pp361ff.; Gehlen 1973, pp.141ff.; Ortlieb 1971 및 1978; Sche-lsky 1975; Hersch 1982; Recum 1983 참조.

III. 교육 위기에서 벗어나는 길

삶의 상황이 단순하지 않아서 해결책도 간단치 않다. 교육의 새로운 정향을 위한 여러 제안들은 현존하고 있는 자기 치유력 (自己 治癒力)에 부착될 때만 쓸모가 있다. 교육 위기가 가치 평가의 불확실성으로 인해 야기되고 있는 한, 우리들은 서로 도와 다시 가치 정향(價値 定向)에 있어서의 확실성을 얻게 될 때 비로소 위기로부터 벗어날 수 있다. 세계관적·도덕적 근본 신념들이 가지각색이기 때문에 다원주의적 사회에 있어서 이것은 모든 사람들에게 동일한 방식으로 가능한 것은 아니다. 무엇보다 관건이 되는 것은 무엇인가? 인간과 그들의 교육에 대한 현실적인 상(像)이 중요하고, 우리들과 우리의 후진들에게 통해야 할 공동의 이상(理想)들에 대한 명확성이 중요하며, 그 이상들을 실현시키는데 필요한 수단들을 적용하는 용기가 중요하다.

현실적 인간상(人間像)

수십 년 동안 인간의 본질과 그의 행복을 위한 조건들에 관한 이성주의적 · 개인주의적 · 쾌락주의적 환상들이 시대 정신을 결정해 왔다. 이들은 아직도 여전히 널리 확산되고 있다. 그러나 이들은 더 이상 논쟁의 여지 없이 확실하게 지배하지는 못하고 있다. 많은 사람들은 일면적인 교설(敎說)들의 해로운 결과를 인정하게 되었기 때문에 보다 냉정해졌다. 그들은 지금까지 소홀히 되어 온 저 진리들에 대해 다시 귀를 열고 있다. 교육에 있어서 고려되어야 마땅한 가장 중요한 진리는 어떤 것들인가?

1. 인간은 순전히 이성적(理性的)이기만 한 존재는 아니다. 인간은 선(善)으로도 악(惡)으로도 이용될 수 있는 강력한 유기적인 동인(動因)들을 지니고 있다. 인간은 본래 미완성적(未完成的)이고 도야(陶冶)될 수 있는 존재이며, 위태롭고 학습을 필요로 하는 존재이다. 그러므로 인간은 내적 근거를 얻기 위해서 기율과 훈련을 필요로 한다.

2. 인간은 그의 내적 근거를 위해서 외적 근거에 의존하는 존재다. 인간은 확고한 생활 형식을 가진 공동체를 필요로 한다. 인간이 도덕적으로 선하게 되고 계속적으로 선할 수 있기 위해서는 선한 도덕(道德)을 만나야만 한다.

3. 내적 근거는 인간이 유년 시절에 하나의 작은 집단 내에서 영속적인 안전을 경험하는 것에 의존한다. 내적 근거는 가정과 그 가장 가까운 주위에 있어서 어머니와 기타 사랑받는 사람들에 대한 심정적 결합에서 성립된다.[31] 그들에 대한 사랑을 통해서 그들의 이상(理想)이 또한 그의 이상이 된다.

4. 내적 근거는 오직 권위의 인정을 거쳐서만 획득되고 유지될 수 있다. 어떤 권위인가. 우선 부모와 같은 사랑받는 인물들의 권위가 그것이다. 다음은 초인격적인 제도의 권위, 통용되는 신조(信條)와 모럴의 권위, 그리고 존경스런 전통의 권위가 그것이다.

5. 가치 정향을 위해서는 이성과 학문만으로는 충분치 못하다. 종교, 신화, 세계관(또는 이데올로기)과 같은 신념 체계는 현대 사회에 있어서도 불가결한 것이다.[32] 이들 신념 체계에는 믿고 숭배하려는 인간의 자연적인 욕구가 조응(照應)하는 것이다.

6. 선(善)에 관하여 인식하는 것이 선(善)을 행하기 위한 충분

---

31) Moor 1951. pp.194ff. 참조.
32) Lemberg 1974; Brezinka 1992 참조.

조건은 아니다. 사람은 선(善)을 의욕하지 않으면 안 된다. 도덕적인 삶의 건실성은 도덕적인 노력들, 즉 자기 극복, 사악하고 사치스런 것의 단념, 본질적인 것을 중시함, 선을 행하는 연습, 금욕 등을 전제로 한다.

7. 도덕적 노력은 일반적으로 그것이 조감 가능한 생활공동체 안에서 모든 사람들에 의해 요구되고 통제될 때만 수행된다. 비인격적인 관계들로 이루어진 큰 집단에서는 도덕적인 진력 용의는 사소한 것이 되고 타인들을 희생으로 하여 살아가고 공공의 재산을 자기 것으로 취하려는 경향이 강하다.[33]

8. 교육은 앞서 언급된 조건들이 얼마나 확보되는가 하는 그 정도에 따라서 성공할 가망이 있다. 이것은 세계관적·도덕적 결단에 좌우된다. 이 경우 근본이 되는 것은 공동의 이상(理想)들에 관한 결단이다.

공동의 이상(理想)들

문서상으로는 교육 목표들이 잘 배려되어 있다. 모든 주(州)의 교육법은 인격적 이상을 포함하고 있고, 헌법에서 그렇게 되어 있는 주(州)도 여럿이다. 그러나 인격적 이상들은 만약 공동생활의 일상에서 진지하게 받아들여지지 않는다면, 그리고 이들 이상이 단지 학생들과 그들의 교사들을 위해서만 타당하다고 믿는다면 별 도움이 되지 못한다. 아동들은 그들이 학교에서 듣고 보는 것만 본받을 수 없다. 그들은 만나는 모든 사람들과의 교제로부터 배운다. 그들은 극도로 모방능력이 있고 적응적이다. 그 때문에 그들의 안녕을 위해서는 그들이 생활 공간에 있어 어떠한 모범과 만나고 어떠한 이상들이 거기서 통하고 있는가 하는데 대부

---

33) Wittmann 1980 참조.

분이 좌우된다. 그러나 그것은 아동들에게서만 그런 것이 아니라 성인들에게서도 그러하다. 우리는 모두 좋은 인간의 공동 이상들을 필요로 하며, 우리의 후계 세대들뿐만 아니라 먼저 우리 자신들도 그런 이상을 따라야 할 의무를 진다. 좋은 사회의 이상들이 그것을 대체할 수 있는 것이 아니다.

이성주의, 개인주의, 쾌락주의가 지배하는 가운데 공동의 인격적(人格的) 이상(理想)들은 수십 년 동안 거의 물음의 대상이 되지 않았다. 인격적 이상들은 자유는 한계를 가져야만 한다는 것, 우리는 우리 자신을 절차탁마(切磋琢磨)해야만 한다는 것을 필연적으로 상기시키기 때문이다. 그 대신 자유, 정의, 기회균등, 사회적 확실성, 민주화, 공동 결정, 평화 등 우리들에게 개인적·인격적으로 요구하는 바가 별로 없는 사회적(社會的) 이상(理想)들만 일방적으로 선전되어 왔다. 게다가 순전히 형식적이고 무엇인가 의무를 지우는 바도 없는 "해방"이니 "자아 실현"이니 따위 개인주의적인 지도 이념(指導 理念)들이 합세되었던 것이다. 이러한 형편에서 새로운 정향에 요구되는 것은 무엇인가?

1. 삶에 필요한 모든 여타의 인격적 특성들을 희생시키고 지적 능력, 과학적 지식, 기술적 가능성을 일방적으로 이상화(理想化)하는 일은 중지되지 않으면 안 된다. 이것은 정보기술적 인식과 가능성에 대해서도 적용된다. 과학적·기술적 능력들은 중요하고 앞으로도 그렇다. 그러나 다른 정신적 가치에 대한 심정적 결합도 역시 중요하고 앞으로도 변함없다.

2. 지식, 분업, 학습 및 행위가능성의 엄청난 증가로 말미암아 개개인에게 있어 전문화(專門化)는 불가피하다. 그러나 전문화가 강화되면 될수록 그 전문가들에게 있어서 본질적인 것이 위축되고 사회의 결속이 약화된다는 위험이 커진다. 이에 대해서는 오

직 심적 능력의 조화와 자기 문화의 정신적 기초와의 친밀성이라
는 두 가지를 포함하는 인격적 이상만이 도움이 된다.

　3. 우리의 다원주의적 사회에 있어서는 좋은 인간이라는 이상
(理想)이 지닌 본질적 특징이 무엇인지, 우리 문화의 포기할 수
없는 핵심(核心)의 본질적 특징이 무엇인지에 대해 의견의 일치
가 성립되어 있지 않다. 우리는 이런 사실로부터 잘못된 결론들
이 도출되는 것을 막아야 한다. 우리들을 갈라놓는 이상들을 그
들이 우리들을 갈라 놓는다고 해서 경시(輕視)하고 포기(抛棄)하
는 것은 잘못이다. 만약 삶의 의미를 위해 가장 중요한 것이 논
쟁의 여지가 있다는 이유로 만인이 일치된 견해를 보이는 가장
덜 중요한 것을 위해 희생된다면, 그 결과는 하나의 내용 없는
획일 사회(劃一 社會)가 되고, 정신적 기반이 박탈된 그 구성원
들은 쉽사리 오도(誤導)될 수 있다.

　4. 우리의 헌법들은 여러 가지 상이한 종교적·세계관적 신조
들, 종교 공동체와 세계관적 공동체들의 존재를 염두에 두고 있
다.[34] "인간의 삶의 종교적 도덕적 기반을 유지하고 공고히 하는
데 있어 그것이 지니는 의의가 인정되고 있다."[35] 이들 공동체는
그 구성원들을 위한 공동의 인격적 이상들을 가지고 있다. 종교
공동체나 세계관적 공동체는 인간에 대한 특수한 요청을 포함하
는 그들의 특별한 문화를 자부심을 가지고 보호하도록 고무될 필
요가 있다. 정신적 기본이 박탈된 지식인들에 의해 파괴당하게
하는 대신에 말이다. 전래된 문화적 고유세계를 가진 작은 공동
체들의 다원주의는 강화되어야 한다. 오직 그와 같이 믿음으로

---

34) 1919년 8월 11일의 독일제국 헌법 제135~141, 146~149조; 1949년 5월
　　23일의 독일연방공화국 기본법 제 4, 7, 140조; 1867년 12월 21일의 오스트
　　리아 국가 기본법 제14~17조 참조.
35) 1953년 11월 11일의 바덴 뷔르템베르크(Baden-Württemberg) 주(州) 헌
　　법, 제4조.

결속된 독자적 세계 내에서만 심적 안정의 회복, 심적인 고향 회복(故鄉 回復)이 가능하기 때문이다.

5. 도덕적으로 오로지 부분 집단들의 그 집단 특유의 에토스(Ethos)에만 의존하는 다원주의적 국가는 생존 능력이 없다. 종교적·세계관적·지역문화적(地域文化的) 공동체들이 지닌 특수 이상(特殊 理想)들은 만일 그들이 만인에게 통하는 하나의 사회적 기본 이상 속에 묶이지 않으면 한 국가를 파괴할 수 있다. 사회적 기본 이상은 또한 종교적 또는 세계관적 공동체 밖에서 살고 있는 수많은 시민들에게도 도달하지 않으면 안 된다.

개인주의적 풍조, 소박한 세계시민적 풍조가 지배하는 시대에 있어서는 공익(公益)을 안전하게 하고 국가를 지탱시키는 저 미덕(美德)들을 돌보는 일이 특히 필요하다. 또한 우리 헌법이 "도덕률(道德律)"이라고 부르는 것을 돌이켜 자각해 보는 일도 이에 속한다.[36)

사회적 기본 이상이 무엇이어야 하는가에 관한 최소한의 합의(合意)는 무망(無望)한 것이 아니다. 우리의 헌법과 교육법의 경우 이미 교육 과업과 교육 목표에 관해서는 일치되는 요소들이 발견될 수 있거니와 이것을 생활에서 살리면 되는 것이다. 우리는 영점(零點)에서 시작할 필요가 없고, 하나의 도덕적 전통에 의지할 수가 있다.

6. 다원주의적인 사회에서는 스스로 노력하지 않고서는 가치 정향의 잃어버린 확실성을 재획득할 수가 없다. 이상(理想)에 이르는 의지(意志)를 발휘하고 관철하여 나가는 사람만이 이상을 통한 도움과 보호를 경험한다. 인격 이상은 두 가지 유혹(誘惑)에 대항해서 지켜지지 않으면 안 된다. 첫째는 자기 자신의 본능

---

36) 기본법 제2조; 바덴뷔르템베르크 주(州) 헌법 제1조; 라인란트 팔츠 주(州) 헌법 제1조 등 참조.

의 요구들에 대항해서이고, 둘째는 이상을 증명 불가능한 것이라
고 생각하는 비판적인 지성(知性)의 이론(異論)에 대항해서이다.
같은 생각을 지닌 사람들과 함께 결속하는 사람만이 이 이중(二
重)의 압박(壓迫)에 대해서 장기적으로 맞설 수 있다.

필요한 수단을 사용하려는 용기

성장 세대들을 잘 교육하는 의무는 헤아릴 수 없는 부분적 과
업들을 포함한다. 이들 과업은 매우 상이한 사정 아래 매우 다양
한 사람들을 대상으로 해서 이행되지 않으면 안 된다. 그러므로
보편적인 수단은 있을 수 없다. 하지만 교육자로서 우리들은 인
격의 형성에 관여되는 요인(要因)들이 그토록 많다고 해서 위축
되어서도 안 된다. 인격 형성에 관여하는 요인들에 대해서 세세
한 것을 알면 알수록 본질적인 것을 시야(視野)에서 놓쳐 버릴
위험이 더 크다. 새로운 정향을 위한 수단의 영역에 있어서 어떠
한 관점(觀點)들이 본질적인 것인가?
　1. 우리는 공동의 인격 이상들에게 유리할 뿐 아니라 후진의
교육에 대한 모든 시민의 공동책임을 긍정하는 사회적인 가치 분
위기(價値 雰圍氣)를 필요로 한다. 부모와 교사들은 더 이상 홀
로 방임되어서는 안 된다. 그들은 미덕(美德)도 타락(墮落)도 사
적인 일로 간주하지 않는 하나의 여론(與論)에 의지할 수 있어야
만 한다.
　2. 건실한 삶을 살 수 있도록 후진을 도와 주기 위한 가장 확
실한 방법은 좋은 가정을 장려하는 것이다. 교육적인 부모를 대
리할 수 있는 완전한 등가물(等價物)은 존재하지 않는다. 그러므
로 어머니가 전적으로 아이들의 교육에만 헌신하는 가정들은 이
중(二重)으로 소득을 얻는 부부(夫婦)와 비혼인(非婚姻) 동거 공

동체(同居 共同體)에 비해서 겪는 불리(不利)로부터 조세법(租稅法)상으로나 사회복지 수혜권(受惠權)상으로 구제를 받아야 한다. 또한 "가정 주부"들은 그들이 받아 마땅한 존경을 도로 받아야 한다. 왜냐하면 그들은 공동체의 유지를 위해서 "직업을 가진 부인들"보다 더 중요한 일을 수행하고 있기 때문이다.[37]

3. 교육적인 가정의 장려를 옹호한다고 해서 이것이 수많은 가정 내에 존재하는 결함(缺陷)들을 경시한다는 뜻은 아니다. 안정된 부모나 가정이 없는 아동들은 공공 시설의 도움을 받아야 함은 물론이다. 그러나 가정 내에서도 폐해가 있다고 해서 이를 부모의 교육적 영향을 절감시키는 사유로 삼아서는 안 된다. 국민적 교육은 실패한 결혼이나 의무를 망각한 부모가 마치 정상적인 사례인 것같이 치부하여 조직되어서는 안 된다. 유감스러운 타락 현상(墮落 現象)들은 교육정책적 계획을 수립함에 있어 관심의 중심에 속하는 것이 아니라 중요한 부차적인 문제에 속한다.

4. 직접적인 교육보다는 간접적인 교육이 훨씬 더 중요하다. 간접적인 교육이란 아동과 청소년이 배워야 할 것을 가능한 한 많이 자발적으로 배울 수 있도록 그들의 생활 공간을 형성하는 것을 말한다. 자연과 문화와 인간을 풍부하게 경험할 수 있는 기회, 연령에 따른 행위 가능성과 과업이 이에 속하고, 자극의 과잉(過剩)으로부터 보호하고 수동적 생활방식으로 오도(誤導)되지 않게 보호하는 일이 이에 속한다. 근본이 되어 주는 것은 모두가 지켜야만 하는 전래된 질서 또는 새로 창조되어야 할 질서이다. 풍습, 풍속, 규칙, 예절바른 교제 형식(交際 形式) 등이 그것이다. 좋은 풍속과 습관의 그 지반제공적인 힘을 다시 파악하고 교육적으로 이용할 때만 대량적인 타락을 예방할 수 있다.[38]

---

37) Zeidler 1983, pp.597ff. 참조.
38) Brezinka 1971, pp.243ff. 참조.

5. 모든 가치 태도는 심정(心情) 속에, 인격의 정서적 영역 속에 뿌리를 둔다. 그러므로 가치 정향의 질(質)과 확실성은 안전, 애정어린 관심, 권위자의 인정에 대한 어린이의 심정적 욕구(心情的 慾求)가 충족되는 데에 달려 있다. 가치 담지자(價値 擔持者)로서의 사랑하는 인물에 대한 정서적 결합이 없을 때, 이들의 질책에 대한 두려움이 없고 이들이 찬성하지 않는 것에 대한 꺼림이 없을 때, 가치와 규범에 관한 이성적인 가르침은 아무런 소용이 없다. 이것은 교육자(敎育者)가 가치 평가, 그(가치)와의 심정적 결합, 그리고 그것의 요구를 기피하지 않을 때만 어린이들의 가치 정향을 도울 수 있음을 의미한다. 단순히 정보를 제공할 뿐 지도하지 않는 것은 무책임하다. 부모나 교사는 하나의 도덕적 입각점(立脚點)을 획득하여 이를 단호하게 주장하되, 동시에 그 근거를 이해될 수 있게 하고 그와의 씨름을 도와 주어야 한다.

6. 가정 다음으로 학교가 가치의식에 큰 영향을 미친다. 좋은 영향이든 나쁜 영향이든 간에 말이다. 학교는 한 사회가 그 공통적인 이상(理想)들을 다음 세대에게 계획적으로 접근시키기 위하여 소유하고 있는 가장 중요한 수단이다. 그러나 "계획적으로"라는 것은 "직접적으로"라는 뜻은 아니다. "계획적으로"라는 것은 여기서 이런 뜻이다. 즉 몸소 이 이상(理想)들을 표준으로 삼고 학교의 정신을 상응하게 각인시키는 교사를 돌보는 것, 건설적인 가치 체험을 가능하게 하는 교수 내용(敎授 內容), 인간적인 만남, 의식과 축제를 돌보는 것, 사실적 지식을 과잉 공급하거나 너무 이른 ― 또는 일방적인 ― 비판을 도발시킴으로써 학생들의 가치 감수성을 무디게 만들지 않고 그것을 보호하고 장려하는 것 등을 뜻한다.[39] 가치 평가의 위기를 한탄할 뿐만 아니라 이를 극

---

39) Hentig 1976에서 많은 자극을 얻을 수 있다.

복하고자 하는 교육정책가와 교사교육자, 교사진(教師陣)과 교원 단체들을 위해서는 아직 활용되지 않은 가능성들이 많이 있으며, 이와 더불어 또한 큰 과업들도 존재한다.

이상 교육의 새 정향에 있어 가장 중요한 부분 과제(部分課題)들에 관하여 논점적으로 살펴보았다. 이 과제들은 교육의 방법, 기술, 또는 조직 형태와 관련해서 설정되는 것이 아니라 성인(成人)들의 생각의 정돈(整頓)과 관련해서 설정되는 것이다. 보다 더 간단한 길은 존재하지 않는다. 이 길은 자신을 가치 불확실 사회의 저항력 없는 희생자(犠牲者)로 여기지 않고 자기 자신과 그 활동 범위를 공동의 이상(理想)에 따라 정돈하고 남들도 그렇게 하도록 도와 주려고 결심하는 적극적인 사람들을 위해서만 통행할 수 있는 것이다.

제2장 "해방 교육학"과 그 귀결

　"해방 교육학"은 "해방"을 모든 교육의 지도 이념으로 삼을 것을 요구하는 교육학적 견해들을 지칭하기 위한 종합 명칭이다. 1968년까지 "해방"이란 단어는 교육학의 전문어(專門語) 안에서 거의 사용되지 않았다.[1] 그것은 원외 야당(院外 野黨)[2]과 반(反)권위주의적 항의 운동이 절정에 이른 시기에 비로소 네오마르크시즘의 어휘에서 교육학 속으로 받아들여졌다. "해방"이란 단어는 그 당시 신좌파(新左派)[3] – 또는 '지식인 좌파'[4] – 의 이상들을 나타내기 위한 가장 중요한 언어적 상징들에 속하고 있었다. 그것은 교육이론가들, 교육실천가들, 교육정책가들에 의해서 믿을 수 없을 정도로 빠르게 받아들여졌다. 그것은 다원주의적 사회에 있어서의 교육자의 어려운 정향 문제(定向 問題)들을 해결할 수 있는 주문(呪文)처럼 많은 사람들에게 등장한 것으로 보인다.

　"해방"을 모든 교육 행위와 모든 교육 시설들을 위한 하나의 근본 규범으로 받아들이는 것은 신좌파 서클을 훨씬 넘어서서도 자명하게 되었다. "해방 교육학"이란 표현은 1968년에만 해도 아직 알려져 있지 않았는데, 1973년에 이미 한 교육학 사전(事典)에서 이런 구절을 읽을 수 있다. "현재 해방 교육에의 요청은 일

---

1) Rössner 1974, p.47 참조.
2) Wilfert 1968; Winkler 1968 참조.
3) Schrenck-Notzing 1968; Weiss 1969; Riechert 1969 참조.
4) 하버마스는 이 용어를 선호한다. Habermas 1979, pp.8ff.

반적으로 수용되고 있는 것으로 간주될 수 있다."[5] 정치적 투쟁
슬로건인 "해방"이 맹렬한 상승세(上昇勢)를 타고 서독 교육학의
중심적 유행어가 되었던 것이다.

　그러나 급격한 상승에 이어 그 사이 완만한 하강(下降)이 잇따
랐다. 이를 입증하는 증거를 하나만 들자. 블랑케르츠(Herwig
Blankertz)는 1966년 하버마스를 본받아서 "해방"을 교육학의
"인식지도적(認識指導的) 관심"으로 선전했는데,[6] 1978년 "독일
교육학회"의 한 학술대회에서 그는 이런 문장으로 그것을 가볍게
처리하였다. "그 개념이 그 사이 얼마나 철저히 닳아 없어져 버
렸는지는 설명을 필요치 않는다."[7]

---

5) Wehle 1973, p43.
6) Blankertz 1966a, p.74.
7) Blankertz 1978, p.177.

I. 학문적 교육학인가, 세계관적 교육학인가?

독일 교육학의 실정을 더 자세히 알지 못하는 사람은 부지중에 자문할 것이다. 어제만 해도 근본 개념으로 진술되고, 하나의 학문 분야 전체를 위한 주도적 이념으로 진술된 한 개념이 오늘 벌써 "닳아 없어진 것"으로 간주된다면 거기에 학문적인 것이 무엇 있느냐? 이 물음은 "해방 교육학"의 학문적 성격 또는 그 명제들의 학문적 가치에 관계되는 것이다.

이에 대한 대답은 간단하다. "해방 교육학"은 교수들에 의해서 널리 전파된 것은 사실이나, 학문과는 아무런 상관이 없는 것이었다. 그것은 하나의 세계관적 사고의 형성물이요, 정치적 의도의 소산(所産)이지 학문적 인식의 산물이 아니다. 이것은 결코 비방(誹謗)이 아니라 낱말의 현대적인 의미에서 학문(學問)에 관한 분명한 개념을 가지고 있는 사람이면 누구에게나 자명하게 이해되는 사실이다.[8]

"해방"이란 단어가 "해방 교육학"에서 정확하게 의미하는 바가 무엇이든 간에, 그것이 일컫는 것은 당위의 요구, 규범, 이상, 소망상(所望像)이요, 의욕되는 무엇이다. 도덕적 규범들은 인간의 행위를 위해서나 교육을 위해서 불가결한 것이다. 그러나 도덕적 규범들은 경험과학적 명제들로부터 도출되거나 과학적 방법으로 생산될 수 있는 것이 아니라 도덕적 숙고(熟考)와 결단(決斷)의 결과이다. 그와 같은 결단은 원칙적으로 차이가 날 수 있다. 그 결단들이 사실들에 대한 인식에 의존할 뿐만 아니라 가치 평가에

---

8) Wohlgenannt 1969; Diemer 1970; Radnitzky 1978, 1979; 특히 교육 과학에 대해서는 Brezinka 1978 참조.

도 의존하고 따라서 결국 세계관적 신념들에 의존하기 때문에 그 렇다. 세계관 - 또는 가치중립적 의미에서 이데올로기[9] - 은 학 문과는 다른 무엇이다. 모든 사람은 학문적으로 확보되는 지식을 초월하는 하나의 세계관을 가지고 있고 필요로 하기도 한다. 교 육을 위해서도 불가피하게 하나의 세계관적 기초를 갖는 도덕적 규범들이 필요하다.

그러므로 내가 "해방 교육학"의 학문적 성격에 대한 우리의 첫 물음을 다음과 같은 테제, 곧 **"해방 교육학"은 학문적 교육학이 아니라 하나의 세계관적 교육학이다**라는 테제로써 대답할 때 이것이 좋지 못한 것을 의미하는 것은 아니다. 혹은 달리 표현한 다면, 해방 교육학은 교육의 학문적 이론이 아니라 하나의 실천 적 이론이다.[10] 그것은 "존재하는 바에 대한 무관심의 인식이 아 니라 존재해야 할 바에 대한 관심 있는 고지(告知) 내지 선언(宣 言)"[11]이다. 일정한 세계관적 입각점에서 비롯하는 관심 있는 고 지(告知) 내지 선언(宣言)이다. 다만 그것의 세계관적 성격을 은 폐하고 예감 없는 동시대인들에게 그것을 "학문"으로 진술하는 것 은 부정직(不正直)이라는 의미에서 나쁜 것이다. 학문적으로 도 야되었다고 주장하는 사람들이 그와 같은 기만에 빠져든다면 그 것은 무비판(無批判)이라는 의미에서 또한 좋지 못한 것이다.

---

9) Lemberg 1974, p.34 참조.

10) 상세한 논증에 대해서는 Brezinka 1978, pp.19ff.와 pp73ff. 참조.

11) Frischeisen-Köhler 1921, p.13.

II. 세계관적 기초

두 번째 질문은 이렇다. 어떠한 세계관이 "해방 교육학"의 기초가 되고 있는가? "해방 교육학"을 선전하고 있는 사람들은 무엇을 믿고 있는가? 그리고 그들은 무엇을 의도하고 있는가?

이에 대한 대답은 아주 다양한 세계관들의 사람들이 "해방교육학"을 찬성하고 있기 때문에 어렵다. 그러나 그들이 표상하고 있는 것을 어느 정도 분명하게 말한 사람은 몇 안 된다. "해방"이란 표어는 의심할 여지 없이 네오마르크스주의적 프랑크푸르트철학파의 신봉자들에 의해서 교육학 속에 유입되었다. 그러나 그것은 그 사이 예상외로 모호한 좌파자유주의적 세계관의 구성요소가 되었다. 이 세계관은 이미 신좌파의 등장 이전에 있었고, 또한 그의 정치적 문화적 몰락을 이기고도 살아 남았다. 이 세계관은 예나 지금이나 서방의 자유민주주의적 복지국가의 정신적 분위기를 본질적으로 함께 규정하고 있다.

이 세계관은 대략 자유방임주의, 극단적 개인주의, 유토피아적 아나키즘, 그리고 니힐리즘과 같은 표어들로서 표현될 수 있다.[12] 사회민주주의자 오르틀립(Heinz-Dietrich Ortlieb)은 그것을 날카롭게 "플레이보이 민주주의"라고 명명했다.[13] 그것은 "욕망이 가는 것을 행하기 위해 세상에 온"[14] 사람들의 멘털리티이다. 개인의 **권리**가 **의무**보다 훨씬 더 중요한 것으로 보이는 세계관이요, 과도한 개인적 복리의 주장, 무제한의 자유, 자기 결정, 욕구

---

12) Ortlieb 1971, 1978 참조.
13) Ortlieb 1974, pp.187ff.
14) Ortega y Gasset 1952, p.110.

충족, 그리고 행복이 기려지는 세계관을 의미한다.

"해방적 교육"이라는 슬로건이 그처럼 신속히 전파된 것은 이 공동체 및 권위 적대적인 멘털리티가 광범위하게 확산된 데도 기인한다. 그것은 많은 사람들에 의해서 널리 통례가 되다시피 한 생활 및 교육 실천을 합리화하는 공식으로서 아주 무비판적으로 이해되었다. 그것은 "욕구 충족의 기회"[15]를 남김없이 이용하고 사회적 의존관계를 분해시키며 자신의 원망(願望)을 실현시키는 도상(途上)의 장애물을 가능한 한 교묘히 비켜 가는 데서 인간의 유능성을 발견하는 사람들에게 적합한 것으로 보인다. 이 같은 개인주의적 해석에서 보면 "해방 교육"은 잘 이해된 사리사욕에 이르는 교육, 현명한 에고이즘에 이르는 교육 이외의 다름이 아니다. 물론 사람들은 이렇게 말하는 것은 조심하고, 오히려 "자기 실현에의 교육", 혹은 바로 "해방적 교육"이라는 말을 더 즐겨 쓴다. "해방 교육학"의 이 **개인주의적 변종**은 널리 전파되어 있다. 그러나 이것은 그 네오마르크시즘적 고안자(考案者)들이 원래 의욕했던 것의 한 변질(變質)인 것이다.

"해방적 교육"에 대한 온갖 신앙의 고백도 마찬가지다. "해방적 교육"이라는 것이 실은 오래된 교육학적 이상들을 새로운 유행어로 반복한 것에 지나지 않는 것이기 때문이다. 과거 "성숙", "자립성", 또는 "자기 결정"과 같은 용어로써 뜻한 바와 다름아닌 것을 "해방"이란 용어로 표현하려는 문장들도 무수하다. 이들 내용이 없는, 그러나 비교적 무해한 현현 형태(顯現 形態)를 나는 "해방 교육학"의 **언어유행적 기회주의적 변종**이라고 명명한다.

개인주의적 변종이나 언어유행적·기회주의적 변종은 "해방 교육학"의 순도가 떨어지는 현현 형식들이다. 우리는 이들을 실재대로 통찰하고 진짜 "해방 교육학"과 혼동하지 않도록 해야 한다.

---

15) Lempert 1973, p.219.

진짜 "해방 교육학"에 있어서는 일차적으로 개인의 안녕이 관심사가 아니라 사회의 개조가 관심사다. 진짜 "해방 교육학"은 비정치적인 교양시민계층의 교육학적 상투어의 현대적 어투의 재판(再版)이 아니라, 그것은 하나의 정치적인 교육학이다. 다시 말하면 그것은 하나의 정치적 소망의 표현이고, 그의 목적은 그 소망되는 바의 실현에 기여하는 데 있다. 그 소망되는 바는 현존 사회에 비교해서 보다 나은 사회이다. 그 사회는 다음과 같은 표어로 특징지으려 시도되고 있다. 지배로부터의 자유, 강제의 부재(不在), 타인에 의한 결정의 폐기(廢棄), 만인의 공동결정, 인간에 의한 인간의 착취의 배제, 계급 차이와 특권의 철폐, "파괴되지 않고 왜곡되지 않은 의사소통", 개인적인 가능성의 전면적인 전개 등이 그것이다. 요컨대, 생각할 수 있는 최대의 자유, 평등, 행복이 만인을 위해 존재하는 사회가 소원되고 있다.

진짜 "해방 교육학"의 경우 이제 그 근저에 놓인 세계관이 어떤 것인가에 대한 우리의 두 번째 물음이 분명히 대답될 수 있다. 그것은 유토피아적 사회주의의 세계관이다. 그러니까 나의 두 번째 테제는 이렇다. **진짜 "해방 교육학"은 유토피아적·사회주의적 교육학이다.** 이는 동시에 그것이 마르크스 레닌주의적 교육학이 아니라는 것을 의미한다. 진짜 "해방 교육학"은 정통파적이거나 또는 교조적인 공산주의 교육학과는 공통적인 것이 거의 없다.[16] 그 때문에 그것은 공산주의자들에 의해서도 "소시민적 혁명주의적" 교육학 또는 "아나키즘적" 교육학으로 멸시받고 있기도 하다.[17]

반대로 "해방 교육학"의 대다수 신봉자들도 이른바 사회주의 국가들에 있어서 현실적으로 존재하는 사회주의와는 다소간 분명

---

16) Brezinka 1981a, pp.212ff. 참조.
17) 예로써 Sielski 1972; Mehnert 1973 참조.

히 자신들을 구별하고 있다. 그것은 단지 전술적인 이유 때문만
은 아니다. 그것은 그들의 사회주의적 유토피아가 마르크스 레닌
주의 정당들의 지배 영역에서는 실현되지 않았고 관료주의적 독
재의 조건들하에서는 전혀 실현될 수 없다는 신념에 상응하는 것
이다. 자기 당의 도그마들을 믿거나 믿는다고 말하는 공산주의자
들과는 달리 "해방 교육학"의 지지자들은 여러 가지 점에서 비교
조적(非教條的)이다. 그들은 모든 문제를 소위 "만인과 만인의
지배로부터 자유로운 대화"[18] 속에서 논의하고 해결하고자 한다.
즉 모든 해당자가 동등한 권리로 참여하는 토론 속에서 논의하고
해결하고자 한다.

---

18) Habermas 1968, p.164.

III. "해방 교육학"의 내용

우리는 지금까지 두 가지 문제에 대해서 해답을 얻었다. "해방 교육학"의 학문적 성격에 대해서, 그리고 "해방 교육학"의 세계관적 기초에 대해서. 이제 세 번째로 제기되어야 할 문제는 "해방 교육학"의 내용은 무엇이며 그것은 어떻게 평가되어야 하는가라는 것이다. 그런 다음 끝으로 "해방 교육학"이 끼친 영향들에 대해서 묻게 될 것이다.

우선 "해방 교육학"의 내용에 대해서 살펴보기로 하자. 교육의 실천적 이론으로서 "해방 교육학"의 명제들은 교육자들에게 그들의 과제에 대해 방향을 잡아 주고 교육적 행위로 안내하도록 결정되어 있다. 교육적 행위는 언제나 목적을 위한 수단이다.[19] 그에 따라서 모든 교육론의 핵심은 첫째 목적에 관한 명제와 둘째 일정한 사정 아래서 목적된 것의 달성을 위해 적당하다고 간주되고 추천되는 수단에 관한 명제로 성립된다. 이 경우 원칙적으로 타당성을 얻는 것은 목적된 것에 대한 정확한 지도가 없이는 수단에 관한 경험적으로 믿을 만한 안내가 불가능하다는 것이다.

목적의 분석과 비판

"해방 교육학"에 있어 교육의 목적에 관해서 어떤 논의가 되고 있는지 우선 살펴보자. 최고의 목적은 인격적인 목적이 아니라 **정치적인** 목적, 즉 "사회의 개선"이다.[20] 이 교육학의 중심점에

---

19) Brezinka 1981, pp.106ff. 참조.
20) Schaller 1974, p2.

서 있는 것은 지금 여기서 교육이 되어야 할 구체적인 인간들의
복리(福利)가 아니라 추상적인 집단인 "사회"의 복리가 중심에 서
있다. 그 때문에 교육의 목적에 관한 진술에 있어서 인격(人格)
이 언급되는 경우는 드물고 특히 선호되는 것이 "세대(世代)"라는
것이다. 즉 다시금 하나의 추상적인 집단에 관한 것이다. 예를
들면 몰렌하우어(Klaus Mollenhauer)는 "해방의 요구에 따르
는 교육"에 대해 "성장하는 세대들에게 있어 사회적 변혁의 잠재
력을 산출하기 위한" 과제를 제시한다.[21] 샬러(Klaus Schaller)
는 이렇게 요구한다. "성장하는 세대는 그들이 사회 체제를 필연
적으로 존속하는 것으로 받아들여 이에 적응하지 않고 그 속에
아직 잠재되어 있는 사회적 삶의 보다 나은 가능성들에로 이 체
제를 변화시키도록 인도되어야 한다."는 것이다.[22] 감(Hans-Jo-
chen Gamm)의 요구는 이렇다. "새 세대는 그들의 선행 세대의
태만을 점검하고 인간에 어울리는 생활 형식으로서 사회주의를
개척하는 재능을 갖추어야 한다."[23]

개별적 인간은 사회정책적 목적의 실현을 위한 수단으로서만
관심이 있다. 그의 교육을 위한 목표들은 의도되는 더 나은 사회
에 더 가까이 가기 위해서는 어떤 인격의 체제가 요구되는가라는
주로 정치적 관점 하에서 결정된다. 그 같은 심적 체제는 어떤
것인가? 다른 말로 표현하면, 어떠한 인격적 특성들이 교육 목표
로 설정되고 있는가?

이에 대한 대부분의 진술들은 극히 막연한 것이다. 가장 자주
요구되는 것은 다음과 같다. "비판적 합리성", "이성", "성숙"[24],
"비판적 의식"[25], "자기 결정"[26] 능력, "비판 능력"[27], "해방된 정체

---

21) Mollenhauer 1968, p.11과 p.67.
22) Schaller 1974, p.4.
23) Gamm 1970, p.51.
24) Mollenhauer 1968, p.67과 p.70.

성"[28] 등. 이들 표현들은 모두 다의적이고 해석을 필요로 한다. 이 표현들이 등장하는 텍스트와 관련하여 해석할 때 이들이 일상 언어에서와는 다른 의미를 지니고 있다는 사실이 드러난다.

이들 의미는 "지식인 좌파"의 급진적인 사회 비판과 연관된다. 교육 목표들로서는 우선적으로 현존 사회에 대한 애착에서부터 벗어남을 표현하는 특성들, 그리고 추구되는 이상적인 사회주의적 사회에서 비로소 획득될 수 있는 특성들이 설정된다. 지금 여기서 가장 중요한 것으로 간주되고 있는 것이 두 가지 능력인 바, 사회 비판 능력과 이데올로기 비판 능력[29], 즉 자기 자신의 이데올로기 이외의 다른 모든 세계관들에 대해 비판을 가할 수 있는 능력이 그것이다. "합리성", "이성적 태도", "비판 능력" 따위가 언급될 경우 특히 그런 의미가 있다.

이에 대해 몇 가지 예를 들기로 하자. 감(Gamm)에 의하면 교육적 숙고의 주도적 테마로서의 "해방"은 "학습하는 사람들로 하여금 부르주아적 생활 형식과 지배 형식들로부터 과감히, 그리고 결정적으로 거리를 취할 수 있게 하기 위한 정치적·사회적 자기해방"을 의미한다.[30] 요우히(Ernst Jouhy)는 "비판적 인식"이 무엇인가에 대해서 이렇게 설명한다. "해방 교육자는 현존하는 사회적 생존 조건들에 대한 비판적 인식을 매개하는데, 오직 그것의 가능한 극복의 전제와 과제로서만, 다시 말하여 새로운 사회를 잉태하는 낡은 사회의 시각으로서만 매개한다. 여기서 태

---

25) Brückner 1973, p.125.

26) Gamm 1970, p.216.

27) Klafki 1970, p.85.

28) Wellendorf 1970, p.91.

29) 예컨대 Blankertz 1966b, p.82 참조. 네오마르크시즘의 유래(하버마스)에 대해서, 그리고 "이데올로기 비판"의 비판에 대해서는 Heuss 1975, 특히 pp.70ff.를 참고할 것.

30) Gamm 1972, pp.11f.

아(胎兒)는 해방적 교육이 얻고자 하는 바로 저 인간들이다."[31] 이러한 연관에 있어서 "합리성"이란 무엇을 의미하는지 하이도른(Heinz-Joachim Heydorn)의 설명을 들어 보자. "합리성이 존재하는 곳에 또한 부정(否定 : Negation)이 존재한다. 부정의 가능성이 존재한다. 위대한 회의(懷疑)의 가능성이 존재한다. 그것은 해방되지 않으면 안 된다."[32]

끝으로 현존하는 사회에서는 전혀 실현될 수 없다고 주장되는 교육 목표에 대해 몇 가지 예를 들어 보자. 거기에도 물론 목적은 있다. 그것의 실현을 위한 - 현재는 아직 결여되어 있다고 하는 - 전제들을 형성하도록 격려하기 위한 목적, 즉 현존하는 생활 형식의 극복에 함께 동참하도록 격려하려는 목적이 그것이다. "자기 결정"이란 교육 목표에 관해서 클라프키(Wolfgang Klafki)는 이렇게 말한다. "개인을 도와 실제로 자기 결정과 해방을 할 수 있도록 하는 가능성은 **오직 상응하게 구조화된 사회에서만** 주어진다." 따라서 "비판 이론(批判 理論)에서 뜻하는 교육 과학(敎育 科學)은 필연적으로 영원한 사회 비판이 되거나 혹은 사회 비판과 결부되지 않으면 안 된다."[33] 감(Gamm)에 의하면 "성숙"이란 것은 **이 사회에서는** 개인이 진정으로 해방될 수 없다는 인식을 골자로 한다.[34] 포겔(Martin Rudolf Vogel)은 성숙을 "주어진 자본주의적 지배 관계에서 실현될 수 있는 것으로 암시하는 것은 부정직(不正直)하다"고 한다.[35]

"해방 교육학"에서는 교육의 목적에 대해서 무엇을 가르치는가 라는 물음에 대한 대답을 다시 하나의 테제로 종합하자. **"해방**

---

31) Jouhy 1972, p.148.
32) Heydorn 1970, p.313.
33) Klafki 1971, p.383(원문에 강조되어 있음).
34) Gamm 1972, p.159(원문에 강조되어 있음).
35) Vogel 1970, pp.253f.

교육학"은 현존 사회로부터 거리를 취하고 하나의 유토피아적인 사회주의적 사회의 생산에 정치적으로 동참하는 능력을 길러 주는 것으로 가정되는 그런 인격적 특징들을 교육 목표로 선전한다. "해방교육"은 그 신봉자들에 의해서 명시적으로 "사회 비판적 교육"[36]으로서 이해되고 그럼으로써 이른바 "현상(現狀) 긍정적 교육"[37], 즉 피교육자와 교육자가 살고 있는 사회가 긍정되는 교육에 대한 대극(對極)으로 이해된다.

이러한 교육 목표들은 어떻게 평가되어야 하는가? 우리는 모두 인간과 그들의 제도들이 불완전하다는 것을 알고 있다. 우리는 또한 불완전한 것을 가능한 한 광범위하게 개선하려는 시도가 이루어져야 한다는 것을 알고 있다. 그 때문에 "사회의 개혁"이라는 정치적 목적 그 자체에 대해서는 아무런 이의(異意)가 없다. 그러나 사회의 어떠한 구체적인 구성 요소가 어떤 점에서 어떤 방식으로 개선되어야 한다는 것이 말해지지 않는 한 그 목표는 하나의 내용 없는 요구로 머문다. "사회의 개선"이라는 공허한 규범은 정치적인 행위를 위해서 하등의 정향 보조(定向 補助)를 제공하지 않는다. 그것은 아무것도 말해 주는 것이 아니기 때문에 논쟁의 여지가 없다.

"해방교육"의 최고의 사회정책적 목적이 그처럼 막연하다면, 정치적인 궁극 목표에 이르기 위한 중간 목표로서 생각되고 있는 교육 목표들도 정확히 결정될 수가 없다. 적극적으로 무엇을 하고자 하는지 알지 못하므로 원치 **않는** 것만 주로 공포된다. 기존 사회와의 심적 결합, 그 사회를 유지하고 있는 문화 요소의 획득, 그 규범들의 내면화, 그 사회의 질서에 대한 만족 등이 그것이다. 그리하여 교육학의 역사에 있어서 처음으로 최고의 교육

---

36) Schaller 1974, p.6.
37) Schaller 1974, pp.114ff.

목표 또는 적어도 교육 목표 설정의 최고의 원칙을 나타내기 위해 **부정적인** 개념이 선택되기에 이른 것이다. "해방"은 오늘날 예속 상태로부터의 자유로워짐을 의미한다.[38] 그것은 언제나 무엇으로부터의 해방이다. 그것은 무엇에 **반대**하는 것이다. 그것은 부정의 표어다.

이 세상에는 확실히 부정되어야 마땅한 것이 많이 있다. 하지만 기존하는 것의 부정을 교육의 지상의 지침으로 삼는 사람은 젊은 사람들로 하여금 충실하게(유능하고 건실하게) 살 수 있게 만드는 일보다는 정치적인 투쟁에 있어서의 전우를 얻는 일에 더 관심을 갖는다. 삶의 충실성은 특히 생의 기쁨을 전제로 한다. 만일 사람이 어려서부터 긍정하고, 신뢰하고, 자기가 경험한 좋은 일에 대해 감사하는 것보다 부정하고, 불신하고, 반항하고, 비판하도록 가르침을 받는다면, 생의 기쁨은 얻어질 수 없다. 확실히 비판 능력도 유능하고 건실하게 살 수 있는 능력에 속한다. 그것은 이미 고대 그리스·로마 시대 이래 고귀한 미덕(美德)으로 간주되어 온 현명(賢明)의 부분 특징이다. 그러나 사람이 소유하고 싶어하는 하나의 추상적인 세계를 꿈꾸고 이 유토피아를 기점으로 해서 현실의 세계를 재판하는 것 대신 구체적인 상황들을 실제 그대로 볼 수 있는 것이 무엇보다 현명(賢明)에 속하는 것이다.

"비판 능력"이라는 교육 목표를 사례로 해서 "해방 교육학"에서 선전되어 온 목표 진술의 주요 결함이 인식될 수 있다. 소수의 부분 미덕들이 모든 다른 미덕들을 희생으로 하여 일방적으로 과

---

38) Duden, 제2권, 1979, p.679. 어휘사(語彙史)에 대해서는 Grass와 Ko-selleck 1975; Herrmann 1974 참고할 것. Fischer는 "해방적 능력들의 목록"을 제공하고 있다. (1) 종속으로부터 해방되는 능력, (2) 자유롭게 생존하는 능력, (3) 자기 결정을 위한 능력, (4) 사회적 해방에 동참하도록 – 타인을 해방시킬 수 있는 능력 등을 열거하고 있다. Fischer 1972, pp.85ff.

대 평가되고 선호되고 있다는 점이다. 자기들의 정치적 목적에 유리하지 않다고 짐작되는 미덕들은 모두 평가 절하되고 시계(視界)로부터 추방되는 것이다. 그 결과가 세상 물정과 동떨어진 순위로 나열된 초라한 목록의 교육 목표인 것이다. 여기서 지금 성장하고 있는 젊은 사람들이 주어진 사회적 조건하에서 그들의 삶을 의미 충만하게 영위할 수 있기 위해서 어떤 인식과 능력, 신념과 미덕을 필요로 하는가보다 하나의 환상적인 미래 사회를 위한 투쟁을 더 많이 생각할 때만 그러한 목표들에 생각이 미치게 된다.

수단의 분석과 비판

"해방 교육학"이 교육의 목적에 관하여 무엇을 가르치고 있는가가 해명되었으니, 우리는 해방 교육학의 내용에 관한 두 번째 부분 질문에 눈을 돌릴 수 있다. 목적된 것의 달성을 위한 수단에 대해서는 무엇이 설교되고 있는가?

이에 대한 진술들은 대단히 막연하다. 목적-수단 관계에 관한 한 명확하고 학문적으로 근거지어지는 명제들이 완전히 결여되어 있다. 교육 목표에 관한 신좌파의 여러 견해가 얼마나 불명료하고 현실무관적인지 생각해 보면 그것은 놀라운 일이 아니다. 자기가 **무엇**을 달성하고자 하는지 정확하게 알지 못하는 자는 소망되는 것이 **어떻게** 달성되는지 또한 정확히 알 수 없다. "해방 교육학"은 구체적인 교육의 상황에서의 교육적 행위를 위해 하등의 사용 가능한 지침을 제공하지 못하고 있다. 그것은 교육 일상의 제문제에 있어 하등의 조언 없이 교육자들을 방치하고 있다. 그에게는 교육의 세세한 일들과의 관련이 결여되어 있다. 그것은 오히려 근본에 있어 교육의 의의(意義)를 의심하고 교육의 기술에 관해서 아무것도 이해하지 못하는 교육학 교수들의 문화 비평적, 아마추어 정치적 허풍(虛風)의 표현이다.

"해방 교육"이 **교육적** 행위로 이해되지 않고 **정치적** 행위로 이해되고 있다는 사실이 이를 잘 표현해 준다. 예컨대 요우히(Jou-hy)는 이렇게 쓰고 있다. "해방적 교육은 전문가들의 교육적인 …… 아동 내지 청소년 연관적인 활동으로 이해되는 것이 아니라 아직 비교적 미성숙한 대중의 전(全)사회적 …… 실천으로 이해된다. 그것은 …… 가장 포괄적이고, 그러나 또한 가장 특별한 의미에서 정치적 활동이다."[39] 요하네스 베크(Johannes Beck)와 그 동료의 "해방 교육에 관한 테제"에서도 이렇게 운위되고 있다. "첫째, 해방 교육은 교육학의 근본 개념이 아니라 정치 투쟁의 실천이다." "둘째, 이 투쟁은 사회적으로 중요한 여러 제도 속에 자유 공간을 형성하는 일과 더불어 시작된다." "셋째, 해방 교육의 자유 공간은 이 사회에 있어서 일차적으로 교육 기관들 안에서 마련될 수 있다…… 종합학교(Gesamtschule : 실업계와 인문계가 종합된 중등학교 : 역주)는 해방 교육의 중심적 기반이다." "넷째, (학교 등에 있어) 조성된 억압이 약한 자유 공간에서 권위주의적 업적 사회를 상대로 하는 투쟁을 위한 준비가 일어날 수 있다."[40]

수단과 관련한 무대책(無對策)을 나타내 주는 것이 **교육자를 무력화(無力化)시켜야** 한다는 요구이다. 이에 대하여 요우히(Jouhy)는 이렇게 쓰고 있다. "해방 교육은 역사적으로 때늦은 제약(制約)으로부터의 증대되는 해방을 스스로 설계하고 수행해 나가는 사람들의 자기 운동의 유발이다. 해방 교육은 결국 피교육자의 일이요, 해방적 교육자는 그들의 젊은 파트너들 스스로가

---

39) Jouhy 1972, p.148.
40) Beck u.a. 1970, p.149.

산출하는 정보, 통찰, 활동의 조직자일 뿐이다."[41] 그러나 요우히
(Jouhy)에 의하면 누구나가 "해방적 교육"에 적임자가 되는 것
은 아니다. "직접적으로 경제적, 정치적, 또는 이데올로기적 권력
에 참여하고 있는 사람은…… 해방 교육의 담당자로서는 부적격
이다." 그들은 반대로 자신들에 의해 설정된 과제를 달성하도록
사람들을 훈련시키는 노력이 해방 교육의 담당자들에 의해 이론
적으로 의문시되고 실천적으로 극복되는 경우도 감수하지 않으면
안 된다.[42]

**"해방 교육학"이란 표현은 여기서 이 명칭 아래서는 실은 아
무런 교육도 수행되어서는 안 된다는 것을 은폐하기 위한 위
장어(僞裝語)로서만 봉사하고 있다. 중시되고 있는 것은 오히
려 정치적 투쟁이다.** 신좌파의 세계관을 함께 나누지 않고 아동
과 청년들을 자신들의 이상(理想)에 따라 교육하는 모든 개인과
집단을 상대로 하는 정치적 투쟁 말이다. 이들 아동과 청년들로
부터 그들의 가정과 그 문화를 떼어놓는 데 있어 "해방 교육학"의
신봉자들에게는 단 하나의 수단, 즉 **비판**이면 충분하다. 기존 사
회에 대한 일괄적인 비판, 현존 문화에 대한 싸잡은 비판, 모든
비(非)사회주의적인 세계관들과 그 지지자들에 대한 급진적인 비
판 - 이것이 "해방 교육학"에 있어 교육 수단에 관한 가르침의 핵
심이다. 사회 비판과 이데올로기 비판이란 의미에서의 비판이 그
가장 중요한 특징이기 때문에 해방 교육학은 **"비판 교육학"**이라
고 불려지기도 한다.

최고의 교육 목표로서의 "비판 능력"과 가장 중요한 교육 수단
으로서의 "비판하기"에 이처럼 집중하는 가운데서 정신적 근거가
박탈된 지식인들의 심각한 **문화 비관주의**(文化 悲觀主義)가 나

---

41) Jouhy 1972, pp.148f.

42) Jouhy 1972, p.146(원전에서는 문법상으로 틀리게 "bekämpft *wer-
den*"으로 되어 있다).

타나고 있다. 문화 비관주의를 앓고 있는 자는 교육의 의미에 대해서도 회의하게 마련이다. 극단의 경우 그는 우리의 현재의 문화가 파괴된 이후라야 비로소 다시 교육이 가능하다고 생각한다. 그래서 예컨대 1973년 독일의 테러리즘이 최고조에 달했을 때 요우히(Jouhy)는 이렇게 쓰고 있었다. "비판의 그 외견상 파괴적인 행동, 그리고 그로부터 물질적으로나 제도적으로 파괴적인 귀결을 두출하고 있는 저들은 하나의 진통(陣痛)중에 있는 문화의 불가결의 산파(産婆)들이며, 이 문화의 성숙 없이는 교육은 더 이상 가능하지 않다." 그는 교육이란 오늘날 "문화가 비로소 생성되게 하는 그 능력과 권력에로 인도하는 과정일 수 있을 뿐이지, 역사의 태만으로 인하여 문화를 오늘날 아직도 대표하고 있는 능력과 권력에로 인도하는 과정은 아니라고" 믿는다. 그는 게다가 "변화, 변혁, 그리고 이와 함께 – 싫든 좋든 – 파괴의 과정에 기여하는 교육적 성찰들만 진지하게 받아들일 것을 요청하고 있다. 하지만 이 같은 막연한 요청은 "교육적 무대책"을 자인(自認)하는 일이 연결된다.[43] 이것은 "해방 교육학"의 **아나키즘적 근본 특징**을 알려 주는 공공연한 증거이다.

　해방 교육학을 주장하는 모든 저술가들이 교육자의 무력화, 문화 비평적인 선동에 의한 교육의 대치, 성장하는 인간의 "자기 해방"에의 능력에 대한 신뢰 등에 있어 요우히(Jouhy)만큼 극단적으로 나아가는 것은 아니다. 하지만 수단에 관한 진술은 모든 논자들에게 있어서 동일하게 궁색하기는 마찬가지다.

　올바른 **교육 양식**에 대한 그 애매모호한 관념들이 하나같이 부정적으로 표현되고 있다는 사실도 그 표시가 된다. 즉 "**반**(反)권위주의적 교육", "**비**(非)억압적 교육", 혹은 "**몰**(沒)지배적 교육" 등이 그 슬로건이 되고 있다. 클라우스 샬러(Klaus Schaller)에

---

43) Jouhy 1973, pp.8f.

의하면 그것은 다음과 같은 것을 의미한다고 한다. "전통적인 의미에서의 교육이 더 이상 **아닌** 교육", "성장하는 세대의 의지를 대상으로 삼지 **않고** 그에게 '권위주의적으로' 이런 또는 저런 명령을 부과하지 **않는** 교육", "하나의 정부, 하나의 정당, 또는 한 집권 소수의 규범적인 우선권을 관철하지 **않는** 교육, 한 사회의 그때마다의 체제에 봉사하도록 내맡겨지지 **않는** 교육", "교육은 어떠한 전제된 권위도 인지하지 **않으며**, 어떠한 전제되고 전수되어야 할 규범들도 인지하지 **않는다.**"[44] 그것은 모든 것을 부정하는 명제들이다. 이 명제들은 단지 교육자가 인정해서는 **안 될** 것, 의욕해서도 **안 될** 것, 행해서도 **안 될** 것만 가르친다.

"해방 교육학"에 따라 교육자들이 적극적으로 행할 수 있는 것은 무엇이며 행해야 할 것은 무엇인가? 이에 대한 대답은 좌파자유주의자들의 경우와 사회주의자들의 경우가 다르다. 샬러와 같은 **좌파자유주의자들은** 사회에서 통하고 있는 규범들 중에서 의문의 여지 없이 승인되고 전달될 만한 가치가 있는 것은 존재하지 않음을 전제로 한다. 그러므로 성인과 성장하는 자, 교사와 학생은 모두 세계관적으로나 도덕적으로 영점(零點)에서 시작하지 않으면 안 된다. 그들은 "동일한 권능으로"[45] 서로 담론하고 무엇이 요구되고 실행되어야 하는지, 공동으로 교섭하여 결말을 지어야 한다. 이 경우 하버마스의 비전에 걸맞게 "모든 입각점, 모든 관심이…… 근거와 반대 근거를 가지고 논의에 부쳐져야 한다."[46]는 것이다. 규범과 과제의 구속력(拘束力)은 우선 모든 관여자들이 이성적으로 그들 규범과 과제에 대하여 의사소통하는 정도에 달려 있다. 교육은 여기서 본질적으로 교육자가 젊은이를 이 대화에 있어서 방치하지 않는 것으로 족하며, 교육자의 역할은 여

---

44) Schaller 1973, p.190 및 p.199.
45) Schaller 1974, p.128
46) Schaller 1974, p.127.

기에 한정된다. "우위자(優位者)로서의 역할, 그리고 더 잘 안다
는 것을 근거로 하는 지배자로서의 전통적인 교육자 역할"은 포기
된다.[47] 오늘의 교육학자들이 즐기는 은어(隱語)로는 이 태고적
이고 단순한 수단을 "대화"(Gespräch)라고 부르지 않고 "담론"(D
iskurs) 또는 "의사 소통"(Kommunikation)이라고 부르며, 새
로운 종류의 무슨 특별히 수준 높은 교육 수단이라도 되는 양 자
타를 기만하고 있다. 냉정하게 관찰하면, 의미없는 용어를 터무니
없이 낭비하면서 실상 **토론**(Diskussion)을 중심적인 교육 수단
으로 무비판적으로 장려(獎勵)하고 있는 것에 지나지 않는다.

감(Gamm)과 같은 신념을 지닌 **사회주의자들**은 물론 이와
같은 영점에서의 토론은 전혀 중요하게 여기지 않는다. 그들은
사회주의적 신념들을 지니고 있고 이것을 전파하고자 한다. 그들
에게 있어 "반(反)권위주의적 교육"은 이른바 "부르주아적 교육"
에 대한 정치적인 "반대 교육"[48]을 의미한다. 그들은 이로써 "지
배 비판적" "반(反)자본주의적" 또는 "체제 극복적" 교육을 의미한
다. 그러나 그들은 이 프로그램을 즐겨 "해방 교육"이란 위험하지
않은 슬로건으로 위장한다.

페터 브뤼크너(Peter Brückner)에 의하면 이에 있어 중시되
는 것은 "의식의 전복(顚覆)" 또는 "변혁"이다. 이로써 동시에 요
청되는 일이 사회를 긍정하는 의식이 공고화되는 제도, 특히 가
정(家庭)에 대한 공격이다.[49] 이 과제는 "교육자로부터 우선은
취급 방법의 변화가 아니라 올바른 **의식**을 요구한다."[50] 이는 대
화나 토론과 같은 일정한 교육 방법이 중요한 것이 아니라 **현존
사회 유지적 의식 내용의 파괴**가 중요함을 의미하고 세계관과

---

47) Schaller 1973, p.199.
48) Gamm 1970, p.39. Brezinka 1981a, pp.171ff.에 전거가 더 있음.
49) Brückner 1973, pp.27f.
50) Brückner 1973, p.120.

인생 해석과 자기 이해의 **사회비판적·사회주의적 내용의 전달**
이 중요하다는 것을 의미한다. 귄터 네닝(Günther Nenning)에
의하면 "신좌파는 **철저하게 의문시하는 것**을 가치 자체라고 간
주한다…… 따라서 의식 혁명은 본래적으로 신좌파적 혁명 형식
이다."[51] 그러므로 수업 **내용**(內容), 교수 **소재**(素材)가 사회주
의적 사회의 문화혁명적 준비를 위한 가장 중요한 수단으로 간주
된다. 오늘날 교육 정책적 투쟁은 주로 커리큘럼, 학교 교과서,
교원 교육의 내용을 중심으로 수행되고 있는 것도 이런 전략에
근거하여 그렇게 된 것이다.

　교육 목적의 달성을 위한 수단에 관하여 "해방 교육학"에서 가
르치는 것이 무엇이냐는 물음에 대한 대답을 나는 다음과 같은
테제로 요약한다. **"해방 교육학"은 우선적인 수단으로서 사회
비판, 문화 비판, 이데올로기 비판에로의 지도를 장려하고,
그로 인해 발생되는 정향의 불확실성을 두 가지 방도로 극복
할 수 있다고 믿는다. 즉 형식상으로는 교육자와 피교육자의
평등에 기초한 몰지배적**(沒支配的) **토론에 의해서, 그리고 내
용상으로는 사회주의적 대항 이상**(對抗 理想)**들의 전달에 의
해서.**

　이 같은 교육 수단들은 어떻게 평가되어야 하는가? 이 수단
들도 "해방 교육학"의 교육 목표와 마찬가지로 빈약하다. 우리는
그들을 우선 유용성이라는 **기술적** 관점에서 생각해 보자. 아동과
청소년들로 하여금 그들의 생활 세계, 그들의 이웃 사람, 그들의
신앙상의 신념에 대해 비판하도록 끊임없이 지도하는 것이 그들
에게 사회를 개선시킬 수 있는 능력을 길러 주기 위한 적당한 수
단이 된다는 것은 심리학적으로 매우 있음직하지 않다. 오히려
그들은 부정적인 경험, 불신, 회의(懷疑)에 일면적으로 고착됨으

---

51) Nenning 1973, p.258.

로 해서 화를 내고 이기적이고 허무주의적으로 되며, 그렇게 됨
으로써 사람이 자기 자신과 그의 환경을 개선하기 위해 필요로
하는 저 심리적 전제들, 즉 생의 '용기, 신뢰, 심적 안정 등을 상
실하게 될 확률이 크다. 비판, 반박, 경멸, 들추어내기, 폭로 따
위를 지나치게 강조하는 것은 사회의 개선이라는 막연한 정치적
목적을 위해서가 아니라 단지 "혁명적 잠재 세력"을 산출하기 위
해 불평불만자와 근거가 박탈된 자의 수량을 증대시키는 정치적
인 당면 목표에만 유용한 것이다.

 윤리적 관점하에서는 이들 수단에 대해 어떻게 말해야 할까?
젊은 사람들이 우리의 혼란한 세상에서 바른 길을 찾고, 무엇이
그들에게 영향을 미치고자 하는가를 검사하고, 최선의 것을 선택
할 수 있는 능력을 지니도록 하기 위해서는 반성(反省)과 비판
(批判) 능력을 기르도록 인도하는 것은 도덕적으로 절실히 필요
하다.[52] 그러나 이 경우 중요한 것은 일정한 이념, 제도, 사건 또
는 인물의 구체적인 결함에 대한 개별적인 비판이지 우리의 생활
질서(生活秩序)에 대한 일괄적인 비판이 아니다. 비판에로의 교
육적 인도는 필요하지만, 어린이들이 속하고 있는 그 공동체의
바탕이 되어 주는 생활형식과 인생해석을 긍정하고 이해하도록
인도해 주는 일의 **보완(補完)으로서만** 필요한 것이다. 성장하는
사람들을 위해서는 주어진 것을 승인하고 그것이 지니는 의미에
대해 신뢰하는 것이 우선되지 않으면 안 된다. 주어진 것에 대해
이론(異論)을 제기하고, 그에 대한 배려를 "현상긍정적(現狀肯定
的) 교육"으로 조소하고 투쟁의 대상으로 삼는 사람은 모든 사회
의 자기 보존(自己保存)을 위한 기본적 조건들을 파괴하려고 시
도하기 때문에 공공복리(公共福利)에 반하는 행동을 한다.

 뿐만 아니라 그런 행동을 하는 사람은 어린이와 청소년의 행복

---

52) Brezinka 1988, pp.116ff.

에도 거역하게 된다. 그런 사람은 어린이와 청소년들을 그들의 친숙한 생활세계로부터 소외시키고, 세상의 그늘진 면에 관한 일면적인 지식으로써 어린이와 젊은이들의 심적 부담을 과중케 하며, 자기 자신과 세계를 근본적으로 개선하려는 풀 수 없는 과제로써 그들을 짓누른다. 그는 성인들도 감당하지 못하는 문제들을 그들에게 부과하고, "사회"에 대한, 아니 "전체로서의 인류"[53]에 대한 책임(責任)이란 것을 믿게 만들려 한다. 책임이란 오직 한정되고 조망가능한 생활영역에 대해서만 가능한 것이기 때문에, "사회"니 "전체 인류"에 대한 책임이니 하는 것은 전연 존재하지도 않는 것인데도 말이다.[54] 도덕을 구실로 하여 헐뜯고 비방을 일삼는 것은 혹자에게는 인생 의미의 상실, 염세, 자기 연민(自己 憐憫)을 야기시키고, 혹자에게는 무관심과 생의 집착을 야기시킨다. 이와 같은 인격적 손상은 손상된 자들(아동과 청소년)이 정향 상실된 - 그 자신 만사(萬事)를 의심하기 때문에 사실은 교육자이고자 하지 않는 - 교육자들과 "지배로부터 해방된 의사소통"을 함으로써 고쳐질 수 있는 것도 아니다.

"해방 교육학"의 내용에 관해서, 그리고 교육학적 관점과 윤리적 관점에서의 그 평가에 관해서는 이 정도로 하자.[55] 끝으로 이 정치적 교육론이 지금까지 미친 영향에 대해 일별하기로 한다.

---

53) Klafki 1971, pp.383.

54) Freyer 1957, pp.57ff. 참조.

55) 이에 대해 더 자세한 것은 Brezinka 1981a; 나아가 Bath 1974; Rössner 1974; Spaemann 1975.

IV. "해방 교육학"이 미친 영향

"해방 교육학"이 미친 영향을 그 신봉자의 입장에서 서서 세 가지로 나누어 살펴보기로 하자. 첫째는 신봉자가 소원했던 직접적인 영향이요, 둘째는 직접 소원했던 바는 아니지만 환영할 만한 요소가 인정되는 간접적 영향이며, 셋째는 소원하지 않았음에도 결과적으로 초래된 영향이다.

"해방 교육학"의 신봉자가 소망했던 직접적인 영향은 대규모적인 것이었다. 마르크스주의에서 유래된 막연한 슬로건의 묶음이 자유와 복지를 누리고 있는 한 사회의 확고한 위치를 가진 대변자들에 의해 상황에 걸맞는 교육학적 구원론(救援論)으로 무비판적으로 받아들여져 다시 사유(思惟)되고 질풍처럼 전파될 수 있으리라고 여겼던 사람은 거의 없었을 것이다. 교수와 교육 정책가, 학교 행정 공무원과 교사, 신학자와 사회사업가들이 돌연히 "해방 교육"을 위해 진력하였던 것이다.

이미 1973년에 노르트라인 베스트팔렌(Nordrhein-Westfalen) 주(州) 문교장관이 발표한 정치 교육 수업 지침(指針) 가운데 다음과 같은 것을 읽을 수 있었다. "정치 학습의 목표로서의 해방(解放)은 젊은 사람들로 하여금 주어진 사회적 규범들을 자유롭게 자기 책임적으로 승인하거나 거절할 수 있게 하고 경우에 따라서는 다른 규범을 선택할 수 있도록 하는 것이다. 이것은 포괄적인 자기 결정(自己 決定)이라는 목표를 가지고 현재 효력을 지니고 있는 전래된 사회적 특징들로부터 거리를 취할 수 있는 능력을 전제로 한다."[56] 한 국가가 공동체의 법적 질서와 효력 있

---

56) 노르트라인 베스트팔렌(Nordrhein-Westfalen) 주(州) 문교장관: 정치 교

는 도덕적 의무들을 "승인하거나 거절하는 것"의 선택권을 그의 젊은 시민들에게 맡기는 것은 역사상 전무후무하다. 지금까지 세계의 어디서나 정부는 공교육제도(학교)가 현행 규범들을 멀리 하는 것이 아니라 그것의 내면화를 돌보아야 한다는 사실을 자명한 것으로 간주하였다.[57] 네오마르크스주의 교육학자들은 그들이 "해방 교육"이란 표어를 명시적으로 "전복 기도적 (즉 혁명적인) 교육원리"[58]로서 유포시켰을 때 이보다 더 급속하고 큰 성공을 거두리라고는 전혀 생각하지 않았을 것이다.

간접적 영향은 어떤 것이었는가. 신좌파의 영향력이 사분오열되고 후퇴된 뒤에도 그들의 정치교육론의 **환영할 만한 간접적 영향**은 존재하였고 지금도 존재하고 있다. 좌파사회주의 저널리스트 귄터 네닝(Günther Nenning)은 상황을 다음과 같이 평가하였다. "신좌파는 죽었다. 그러나 그 패배는 지극히 성공적이었다. 신좌파적 사고방식, 생활방식, 행위방식은 후기 자본주의를 분해시켰다."[59] "죽었다"는 말로써 네닝이 의미한 것은 다만 신좌파가 부르주아화된 사회민주주의에 대한 사회주의적 반대운동으로서의 그 자립성(自立性)을 상실하였다는 것일 뿐이다. 문화혁명적 정치운동으로서 신좌파는 계속 생존하고 있다. 더 정확히 말해서 무엇보다 사회민주주의 정당들, 그리고 여타의 정당과 교회에 있어서의 사회주의적 분파(分派)로서 계속 생존하고 있다. 신좌파는 오늘날 "장밋빛 혁명", 즉 "혁명을 **목적으로** 한 개혁"이라는 목표를 가지고 "사회민주주의와 인연 있는 정당들" - 네닝은 서구의 공산주의 정당들도 이에 열거시키고 있다 - 이 협력하는 "총(總)사회주의적 전략"을 추구하고 있다![60] 여기서 교육은 여전

육 지침, Düsseldorf 1973 (Hagemann), p.7.

57) 비판에 대해서는 Lübbe 1976, pp.20ff. 참조.

58) Beck 1970, p.151(첨가는 저자에 의함).

59) Nenning 1973, p.297.

히 "신좌파의 핵심 문제"로서 간주되는 것이다.[61]

마르크스주의 원전(原典)을 담은 교육학 문헌이 범람하고 있다는 사실도 "해방 교육학" 신봉자가 환영할 만한 간접적 영향에 속한다. 카를 마르크스는 교육에 대해서 본질적인 것은 아무것도 말한 바가 없었음에도 불구하고 이미 비(非)사회주의적인 교육학자들도 그를 "교육학의 고전작가"의 반열에 넣었다.[62] 신마르크스주의자 유르겐 하버마스(Jürgen Habermas)는 "지식인 좌파"의 집안 철학자로서 교육학과는 아무런 관계도 없음에도, 지도적인 서독의 전문 학술 잡지인 〈교육학 잡지〉에서 수년 동안 가장 많이 인용된 저자였다. 세 번째 자리에 카를 마르크스가 올랐다.[63] 부르주아적인 피퍼(Piper) 출판사의 ≪교육 사전(教育 辭典)≫[64]에서 마르크스는 인용된 저자들 중의 선두에 서 있다. 이 같은 사실은 이 나라에 있어서 교육학적 지식인층의 성공적인 이데올로기적 침투(浸透)가 나타내는 수많은 증상들 중의 몇 가지에 불과하다.

"해방 교육학"의 사회주의적 좌파가 반길 만한 간접적 영향에 속하는 것으로 이런 사실을 끝으로 하나 들자. 교육에 관심을 가진 공중(公衆)이 10년 이상이나 오랫동안 "해방", "반(反)권위주의적 교육", 교육제도의 "민주화" 따위 같은 사이비 문젯거리들을 가지고 부심(腐心)하고, 그로 말미암아 우리의 교육 상황이 안고 있는 진정한 문제들에 대해서는 주의를 기울이지 않게 하는 일이 성공하였다는 사실이 그것이다. 개인적인 유복한 생활과 계층 상승에 관심이 집중된 오늘날과 같은 허용적인 사회에 있어서 교육

---

60) Nenning 1973, pp.380 ff.

61) Nenning 1973, p.257.

62) Scheuerl 1979 참조.

63) 1977, 1978년도분 색인 참조.

64) Wulf 1974.

의 중심 문제는 어떻게 성장 세대가 보다 많이 보다 일찍 사회적 종속과 내면화된 규범, 그리고 도덕적 의무로부터 "해방"될 수 있는가 하는 문제가 아니다. 국민의 장래를 위해 결정적인 문제는 오히려 이런 것이다. 유복한 생활을 향한 경쟁의 한가운데서도 어떻게 최소한의 사회적 결속, 윤리적 미덕, 그리고 공동체를 위한 양보와 봉사와 희생의 용의가 확보될 수 있는가? 이 같은 최소한의 것이 없이는 자유주의적 법치국가도 존속할 수가 없다.

해산될 때까지 연방과 제주(諸州)의 가장 중요한 교육정책 협의회(協議會)였던 "독일교육심의회"조차도 해방(解放) 요설(饒舌)에 의해 이 문제로부터 등을 돌렸고, 1970년의 〈교육제도에 관한 구조적 계획〉에서는 완전히 "해방 교육학"의 정신에 입각해서 독일의 학교제도를 위한 최고 규범으로서 다음과 같은 것으로 만족하는 것이었다. "교육의 포괄적인 목표는 헌법이 보장하고 있는 제반 자유를 현실화시킬 수 있는 …… 개인의 능력이다."[65] 교육에 의해 사회적 미덕(美德)과 국민적 정체성(正體性)을 확실하게 하자는 정당한 요구에 대한 세상 물정 모르는 망설임으로는 더 나아갈 수 없다. 그런데 이 같은 일이 독일의 동부에서 다음과 같은 교육 목표가 법적 효력을 지니고 있던 시기에 일어났던 것이다. 즉 "사회의 모든 역량을 사회주의의 국가를 강화하고 방어하는 데 바치려는 용의를 갖도록 하기 위해서 학생, 훈련생, 대학생은 독일민주공화국을 사랑하고 사회주의 위업에 대한 자부심을 갖도록 교육받아야 한다."[66] 이 같은 비교를 근거로 서독의 교육정책가들이 "해방 교육학"에 함몰됨으로 말미암아 정치적 현실과 위급한 경우에 대한 교육정책적 준비에 대해 얼마나 맹목적으로 되고 말았던가를 알게 된다.

---

65) Deutscher Bildungsrat 1970, p.29.
66) 1965년 제정 독일민주공화국 교육법 제5조. Froese 1969, p.200 참조.

이제 "해방 교육"의 사회주의적 좌파가 **소원하지 않았음에도 결과적으로 초래된 영향**에 눈을 돌려 보자.

그 문화혁명적(文化革命的)·유토피아적 성격은 이른바 "비판적 교육과학"이라 하여 갖은 위장(僞裝)을 했음에도 불구하고 오랫동안 숨겨져 있을 수는 없었다. 당초에는 위험성을 인지하고 세론의 흐름에 홀로 역행하며 그에 대한 경고를 시도한 사람은 불과 몇 사람 되지도 않았다. 하지만 "해방 교육학"의 정신에 입각해서 작성된 최초의 사회비판적 교육과정(敎育課程)과 교과서가 나타났을 때 깜짝 놀란 시민들이 그에 대항하기 위해 점차 결집하기 시작하였다. 1972년에 헤센 주(州) 학부모 협회(學父母協會)가 창설되었다. 이 협회는 1970년에 창설된 "학문의 자유연맹"[67]과 나란히 반대운동을 형성함에 있어 주도적 공헌을 하였다. 사회민주당 안에서도 투쟁이 시작되었다. 나는 토마스 니퍼다이(Thomas Nipperdey)와 헤르만 륍베(Hermann Lübbe)가 헤센 주(州)의 사회과(社會科) 요강(要綱)에 대해 행한 탁월한 비판[68], 또는 베를린 주(州) 교육청 장학관 헤르베르트 바트(Herbert Bath)의 해방 교육학에 대한 훌륭한 반박(反駁)을 상기시키는 것으로 그친다.[69]

"해방 교육학"은 비단 자신에 대한 강력한 반대 운동을 야기시켰을 뿐만 아니라 다수의 시민이 교육정책가 및 교육학자에 대해 경계심을 가지게 된 것에도 중요한 기여를 하였다. 교육정책가들에 대해 경계심을 갖게 된 것은 독일의 교육제도에 대해 정치적

---

67) 특히 Löwenthal, Rüegg, Zöller 1972 참조. 이 연맹이 발간하는 월간지 〈학문의 자유〉와 월간으로 출간되는 〈BFW Pressespiegel〉은 필요불가결의 정향 보조를 제공하고 있다.

68) Nipperdey와 Lübbe 1973; Nipperdey 1974.

69) Bath 1974; Bath 1980, 테제 30; "교육은 내적 결합을 조성시키는 것이다……."도 참고됨.

책임을 지고 있는 사람들의 다수가 얼마나 현실과 유리되고 경솔히 믿어 버리며 무원칙하였는가 하는 사실이 "해방교육학"의 구호 체제(口號 體制)에 속아 넘어간 데서 드러났기 때문이다. 사람들이 교육학자들에 대해서 경계심을 갖게 된 것은 그들 중의 다수가 학문을 구실삼아 세계관적·정치적 구원론을 선전하거나 내용 없는 언어들을 가지고 허세를 부린다는 사실이 드러났기 때문이다. "해방 교육학"은 교육학 일반에 대한, 그리고 교육학을 가르치는 대학 교사들에 대한 정당한 불신을 야기시켰다. 그들 대학 교사가 이데올로기적 유행 사조에 얼마나 감염되기 쉬우며 그들의 학문적 자기 통제 능력이 현재 얼마나 미미한가를 "해방 교육학"이라는 실례를 보고 알게 되었기 때문이다.

끝으로 "해방 교육학"의 그 어안이 벙벙케 하는 초기의 성공은 많은 사람들에게 있어 어찌하여 이런 성공이 가능했는지 그 성공의 까닭에 대해 숙고하게 하는 자극이 되었다. 그렇게 함으로써 그들은 신좌파의 흥륭(興隆)이 있기 오래 전부터 우리의 개인주의적 민주주의 내에서 성립되어 있었던 그 도덕적 공백에 눈을 돌리게 되었다. 청년과 중년 지식인들을 그들 자신이 속한 사회와 그 문화로부터 이반(離反)하도록 오도하는 일이 그렇게도 용이했다는 사실이 정신적 상황에 대한 유익한 경악(驚愕)을 야기시켰고, 이대로 계속 나아가서는 안 된다는 신념을 일깨웠다. 근본 가치, 테러리즘의 정신적 원인, "교육을 향한 용기" 등에 대한 논의들은 신정향(新定向)으로 나아가는 첫걸음이었다. 이와 같은 부수적 결과 때문에 "해방 교육학"은 혼란을 야기시켰을 뿐만 아니라 본의 아니게 좋은 일도 주선한 셈이라고 말할 수도 있다.

제3장 정향위기(定向危機) 시대에 있어 "삶의 충실성"을 위한 교육

우리는 정신적 정향이 크게 불확실한 시대에 살고 있다. 이 시대에도 어린이들이 태어나고 젊은이들은 자라고 있는데, 이들은 주어진 환경에서 삶을 잘 영위하는 법을 배우지 않으면 안 된다. 우리는 시대가 더 안정되고 세상사(世上事)가 어떻게 되어 가는지 보다 명료하게 눈에 들어올 때까지 교육을 연기할 수 없고, 세계관적·도덕적·정치적 의견들의 혼란이 새로이 어떤 합의에 이를 때까지 교육을 보류하고 기다릴 수가 없다. 우리는 지금 여기서 살고 있고, 지금 이곳 우리들의 성장 세대들에 대해 책임이 있다. 그 때문에 우리는 지금 여기서 스스로 정향을 마련하고, 성장 세대들을 도와서 정향을 얻도록 해야 한다. 그것이 가능한 한에서 말이다. 추상적으로 "정향 위기"라고 명명(命名)되고 있지만, 이것은 우리 사회의 모든 성원들의 변경불가능한 운명이 아니라 사고의 집중과 결단의 용기를 통해서 개선될 수 있는 수많은 개개 인격체가 처한 상태를 말한다.

교육에 있어서는 어린이와 청소년들로 하여금 그들의 삶을 위한 준비를 갖추도록 가능한 한 잘 도와 주는 것이 중요하다. 교육은 어린이와 청소년들이 유능(有能)하고 건실(健實)하며 성실(誠實)하고 쓸모(有用) 있는 삶을 살 수 있도록 그들에게 영향을 미치는 하나의 시도다.[1] 그것을 시도하기 전에 우리는 두 가지를

고려하지 않으면 안 된다. 첫째, 무엇이 유능하고 쓸모 있는 삶
에 속는가? 그것은 어떠한 능력들을 필요로 할 것인가? 어떠한
지식과 기능, 어떠한 태도와 덕성들을 필요로 할 것인가? 둘째,
어린이와 청소년들이 이 같은 인격적 특성들을 획득하도록 하기
위하여 우리는 무엇을 할 수 있는가? 첫째 질문들은 교육의 목표
(目標)에 관계되는 것이고, 둘째 질문들은 교육의 수단(手段)에
관한 것이다.

교육의 목표를 물음에 있어서는 인간은 혼자 살지 않고 그 앞
에 현존하는 공동체(共同體) 안에서 살고 있다는 점이 고려되어
야 한다. 가정, 지역 사회, 민족, 교회, 동업조합(同業組合) 등의
공동체들은 이 세상의 신참자(新參者)들에게 보호와 도움을 제공
한다. 그러나 한편 그들 공동체는 자체의 존속을 위해서 또한 이
들 신참자들에게 의존한다. 그들은 후진들을 필요로 하며, 후진
들이 그들 공동체의 생활 질서를 자기 자신의 것으로 만드는 것
을 확실히 해야 한다. 그것은 교육을 통해서 이루어진다.

그러니까 교육은 개개 인간을 진흥(振興)시키기 위한 수단일
뿐 아니라 그 개인이 속하고 있는 공동체의 자기 유지를 위한 수
단이기도 하다. 모든 공동체는 교육을 통해서 그들의 젊은 구성
원들이 연장자(年長者)들이 이룩한 것을 독자적으로 계승(繼承)
하고자 하는 능력과 의지를 갖게 되도록 돌보아야 한다. 이런 의
미에서 모든 교육은 정치적 의미를 갖는다. 교육이 좋은 영향을
주느냐, 나쁜 영향을 주느냐, 혹은 전혀 아무런 영향도 주지 않
느냐 하는 것은 개개의 피교육자를 위해서 뿐만 아니라 공동체
전체를 위해서도 결과를 가진다.

---

1) Brezinka 1981a, pp.70ff.; "Tüchtigkeit"의 개념에 대해서는 Brezinka 1987
참조. [독일어 "Tüchtigkeit"는 유능성·건실성·성실성·유용성이 복합된
의미를 지닌 낱말이다. 이를 하나의 낱말로 표현한다면 "충실성"이란 낱말
이 가장 적합할 것으로 본다. 역주]

　　우리가 단축해서 "유능하고 쓸모 있게 살 수 있는 능력"이라고
부르고 있는 저 능력들의 묶음은 개인의 자기 보존(自己 保存)과
전체의 존속(存續) 양자가 보장되도록 결합되지 않으면 안 된다.
우리들의 다원주의적인 대규모 사회에 있어서 오늘날 과연 사정
이 그러한가? 우리들의 후계 세대들은 이 이중(二重)의 의미에서
"유능하고 쓸모 있게 살아갈 수 있는" 사람이 될 수 있도록 충분
히 도움을 받고 있는가? 이것이 우리가 제기하지 않으면 안 되는
첫째 물음이다. 이 물음이 모든 연관에 있어서 긍정될 수 없다
면, 우리는 둘째로서 이렇게 묻지 않으면 안 된다. 오늘의 사회
에서 삶을 영위할 수 있도록 후진들의 능력을 더 잘 길러 주기
위하여 우리는 무엇을 할 수 있는가?

I. 교육의 결함과 그 귀결

　우리 사회는 종종 "교육 사회"라고 불려진다. 이것은 젊은이들이 이전의 세대들보다 교육 시설에 더 오래 머물고 점차 더 많이 교육 전문가들에게 맡겨져 있는 사회를 미화시키는 표현이다. 냉정하게 관찰한다면 여기서 문제가 되는 것은 성장 세대가 수업을 받는 기간의 연장으로 인하여 실생활에서의 능력 발휘로부터 과거 어느 때보다 장기간 격리되는 "학교화된 사회"라는 것이다. 만약 직업적인 교육자와 교사에 의한 **다량**(多量)의 교육이 피교육자의 삶의 충실성을 위해서 **소량**(小量)의 교육보다 더 낫다면, 우리는 아무런 걱정을 할 필요가 없다. 그러나 실제에 있어 한 사회에서 수행되고 있는 교육의 양(量)은 이 교육의 가치에 대해서는 아무것도 말해 주는 바가 없다. 실제에 있어 교육자들의 그 좋은 의도(意圖)들도 그들의 교육적 활동의 성과(成果)에 대해서 아무것도 말해 주지 않는다. 결정적으로 중요한 것은 피교육자들과 공동체를 위해서 여기서 도대체 어떤 성과가 나타나고 있는가 하는 것이다.

　우리의 경우 지난 여러 해 동안 수행되어 온 교육이 본질적인 점들에 있어서 결함이 있었음이 많이 알려지고 있다. 그것은 교육 이론에 있어서의 오류와 교육 실천에 있어서의 태만에 기인한다.

　우리 교육의 결함은 청년기나 성인기의 피교육자들이 가지게 되는 전형적인 어려움들에서 나타난다. 우리 동포의 일부는 개인의 생활 능력 면에서나 공동체의 존속을 위해 필요불가결한 특성들이 결여되고 있다. 다수의 특성들을 들 수 있으나, 필자는 가장 중요한 것에만 한정해서 보고자 한다. 무엇보다 두 그룹의 특성들이 이에 속한다. 첫째로 생의 용기, 생의 희열, 삶의 의미에 대한 믿음, 자기 자신의 삶을 적극적으로 형성하려는 각오가 그것이다. 둘째로 봉사 자세, 공동체 의식, 전통 의식, 즉 가족, 민족, 교회 등 태생 공동체(胎生 共同體)들과의 결속 및 그들이 이룬 것에 대한 인정, 그들의 생활 질서에 대한 충성, 그들의 과업 수행에의 참여 등이 그것이다.

이 특성들의 첫 번째 그룹은 논쟁의 여지가 없다. 삶의 용기, 삶의 의미, 자기 신뢰, 자발성은 누구나 갖고 싶어하고 가져야 한다. 그러나 이 좋은 특성들이 어떻게 성립되는지는 종종 간과되고 있다. 이들은 봉사 용의, 공동체 의식, 전통 의식, 외경(畏敬) 또는 경건(敬虔) 등 둘째 그룹의 특성들이 어릴 적부터 획득되었을 때 비로소 얻어질 수 있는 것이다.[2] 좀 극단화시켜 말한다면, 삶의 희열, 삶의 용기, 삶의 의미의 믿음은 직접 얻어질 수 있는 것이 아니고 사람이 자신의 과업을 이행할 줄 알 때, 또는 자기 자신만을 위해서가 아니라 타인들을 위해서도 사는 법을 배웠을 때, 덤으로 생기는 것이다.

이 공동체 및 전통 연관적 입장 없이 개개인을 위해 이렇다 하게 신뢰할 만한 삶의 의미가 존재하지 않으며, 공동체를 위한 응집력도 존재하지 않는다. 이것은 인류의 단순하면서도 아주 오랜 경험적 자산이고 근본적으로 자명하다. 그러나 정향 불확실 시대에 있어서 허황된 몽상들이 길을 가로막고 있을 때는 자명한 것조차 망각될 수 있다. 허황된 몽상의 첫째로는 초개인적인 구속과 의무 없이 사람이 원하는 것을 할 수 있다는 데서 자유(自由)가 성립한다는 망상을 들 수 있다. 둘째로는 모든 전통으로부터 독립된 개인의 이성이 그 자체만으로 삶에 의미를 주기에 충분하

---

2) Wust 1925 참조.

다는 환상을 들 수 있다. 개인주의(個人主義)와 합리주의(合理主義)의 이 오류들은 지난 수십 년 동안 수많은 지식인들의 사고세계(思考世界)를 규정하였다. "해방"이라는 모호한 이상과 더불어 이 오류들은 대량으로 전파되었다.[3]

교육의 원칙으로서의 "해방"에 대한 열광은 우리 시대의 정향 위기를 완화시키지 않고 오히려 첨예화시켰다. 그것은 이 원칙의 그 불명료성에 기인(起因)하고, 이 원칙을 일방적으로 선전하고 있는 데 기인한다. 좋은 원칙들도 그것이 지닌 정당한 내용을 과장하거나, 부분적 진리를 전체적 진리로 간주하거나, 마찬가지로 정당한 여타의 여러 원칙들을 배제한다면 나쁘게 된다. "해방"이라는 이상은 태생 공동체(胎生 共同體)와 그 생활 양식에의 사회적 · 심적 · 정신적 의존(依存)으로부터 자기 자신을 해방시키려는 일면적인 주장이었다. 제도, 전통, 권위적 인물에의 모든 반성되지 않은 결속은 유해한 것으로 간주되었다. 그 대신 자기 자신의 자아가 비판적인 사고를 통해서 인식하는 것만 신뢰하는 것이 도덕적으로 바람직한 것으로 가르쳤다.

이런 일면적인 프로그램을 끝까지 실현하려고 시도하는 사람은 고립(孤立)과 무의미(無意味)의 체험으로부터 벗어날 수가 없다. 이미 어린 시기에 모든 신념 내용을 비판적으로 "캐어 묻고", 가정과 학교, 기업과 국가, 교회와 민족으로부터 거리를 취하고, 모든 것을 의심하는 것을 배운 사람에게는 경외심(敬畏心)을 갖고, 현혹되지 않고 사랑하며, 충실하게 고수하는 가치충만한 무엇이 남겨지지 않는다.[4]

비판을 하도록 일방적으로 교육하는 것이 유능하고 훌륭한 삶을 영위할 수 있게 하는 데 도움이 될 수 있으리라는 것은 모든

---

3) Brezinka 1981c.

4) 이 책 pp.45ff. 참조.

경험과 모순된다. 비판 능력도 확실히 훌륭한 삶을 영위하는 능력에 속한다. 그러나 그것은 주어진 삶의 질서에 적응하고 정당한 권위의 요구들을 인정하며 자신의 주변에서 존재하는 선(善)을 긍정하는 능력만큼 그렇게 중요하지는 않다. 초년기에는 우선 결속(結束)하는 것이 분리(分離)하는 것보다 더 긴요하다. 뿌리박기는 거부보다 더 필요하다. 긍정은 부정보다 선위(先位)를 차지한다. 그렇게 되면 나중에 가치충만한 것과 가치 없는 것, 선과 악을 구별하기 위하여, 그리고 유혹이나 오도(誤導)에 맞설 수 있기 위해서 보완으로 비판 능력도 필요하게 되는 것이다. 그러나 먼저 선(善)을 사랑하는 법을 배운 사람만이 악(惡)에 맞설 수 있다.

가치충만한 것을 사랑하는 법을 배우는 것은 삶의 변화무쌍한 상황 속에서 무엇이 가치 있는지 인식하고 그에 따라 행동하고 후진(後進)들에게 동일한 것을 행하도록 요구할 수 있는 사람들 가운데서만 가능하다. 가치질서에 대한 의심이 지배하고 개별적 사물과 사건들의 평가에 있어서 불확실성이 지배하는 환경에서 성장하는 사람은 그 스스로가 의심스럽게 되고 불확실하게 된다. 근본이 되는 가치 이념(價値 理念)들은 만일 그들이 인간에게 뒷받침을 제공해 주는 것이 되게 하고자 한다면, 신념되지 않으면 안 된다. 이 신념은 일찍 심정(心情)이 세계 해석, 가치 평가, 규범들에 익숙하게 됨으로써 성립된다. 이 신념은 그것이 지속적인 제도들과 타인들의 좋은 보기를 통해서 외부적으로 지지될 때만 생명력을 유지한다.

유능하고 쓸모 있는 삶의 능력의 세계관적·도덕적 핵심을 성립시키기 위한 이 조건들은 우리들의 다원주의적 대중사회에 있어 더 이상 도처에 존재하지 않고 있다. 이들 성립조건들이 결여되어 있는 곳에 이중(二重)의 위험이 위협하고 있다. 성장 세대들이 근본 없이 인생을 부유하게 될 위험에 처해 있다는 것과 공동체들이 책임의식 있고 의무에 충실한 후진들 없이 머물러 있을 위험에 처해 있다는 것이다.

이 이중의 위협에 우리는 어떻게 대처할 수 있는가? 성장하는 사람들이 수많은 장애에도 불구하고 유능하고 쓸모 있게 살 수 있도록 하기 위해서 우리는 무엇을 할 수 있는가? 우리가 아동들과 청소년들을 도와 다원주의적 상황에서 훌륭하게 살 수 있게 하려면 무엇보다 주의해야 할 것은 무엇인가?

II. "삶의 충실성"의 성립 조건과 교육의 도움

다수의 중요한 출발점이 존재한다. 여기서는 다섯 가지 핵심점에 국한해서 논하겠다.

가정과 심의공동체(心意共同體)

(1) **다원주의적 대규모 사회에 있어서 훌륭하게 사는 능력은 아동들이 세계관적으로 통일성 있고 도덕적으로 건전할 뿐 아니라 수준 높은 감정으로 결합된 소규모의 공동체에서 성장할 수 있을 때만 획득될 수 있다.**

다원주의는 하나의 사회적 사실이다. 다원주의는 또한 자유로운 제도를 위한 중심적인 근본 이념(根本 理念)이다. 그러나 다원주의는 생의 영위와 교육을 위한 지침은 아니다. 한 다원주의적 사회의 문화가 풍부하고 다양하며 엇갈릴수록 개인을 위해서는 자신의 친숙한 집단 및 그 생활질서에 집중하고 이들 질서와 양립될 수 없는 것은 물리치는 것이 더욱더 필요하다. 그렇지 않으면 사람은 그의 정신적(精神的) 고향(故鄕)도 그의 심적(心的) 평형(平衡)도 유지할 수 없다.

아동들이 훌륭하게 살 수 있게 되기 위한 제일의 전제 조건은 애정이 넘치는 부모 및 친숙한 이웃의 본보기를 보고 알게 되는 좋은 초개인적인 생활 질서이다. 교육을 통해서는 아동들이 자신의 생활권(生活圈) 내의 사람 및 사물들과 **교제**(交際)하면서 저절로 배우는 것이 보완되고 경우에 따라서는 수정될 수 있을 뿐이다. 그러므로 만사는 이 생활권(生活圈) 내에서 가치 있는 내용이 가치 열등한 내용을 압도하느냐에 달려 있다. 그런 까닭에 교육자의 가장 중요한 과제는 자기 자신과 공동의 생활 공간을 질서 속에 유지하는 데 있다.

그것은 무엇보다 **평가하는 용기**, 혹은 성서적으로 말해서 "영(靈)들의 구별"(고린도 전서 12장 10절)을 위한 용기를 요구한다. 게다가 사람은 척도들을 필요로 한다. 즉 자신이 속한 집단에서 신용받는 훌륭한 삶을 사는 좋은 인간들의 이상, 모범, 혹은 본보기 등을 필요로 한다. 사람은 체험과 행위의 수많은 가능성들 가운데서 자신의 삶의 질서에 적합한 것을 선택하지 않으면 안 된다. 사람은 또한 거절하지 않으면 안 되고 맞서지 않으면 안 되며 "아니오"라고 말하지 않으면 안 된다. 세상 의견의 혼란에 개의치 않고 그 자신의 이상(理想)을 견지하고 신빙성 있게 그에 따라 살아 나가는 공동체만이 그 후진들을 도와 정향을 지니게 할 수 있는 기회를 갖는다. 모든 것을 여과하지 않고 어린이들에게 접근하게 하는 것은 교육을 위해 타당하지 않다는 것은 여기서 자명해진다. 어린이들의 마음에 드는 것이거나 남이 하는 것이면 모두 허용하거나 감수하는 것은 교육을 위해 타당하지 않다는 것도 자명하게 된다.

훌륭하게 살 수 있는 능력의 감정적 토대가 신뢰스럽고 큰 교육적 비용 없이 형성될 수 있는 공동체가 오직 **하나** 존재하는데, 그것이 곧 **가정**이다.[5] 그러나 방종한 환경의 압력에 대항하여 도덕적으로 수준 높고 삶의 기쁨을 누리는 가정 문화(家庭 文化)를 배양할 수 있기에는 대부분의 현대의 가정은 너무 작고, 부모들은 너무 허약하다. 그 때문에 부모와 어린이들은 교제 범위를 확

---

5) 현재의 상황에 대해서는 Höhn 1981, Rosenmayr 1986과 1989, Köcher 1987이 참고됨.

대해 주고 삶의 질서로써 그들을 지지해 주는 **심의(心意)를 같이 하는 사람들로 구성된 비교적 큰 공동체**를 필요로 한다. 소가족(小家族)의 고립을 막아 주는 하나의 초(超)가정적이면서 동시에 가정과 가까운 공동체를 필요로 한다. 가정과 전체 사회 중간의 그러한 인간적 "접촉의 단위"의 결핍은 자유민주주의 산업사회에서나 전체주의 산업사회에서나 모두 미해결(未解決)의 문제이다.[6] 교우(交友) 서클도 많은 도움이 될 수 있으나, 이것은 개별적인 경우마다 새로이 구축되어야만 하고 늘 신뢰하기는 어려운 호감(好感)에 종속된다. 내적 결합의 바람직한 지속성은 하나의 신앙 또는 신념 공동체 집단에서 가장 용이하게 보장되는데, 그 까닭은 여기서는 사적(私的)인 호감(好感)이 아니라 하나의 초개인적인 선(善)에의 공동적인 봉사가 중점에 서기 때문이다.[7]

어린이들은 그들의 부모 및 그들의 동년배와 내적으로 결합함과 동시에 가정 바깥의 다른 성인들에 대한 긍정적인 감정적 관계를 필요로 한다.[8] 그러나 사춘기에는 양친 이외의 동성(同性)의 성인들과의 심적 유대가 청소년들의 도덕적 성숙을 위해 아주 중요하다. 사회 전체에 있어서의 사회적 응집력과 도덕적 일치가 약하면 약할수록 부모와의 유대가 불가피하게 느슨하게 되는 나이에 있어서는 그와 같은 **양친 이외의 신뢰 인물**(信賴 人物)은 더욱더 불가결하다. 가정 바깥의 성인들에 대한 우호적인 관계가 없을 경우 가치가 떨어진 하위 문화에 감염될 위험이 많은 동년배에 과도하게 결속되기에 이른다.

하나의 심성(心性) 또는 신념(信念) 공동체의 최소 단위로서 좋은 가정은 다원적인 사회에 있어서 어린이들이 유능하고 건실하게 (충실한 삶을 살 수 있게) 될 수 있기 위한 가장 중요한 전

---

6) 소련에 관해서는 Kumarin 1972 참조.

7) Brezinka 1971, pp.251ff. 참조.

8) Miller 1971.

제 조건이다. 그러므로 가정 및 그가 속해 있는 신념 공동체의 생활 질서가 그 아동들에게 미치는 영향은 가능한 한 오랫동안 유지되지 않으면 안 된다. 세계관적으로 중립적인 공립학교는 그런 공동체의 영향이 가져오는 좋은 효과들을 대신할 수 없다. 그러므로 적어도 유치원, 탁아소, 아동복지 시설, 청소년 단체, 휴양촌(休養村)과 같은 학교 외의 교육시설들은 **가정**을 보완하는 시설들로서 이해되지 않으면 안 된다. 이는 이들 시설을 언제나 부모와 자녀가 소속되어 있는 그 심성 공동체(心性共同體)의 정신 속에서 운영할 수 있어야 함을 의미한다. 만약 이 특수한 정신이 그들 안에서 체험될 수 없다면 이를 위한 법규는 아무 소용이 없다. 물론 그것은 사립학교에도 타당하다. 사립학교는 온갖 범상치 않은 신념들을 상대화시키는 다원주의적 시대 정신에 내맡겨지지 않고 그들의 특정의 신념에 결부된 생활질서를 매개할 때만 그들 본래의 목적을 성취한다.

그러나 공적인 학교 제도에서는 그 특유의 하위 문화를 지닌 가정과 신념 공동체들이 경시(輕視)되지 않고 소중히 다루어지지 않으면 안 된다.[9] 이들 공동체와 그 생활 질서 없이는 아무런 미덕도 존재하지 않을 것이고, 따라서 개인을 위한 내적 근거도 전체의 응집도 존재하지 않을 것이라는 사실을 학생들은 경험해야 한다.

행위 가능성들

(2) **삶의 희열, 삶의 용기, 삶의 의미에 대한 신뢰는 아동과 청소년이 신체적으로 다방면으로 활동하고 자신이 이룬 것에서 기쁨을 체험하는 기회를 충분히 가지느냐의 여부에 달려**

---

9) Streithofen 1980 참조.

있다. 우리는 그들로 하여금 사고와 행위 간에 균형 잡힌 관계를 이루도록 도와 주어야 한다.

인간은 활동적인 삶을 살도록 규정되어 있다. 천성적으로 어릴 때부터 행동하고 무언가를 창조하려는 욕구를 가지고 있다. 심적으로 건강한 어린이들은 움켜쥐려고 하고 무엇을 이루려고 하며 자기 자신의 작품을 완성하려고 한다. 그들은 공적으로 가치 있는 것으로 인정되는 스스로 선택된 활동을 통해서 그들의 타고난 행위 욕구가 만족될 때만 삶의 희열과 자기 신뢰를 얻을 수 있다. 게다가 그들의 주위 환경에는 두 가지 전제 조건이 주어져 있어야 한다. 첫째, 어린이들이 이해하고 모방할 수 있을 정도로 충분히 구체적이고 단순한, 사회적으로 존경받는 성인들의 행동 실례(보기)가 존재해야 한다. 둘째로, 유희와 노동에서 신체적으로 활동적이 되도록 독려하고 성장하는 힘으로써 증대되는 과업을 이행하도록 격려해 주는 - 아동들에게 중요한 - 사람들의 일치되는 기대가 있어야 한다.

산업화 이전의 생활 여건에서는 이 전제 조건들이 부족하지 않았다. 농업, 수공업, 상업에 있어 성인들의 노동은 주로 신체적인 노동이었다. 그것은 아동들의 눈앞에서 일어났다. 그것은 아동들에게 이해가 되었다. 그리고 아동들은 점진적으로 그 노동에 참여할 수 있었다. 아동들의 협력은 이용되기도 했고 그들에게 이중의 만족을 주었다. 그것은 일의 숙달에서 오는 만족인 동시에 그들의 업적에 대한 자기 집단의 인정으로부터 오는 만족이기도 한 것이었다. 아동들은 여기 지금 "무엇에 쓸모 있게" 되는 경험을 일찍부터 그리고 언제나 새로이 할 수 있었다. 그와 같은 조건들하에서는 성장 세대에 있어 삶의 의미를 의심할 만한 계기가 거의 존재하지 않는다. 그는 기성 세대의 경우와 꼭 같이 자신의 노력에 의해 자기 자신 및 가족을 위하여 삶을 유지하게 되는 것이다.

우리는 인류의 초기의 대부분의 가정들의 경우 2세대에서 3세대까지 지속되어 온 이들 단순한 생활 및 노동 상황을 상기할 필요가 있다. 그렇게 함으로써만 얼마나 문화가 철저하게 변하고 이와 더불어 청소년의 경험 공간이 변화되었는지, 그리고 어째서 이 변화와 더불어 의미 위기의 가능한 원인들이 몇 배로 늘어났는지 파악할 수 있게 된다. 원인들을 알 때 비로소 교육적으로 이들에 대처할 수 있게 된다.

도시화된 산업 사회에서 살고 있는 대부분의 성인들은 그 복잡화된 생활 및 노동 상황에 아주 익숙해져서 그것이 얼마나 부자연스럽고 아동들에게 유해한지 거의 의식하지 않는다. 외견상 그들은 아동들에게 유해하게 작용하는 수많은 문화적으로 야기된 결함들을 별 큰 손해를 입지 않고 배겨 내고 있다. 운동 부족, 두뇌 노동 일방 종사에 의한 일면적인 요구, 자극 과잉, 따분함과 고독 등이 이에 속한다. 아동들의 경험 공간에 있어 생생하고 진지한 행위 가능성들은 빈약하고, 감각적 자극, 단편적 정보, 타인을 희생으로 하는 쾌적한 생활에의 유혹은 과잉이다. 그것은 각기 체질에 따라 소극적 태도와 나태성 또는 과도한 흥분을 조장한다. 그것은 자기 성취 용의 없이 타인들에 대해 요구하는 바가 많은 하나의 기생적(寄生的)인 혹은 기식적(寄食的)인 생활 스타일을 갖도록 유혹한다.

이것은 우리들의 고도로 기술화되고 극도로 분업적인 사회의 불투명성과 관계가 있다. 고도로 기술화되고 극도로 분업화된 사회에서는 인간이 삶을 유지하기 위해 무엇을 수행해야 하는지 수많은 아동들에게 더 이상 인지되지 않는다. 여기서는 성인들이 수행하는 대부분의 노동은 아동들이 주목하고 시험하고 따라 해

봄으로써 점진적으로 거기에 참여하기를 기대할 수 있기에는 전제 조건이 너무 많고 너무 전문화되어 있다. 아동들은 성장하는 힘을 성취 가능한 과업에 투입하려는 욕구를 가지고 있음에도 불구하고, 성공과 사회적 인정을 통해 보답이 주어지는 진지한 활동의 세계에는 들어가지 못하고 있다. 그처럼 기본적인 욕구가 학습 능력이 가장 큰 나이에 수년에 걸쳐 만족되지 못하고 방치되면, 활동욕(活動慾), 모험 정신, 책임감 대신 필연적으로 짜증과 소극적 태도가 학습된다.

성인들이 활동하는 생활 공동체나 노동 공동체로부터 축출되어 있는 어린 세대들이 그냥 방임된 것은 아니다. 대략 2백 년 이래 아동과 청소년들에게 학교 수업을 제공함으로써 이를 보상하기 위한 배려가 시도되어 왔다. 그것은 여러 면에서 하나의 진보이다. 그러나 현실 생활에 활동적으로 참여할 수 있도록 준비시키는 데 있어 학교가 충분한 보충이 되어 주지는 못하고 있다.

문화가 복잡화되고 직업적 과업들이 전문화될수록 취학 의무 기간이 점점 더 연장되었다. 학교는 성인들의 이 복잡화된 세계에 대비하여 준비시켜야 한다. 계획에 맞추어 학교는 모든 면, 즉 신체적·심리적·지적·정서적·세계관적·종교적·도덕적·국민적, 그리고 사회적 직업적으로 준비시켜야 한다. 삶의 충실성의 어떤 본질적인 구성 요소도 장려되지 않은 채 방치되어서는 안 된다. 그럼에도 현실에 있어서는 거의 어디서나 일면적으로 이루어지고 있을 따름이다. 대량 교육 시설에서는 강연(講演)이라는 만병통치약으로 가장 용이하게 장려될 수 있는 인격 특성, 즉 지식과 지적 능력만 촉진되고 있다. 학교는 주로 정신적인 작업, 말과 책, 정보와 이론을 통해서 삶에 대한 준비를 시킨다. 학교는 사고하도록 가르치지만, 학생들의 활동욕은 소홀히 한다.

"사고(思考)와 행위(行爲), 행위와 사고"는 괴테(Goethe)에 의하면 "모든 지혜의 총화"이다. "들숨과 날숨처럼 …… 하나는 다른 하나가 없이는 성립되지 않는다."[10] 사실상 사고와 행위 간의 불균형은 학교 안이나 밖에서 덧없는 일과성 과잉 정보를 얻도록 강요되고 있는 오늘날 그 어느 때보다 더 크다. 한계가 없는 지식의 지평선이 용기를 잃게 하고 마음을 어둡게 한다.[11] 소위 "교양의 확대"를 선전하는 사람들은 청소년들에게 있어 어찌하여 삶의 희열과 삶의 용기가 상실되고 있는지 그 가능한 원인들에 대해서는 좀처럼 생각이 미치지 않고 있다.

이처럼 문화적으로 야기된 무위(無爲)의 위험들에 대해 어떻게 대처해야 하는가. 교육적으로는 행위와 사고 쌍방에 손을 보지 않으면 안 된다. 행위에 있어 교육적으로 손을 본다는 것은 행위 가능성들을 마련하고[12] 소비(消費)의 기회보다 "활동의 기회"를 제공하는 것을 의미한다.[13] 유희와 스포츠, 예술 활동, 온갖 종류의 수공, 공작, 재배 등 헌신, 조심, 인내로써 추진되는 모든 건설적인 활동은 하나의 삶의 기쁨의 원천이다.

금세기 전반 학교 개혁의 본질적인 목표는 이와 같은 활동들을 학교 안에서 조성해 줌으로써 학생들이 순전히 사고의 발달만 요구받음으로 인해 손해를 보게 되는 것을 보상(報償)해야 한다는 것이었다. 학교는 부모의 가정적·직업적 노동 영역과 가능한 한 많은 연관을 지으려는 수작업(手作業)이 필수 교과로 포함되는 "노작(勞作) 학교"로서 계획된 것이었다.[14] 이 사상은 "공작(工作)"과 "수공예(手工藝)" 또는 소녀들을 위한 "가정과(家政科)"와

---

10) Goethe 1874, 206(II, 10).

11) Nietzsche: Vom Nutzen und Nachteil der Historie für das Leben. 1976, Bd. I, pp.209ff.; Durkheim 1973, pp.92ff.

12) Brezinka 1971, pp.265ff.와 1988, pp.83f. 참조.

13) Fetscher 1979, pp.109.

14) Kerschensteiner 1954 참조.

같은 과목이 신설됨으로써 제한적으로나마 실현되었다. 그러나 이러한 노력들은 지난 수십 년 동안 수업의 "학문 정향"이라는 지도 이념 아래 학교 교육의 주변으로 밀려났다. 체육 수업과 예술 활동을 매일 실시하도록 하려는 노력이 밀려난 것과 꼭 마찬가지였다. 그리하여 대부분의 학교들은 오늘날 이론 교과 과제들을 수행하는 데서 원치 않게 발생되는 유해한 부작용들을 시정하기 위한 실천적인 수단이 아직도 빈약하다. 학교 안에서 문제의 해결 가능성이 보이지 않는 이상, 학교는 학생들의 시간과 정력을 독점하려는 요구는 이제 제한하여 학교 바깥에서의 교육적 보조가 기회를 얻도록 해야 된다.

사고와 행위 간의 균형을 확보하기 위하여 우리는 사고에 있어서도 손을 쓰지 않으면 안 된다. 아동들이 생각하거나 혹은 그들의 주목을 요구하는 것이면 모두 인식될 만한 가치가 있는 것은 아니다. 의식의 장(場)은 비교적 협소하고 기억도 한계가 있어서, 하나의 내용은 언제나 여러 다른 내용들을 희생으로 해서만 유지될 수 있다. 만약 아동들이 본질적인 사상을 획득하기를 원한다면, 텔레비전과 기타 대중 매체들이 아동들의 의식을 가득 채울 우려가 있는 과잉 사상, 영상, 소망들이 쇄도하지 못하도록 아동들을 보호하지 않으면 안 된다.[15] 그렇지 않을 경우 사고는 본질적인 것에 집중될 수 없게 되기 때문에 평가하고 선택하고 한계를 긋는 일이 필요하다. 그러나 행위를 위해서는 시간과 관심을 얻는 것도 또한 필요하다.

심정 교육 (心情 敎育)

(3) **어린이들에게 있어 일면적으로 지적 능력들과 과학적**

---

15) Retter 1981 참조.

지식을 장려하는 일에 방향을 맞추고 있는 교육 체제는 삶의 충실성을 손상시킨다. 이 손상을 예방하기 위한 교정책으로 과거 소박하게 "심정 도야"라고 불렀던 것이 부활되지 않으면 안 된다.

삶의 충실성에는 지능과 지식뿐만 아니라 무엇보다 또한 정서적 특성들도 속한다. 삶의 충실성은 이성과 감성, "머리"와 "가슴", 사고와 감정, 인식과 믿음 간의 조화로운 관계에 의존한다.

심정은 인간이 지니고 있는 가치 감정의 원천이고, 관심의 원천이며, 사랑의 힘의 원천이다.[16] 이들 감정으로부터 세계와 이웃에 대한 인간의 관계를 일생 동안 규정하는 정의적 유대, 가치 태도, 성향이 발생한다. 신뢰받는 인물, 사물, 활동, 이념에 감정적으로 결속되려는 욕구는 아동에게 있어 지적 능력들보다 훨씬 일찍 작용한다. 한 인간이 인생을 감당할 수 있는지 어떤지는 그의 아동기와 청년기 동안 무엇이 심정 속에 뿌리를 내리고 있는가에 크게 좌우된다.

심정 교육에 있어 소홀히 된 것은 지적 교육을 통하여 회복될 수 있는 것이 아니다. 그와 같은 소홀은 해당되는 개인들에게만 나쁜 결과를 가져오는 것이 아니라 공동체에게도 나쁜 결과를 초래한다. 심정에 대해 경멸하면서 지능과 박학다식(博學多識)을 일방적으로 장려하는 것은 영적 공허, 무관심, 권태로 끝난다. 간단히 말해서, 크게 하소연되고 있는 삶의 의미의 위기로 끝난다. 의미의 위기는 통제 불가능한 열광 또는 광신으로의 반동을 유발시킨다. 한 사회가 존립할 수 있기 위해서 요구되는 이성, 과학, 기술에 대한 경멸이 결과시키는 온갖 위험과 더불어서 말이다.

---

16) Rudert 1958 참조.

심정 교육을 촉진시키기 위하여 우리는 어디서 시작해야 하는가? 우선 **가정**에서다. 가장 가까운 사람들과 더불어 갖는 유년기의 경험이 가장 많은 후속 결과를 초래하기 때문이다.

가정 다음으로는 **학교**가 심정에 가장 큰 영향을 갖는다. 그 영향은 부정적인 경우가 많다. 그래서는 안 된다. 우리는 과학적으로 규정된 사회에서 독립적인 삶의 영위를 가능하게 해주는 지식과 능력을 전수하기 위해서도 학교를 필요로 한다. 이 지식은 무엇보다 자연과 문화에 대한 사실적 지식이어야 하고, 능력은 일차적으로 사고 능력(思考 能力)이어야 한다. 그것은 어쩔 수 없이 아동적인 세계상의 소실(消失)로 이어진다. 또한 행복한 삶을 위해 불가결한 심정적 능력들의 약화를 초래한다.

그렇기 때문에 학교 안에서는 학생들의 "지성화(知性化)"에 대하여 균형을 잡아 주는 조치가 마련되지 않으면 안 된다.[17] 학교는 그것이 지적 교육을 위하여 수행하는 바에 의해서 부정적으로 영향을 미치는 것이 아니라, 심정 교육에 있어 소홀히 함으로 말미암아 부정적인 작용을 하는 것이다. 이 점에서 일반적이고도 현저한 태만이 존재한 것은 학교 정책과 교사 교육이 과학을 최고 선(最高 善)으로 믿는 미신에 굴복한 이후부터다. 그때까지는 학교교육의 최고 목적은 삶(生)을 도덕적으로 형성할 수 있게 하는 것이었고, 오성 도야가 심정 도야로부터 분리될 수 없음은 자명하였다.[18]

오늘과 같은 학교의 불행의 근원은 이성 중심주의적(理性 中心主義的) 오류들 가운데 있다. 첫째로는 세계 정향이나 인생 영위를 위해 과학적 지식이면 충분하고, 따라서 믿음(신앙) 지식이나 세계관(世界觀) 지식은 불필요하다는 오류에 있다. 둘째로, 사고

---

17) Langeveld 1968, pp.104ff. 참조.
18) 예컨대 Waitz 1898, pp.140ff. 참조.

능력과 전달 능력(혹은 보다 학술적인 용어로 표현해서 "의사소통 능력", "담론 능력", "대화 능력")이면 개인들의 이기주의(利己主義)를 제어하고 공동체의 결속을 확보하기에 충분하다는 오류에 있다.

그와 같은 환상에 기초하고 있는 교육 정책은 수정을 필요로 한다. 이 수정에는 무엇보다도 과학적 사고와 지식을 얻도록 이끌어 줌과 함께 그의 한계도 조명되어야 한다는 점이 포함된다.[19] 인간은 그의 삶의 의미를 위해서 종교적 또는 세계관적 종류의 비과학적(非科學的) 전통(傳統)에 의존하며, 전승된 것의 가치에 대한 믿음 속에 존립하고 있는 공동체에 의존한다는 사실에 대한 이해가 다시 일깨워져야 한다.[20] 충만된 삶을 위해서는 인식 자체를 위한 인식이 아니라 선(善)을 향한 추구가 중요하다는 사실이 학교에서 다시 인식될 수 있어야 한다. 또한 시(詩)와 음악, 그리고 기타 예술 안에 있는 그 아름다움이 얼마나 많은 기쁨과 위안을 선물할 수 있는지도 인식될 수 있어야 한다. 요컨대, 학교는 지적 관심만 장려해서는 안 되고 도덕적 · 미적 · 종교적 관심의 번영을 위해서도 배려하지 않으면 안 된다. 최소한 학교는 이들 관심을 손상시켜서는 안 된다.[21]

도덕 교육

(4) **다원주의적 사회에 있어서도 미덕이 없이는 삶의 충실성은 존재할 수 없다. 미덕은 도덕적으로 선한 행동을 하려는 용의이며 이는 수련(修鍊)을 통해서 획득된다. 이들 미덕은**

---

19) Kolakowski 1978 참조.

20) Lemberg 1974 및 1975 참조.

21) 이에 대한 상술(詳述)은 Wolf 1972, pp.63ff., 1975 등 참조.

아동들이 자기 자신의 책임으로 자기 연마를 할 수 있을 만큼 충분히 연습되고 판단 능력이 있을 때까지 도덕 교육을 통해서 그들을 도와 줄 때 비로소 습득될 수 있다.

우리 사회의 다원주의는 무엇보다 가치 평가와 도덕적 규범들의 다원주의이다. 정향 위기는 일차적으로 도덕의 위기이다. 사람들에게 다양하게 많은 것을 요구하는 여러 가지 도덕들이 병렬적으로 존재한다. 이 경우 개인의 권리, 자유, 주장을 강조하는 교설들이 가장 큰 저널리즘적 지지를 받는다.[22]

무규율(無規律), 이기적 충동에 양보하기, 스스로 악습에 젖기[23] 등의 "유약한 파도"는 기독교 교회 안으로까지 파고들었다. 그것은 심지어 자기 규율 속에서 훈련되어 온 부모들까지 불확실하게 만든다. 부모들은 아이들에게 복종을 요구하고 그들의 이기적인 요구들을 억제하는 것이 옳은지 어떤지 미심쩍고, 아이들이 그들을 위해서 무엇이 좋은 것인지 혼자서 발견하고 대화로 해명할 수 있을 때까지 기다려서는 안 되는지 의문스러워하고 있다.

이와 같은 사고와 더불어 오늘날 냉정히 관찰하면 도덕적 지도력의 약체화(弱體化)가 특별히 인도적인 것인 양 선전되고 있다. 도덕적 지도력의 약화는 청소년들에게 해가 되는 것일 뿐이다. 유년기에 자기 통제를 할 수 있도록 지도함이 없이는 도덕적 자긍심(自矜心)이 생길 수 없고, 이 자긍심 없이는 장기적으로 인생의 기쁨도 존재하지 않는다.

그러므로 만일 부모나 교사가 아이들은 하등의 조기 규율을 필요로 하지 않고 자기 통제는 후일 자기 자신의 통찰에 의해서 배울 수 있으리라고 생각한다면, 이것은 파괴적인 결과를 지닌 오

---

22) Szczesny 1975; Ortlieb 1978 참조.
23) Noelle-Neumann 1978과 1981 참조.

류이다. 인류의 모든 성현(聖賢)의 가르침들은 유소년기(幼少年期)에 선(善)을 행하고 악(惡)을 피하는 습관이 교훈과 스스로 깨쳐 결단하는 것보다 선행하지 않으면 안 된다는 점에서 일치하고 있다.

이와 같은 현실적 인간상은 또한 구약 성서(위경 30장 1~13절)와 기독교적 교육론의 기초가 되어 있다.[24] 이것은 어떠한 경험적 지식에 의해서도 반박된 적이 없으며, 언제나 새로이 확증되어 왔을 뿐이다. 그토록 오래되고 검증된 가르침이 오늘날 수많은 사람들에 의해 경시되고 있는 것은 어떤 까닭인가? 어찌하여 규율과 질서가 그토록 악마의 낙인이 찍혀 많은 사람들이 자기 자신이나 아이들에게 그것을 요구하는 것을 꺼려할 정도가 되었는가?

첫째 원인은 하나의 오해에 있다. 그것은 한 아이를 훈육하는 것은 그에 대한 사랑, 애정 깊은 향심, 그의 독립 생활에 대한 존중, 그의 자기 결정 능력의 촉진 등과 양립할 수 없다는 오해이다. 실은 그 반대가 옳다. 도덕적 자기 결정 능력은 오직 타자 결정에 일정 기간 의존한 연후에 비로소 얻어질 수 있고, 규율 훈련은 신뢰와 호의(好意)를 배제하는 것이 아니라 오직 신뢰와 호의 분위기 안에서만 성공할 수 있는 것이다.

규율 훈련을 소홀히 하게 된 둘째 원인은 교육하는 사람의 편안이다. 미덕(美德)을 지니도록 교육하는 것은 그 스스로 이 미덕을 획득하고 있고 계속적으로 이를 얻고자 노력하는 사람만이 성공의 전망을 가질 수 있다. 그것은 노력, 극기, 단념(斷念)을 비용으로 치른다. 도덕적 노력이 더 이상 외적으로 엄격한 미풍양속에 의해서나 내적으로 엄격한 양심에 의해 강제되지 않게 된 이래, 많은 성인들은 자제하는 나머지 충돌하지 않고 가능한 개

---

24) 예컨대 Sailer 1962, pp.119ff. 참조.

입하지 않는다. 교육 관계 직업들에 있어서는 직업 윤리가 쇠미 (衰微)되어 있다. 교사들로 봐서도 자기 단련은 고생스럽고, 도덕적 교육은 힘이 들어 양보하는 것이 편하다. 스스로 좋은 보기가 되지 못함으로 해서, 수많은 가정과 학교에서 성장 세대들의 미덕 형성을 위해서 별로 하는 일이 없다.

규율 훈련 소홀의 세번째 원인이 가장 중요할 듯싶다. 일찍이 아리스토텔레스는 "미덕을 얻게 하기 위한 올바른 교육은 …… 우리가 상응하는 법률 아래서 성장하지 않을 때는 어렵다."는 사실을 알고 있었다. "왜냐하면 대부분의 사람들은 설득보다는 강제에 순종하기 때문이다."[25] 우리들의 가치 다원주의적 사회에 있어서도 최저 한도의 그러한 법률과 최저 한도의 외적 강제가 존재한다. 이 최저 한도의 것보다 더 높은 미덕을 획득하고 있는 사람은 우리들의 법률, 일반적인 관습, 그리고 세론(世論)의 압력 덕분이 아니라, 아래로 향한 소용돌이(저차원(低次元)으로 떨어지려는 추세 : 역주)에 저항하는 가정, 교우(交友) 서클, 신념 공동체 내에 존재하는 각별한 보다 고차적인 모럴 덕분에 그런 것이다. 전체 사회의 도덕적 생존은 주로 이들 작은 사회적 세포 속에 살아 있는 미덕들과 이들 미덕을 전체 사회의 젊은 성원들에게 일찍부터 연습시켜 습득케 하는 데에 의존한다.

우리는 이런 일을 수행하는 사람들에게 감사해야 하고, 그들을 격려하지 않으면 안 된다. 그러나 우리는 또한 그들의 영향력의 한계를 냉철하게 고려하지 않으면 안 된다.[26] 다원주의적 사회는 장기적으로 개개인의 심적 건강과 전체의 결속이 의거하는 **기본** 미덕들이 **공적으로** 승인되고, 어디서나 모든 사람이 이들 미덕에 상응하는 "품위 있는 행동"을 요구할 때만 존속할 수 있다. 필요

---

25) Aristoteles 1972, 303(X, 10).
26) Brezinka, 1981, pp.202ff. 및 1992, pp.142ff. 참조.

불가결한 기본 모럴을 관철하고 기본 미덕을 강화하기 위해서 우리는 무엇보다 학교를 지금까지보다 더 많이 이용하고 지원하지 않으면 안 될 것이다.[27]

정치적 미덕

(5) **민주적이고 다원주의적인 사회는 그의 생존을 위하여 전체주의적인 강제사회보다 훨씬 더 강하게 그 시민들의 정치적인 미덕들에 의존한다. 그 때문에 또한 자기 나라에 대한 사랑, 공익(公益)의 보호자로서의 국가에 대한 책임 의식, 국민적 의무를 이행하려는 용의(用意)도 삶의 충실성에 속한다. 고향, 민족, 국가에 대한 이 애착과 합치되게 사고하고 행동하는 것은 인간에게 있어서 안전감을 느끼고 삶을 의미충만하게 경험하기 위한 본질적인 도움이 된다. 말하자면, 국민 교육(國民 敎育)은 국가의 유지를 위해서만 필요한 것이 아니라 간접적으로 또한 그 시민들의 도덕적 자긍심(自矜心)과 심적 정주(定住)를 위해서도 기여할 수 있다.**

이 점과 관련하여 지난 수십 년 동안 많은 실수와 태만이 있었다. 사람들은 국가를 일면적으로 이익 단체와 그 구성원들의 안전, 자유, 복지에 대한 요구를 채워 줄 의무가 있는 하나의 서비스 센터로 보게 되었다.[28] 일방적으로 개인의 권리에 대한 의식만 강화되었고 그의 의무에 대한 감정은 잠재워졌다. 국가의 권위와 그 국민의 규율이 경시되는 것을 허용하고 말았다. 비판하고, 갈등 자세를 취하고, 반항하는 것이 수많은 젊은 시민들에게

---

27) Geissler 1982 참조.
28) Gehlen 1973, pp.103ff.

있어 분간 없이 공적(功績)으로 간주되고 있는 데 대해서 별다른 대책도 강구하지 않았다. "지배로부터 자유로운 사회"라는 개인주의적 유토피아에 대해서는 이를 처음부터 세상물정에 어두운 위험한 것으로 반대하여 극복하려고 하지 않고 경의를 표했다.

이런 영향들 - 그리고 그 밖의 다른 많은 영향들 - 의 결과로 국민들에게 있어서는 전체의 결속이 의존하는 도덕적 접착력(接着力)이 쇠퇴하였다.[29] 운명공동체로서의 국민(Staatsvolk)의 일원이라는 의무 의식은 더욱 희박해졌다. 인격체와 국가 간의 감정상의 간격은 확대되었다. 국가에 대한 역정(逆情)이 증가하였고, 정치인들과 관리들에 대한 신뢰는 감소되었다. 그것은 추측컨대 국권의 담지자와 그 경쟁자들이 공익(公益)을 인식하고 필요한 경우 자기 단체와 정당의 이익에 반하여 이를 관철할 수 있을까 하는 의심에도 기인한 듯하다. 그러니까 현존하는 "분배 국가"[30]에 대해 취하는 간격, "호의 베풀기 민주주의"[31]에 대한 싫증, 정치에 대한 불쾌, 사적 생활권에로의 후퇴 등에는 의미 있는 이유가 있는 것이다.

그러나 다른 한편 우리 사회의 잠행적(潛行的)인 도덕적 해체에 대해 반작용(反作用)을 가하고, 사람을 결속시켜 주는 이상들의 붕괴를 저지하며, 전체에 봉사하는 가운데서 공동의 도덕적 노력에 의해 공동으로 생존하기 위한 의지를 강화하는 데는 훨씬 더 무게가 나가는 이유가 존재한다. 모든 국가는 생존할 수 있기 위해서 질서와 규율, 희생과 봉사를 요구하지 않으면 안 된다. 국가에 대한 감정적 유대 없이 성장하는 사람은 국가가 그 국민들에게 부과하지 않으면 안 되는 원칙적인 충성 의무를 내면화할 수 없고 후일 자유의 부득이한 제한들을 부당한 요구로 느끼고

---

29) Durkheim 1973 참조.

30) Briefs 1966, p.93.

31) Ortlieb 1971, p.8.

필요로 하는 봉사를 거절하게 될 것이다. 그 때문에 이 감정적 유대들은 일깨워지고 장려되지 않으면 안 된다. "세상만사가 그렇듯이" 국가도 민주주의도 자유로운 삶의 질서도 그렇다. "우리가 그것을 지키려고 한다면 그것을 사랑하지 않으면 안 된다."[32]

　삶의 충실성을 위한 교육은 과거 어느 때보다도 오늘날 우리들을 더 많은 문제들 앞에 세운다. 필자는 그중 소수만 부각시켜 보았다.[33] 인생의 의미에 대한 확신, 삶의 의욕, 그리고 삶의 기쁨이 성립될 수 있기 위한 몇 가지 전제 조건들이 문제였다. 이 조건들은 새로운 것이 아니라 오래 전부터 알려져 있는 것이다. 이들은 지난 여러 해 동안 다만 소홀히 되었을 뿐이요, 따라서 우리는 다시 이들을 상기하지 않으면 안 된다. 이들은 또한 실현 불가능한 것이 아니라, 교육이 성공하는 곳이면 어디서나 관여되어 있는 것이다. 그러나 그것이 결여되어 있을 때는 그것을 염려하는 것이 우리에게는 중요하다.

---

32) Montesquieu 1967, 136(IV, 5).

33) 이에 대한 보다 상세한 서술은 Brezinka 1988, pp.60ff. 및 pp.103ff.

제4장 현대의 교육 목표
- 그 문제성(問題性) 및 가정과 학교의 과제 -

교육은 인간이 그 성장 세대에 대해 배려하는 일의 하나다. 교육은 자신이 소속된 사회와 그 문화를 유지하기 위한 배려와 불가분으로 결부되는 것이다. 가정과 학교, 기업, 공공보호시설, 혹은 기타의 장소에서 교육적으로 수행되거나 혹은 중단되는 것은 직접적으로 해당되는 어린이와 청소년에게만 영향을 미치는 것이 아니다. 그것은 이들이 속해 있는 생활공동체와 그 미래에도 간접적으로 영향을 미친다. 따라서 성장 세대를 교육하는 일은 단순히 부모의 사사로운 일이 아니라 공공의 조직과도 관계가 된다. 그러므로 교육의 목표는 교육자들에게만 중요한 것이 아니라 한 국가의 모든 국민들에게도 중요한 것이다.

I. 교육, 교육 의무, 교육 목표

교육이 무엇이며 교육 목표가 무엇인지는 누구나 알고 있다. 그러나 교육이나 교육 목표에 관해서 말할 때 모두가 동일한 것을 생각하는 것은 아니다. 그 때문에 여기서 뜻하는 교육과 교육 목표란 무엇을 의미하는 것인지 우선 언급하고 나가기로 한다.

우리가 "**교육**"이라 명명하는 것은 인간이 다른 인간의 인격을 어떠한 관점에서 지속적으로 개선하려고 시도하는 행위를 말한다.[1] 교육은 일차적으로 어린이와 청소년들을 대상으로 한다. 이것은 이 세상의 이 신참자들은 아직 미완성이고 도움을 필요로 하며 영향을 받을 수 있고 특히 학습능력이 있다는 사실 때문이다. 이들은 삶을 독립적으로 영위할 수 있기 위해 필요로 하는 인식과 능력을 학습을 통해서 비로소 획득하지 않으면 안 된다. 어떤 사회 어느 시대를 막론하고 이 일에 있어 어린이들을 돕는 것은 성인들의 의무에 속한다. 성인들은 후진들이 유능하고 건실하며 충실한 삶을 영위할 수 있도록 돌보아야 한다. 이 과업은 대단히 중요한 것이어서 대부분의 국가는 이를 그들의 법률 속에 받아들이고 있다. 예를 들면 독일연방공화국에 있어서는 민법전(民法典)[2]뿐만 아니라 헌법까지도 "자녀의 양육과 교육"을 부모들의 의무로 규정하고 있다.[3]

교육 의무를 이행할 수 있기 위해서 우리는 어떤 특성들이 훌륭하고 충실한 삶을 사는 인간에게 속하는지 알지 않으면 안 된

---

1) Brezinka 1990, pp.70ff. 참조.

2) 1979년 7월 18일 판(版) 민법전 제1631조 제1항(부모의 보호권의 재규정에 관한 법률. 연방 법령 관보 I, Nr. 42/1979).

3) 기본법 제6조 2항.

다. 이것은 일반적으로도 그렇지만 그가 사는 그 사회와 그 시대
의 특수한 여건에서도 그렇다. 여기서 우리는 이런 물음에 대한
답을 필요로 한다. 어린이가 주어진 환경에서 독립적으로 삶을
유지하고 동시에 그가 속하고 있는 공동체들의 존속을 확실하게
하기 위해서 충실하게 되려면 어떤 능력과 미덕, 어떤 지식과 기
능, 어떤 태도와 신념들을 습득해야 하는가? 곧 이 물음에 있어
문제되는 것은 피교육자들을 위해 가치가 있는 인격적 이상들인
것이다. 교육자들은 그들이 무엇을 돌보아야 하며, 무엇에 유의
해야 하며, 무엇을 지지해야 하며, 무엇과 항쟁해야 하는지 판단
할 수 있기 위해서 그러한 이상들을 표준치(標準値), 지도상(指
導像), 혹은 규범으로 필요로 한다.

교육적 행위를 정향시키기 위한 이와 같은 규범들을 우리는
"교육 목표"라고 부른다. 그것은 전체 인격 또는 개별적인 인격
특성들의 이상적 표상(表象)들이며, 피교육자들은 될 수 있는 한
널리 이를 실현해야 하는 것이다. 이들은 비단 이들 인격 특성들
을 가리키는 것일 뿐만 아니라 교육하는 사람들에 대한 하나의
지시(指示)도 포함하고 있다. 이 지시는 이렇다. 그대들의 피보
호자들이 그들에게 이상으로 설정되어 있는 인격적 상태에 가능
한 한 가까이 도달하도록 그렇게 행위하라!⁴⁾

목표나 목적은 수단을 찾기 위한 출발점이다. 모든 교육적 행
위는 하나의 목적을 위한 수단이다. 교육을 행하는 사람은 그가
교육하는 사람에게 있어 그가 사전에 목적 또는 목표로 정해 놓
은 하나의 효과를 달성하기 위하여 무엇을 행한다(혹은 의도적으
로 중단한다). 교육자는 피교육자가 그 자신의 활동에 의해 목적
으로 설정된 인격적 상태에 접근하도록 영향을 주려고 시도한다.
교육의 목표가 없이는 교육을 할 수 없다. 교육 목표는 모든 교

---

4) Brezinka 1990, pp.138ff. 참조.

육의 불가결의 전제가 된다.

전통에 속박되어 있는 사회에서는, 그리고 한 사회의 전통에 속박된 하위 집단에서는 교육 목표에 대해 많이 논의될 필요가 없다. 교육 목표는 다수의 가능한 인격 특성들 가운데서 신중히 선별·규정되는 것이 아니라, 자명하게 존재하는 규범으로서 문화적 전통으로부터 인수되는 것이다. 이러한 경우에 있어서는 교육 목표는 하나의 민족, 종교 공동체, 신분, 또는 직업 단체에서 통용되고 있는 인격적 이상(理想) 이외의 다른 것이 아니다. 이 이상들은 후계 세대와 그 교육을 위해서 안출된 것이 아니라 한 공동체의 도덕적 문화의 구성 요소이고 그 구성원들 모두에게 효력을 지니는 것이다. 이들 이상은 그것이 모든 성인들에게 의무를 지우는 것이기 때문이라는 단지 그 이유로 어린이와 청소년들에게도 교육 목표의 형식으로 명시적으로 의무지우는 것이 되게 만들어지는 것이다. 내용적으로 이들 이상을 통해 어린이들에게 요구되는 것은 현재 통용되는 도덕적 규범을 통해 그 집단의 모든 성원들에게서 요구되고 있는 것 이외의 다름이 아니다.

우리가 추구해야 할 근본적인 능력과 미덕에 대한 이 의심할 나위 없는 확실성을 오늘날 우리는 지니지 못하고 있다. 종교적 근거가 상실되고 세계관적으로 혼합되고 도덕적으로 혼란되어 있는 사회에 있어서 인격적 이상과 교육의 목표에 관해 여러 가지 견해들이 난무한다는 것은 불가피하다. 게다가 그와 같은 다원적인 사회가 급격한 변화의 와중에 처하게 되면, 그 하위 집단들에 있어서도 전통의 붕괴와 더불어 세계관적 결속이 감소되고 교육 목표에 대한 불확실성이 증가한다. 도덕적 확신이 허약하게 되고, 자신의 이상에 대한 열의(熱意)가 감소되며, 교육 문제에 있어서 당혹감이 점차 광범하게 된다. 이것이 오늘 독일연방공화국과 자유 유럽의 기타 국가들에 있어 우리가 직면하고 있는 상황이다.

이러한 상황에서도 교육을 필요로 하는 어린이들이 성장하고 있다. 이들은 심지어 **교육받을 권리**도 지니고 있다. 이것은 1922년의 제국 청소년 복지법(帝國 靑少年 福祉法)에서 처음 확정되었고, 독일연방공화국의 청소년 보조법(靑少年 補助法) 속에 받아들여졌다. 이 법 규범은 "모든 독일의 아동은 신체적·정신적·사회적 충실성을 지닌 인간이 되도록 교육받을 권리를 갖는다."는 것이다.[5] 이로써 교육의 가장 일반적인 목표가 규정되어 있으니, 충실성이 그것이다. 신체적·정신적·사회적 충실성으로 구성되는 것이다.

이 교육 목표는 아주 일반적이어서 모든 시대의 모든 사람들에게 적합하다. 이것은 해석, 설명, 또는 주석을 필요로 한다. 이 시대 독일 국민이 처해 있는 특수한 여건에 있어 무엇이 충실성에 속하는지 보다 정확히 규정되지 않으면 안 된다. 이에 관한 진술은 막연하거나 불명료하거나 혹은 현학적이어서는 안 된다. 진술들이 명료하고 구상적이고 누구에게나 이해될 수 있을 때만 정향하는 데 기여할 수 있다.

하지만 "충실성"이란 막연한 교육 목표는 더 상세하게 규정하기 시작하면 곧 논쟁이 시작된다. 교육 목표는 가치 평가(價値 評價) 없이는 얻어질 수 없다. 교육 목표들은 결단을 전제로 한다. 있을 수 있는 학습 가능한 특성들 가운데서 우리가 가장 가치 있다고 생각하는 특성을 선택하지 않으면 안 된다. 또한 어느 것이 특히 중요하고 다른 것보다 우선이 되어야 하는지에 대해

---

5) 1977년 청소년 복지법 제1조 1항. 이 목표 진술은 1919년의 바이마르 제국 헌법 제120조에서 따온 것으로, 그 내용은 "어린이들을 신체적·정신적·사회적 유능성으로 교육하는 것은 부모의 최고의 의무이자 자연적인 권리이며, 그 실행에 관해서는 국가공동체가 감독한다."라는 것이다. Anschütz 1921, p.201. 해석에 대해서는 Brezinka 1987 참조.

결단하지 않으면 안 된다. 우리는 긍정과 부정, 찬성과 반대, 취함과 물리침을 행하지 않으면 안 된다. 이것은 전제 없이, 조건 없이, 역사 없이 일어나는 일이 아니다. 이것은 도덕, 종교, 세계관, 정치적 태도, 그리고 결정적인 인물들의 역사적 경험들과 관련되는 신념들의 토대 위에서 행해지는 것이다.

우리들의 개인주의적 민주국가에 있어서는 이 평가 및 결단의 근거가 매우 비(非)통일적이다. 모든 구성원들에게 공통되는 이상(理想)들이 적다. 후진들이 충실하게 되는 일을 도와 주는 하나의 방향을 교육에게 줄 수 있기 위해서 이 이상들만으로는 확실히 부족하다.

오늘날 모든 정당의 정치가들이 의견을 같이 할 수 있는 하나의 일반적인 교육 목표가 얼마나 무내용적(無內容的)이고 진부하게 보이는 것인지는 이미 언급된 바와 같이 "독일교육심의회"가 1970년 독일 학교 교육을 위한 "구조적 개혁 계획"에서 "교육의 포괄적인 목표는 자유 일반과 헌법이 개인에게 보장하고 부과하고 있는 자유들을 실현하기 위한 …… 개인의 능력이다."[6)]와 같은 최고 규범을 설정했을 때 드러났다. 교육 목표에 대해 의견이 일치되는 도덕적 정치적 수준이 더 이상 낮을 수가 없다. 이 같이 막연한 문장에서는 독일의 청소년과 그들을 교육하는 사람의 정향(定向)을 위해 얻을 수 있는 것이 없다.

이러한 형편에서 우리는 무엇을 할 수 있는가? 우리는 어떻게 교육 목표에 관한 새로운 명료성과 확실성에 도달할 수 있는가? 우리는 불가결한 것으로 인정된 이상들에 어떻게 권위를 부여하여 존중되게 할 수 있는가? 침묵하고, 외면하며, 방관해서 될 일이 아님은 확실하다. 사색에 태만하거나 용기를 상실하거나 갈등을 두려워해서 될 수 있는 일도 아니다. 나는 책임 있는 타개책

---

6) Deutscher Bildungsrat 1970, p.29.

을 오직 한 가지로 본다. 상황을 철저히 숙고하고, 그 위험을 통찰하고, 현존하는 세력을 확인하고, 선택 가능성을 그 귀결과 더불어 검토하고, 결단을 위한 용기를 불러일으키고, 자기 고유의 이상에 따라 살고, 동맹자를 구하고, 반대자와의 대결을 불사(不辭)하는 것이 그것이다.

위기를 극복하기 위한 이 걸음은 근본적으로 자명한 것이다. 그러나 오늘날 우리는 이것을 명시적으로 언급하지 않으면 안 된다. 수십 년간의 안일한 생활이 수많은 시민들로 하여금 오늘의 다원적 사회의 정신적 상황에 대해 눈이 멀게 만들었기 때문이다. 이 상황은 주민들의 사고, 감정, 의욕에 대한 영향력을 얻고자 하는 적대적인 엘리트 간의 투쟁에 의해 규정되어 있다. 사람들의 영혼을 얻고자 하는 투쟁이 전개되고 있는 터이니, 이 투쟁에서 중요한 것은 세계관과 인간상과 도덕이며, 따라서 생의 영위 및 사회 형성의 원칙인 것이다. 각자 의식을 지배하는 힘을 획득하는 영향력에 따라 개개인의 인격적 운명 및 우리 민족의 정치적 운명에 대해 예비 결정이 내려진다.

이 정신적 상황에서 아무도 도피할 수 없다. 우리의 의식이 수동적으로 우연적인 인상들에 의해서 규정되게 할 것인가, 아니면 어느 이상(理想)이 우리와 우리의 자녀들을 위해 가치를 얻게 할 것인지를 능동적으로 결정할 것인가, 우리는 오직 선택할 수 있을 뿐이다. 필요한 결정은 각자가 스스로 내리지 않으면 안 된다. 자식을 걱정하는 아버지이자 동료 시민이기도 한 교육학자로서 내가 제공할 수 있는 것은 다만 결단의 전(前)단계로서 숙고와 대화를 위한 방향 잡기를 도와 주는 것일 뿐이다.

교육 목표들을 논함에 있어 심한 단순화를 피하는 일이 쉽지 않다. 그래서 나는 교육 목표에 관한 모든 논판에 있어 안중에 두어야 할 4가지 규칙을 언급하고자 한다.

1. 모든 인간은 그의 생애에 있어 많은 다양한 과업을 이행하지 않으면 안 된다. 이를 위하여 그는 많은 다양한 능력을 필요로 한다. 그러므로 그의 교육자도 그에게서 많은 다양한 교육 목표를 추구하지 않으면 안 된다. "충실성", "성숙성", "인간성"과 같은 미분화된 전체적 목표는 종합적인 지도 규범으로서는 필요할 수도 있지만, 교육 실천을 위해서는 거의 도움이 안 된다.

2. 인생에서 실현되어야 할 많은 과업과 이를 위해 필요로 하는 많은 능력은 서로 하나의 대극적 긴장 관계 속에 서 있다. 대립적이지만 각자로서 불가결한 인격적 특성들 간의 그러한 양극성은 교육 목표를 설정함에 있어서도 고려되어야 한다. 양극적으로 함께 하는 태도들이 서로 보완 관계를 이루므로 분리되어서는 안 된다. 즉 하나의 극이 일방적으로 과도히 추진되어서도 안 되고 꼭 같이 중요한 대극이 제외되거나 소홀히 되어서도 안 된다. 이를 위한 실제적인 보기를 들면 앎과 믿음 간의 양극성, 결속 능력과 비판 능력 간의 양극성, 평화 심성과 방어 용의 간의 양극성, 애국심과 초민족적 휴머니티 간의 양극성 등이다.

3. 모든 교육 목표가 인간의 모든 연령 단계에 유효한 것은 아니다. 후일 보다 고차적인 능력이 형성될 수 있기 위해서는 우선 기초적인 능력들이 획득되지 않으면 안 된다. 그러므로 어린 아동들의 경우, 예를 들면 자기 신뢰, 언어 구사, 학습 욕구 등이 특히 중요하고, 학동(學童)들의 경우 노력 용의, 신중, 끈기가 중요하고, 청년들의 경우 판단력, 책임의식, 극기(克己), 공공의식 등이 특히 중요하다.

4. 하나의 교육 목표를 원하는 사람은 그것의 실현이 의존하는 그 조건도 얻으려 해야 한다. 그것은 교육 목표의 신빙성을 판단할 수 있기 위한 하나의 중요한 척도이다. 교육 목표의 다수는 그것이 현대풍의 표시이거나 혹은 자기 집단 소속성의 표시이기

때문에 단지 입으로만 되뇌어지고 있다. 그러나 집단을 위해서 행해지는 것은 아무것도 없다. 교육 목표에 관한 진술에 있어서 자주 이론과 실천 간에는 현저한 모순이 존재한다. 자기 기만도 존재하고 타인의 기만도 존재한다. 이런 사람들을 생각해 보라. 말로는 "동포애", "공공의식", 혹은 "환경의식"을 긍정하면서도 이들 미덕의 습득을 위한 조건들인 저 노력들은 자신에게나 자녀들에게 요구하지 아니하는 사람들 말이다.

II. 현대의 다원주의(多元主義) 사회에 있어 교육 목표의 문제성

다원주의는 하나의 사상(事像)에 관해서 다수의 의견들이 존재함을 의미한다. 이에 대한 반대는 일원주의(一元主義)이다. 이것은 오직 단 하나의 사상(事像)만이 존재하거나 허용된다는 것을 의미한다. 우리들의 사회가 "다원주의적"이라 부른다면, 그것은 두 가지를 의미할 수 있다. 첫째는 정치적 다원주의를 의미하고, 둘째는 세계관적 다원주의를 의미한다.

정치적인 견지에서 우리 사회가 "다원적"이라 불려지는 까닭은 개인과 국가 간에 수많은 상대적으로 독립적인 집단과 조직과 이익단체들이 개재하여 그 성원들의 특수 관심들을 관철하기 위해 정치적 의사형성 기관과 국가 및 그 지도부에 대해서 압력을 가하기 때문이다. 이러한 경우 그 국민들에게 국가는 정당, 노동조합, 기타 권력집단들로부터 광범위하게 의존하는 것으로 보인다. 이들 단체들은 저마다 전술적인 이유에서 공익(公益)을 끌어 댄다. 사회의 한 부분 집단의 특수 이익이 때로 전체의 이익과 일치할 수 있으나, 그것은 통상적인 경우는 아니다. 통상의 경우는 집권 정당이 국가를 자기의 특수 이익에 봉사하게 만들거나 권력집단들 간에 타협이 체결되는 것이다. 이 경우 국가는 최고의 권위로서 공익을 규정하고 수호하는 것 대신 중립적인 중개자로서 등장한다.[7]

세계관적 견지에서 우리 사회가 "다원적"이라고 불려지는 것은 다수의 세계관, 종교, 모럴이 그 속에 존재하기 때문이다. 이들

---

7) Schmitt 1940; Briefs 1961과 1966 참조.

세계관적 집단의 신봉자들은 다른 집단들의 이상에 반대하여 행동한다. 그들은 여론과 국가에 대한 영향력을 획득하기 위하여 서로 씨름하고, 따라서 당연히 의사 형성의 주요 매체, 즉 매스 미디어와 교육기관에 대한 영향력을 얻기 위하여서도 경쟁한다.

다원주의의 이 두 현현 형태(顯現 形態)는 장점과 단점을 가진다. 가장 중요한 장점은 통상적인 상황하에서 전체주의적인 국가가 수립될 위험이 적다는 것과 인격의 자유로운 발전을 위한 기본권이 보장된다는 것이다.[8]

정치적 다원주의의 **단점**은 집단 이익에 대항하는 공익의 수호자로서의 국가의 약화, 국가에 대한 국민의 충성의 쇠퇴(衰退), 그리고 사회의 결속의 위험화(危險化)에 있다. 세계관적 다원주의의 단점은 세계관과 모럴의 병존, 대립, 혼잡이 그들 상호간의 상대화와 중립화를 초래하게 되고, 그럼으로써 국민들의 정향 불확실, 정신적 오도(誤導) 가능성, 도덕적 요구 저하(要求 低下)를 초래한다는 위험이다. 다원주의의 이 결점들을 방지하지 않고 경시하면, 내적으로 무정부의 위험, 질서와 규율의 타락의 위험이 증가하고, 외부로부터의 압력에 대한 무방비의 위험이 증가한다.

다원주의의 단점들은 또한 성인들을 교육자로서도 어려움에 빠뜨린다. 어려움은 먼저 교육 목표에서 시작된다. 사회적 사실로서의 다원주의로부터는 세계 해석과 처신과 교육을 위한 하등의 지침도 얻어질 수 없다는 사실이 분명하다. 다원주의란 다름 아니라 그러한 지침의 여러 종류들이 존재하고 허용되어 있다는 뜻이다. 각 개별 종류가 존립하는 것은 바로 이 종류의 세계관과 모럴의 가치를 믿는 부분집단이 전체사회 내에서 존재하고 있다

---

8) 기본법 제2조 제1항: "누구든지 타인의 권리를 침해하지 않고 헌법질서나 도덕률(道德律)에 반하지 않는 한, 자신의 인격(人格)을 자유로이 발현(發現)할 권리를 가진다."

는 데 기인한다. 그러나 이 믿음은 대부분의 경우 그 신봉자들이 상호 활발한 교제를 맺고 그 교제 가운데서 스스로를 강화시키고 다른 종류의 신념들의 영향을 차폐하고 허무주의적 무신념도 차폐하는 한에서만 활기 있게 존립할 수 있다.

가장 넓은 의미에서의 집단 특유의 신념(종교적 신념과 더불어 세계관적·도덕적 내용에 대한 신념도 포함)의 이 존립 근거들이 현대의 다원주의적 사회에서는 크게 쇠퇴하였다. 종교적·세계관적 집단들의 다원주의는 개인들이 임의로 구미에 맞는 것을 임의로 골라내는 모호한 비(非)종교적인 단위 문화에 비하여 의미를 잃는다. 종교적 신조에 기초된 집단들의 세계관적 다원주의로부터 계몽, 해방, 권위 비판, 자아실현 이념들의 영향 아래 개인들의 다원주의, 자율적인 개별 인격들의 다원주의가 성립되었다. 이것은 많은 원인을 갖는 것이나 여기서는 더 자세히 논술할 수 없다.[9] 우리의 논제를 위해서는 대부분의 부모들이 오늘날 그 자녀들을 위한 교육 목표를 결정함에 있어 과거 어느 때보다 자기 자신에게만 의지하고 있다는 사실을 시사(示唆)하는 것으로 족하다. 그들은 대가족, 이웃, 지역 사회, 신분, 직장 동료, 교회 그리고 국가에 크게 구속되지 않고 독립적으로 생활하고 있다. 그들은 일반적으로 인정된 권위 담지자에 의한 도덕적 통제에 속박되지 않고 자유롭게 생활한다. 그러나 그럼으로써 근본이 되는 교육 목표들이 함께 포함되어 있는 - 세계 해석과 처신의 - 전통으로부터도 절연(絶緣)된 생활을 한다. 그들은 그들 자신이 그 구성원이 되고 있는 보다 큰 생활공동체의 의심할 나위 없이 통하는 인격적 이상에 의지할 수 없고 스스로가 결정하지 않으면 안 된다. 자녀들의 교육 목표에 관한 양친의 자기 결정권이 오늘만큼 큰 적이 없다. 문제는 양친들이 이와 결부되는 책임을 개인

---

9) Brezinka 1971, pp.94ff.; 나아가서 1981a, pp.11ff. 참조.

주의적인 민주 국가의 생활 조건하에서 지속적으로 감당하고 있는가 하는 것이다.

우리는 우선 **법적 상황을** 일별해 보자. 법적 상황은 국내적으로나 국제적으로 명확하여, 그 자녀들을 위한 교육 목표를 확정함에 있어 부모는 국가보다 우위(優位)를 점한다.

독일연방공화국의 경우 **교육에 있어 부모의 우위**는 기본법 제6조에 의하여 헌법으로 보장되어 있다. "자녀의 양육과 교육은 부모의 자연적 권리이고 일차적으로 **그들에게** 부과된 의무이다." (기본법 제6조 2항) "일차적으로"라는 것은 부모가 그들의 자녀 교육과 관련한 의무와 권리의 제1담당자이기는 하나 유일한 담당자는 아님을 의미한다. 그들과 더불어 또한 국가도 교육의 과업을 갖는다. 특히 학교에 의한 교육의 과업을 갖는데, 국가는 학교의 담지자이다.

자녀 교육에 대한 부모의 권리는 하나의 인권이고 그러므로 최고의 지위를 갖는 헌법의 기본권에 속한다. 그것은 국가의 부당한 간섭에 대항하는 방어 권한을 보장하는 것일 뿐만 아니라 교육을 통한 자녀의 삶의 방향의 규정을 부모들에게 가능하게 하는 것이기도 하다.[10] 그것은 무엇보다 국가가 자녀 교육을 국가적으로 요구되거나 명시적으로 인정된 교육 목표에 맞추어야 한다고 부모들에게 요구해서는 안 된다는 것을 뜻한다. 기본법은 가정에서의 교육을 위한 교육 목표를 법적으로 규정하는 것을 국가에게 금지하고 있다.[11] 독일의 몇몇 주(州)의 헌법에 나와 있는 교육 목표들도 학교교육법 속의 교육 목표들과 마찬가지로 공립학교에 대해서만 적용된다.[12] 부모는 그들을 표준삼아야 한다는 강요를 받을 수 없다. 부모들은 자녀의 교육을 어떠한 인격적 이상에 맞

---

10) Peters 1960, p.374; Böckenförde 1980, p.61.

11) Schmitt Glaeser 1980, pp.42f. 참조.

12) Peters 1960, pp.382f.; Böckenförde 1980, pp.65f.

추고자 하는지 스스로 결정한다. 동시에 그들은 추가적으로 신앙과 양심과 고백(告白)의 자유를 보장하고 있는 기본법 제4조에 의해서도 보호받는다.[13] 그들은 "관념의 범위에서나마 현재의 사회 질서에서 아직 지니고 나갈 수 있는 것으로 인정되는 것은 고수"해야만 한다. 이것은 부모들이 그들의 교육권(敎育權)을 행사함에 있어 타인의 권리를 침해해서는 안 되고 합헌적 질서 또는 도덕률을 위반해서도 안 된다는 것을 뜻한다.[14]

그 자녀의 교육에 대한 양친의 기본권은 또한 국제적 법 질서에서도 인정되고 있다. 1948년의 유엔(UN)의 인권에 관한 일반 선언에는 이렇게 되어 있다. "부모는 그 자녀들이 받아야 할 교육의 종류를 결정할 우선권을 가진다."[15] 유럽 의회 회원국의 경우 1952년 이래 다음과 같은 규정이 적용된다. "국가는 교육과 수업 분야에서 그가 받아들인 과업들을 수행함에 있어 자신들의 종교적·세계관적 신념들에 따라 교육과 수업을 확보할 수 있는 부모의 권리를 존중하여야 한다."[16]

그렇다면 **교육의 목표들을 결정할 수 있는 국가의 권능**은 어떠한가? 그리고 국가의 교육권은 부모의 교육권과 어떠한 관계에 있는가? 부모에게는 "자녀의 전체 교육"에 대한 책임이 귀속되지만, 국가에게는 "교육의 부분 영역"에 대한 책임만 귀속된다. 독

---

13) H. Peters 1960, p.392; Glotz와 Faber 1983, p.1010 참조.

14) Peters 1960, p.382.

15) 제26조 3항: "부모는 그들의 자녀들에게 제공되어야 할 교육의 종류를 선택할 우선적인 권리를 갖는다." James Avery Joyce(Hrsg.), Human Rights: International Documents. Alphen, 1978 (Sijthoff und Noordhoff). 제2차 바티칸 공의회(公議會)에서의 카톨릭 교회도 유사하다. "부모는 그 자녀의 제일의 최우선적인 교육자로서 인정되지 않으면 안 된다."(기독교적 교육에 관한 선언, 3), Rahner u. Vorgrimler 1978, p.338.]

16) 1952년 3월 20일의 '인권과 기본적 자유를 보호하기 위한 조약의 추가 의정서' 제2조.

일연방공화국의 법질서에 의하면 부모는 교육의 "전체 계획"에 대해 결정권이 있는 반면 국가는 하나의 "부분적 계획"에 대해서만 결정권이 있다. 이 부분 계획은 "독자적인 것이고 부모의 교육권으로부터 도출되거나 이에 종속되는 것은 아니다. 그러나 부모의 전체 계획을 존중하지 않으면 안 되고 전체 계획의 실현을 촉진하여야 하며 이를 방해해서는 안 된다. 다른 한편 부모도 학교가 일정한 교육 목표를 추구하는 것을 받아들이고 …… 고려하지 않으면 안 된다."[17]

부모와 국가가 교사에 의해 동일한 젊은 사람을 교육적으로 영향을 주려고 시도하는 터여서 이 양 교육담당자의 **관할 범위**(管轄 範圍)를 서로 정확하게 구획하는 것은 어렵다. 종교 교육과 세계관의 교육, 정치적 입장, 직업 선택, 여가 행동을 포함한 사회적 환경에 대한 관계에 관하여 결정을 내리는 것은 확실히 부모의 권한에 속한다. 어느 경우든 자녀들이 자기 결정을 할 수 있는 때까지는 그렇다.[18]

이로부터 종교적·세계관적·정치적 교육 목표들과 관련하여 **국가가 중립성을 지킬 의무**, 특정 목표와 동일시하지 않을 의무, 공평성 의무, 공명정대 및 관용의 의무라는 것이 나온다.[19] 1978년의 슐레스비히 홀슈타인 주(州)의 교육법에는 그것이 다

---

17) Evers 1979, 71ff.; Zeidler 1983, p.568도 참조.

18) Evers 1979, p.71 및 p.131; Peters 1960, p.394.

19) Evers 1979, 75ff. 및 pp.82ff., Klecatsky와 Morscher 1982, p.1185도 참조할 것. "제1추가 의정서의 제2조는 교육 영역에 있어서의 국가의 과업 모두에 적용된다. 그것은 종교 수업과 기타 수업 교과들 간의 구별을 허용치 않는다. 그것은 오히려 국가에 대해 공적 학교의 전체 수업 프로그램에 있어서 부모의 종교적·세계관적 신념들을 존중할 것을 의무화시키고 있다." 동 조항은 "수업 프로그램에 속하는 정보와 지식들이 사실적·비판적·다원주의적으로 보급되고 있는 점에 대해 …… 국가에게 감독할 의무를 부여하고 있다. 그것은 부모의 종교적·세계관적 신념의 무시(無視)로 간주될 수 있는 교조화(教條化) 의도(意圖)를 추구하는 것을 국가에 금한다."

음과 같은 문장으로 표현되어 있다. 학교는 "부모가 자녀들을 그에 의거 교육하고자 하는 바 종교적·세계관적 원칙들을 침해해서는 안 된다." "학교는 정치적 사태를 공평무사하게 당파 정책에 관련해서는 중립적으로 다루지 않으면 안 된다."[20]

다른 한편 세계관이 없이는 어떠한 성숙된 인간도 존재하지 않는다. 그러나 세계관들은 일반적인 것으로서 존재하는 것이 아니라 오직 개별적인 현상 형태(現象 形態)들에서만 존재한다. 마찬가지로 일정한 세계관적 기초 없이는 어떠한 교육 목표도 교육도 존재하지 않는다. 그러므로 학교에 있어서도 세계관적으로 무관심한 교육은 불가능하다. 종교적 또는 세계관적 신념 내용을 중립적으로 거리를 두고 "학문 중심적으로" 다루는 것은 실제로는 이 신념 내용에 대한 믿음의 확실성에 반대하는 효과가 나타난다. 그것은 단지 세계관적으로 중립적인 것처럼 보일 뿐, 사실에 있어서는 하나의 세계관적 선결정(先決定)에 입각하고 있다. 즉 과학, 자율적 이성, 자유주의를 최고 선(最高 善)으로 보는 믿음에 입각하고 있는 것이다. 이 같은 사이비 중립에 토대를 두고 있는 학교 교육은 달리 생각하는 부모들, 이를테면 자신들의 종교적 확신과 일치하는 수업을 바라는 기독교적 부모의 권리요구를 공정히 들어 주지 못한다. 거꾸로 기독교적 확신들을 편드는 수업은 그들의 세계관에 따른 자녀교육을 바라는 무신론적 부모의 기본권을 침해할 것이다. 한 나라의 부모들 사이에 대표되는 모든 세계관을 위한 신조고백 학교 내지 세계관 학교들만이 양친의 권리를 완전히 충족시킬 것이다. 여타의 모든 학교에서는 자신들이 신봉하는 세계관의 정신으로 교육해 주기를 바라는 부모의 기본권과 세계관의 다양성을 조건으로 하는 국가의 중립성이라는 명령 사이에는 하나의 풀 수 없는 모순이 존재한다.

---

20) 1978년 슐레스비히 홀슈타인 주(州) 교육법 제4조 3항 및 5항.

기본법 제7조에 의해 보장되어 있는 **정규 교과로서의 종교수업을 받을 권리**는 이 모순을 경감시키지만, 그것을 해소하지는 못한다. 〔독일 기본법 제7조(학교제도) (1) 모든 학교제도는 국가의 감독을 받는다. (2) 교육권사는 자녀의 종교수업 참가에 대한 결정권을 가진다. (3) 종교수업은 종교와 관계가 없는 학교를 제외한 공립학교에서는 정규 교과목이 된다. 종교수업은 국가의 감독권을 침해하지 않는 범위에서 종교공동체의 원칙과 일치하여 행해진다. 어떤 교사도 자기의 의사에 반하여 종교수업을 행할 의무를 지지 않는다 : 역주〕기본이 되는 기독교적 교육 목표들은 신앙, 희망, 하느님 사랑과 이웃 사랑의 미덕이다. 이 미덕의 가치를 평가하고 학생들이 이를 습득하도록 하는 교육이 종교수업 시간에 한정될 때, 수업의 10분의 9에 있어 기독교적 신앙내용이 무시되거나 문화사적으로 다루어져 상대화될 때, 학생들이 이 미덕들을 획득하게 될 것이라는 전망은 감소된다. 추가적으로 말해서 여타 교과목들에서 유행되고 있는 이른바 비(非)합리적인 신앙 내용에 대해 거리를 두는 태도가 종교수업에도 영향을 끼친다는 위험으로 인해 공립 교파혼합(敎派混合)학교에 있어서 종교수업에 의한 종교적 교육이 성공할 전망도 축소된다. 종교수업이 간단히 하나의 합리주의적인 종교학으로, 종교에 관한 단순한 지식으로 변질되고, 그럼으로 해서 신심(信心) 깊은 부모의 의지 및 종교공동체의 의지에 따라 그것이 마땅히 섬겨야 할 교육적 주목적을 소홀히 하게 된다. 거꾸로 자녀를 학교의 종교수업으로부터 떼어놓으려는 비(非)기독교 부모의 권리도 그들의 비(非)기독교적 세계관에 부응하는 수업을 아직 보장하지 못한다. 어느 경우에서나 각 교파혼합학교에서 부모의 교육권은 손해를 본다. 현재 슐레스비히 홀슈타인에서 주법(州法)으로 규정되어 있고, 바덴뷔르템베르크, 바이에른, 노르트라인 베스트팔렌, 라인란트 팔츠, 그리고 자알란트에서도 그렇듯이, 교파혼합학교가 "기독교적 근본성격"을 갖도록 할 경우에도, 이는 실제로 신앙을 고백하는 기독교인들에게만 해당된다.[21]

나는 이 해소될 수 없는 모순을 은폐하기보다는 공개적으로 시인하는 것이 더 낫다고 생각한다. 소수의 큰 신앙집단들의 세계관적 다원주의가 다수의 개별 인간과 소집단들의 다원주의에 의해 교체되는 오늘날의 다원사회에서는 공립학교들을 부모의 세계관에 의거해서 조직하지 않고, 반대로 모든 국민들에게 공통되거나 공통되어야 할 도덕적·정치적 신념들에 기초되게 해야 할 중대한 국가정치적·조직적·재정적 이유들이 존재한다. 독일의 모든 연방 주(州)에서는 교단(敎團)설립 학교가 종파혼합학교로 변환되면서 이 길을 걸어왔다. 이와 같은 사실은 교육 목표에 관한 우리들의 물음에 대해 다음과 같은 귀결을 갖는다.

1. 일정한 종교나 세계관에 대한 충성을 전제로 하는 종파 특유의 미덕들은 공립의 종파혼합학교의 학생들에게 국가가 교육목표로 규정해서는 안 된다. 이들 미덕은 **세계관적 특수 이상**들이다. 위대한 종교와 세계관적 (또는 형이상학적) 철학의 신앙내용들은[22] 비(非)종파 학교에서 오직 문화적 지식으로서 이론적·서술적(敍述的)으로만 가르칠 수 있다. 이들은 더 나아가 존

---

21) 1957년 5월 23일의 슐레스비히 홀슈타인 주(州) 교회조약; 바덴 뷔르템베르크 주(州) 헌법 제16조는 다음과 같다. 제1항: "기독교적 교파혼합학교에 있어 아동들은 기독교적·서양적 교육 및 문화 가치에 기초하여 교육받는다. 수업은 종교수업은 예외로 하고 공통으로 실시된다." 제2항: "초등학교에 교사를 임용하는 경우 학생들의 종교적·세계관적 신조는 가능한 한 고려되어야 한다. 그러나 신앙고백에 있어 자유로운 교사가 손해를 보아서는 안 된다." 제3항: "초등학교의 기독교적 성격을 해석함에 있어 의문이 발생할 때 이 의문은 국가, 교회, 교사, 학부모 간의 공동의 상의(相議)를 거쳐 해소되어야 한다."

22) 이에 대해서는 Brezinka 1978, pp.189ff., 특히 p.195 참조.

경, 관용, 가능한 인격적 동감의 대상으로서 전달될 필요도 있다. 그러나 이들 신앙 내용의 어떤 것도 절대적으로 의무지우는 것으로서 특별시되어서는 안 되고, 어떤 내용에 대해서도 동일화(同一化), 정서적 동화(同化), 양심 안에서의 내면화(內面化)를 요구하거나 교육적 영향의 길을 트려고 시도해서는 안 된다. 역으로 교사들에게는 학생들로 하여금 그 부모의 종교적·세계관적 확신으로부터 소원(疏遠)하게 하는 일은 금지된다. 그와 같은 일이 세속화되고 주로 학문 정향적인 학교에서 비(非)강제적으로 저절로 발생하는 한에서 말이다.

이것은 무엇을 뜻하는가. 종파 특유의 신념과 미덕들을 형성, 유지, 강화하는 것은 국가와 그 교사(종교 교사는 제외) 이외의 사람들이 돌보아야 한다는 뜻이다. 이에 대한 책임은 일차적으로 부모들에게 있고, 이차적으로 그들이 소속하고 있는 신앙 공동체에 있다. 이 책임은 매우 크다. 자기 삶을 위한 의미 부여, 생의 기쁨, 생의 용기, 그리고 삶의 영위의 개인적 척도 등이 주로 종파 특유의 신념과 미덕에 달려 있기 때문이다. 그 때문에 세계관적 특수이상들은 그 신봉자들을 위해서만 의의를 지닐 뿐 아니라 여타의 사회에도 유익하다.

2. 국가는 전력을 다하여 그 국민의 좋은 공동생활과 민족의 자기 보존을 위해 필수불가결한 저 능력, 신념, 미덕을 돌보아야 할 의무가 있다. 국가를 지탱시키는 기본 능력, 기본 신념, 기본 미덕과 관련해서는 중립이 있어서는 안 되고, 오직 이들을 위한 적극적인 옹호(擁護)가 있을 따름이다. 잘못 이해된 관용에서 이 과업을 소홀히 하는 자유주의 국가는 그 젊은 국민과 성인 국민들의 영락(零落)을 방조하게 되고 그럼으로써 국가 자신의 몰락을 방조하게 된다.

학교는 사회와 국가의 번영을 위해 무조건적으로 요구되는 저 능력, 신념, 미덕들을 후진들에게 심어 주는 유일한 수단은 아니지만 아주 본질적인 수단이다. 이를 위해 저 능력, 신념, 미덕들은 교육 목표로서 규정되지 않으면 안 된다. 세계관적으로 폐쇄된 생활공동체들에 있어 전체적 인격을 위해 설정되는 전체적 이상들에 비교해서 자유민주주의적 국가는 단지 하나의 부분적 이상을 결정하는 것만 가능하다. 우리는 이것을 **사회적 기본 이상**(基本 理想)" 또는 "사회적 최소한(最小限)의 이상"으로 표현할 수 있다.[23] 국가는 이 이상을 형성하는 규범들을 지지할 수 있고 지지하지 않으면 안 된다. 국가는 이 규범들에 찬성할 것을 그 국민들에 대해 요구할 수 있고 요구하지 않으면 안 된다. 국가는 학생들이 이 규범들을 내면화하고 이에 따라 살도록 교육을 통해서 그들을 도와 줄 것을 그 교사들에 대해 요구할 수 있고 요구하지 않으면 안 된다.

핵심 문제는 당연히 이렇다. 어떠한 능력, 신념, 미덕들이 오늘날 이 국가의 사회적 기본 이상에 속하는가? 이 문제는 두 가지를 뜻한다. 기본 이상이 실제에 있어 어떠한가? 그리고 그것은 어떠해야 하는가? 그 실제에 대한 물음은 일면 법적 상황에 관계되고, 타면 주민의 의식, 특히 의사형성적 엘리트의 의식에 관계되는 것이다.

법적 상황은 기본법, 각 주(各 州) 헌법, 그리고 주(州)의 학교교육법에 의해 규정되어 있다. 기본법은 인권 존중, 도덕률의 인정, 헌법 질서의 인정 등의 의무를 지운다.[24] 기본법은 그밖에 "독일의 통일과 자유를 성취"할 것을 독일 국민에게 요구한다.[25] 이 임무는 이를 위한 전제 조건들을 후진들의 의식 속에서도 확

---

23) Brezinka 1992, pp.27ff.

24) 기본법 제1조 제2항: 독일국민은 불가침·불가양의 인권을 세계의 모든 인간공동체, 평화 그리고 정의의 기초로서 인정한다.

25) 기본법 전문.

실히 할 의무를 포함한다.

나는 여기서 법률의 세부 사항을 상론할 수 없고, 다만 헌법적 기초들은 국가적 교육 목표 설정 문제를 위해 자주 인정되는 것보다 더 유효하다는 점만 상기시키고 싶다.[26] 그러나 그것이 하나의 광범위한 테두리 이상의 것을 제공할 수는 없다. 사회적 기본 이상은 이 테두리 내에 적합하여야 하지만, 헌법 규범들보다 내용상 훨씬 더 풍부하고 명확한 것이지 않으면 안 된다. 사회적 기본 이상은 그 특수한 위험들을 띠고 있는 우리의 특수한 역사적 상황 속에서 더불어 생활하고 교육을 해나가는 데 방향을 잡아 주는 것이지 않으면 안 된다.

이 역사적 상황과 그 위험들을 평가함에 있어 동시대 사람들 사이에는 큰 차이가 존재한다. 그에 따라 모든 국민들에게 요구해야 하는 능력, 신념, 미덕들도 다양하게 결정된다. 만일 국가가 교육의 목표를 실제로 모든 국민들이 의견의 일치를 보는 인격 특성들에 한정한다면, 여기서는 거의 아무런 성과도 나오지 않을 것이다. 사회적 기본 이상은 한 사회의 모든 성원들의 도덕적 견해들의 최소 공통분모(共通分母)와는 다른 무엇이다. 그것은 모든 국민들에게 공통적**이어야 마땅한** 것을 표현하지 않으면 안 된다. 이를 위한 척도로서는 헌법 이외에 품위와 자유 속에서의 독일 국민의 생존을 위한 조건들이 고려되지 않으면 안 된다. 이 조건들이 그 구성원의 인격 특성들 속에 존속하는 한에서.

우리가 체험하고 있는 바와 같은 급속한 문화적 변화의 시기에는 어떠한 구성 요소가 우리들의 오늘의 사회적 기본 이상에 속해야 하는지 부분적으로 논의의 여지가 있다. 나는 다만 성취 의지, 애국심, 국방 용의, 결혼과 가정의 긍정과 같은 그런 부분적 이상들만 지적해 둔다. 그러나 한 이상이 실로 우리 민족의 도덕

---

26) 이에 대하여 근본적인 것은 Evers 1979, 특히 pp. 84ff.와 90ff.를 참고할 것.

적 생존 조건에 속하는 한, 여론에서 논의의 여지가 있다고 해서 학생과 교사의 의무 범위로부터 이를 멀리하는 것은 의회나 정부, 그리고 문교장관에게 허락되지 않는다. 국가가 물러나서는 안 되고, 옹호하고 선전하고 투쟁하지 않으면 안 되는 교육 목표들이 국가를 위해서도 존재한다.

이로써 나는 우리들의 다원주의적 사회에 있어서의 교육 목표의 문제성에 관한 나의 지적을 마치고자 한다. 이 지적으로써 다음 사항이 명료해졌다. 즉 우리는 우리들과 우리들의 후진을 위한 신념과 미덕을 유효화(有效化)시키기 위한 결정적인 이념정책적 투쟁의 한가운데 서 있다는 점이다. 이 투쟁은 기독교적 교회와 기타 신앙공동체의 세계관적 특수 이상들을 위해서뿐만 아니라 모든 국민에게 적용되어야 할 사회적 기본 이상을 위해서도 치러지고 있다. 부모와 교사는 정치가들과 마찬가지로 이 투쟁으로부터 떠나 있을 수도 없고 떠나서도 안 된다. 이념을 위한 투쟁을 위해서도 파레토(Pareto)의 명제는 타당하다. "전체 역사는 용감하게 싸우는 자는 승자 아니면 패자가 될 수 있으나 싸움을 피하는 자는 확실히 패배한다는 사실을 증명하고 있다."[27]

---

27) Pareto 1962, p.255.

III. 가정이 맡아야 할 과제

어린이들은 통상 세계를 우선 그들의 가정에서, 그리고 가정을 출발점으로 해서 인식하는 것을 배운다. 그들은 부모들이 그에 준해서 생활하는 바 세계 해석, 가치 평가, 규범들을 최초의 것으로 내면화한다. 그러므로 부모가 법적으로 아동들의 교육에 대해 주된 책임을 지는 것은 정당하다. 가정은 한 민족의 최초의 그리고 가장 중요한 세포들이다. 그러나 가정은 세계관적으로나 도덕적으로 자기 자신을 기초로 해서 생활할 수 있는 것이 아니다. 가정은 보다 큰 공동체의 문화에 의존하고 있다.

가정에서 통하는 인격적 이상들도 대체로 외부에서 유래하는 것이고 부모와 자녀들에게 효력을 얻거나 보유할 수 있기 위해서는 보다 큰 서클에 의해서 나누어지고 강화되지 않으면 안 된다. 대부분의 경우 사람들은 장기적으로는 친숙한 이웃의 보기와 기대에 의해서, 그리고 보다 큰 공동체의 윤리와 제도와 생활 질서에 의해서 지지되는 이상들을 표준으로 삼는다.[28] 보통 공동체의 이상들만이 인격 형성적 영향을 갖거나 획득할 수 있다.

대부분의 가정이 하나의 종교적 또는 세계관적 하위 집단 속에 묶여 있고 그 집단의 신앙 내용에 의해 본질적으로 규정되어 있던 초기 유형의 다원적 사회에서는 부모들은 거기서 교육 목표도 도출할 수 있었다. 일부 가정의 경우 오늘도 그렇다. 이런 상황에 있는 부모들은 자녀 교육에 있어 주로 그들의 신앙공동체의 세계관적 특수 이상을 - 그와 같은 것이 이론의 여지 없이 확실하게 생존하고 있는 한 - 표준으로 삼는다.

---

28) Brezinka 1981, pp.62ff., 173f., pp.210ff. 참조.

일차적으로 개개인의 다원성, 그리고 단순한 - 성원들에게 한정된 요구만 제기하는 - 목적 단체와 이익 집단들의 다원성이 특징이 되는 다원적 사회에서는 사정이 다르다. 여기서는 비교적 영속적인 전통에 의한 안정성이 허물어지고 그 대신 타자(他者)[29]의 의견, 특히 성찰(省察) 엘리트(Reflexionselite)[30]와 그들의 대중매체 선전자의 비교적 덧없는 의견에 의존하는 것이 시류(時流)가 되고 있다. 이와 같은 상황에서는 부모들이 가능한 교육 목표들 간의 서열에 관한 명료성을 얻고, 의견을 같이 하는 사람들에 의한 신뢰할 만한 가정 외적 지지를 확보하는 것이 어렵다. 부모들은 고도로 여론에 의존하게 되고, 따라서 신속히 변하고 모순으로 가득 찬 세계관적·도덕적·교육적 유행 사조에 의존하게 된다.

그러한 상황에서 영속적으로 부모를 도울 수 있는 길은 오직 이런 것이다. 즉 역사의 검증을 거쳐 믿을 만하지만 망각되고 있는 전통의 유산을 상기하고, 새로운 문제를 위해 해결의 새로운 전통을 세워 나가려고 시도하는 것이다. 이것은 자기 자신을 드러내고 자기 자신의 이상을 선전하는 용기를 필요로 한다. 그러한 노력들이 성공하는 곳에서 새로운 개개 가정을 초월하는 공동체와 더불어 삶의 정향, 상호 인간적 교제, 가정에서의 교육을 용이하게 하는 생활 형식들이 성립될 수 있다.

여기서 내가 개인적으로 선택한 세계관적 특수 이상을 - 고래(古來)의 것이든 새로운 것이든 - 널리 알리는 것은 나의 권한에 속하지 않는다. 나는 다만 어린이와 사회의 복리가 되든 손해가 되든 여하간에 가정에서 결정되고 있는 삶의 충실성의 몇 가지 불가결한 구성 요소들만 상기시킬 수 있다. 동시에 나는 인간의

---

29) Riesman, Denney, Glazer 1958 참조.

30) Schelsky 1975 참조.

삶에 큰 의미를 부여하는 것이면서도 우리들을 분리시키고 있는 신조(信條)를 가능한 한 신중히 언급하고, 내가 평가하기로 **사회적 기본 이상에 속해야 마땅한 교육 목표**에 논의를 집중시켜 보고자 한다. 이 역시 복잡다기(複雜多技)한 대상이다. 나는 선택을 해야만 한다. 그리고 우리들의 역사적 상황에 비추어 - 그 위험에 대처하기 위해서도 - 특히 불가결하게 보이는 다섯 가지의 교육 목표를 선택하여 이에 한정하고자 한다.

1. 자기 신뢰 및 인생과 세계에 대한 신뢰

이것은 인간으로 하여금 자기의 삶을 긍정하고 미래로부터 선을 기대하고 그가 속하고 있는 공동체 안에서 아늑함을 느낄 수 있도록 하는 감정적인 기본 태도를 의미한다. 이것은 자신의 삶이 가치를 지니고 세계가 의미를 지닌다는 정서적 확실성을 그에게 준다.[31] 이 기본 신뢰는 이성적 인식보다 더 일찍 성립되어 보다 깊이 심정 속에 뿌리를 내리지 않으면 안 된다. 왜냐하면 이 기본 신뢰로부터 일생 동안 자신과 타인을 손상시키지 않고 좋지 못한 경험, 의심, 불안을 소화시킬 수 있는 힘이 얻어져야만 하기 때문이다.

독실한 기독교인, 유태인, 그리고 마호메트교도들의 경우 이 기본 태도는 **하느님에 대한 신뢰** 가운데서 성립한다. 그들은 만물을 선하게 창조하고 그것을 사랑하는 하나의 인격적 창조주(創造主)의 존재를 믿기 때문에 자신들의 인생과 세계를 긍정한다. 이 근본적 확신은 아마도 시편(詩篇) 제30장 2절에 가장 힘차게 표현되어 있을 것이다. "오 주여, 나는 당신을 신뢰하오며, 영원

---

31) Bollnow 1958, p.181; Erikson 1977, pp.62ff. ("원초적 신뢰"에 대해서);
   Wolf 1974, p.133: "제1의 교육 목표는 인간이 자신의 존재에 대해 적극적 태도를 지니고 보고 고수하는 것이다……."

히 멸하지 않을 것입니다." 이러한 믿음을 나눌 수 있는 사람은 근본적 신뢰, 생의 의미, 생의 용기를 위해서 존재하는 가장 확증된 원천을 소유하고 있는 사람이다.

반대로 이 믿음이 결여되어 있는 사람들은 인생에 대한 확신과 세계 신뢰를 얻고 유지하는 것이 훨씬 어렵다. "하느님의 어두워짐"[32]이라는 생활 감정이 지배하고 있는 시대에 있어 근본되는 미덕으로서, 그리고 제1의 교육 목표로서의 신뢰(信賴)는 **반대되는 태도들**, 즉 불안, 낙담, 불쾌, 의혹증(疑惑症), 거부 성향, 파괴 충동 등, 요컨대 부정의 정신, 니힐리즘[33]이 큰 영향력을 발휘하는 바람에 위협을 받고 있다. 만약 우리가 정력적으로 그와 투쟁하지 않으면 부정의 정신은 우리들의 성장 세대들을 해칠 것이다.

이 투쟁은 우리가 기본 태도로서의 신뢰가 의거하는 조건들을 마련할 때만 이길 수 있다. 여기서 나는 다만 항목별로 가장 중요한 조건만 들 수 있다. 이에는 일차적으로 공동 생활의 질서 속으로 친절하게 인도해 주는 변함없는 양육인(養育人)의 사랑 넘치고 고무적인 관심이 이에 속한다.[34] 이것은 일반적으로 누구보다 부모가 더 잘 수행할 수 있다. 부모가 조화롭게 함께 살고, 자녀를 위해서 시간을 내고, 그들에게 세상을 긍정적으로 해석하고, 자녀로 하여금 그들의 자기 가치 감정을 강화시키는 성취를 하도록 격려해 준다면, 이로써 신뢰를 위한 가장 확실한 기초가 놓이게 된다.

그러나 이 기초 위에서 부모는 교육자로서 조기에 물러나 아들과 딸들을 가장 위태로운 나이에 유혹자와 사교(邪敎) 교사들에

---

32) Buber 1953, p.31.

33) W. Kraus 1983 참조.

34) 해당되는 과학적인 연구의 결과에 대해서는 Rutter 1981, Hassenstein 1987참조.

게 내맡기는 대신 청년기의 끝까지 계속 쌓아올리지 않으면 안 된다. 부모는 자녀들과의 대화를 늘 유지해야 한다. 부모는 모욕적인 행동들이나 허무주의적인 언설들에 움츠러듦이 없이 이해를 얻고자 노력하지 않으면 안 된다. 부모는 자기 교육, 긍정적인 아이디어, 좋은 모범상, 유익한 활동 등에 대한 관심을 일깨우기 위해 바른 기회를 이용하지 않으면 안 된다. 부모는 그 자녀들이 체험하는 사건들이나 세상에서 일어나는 사건들을 해석하고 평가함에 있어 자녀들에게 신중하게 도와 주어야 한다. 세계 신뢰와 생의 용기는 행복한 유년 시절에 기초가 잡힌다. 그러나 세계 신뢰와 생의 용기는 젊은 사람이 그 속에서 확고히 성장할 수 있을 때까지는 외부로부터 지지가 있어야 한다.

2. 자기 노력에 의한 자기 보존에의 용의

이 부분 이상(部分 理想)[35]은 사람은 자신의 노동을 통해서든 다른 사람의 노동을 통해서든 오직 노동을 통해서만 인생에서 자기 자신을 유지할 수 있다는 단순한 사실에서 나온다. 아동으로서, 환자로서, 노년에 간호를 필요로 하는 자로서 인간은 누구나 타인의 노동에 의존하고 있다. 그러나 이 보호기간 이외에도 모든 사람은 자기 자신과 자기 가족들을 보살피는 일을 기대받게 마련이다. 우리는 요구되는 기본 태도를 줄여서 "노동 의지" 또는 "성취 용의"라고 명명한다. 이 태도는 성취능력을 포함하고 그와 더불어 많은 특수한 지식과 능력을 포함하며, 노력 용의, 신용, 끈기, 인내, 면밀성, 정확성, 사회적 적응능력, 위탁된 재산에 대한 책임의식(물질 사용에 있어서의 절약, 도구나 기계의 세심한

---

35) 유사한 것으로 Wolf 1974, p.135: "갖은 노력에 대한 적극적 자세", "자활(自活)", "노동의 긍정" 등이 그것이다.

취급) 등과 같은 노동과 관련된 미덕들도 포함한다.

노동 의지 및 성취 용의와 **상반되는 태도**는 노동 기피, 성취 무기력, 태만, 안일(安逸), 나태, 수동성, 대접받으려는 경향, 플레이보이 정신,[36] 기생(寄生), 즉 남의 희생으로 살려는 경향 등이다. 노동을 대하는 태도가 부정적으로 잡혀 있는 사람, 어떤 일을 성취해야 할 때 자신을 동정하는 사람은 남에게 손해를 줄 뿐 아니라 자신에게도 손해를 준다. 그는 성사된 일에서 얻는 희열을 뺏으며, 난관 극복 이후의 감격을 뺏고, 고된 노력을 통한 성공의 행복을 빼앗는다. 성취 의지를 비방하고 여가의 즐거움을 위해 직업 노동을 평가절하(平價切下)하는 현대의 오류 교사(誤謬 敎師)들은 자존심과 사회적 안전과 삶의 의미 경험의 원천을 망가뜨린다. 또한 그들은 복지와 사회적 안전의 토대도 파괴한다.[37] 그들은 일반적인 불신을 방조하고 그와 함께 자유의 상실과 통제의 팽창을 방조한다. 왜냐하면 모든 사람이 필요로 하는 성취가 더 이상 내부로부터 동기유발되지 않을 때, 그것은 외부에 의해 강제되지 않으면 안 되기 때문이다.

다시 나는 "자기 노력에 의해 자기를 유지하려는 각오"라는 교육 목표의 달성을 위한 몇 가지 **조건**들을 항목별로 거명할 수 있다. 그 기초는 여기서도 유년기에 놓여진다. 아이들은 보통 스스로 유희와 일 속에서 활동하고 과업을 인수하고 그들의 손으로 무엇을 만들고 작품을 완성하고 의무를 이행하고 봉사를 수행하고 싶어한다.[38] 부모는 방임하거나 방해하지 않고 그들로 하여금 그렇게 하도록 고무하고 그들에게 기회와 자극을 주지 않으면 안 된다. 예를 들면 다음과 같은 것이다. 좋은 장난감을 조달해 주고 놀이에 조력하며 - 그러나 맘대로 조종하지 말고 - 참가할

---

36) Ortlieb 1973, p.193. 참조.

37) Schoeck 1988 참조.

38) 5세부터 8세까지 이 능력들의 개발에 관해서는 Bühler 1931, pp.237ff. 참조.

것,[39] 텔레비전 시청이나 기타 오락의 유혹들을 소극적인 재미로 제한할 것, 일찍부터 자립하고 가사를 돕고 의무를 인수하도록 지도할 것, 악습에 젖을 경우 이를 중지시킬 것, 부적당한 요구들은 거절할 것, 가정 및 보다 큰 집단들을 상호 성취 공동체로서 파악하도록 가르칠 것, 성취의 희열과 과업에의 봉사가 보장하는 충족감을 몸소 얻는 모범이 될 것 등.

3. 현실적인 세계 이해 및 자기 이해

이것은 두 가지를 의미한다. 첫째, 세계와 자기 자신에 대해 사실에 부합하는 기본 인식을 충분히 갖는 것을 의미하고, 둘째, 서양적 미덕론(美德論)의 의미에서[40] "현실 감각", "냉철성", "객관성" 또는 "현명" 등으로 부를 수 있는 세계에 대한 하나의 기본 **태도**를 형성하는 것을 의미한다. 기본 인식에는 무엇보다 개개인의 인생의 행복 및 자유와 안전 속에서의 사회의 번영을 위한 본질적인 여러 조건에 관한 인식이 포함된다. 이때 세계관적·도덕적 조건들은 정치적·법적·경제적 조건들과 꼭 같이 중시(重視)되어 마땅하다. 성숙한 사람은 이런 사실을 인식하지 않으면 안 된다. 즉, 현실에 합당한 세계상과 인간상과 사회상은 도덕적 의무와 마찬가지로 필수불가결하다는 것, 끝없이 배경을 묻고 문제시하고 비판하는 것은 보상 없는 해체, 곧 허무주의를 초래한다는 것, 과학과 자율적 이성과 계몽의 한계가 존재한다는 것,[41] 공공의식과 사회 적응 용의와 의무이행 없이는 어떤 공동체도 존

---

39) 가정에 있어 놀이의 의의(意義)에 대해서, 그리고 놀이를 위한 규칙에 대해서는 Retter 1979, pp.302ff.를 참고할 것.

40) Aristoteles 1972, pp.185ff.(VI, 5~13); Pieper 1940과 1949a; Weischedel 1980 pp.202ff. 참조.

41) Steinbuch 1975, pp.252ff.

립할 수 없다는 것 등이다.

현실 감각에 **반대되는 태도**는 현실 맹목, 세상 물정에 어두움, 유토피아주의, 부적합성, 자기 집착, 자기 본위, 완고(頑固), 무분별 등이다. 현실적 기본 지식에 대극(對極)을 이루는 것은 우리들의 인격적·사회적 실존의 기초적인 제조건(諸條件)과 관련한 무지(無知)이다. 예를 들면 도덕과 마음의 건강, 극기와 행복, 개인의 의무 이행과 사회 전체의 번영, 근면과 복지, 방어력과 자유 등 연관성에 관한 무지가 그것이다. 환상, 자기 기만, 비현실적인 사적 요구, 그리고 "지배 없는 사회"에서의 "새로운 인간"이라는 정치적 망상(妄想)도 이런 무지와 마찬가지로 위험하다.

여기서 현실적 세계 및 자기 이해의 **성립 조건**으로 가정에서 배려되어야만 할 것을 몇 가지 표제어(標題魚)만 제시하기로 한다. 그것은 우선 자연, 동식물의 보호, 유익한 물건의 생산, 노동을 지지한 상황에서의 직무수행과 경영 등을 개인적으로 체험하는 것이다. 또한 고뇌의 진지한 상황에서 불행과 질병과 곤궁을 경험하고 노인의 쇠약과 사망을 경험해 보는 것도 포함된다. 그리하여 이런 경험에서 획득된 직관들은 현실에 대한 존중, 지식과 능력과 미덕에 대한 존경, 연장자의 조언과 우리 조상들의 업적에 대한 존중, 세상의 선(善)에 대한 감사, 근신 자족(謹身 自足)이 뿌리내릴 수 있도록 가족간의 대화에서 해명되고 해석되어야 한다.

더 나아가 독자적 사고를 하도록 지도하고 비교하고 구별하며 사고된 것을 검증하도록 지도하는 것도 필요하다. 그것은 매스미디어의 시대에는 자녀들을 쓸데없는 정보, 좋지 않은 본보기, 그릇된 이념들에 맞서 보호할 때만 성공할 수 있다.[42] 그들의 정신적 집중을 도와 주어야 하고, 본질적인 것에 대한 감각을 지니도

---

42) 이에 대한 기초적인 연구로는 Retter 1981.

록 돕고, 사려 없고 우유부단한 삶을 경멸하도록 도와야 한다.

이것은 부모 자신이 현실주의적 세계관과 도덕을 견지하고 확실하게 그에 따라 살아가는 것이 전제가 된다. 만약 우리들 스스로가 체념과 회의 속에 빠져 있으면 우리는 자녀들에게 인생의 의미를 매개할 수 없다., 부모 자신이 더 이상 내심 실제로 믿을 수 없는 기독교적 신앙의 잔재물(殘在物)을 외부로 그리고 자녀들을 위해 속여서 진짜로 보이게 한다면, 이것은 장기적으로는 거의 도움이 되지 않는다. 하느님과 영원한 삶에 대한 믿음이 사라져 있는 경우 삶의 의미의 전달이 더 어렵다. 그러나 그때도 인생의 의미를 매개하는 일이 부모의 주된 책무(責務)인 것은 변함이 없다. 이 책무를 회피하고 모든 것을 어둠 속에 버려 두는 자는 그의 교육적 의무를 등한시한다. 그 때문에 종교가 부재(不在)한 곳이라 하여 긍정적인 삶의 의미와 도덕이 부재일 필요는 없다.[43] 종교 없는[44] 세계관적 · 도덕적 교육은 오늘날 수많은 부모들에게 부과되는 하나의 과제로서, 이는 나쁜 양심으로 기피하는 대신 그 귀결에 대한 분명한 의식을 가지고 다루어지지 않으면 안 된다.

4. 심정(心情)의 도야(陶冶)

여기서 우리가 교육적 행위가 아니라 마음의 이상적인 상태, 도야되어 있음의 상태를 염두에 둔다면, 이 교육 목표는[45] "심정의 도야" 또는 "정서의 도야"라고도 부를 수 있다. 우리가 "심(心)" 또는 "심정"이란 말을 사용할 때 이것은 인간의 감정, 가치

---

43) 하나의 "회의론적(懷疑論的) 윤리학"의 구상으로서 Weischedel 1980 참조.
44) Knight 1964 참조; 이에 관한 논쟁으로서는 Knight 1955, pp.13ff. 및 pp.51ff.
45) 이 표현은 Scheler 1933, p.246에서도 발견된다.

평가, 관심, 사랑의 힘 등의 중심을 의미한다. 그것은 우리가 그 속에서 가치를 느끼며 인간과 사물에 관여하고 이들과 연결되어 있음을 체험하는 바 심적 영역이다.[46] 우리는 이것을 순수한 사고의 영역과 합리적이고 사실적이며 몰(沒)평가적인 인식과 구별한다.

"심정의 도야"는 두 가지를 뜻한다. 첫째, 사랑할 만한 가치, 우리가 그것을 지니고 지키면 삶이 영속적으로 의미충만하게 경험된다고 입증된 가치에 대한 **내적 결합**을 의미한다.[47] 이것은 아주 일반적으로 표현된 것이다. 구체적으로 말하면, 인간이 수많은 귀한 것들, 이를테면 고차적인 관심, 좋은 인간적 관계, 만족을 주는 근무(勤務), 아름다운 내면적 표상, 좋은 사상 등을 소유하는 것인 바, 이것이 그 인간에게 삶의 근거를 제공하고 생활권 가운데 뿌리를 박게 해주는 것이다. 우리의 정신적 정착(고향 회복)의 근거가 되어 주는 모든 문화화된 내적 결합, 즉 가족과 친구, 모범, 하느님과 신앙 공동체, 고향과 민족과 역사, 자연, 그리고 예술 작품 등과의 내적 결합이 이에 속한다.

둘째, 심정의 도야에는 세상의 선(善)과 미(美)에 대한 감정적 감응성(感應性), 본질적인 것에 대한 내적 집중(靜觀 또는 瞑想) 능력, 더불어 사는 사람에 대한 진솔(眞率)과 예절과 정중과 감사와 침착, 타인에게 기쁨을 만들어 주고 그들의 고통을 경감시켜 주려는 용의와 같은 **태도**가 속한다.[48]

심정의 도야에 **반대되는 것**은 다양한 현상 형태를 갖는다. 긍정적인 내적 결합이 결여되어 있는 곳에서 우리는 정신적 고향상실(故鄕喪失), 세계 및 생의 불안, 공허·무희열·권태 감정, 부정(否定)의 정신, 탐욕·시기·증오·파괴욕 등과 만난다. 심정

---

46) Lersch 1952, pp.233ff.; Rudert 1958 참조.

47) 이에 대해서는 Reininger 1947, 특히 p.9 및 p.56 참조할 것.

48) 보다 상세한 것은 Guardini 1963; Bollnow 1958; Weischedel 1980, 188ff.

의 도야에 반대되는 태도들은 매우 일상적이어서 누구나 이를 알고 있다. 감정의 빈곤과 냉정[49], 기분풀이의 추구, 사랑의 무능력과 이웃에 대한 무관심, 방약무인(傍若無人)과 무례 등만 상기해 두자.

심정 도야의 **성립 조건**들에 대해 다시 몇 가지 표제어를 들어보기로 한다.[50] 여기서도 가장 중요한 것이 부모의 본보기, 가정의 문화적 분위기, 상호간의 교제의 양식이다. 아이들이 무엇을 사랑하거나 거부하는 것을 배우는가 하는 것은 우선 대체로 그들에게 가장 가까이 있는 성인들이 무엇을 사랑하고 거절하는가에 달려 있다. 이것이 사춘기에는 달라진다. 그러나 그때까지 젊은이는 그의 부모가 감수성이 가장 큰 유소년기(幼少年期)를 잘 활용했을 때는 나쁜 영향들을 막아내기에 충분할 정도로 이미 감정적으로 확실해진다. 이 경우 부모는 신중하고 덜 참견하고 직접적이기보다는 간접적으로 행동해야 한다. 손상시키는 일을 피하는 것이 이에 속한다. 곧 사랑의 박탈과 정신적 황량을 경험할 수 있는 온갖 기회를 피하는 것, 자극의 과잉, 특히 사악하고 추악한 그림이나 사진 또는 영상을 만나지 않도록, 그리고 의미 없는 인상들에 의한 기분풀이를 하지 않도록 보호해 주는 것, 감정을 역겨울 정도로 오래 지껄여 풀지 않도록 하는 것, 허황된 자기 묘사, 이기적인 불손·불경(不敬)을 예방하는 것 등이 그것이다.

적극적으로는 심정을 가치충만한 내용으로, 초개인적인 관심으로, 창조적인 활동으로, 좋은 모범들로 영양공급시키는 것이 중요하다. 이를 위한 가장 좋은 방법은 함께 생활하는 가운데서 스스로 본보기가 되어 주고, 적절한 기회가 포착될 경우 자극이나

---

49) Meves 1974 참조.

50) 이에 대한 보다 상세한 논술은 Brezinka 1971. pp.299ff.

제안을 가하는 것이다. 세상에는 한 개인이 사랑할 수 있는 것보다 훨씬 더 많은 가치 있는 것이 존재한다. 우리들의 엄청나게 풍부한 문화 속에서는 바로 정신적인 것을 포함한 그 자산의 과잉(過剩)으로 인해 아동들이 그 중의 소수를 선택하여 그에 정통하게 되는 것이 어렵게 된다. 만약 우리가 그들로 하여금 소수의 본질적인 재(財)와 이념들에 집중하도록 돕지 않고 소비재와 매체 공급의 그 끝없는 지평 앞에서 성장하도록 방임하면, 그들은 단순한 문화를 가진 사회에서 자라는 아동들보다 심정적으로 더 빈곤하게 된다.

자연의 체험, 예배, 우정, 노래와 연주(演奏), 조각과 공예, 설화와 독서, 공동 작업과 공동 유희, 주말과 휴가 짜기 등이 심정의 교육을 위해 지니는 의의(意義)에 관해서는 아직도 말할 것이 많다. 그러나 이상과 같은 항목의 소개만으로도 가정에서 심정의 도야를 위해서 행해질 수 있는 것이 얼마나 많은가를 시사하기에는 충분할 것이다.

5. 자기 규율

많은 사람들은 이 교육 목표를 또한 "자기 교육에의 용의", "극기(克己)" 또는 도덕적인 "자기 노작(勞作)"에의 용의라고도 명명한다. 이것은 인간은 천성적으로 충동적이고 탐욕적이며 이기적이라는 사실에서 발생한다. 인간은 규율, 훈련, 통제에 의지한다. 즉 그의 공동체와 그 생활질서에 의한 사회적 통제에 의지하고 또한 자기 통제에 의지한다. 그는 일찍이 악이 존재한다는 것, 외적 세계에서뿐만 아니라 자기 자신의 사고, 의욕, 행동에도 존재한다는 사실을 배운다. 그는 또한 자기가 악에 저항하여야 한다는 것도 체험하고, 선(善)을 행하고 자기 자신과 자신의 생활권(生活圈)을 보다 나은 것으로 변화시키기 위한 욕망도 갖고 있다. 자기 규율이라는 이상(理想)은 많은 것을 포함한다. 이를테면, 의무와 과제의 이행에 있어서 봉사 의지, 자신의 행동의 결과에 대한 책임의식, 이기적 충동의 끝없는 향수의 단념, 더불어 사는 사람에 대한 고려, 불쾌와 실망을 정신적으로 감당할 수 있는 힘, 쓸데없는 욕망으로부터의 독립, 체결된 관계에 대한 성실 등을 포함한다.

자기 규율과 **반대되는 태도**는 "태만", 의지 박약, 스스로 악습에 물듦, 책임의 기피, 무분별, 자제심 결여, 비신뢰성 등이다. 이에는 언제나 자기 자신의 자아에 대한 불손한 과대평가가 작용하고, 더불어 사는 사람들과 그들의 업적 및 그 보상(報償)에 대한 그들의 정당한 기대에 대한 과소평가가 관여된다.

자기 규율을 양성시키기 위한 조건에는 물론 일차적으로 부모의 본보기가 속한다. 여기서 중요한 것은 무엇보다 공동 생활을 조직해 나가는 데 있어 일견 사소하게 보이는 것들이다.[51] 가정에 있어서는 부모가 자녀들과 마찬가지로 지키는 바, 상호 교제의 좋은 질서가 필요하고 일상적인 과제들의 수행을 위한 질서가 필요하다. 이와 같은 규범은 심지어 민법에 의해서도 뒷받침되고 있다는 사실은 너무나 적게 알려져 있다. 민법 제1618조 1항에는 "부모와 자녀는 상호 협조하고 배려할 의무가 있다."[52] 자기 규율을 구성하는 부분으로서 남을 배려하는 교육은 특히 좋은 행실의 자명한 형식들은 일상생활에서 두루 관철되어야만 한다는 것을 의미한다. 예컨대, 양해 구하기와 감사하기, 오고감에

---

51) 이에 대해 보다 자세한 것은 Brezinka 1971, pp.278ff.

52) 이 규정은 1979년 7월 18일 부모의 부양권의 개정에 관한 법률에 의해 새로 삽입되었다. 연방법령 관보, 제1부, Nr. 42/1979, S. 1061. 오스트리아 일반 민법전 제137조 제2항은 이렇게 규정되어 있다. "부모와 자녀는 상호 협조하고 자녀는 그 부모에 대해 존경하는 태도로 대하여야 한다." Rummel 1983, Bd.1, p p.130f.

있어 인사하기, 저녁 취침시, 이웃과 친구와 친척과의 교제시, 가족 축제나 소풍 형성시 인사하기 등. 정중한 교제 형식들을 존중하지 않고서는 어떤 편안한 인간 관계도 안심(安心)도 있을 수 없다.

자기 규율을 위한 성립 조건들에는 나아가서 극기, 자제, 단념 및 이들 미덕에 대한 요구, 규율 없고 이기적이고 기생적인 행동에 대한 저항도 포함된다. 어린이들은 소박하고 예절 바르고 건전한 인생의 모범들을 필요로 하는 바, 이들 모범은 어린이들로 하여금 스스로 그것을 해보게 하고 그를 통해 얻어지는 희열과 자유와 내적 평화를 경험하게 하는 것이다.

이 영역에 있어서 부모의 중심과제는 성적 충동을 순화시키고 성애적(性愛的) 관계를 세련되게 하는 데 도움을 주는 것이다. 현재 성(性) 관련 규범들에 관한 불확실성이 대단히 크고, 수많은 젊은이들은 그들의 성애적 문제들과 관련하여 무책임하게 방임되고 있다. 이 같은 무책임한 방임과 허용이 불식되고 그 대신 "혼인과 가족은 국가질서의 특별한 보호를 받는다."[53]는 우리의 헌법 규정에 방향을 맞춘 성적 행동의 기본 이상에 대한 새로운 심사숙고가 절실히 요구되는 것이다.

이 모든 것은 부모들도 도덕적 정향에 있어 그냥 방치되지 않는 것을 전제로 한다. 자유로 놓아 두는 것이 방침으로 통하는 예의 없는 사회에서는 부모들도 방치되고 있다. 도덕적 정향은 개인의 양심에 따른다는 것이다. 이 양심을 좋은 도덕풍습과 제도를 통하여 함께 형성하고 지지하지 않고 개인의 양심에 의지한다는 것은 현실에 눈이 먼 경솔함이다. 도덕적 생존을 위해서 우리는 독단적인 개인에게 아첨하지 않는 보다 현실적인 인간상(人間像)을 필요로 한다. 위대한 인간 인식자(認識者) 프로이트(Sig-

---

53) 기본법 제6조 제1항.

mund Freud)가 다음과 같이 기술했을 때 그랬던 것처럼 말이다. "우리의 양심은 윤리학자가 주장하는 그런 불굴의 재판관이 아니다. 그것은 그 원천에 있어서 '사회적 불안'이요 그 이외의 다른 아무것도 아니다. **공동체가 질책을 중지하는 곳에서는 나쁜 정욕의 억압도 중지되며**, 사람들은 잔학, 간계, 배반과 야만의 행위를 범하게 되는 것이다."[54] 이 같은 행위의 가능성은 인간의 문화적 수준과 일치하지 않는 것으로 간주된다.

우리의 현재의 여건에 있어 내게 특히 중요하게 보이는 사회적 기본 이상의 5가지 특징과 그와 함께 하는 5가지 교육 목표를 살폈다. 이것은 그 달성을 위해서 가정이 제일의 가장 중요한 기여를 수행하지 않으면 안 되는 교육 목표들이다. 만일 부모들이 그 자녀들과 그 국민에게 이 교육적 성취를 잘못하게 되면, 자녀들은 취학도 취직도 그리고 인생 영위도 제대로 할 만한 상태가 될 수 없다. 삶의 충실성은 가정에서 그 기초가 구축되지 않으면 안 되는 것이다. 그러나 국가는 학교를 통하여 가정에서 시작된 사업을 계속하고 보완하지 않으면 안 된다.

---

54) Freud 1922, p.493(강조는 저자에 의함).

IV. 학교가 맡아야 할 과제

　사회적 기본 이상에 속하는 모든 교육 목표는 학교 교육에도 타당하다. 물론 이 교육 목표의 달성에 기여하기 위한 기초는 학교와 가정이 각기 차이가 난다. 몇몇 목표는 다른 목표에 비해서 교사가 보다 많은 것을 할 수 있다. 교사는 무엇보다 부모들만으로는 충분히 성취할 수 없는 것을 성취해야 한다. 그 때문에 학교는 예로부터 우리의 5가지 교육 목표 중 3가지가 선위적(先位的)으로 적용된다. 첫째 "현실적 세계 및 자기 이해", 둘째 "자기 노력으로 자기를 유지하려는 용의"의 부분 목표로서의 문화기술적 능력과 노동 미덕, 셋째 "자기 규율"의 몇몇 요소들이 그것이다. 이 세 가지 목표를 위한 교육은 지식, 지적·기술적 능력, 그리고 노동 미덕을 촉진한다. 이것은 삶의 충실성의 불가결한 구성 요소들이다. 그러나 이들이 개인을 정신적으로 정착시키고 전체의 결속을 확보하는 데 충분한 것은 아니다.

　정신적 정착을 위해서는 어린이가 "인생과 세계에 대한 신뢰"와 "심정의 도야"를 획득하도록 보살펴 줄 때만 도움이 될 수 있다. 이를 위해 교사는 세간에 널리 행해지는 것보다 더 많은 기여를 할 수 있고 또 그렇게 해야 할 것이다. 우선 교사들은 계몽, 지식, 비판적 이성의 연마(研磨)를 위한 수단으로서의 학교와 마찬가지로 생활에 필수불가결한 지적 능력들이 정서적 결속과 태도들을 질식시키지 않도록 하는 데 공동책임이 있다는 오랜 인식을 새로이 이해하지 않으면 안 된다. 이로부터 교사들에 대한 최소한의 요구가 도출되는 바 교사는 수업에 의해서나 행동으로써 학생들의 가치충만한 심정 내용을 손상시켜서는 안 되고 이를 가

꾸어야 한다는 사실이 그것이다. 이상의 설명으로 충분하지는 않겠지만 학교에서의 심정 도야의 긍적적인 가능성들에 대한 논의는 여기서 그치기로 하겠다.

여기서 중요한 논점은 다름이 아니다. 학교의 일면적인 "학문 정향성"을 위한 선전이 수십 년 전개된 후 마침내 이 길의 위험들이 인정되고 있다는 점이다. 그 다음 걸음은 인식과 사랑, 이성과 심정, 지적 교육과 정적(情的) 교육의 양극성(兩極性)을 위하여 노선의 변화가 있어야 한다는 점이다.

나는 이 양극성의 필수불가결성을 프리드리히 니체(Friedrich Nietzsche)보다 더 예리하게 강조한 사람을 모른다. 그는 "학문의 장래"에 관한 하나의 텍스트에서 강조하였다.[55] 그것은 학문에 대한 신뢰가 감퇴되고 이성에 적대적인 비합리주의의 위험이 증가하고 있는 시대에 있어서 너무나 현실적인 의미를 지니므로, 우리의 "학문 정향적인" 학교 교육 제도를 비판하고 재정향(再定向)을 하는 데 기여하는 것으로서 그 전문(全文)을 인용해 본다.

"학문은 그것을 연마하고 구하는 자에게는 많은 만족을 주며, 그 성과를 배우는 자에게는 아주 적은 만족을 준다. 하지만 차차 학문의 중요한 진리는 모두 점차 일상적이고 평범하게 되고 말기 때문에 이 적은 만족도 끝나 버린다. 마치 우리가 그토록 경탄해 마지 않던 구구단을 익히게 되자 벌써 기쁨이 그치고 마는 것과 같다. 그런데 학문 자체가 희열을 더욱 덜 주고, 위안을 주는 형이상학, 종교, 예술에 대해 의혹을 갖게 함으로써 점점 더 많은 기쁨을 빼앗아 버린다면, 인류의 전 인간성이 그 덕을 보고 있는 저 최대의 즐거움의 원천이 메말라 버린다. 그런 이유로 고급 문화는 인간에게 우선은 학문을, 다음은 비학문을 경험하도록 이중

---

55) Nietsche: Menschliches, Allzumenschliches(인간적인, 너무나 인간적인) 251, 1976, Bd. I, 601(강조는 원전의 것임).

의 두뇌, 말하자면 두 개의 뇌실(腦室)을 주어야만 할 것이다. 나란히 위치하여 뒤섞이지 않고 분리될 수 있고 서로 차단될 수도 있는 두 개의 뇌실 말이다. 이것은 건강이 요구하는 바이기도 하다. 한 영역에는 힘의 원천이 들어 있고 다른 영역에는 조정자(調整者)가 있어서, 환상·일방성·정열로써 가열되면 인식적인 학문의 도움을 받아 지나친 가열의 위태로운 악성(惡性) 결과가 예방되어야 하는 것이다. 보다 고급 문화의 이러한 요구가 충족되지 않으면, 인간 발전이 이후 어떻게 될 것인지 그 경과가 확실히 예언될 수 있다. 진리에 대한 관심은 그것에 대한 즐거움이 보장되지 않으면 중지된다. 환상·오류·망상은 즐거움과 결부되어 있기에 한번 주장된 지반을 하나씩 쟁취하는 것이다. 그 결과는 학문의 몰락이요, 야만으로의 역행(逆行)이다. 인류는 페넬로페(Penelope)처럼 밤에는 직물(織物)을 풀어 버리고 그런 다음 새로이 짜기 시작해야 한다. 하지만 인류가 그 일을 늘상 반복할 힘을 찾는다는 보장을 대체 누가 하겠는가?"

지금까지 개인의 정신적 정착에 대해, 그리고 이와 더불어 정신적 건강에 대해 국가, 학교, 교사가 지니는 공동 책임에 관해 논하였다. 이와 마찬가지로 중요한 것이 **전체의 결합**에 대한 그들의 공동 책임이다. 이를 위해서는 지금까지 다루어진 5가지 인격적 특성 이외에 **정치적 또는 국민적 미덕**도 필요하다. 나는 오늘날 특히 중요한 것으로 보이는 교육 목표를 두 가지만 더 들고자 한다. 공공심(公共心)과 애국심(愛國心)이 그것이다.

6. 공공심

모든 국가는 그 국민의 이 미덕(美德)에 의지하고 있다. 그러나 다원주의적 국가는 공공심을 아주 각별히, 곧 정치적·세계관적 다원주의의 위험들을 막기 위한 도덕적 보호로서 각별히 필요로 한다. "공공심"이란 "공동체의식" 이상의 것을 의미한다. 〔역주: 사전적 어의(語義)를 참고하면, "공공심"은 공공의 행복과 이익을 위하는 마음을 의미하며, '이기심'이 그 반대말이다.〕 공동체 의식도 필요하다. 그러나 각 공동체는 다른 공동체들과 맞서 집단이기주의의 위협을 받는다. 이를테면 "가족 의식"은 가정의 경계선에서 끝나고, "연대 의식"은 노조의 경계선에서 끝나며, "단체 정신"은 그 단체의 경계에서 끝난다. 이에 반해 "공공심"은 여러 가지 특수 관심을 지닌 다양한 집단들로 성립되는 보다 큰 전체의 행복에 대해 충성스럽고 책임을 느끼며 희생을 각오하는 태도이다. 공공심을 요구하지 않으면 안 되는 가장 중요한 사회적 형성체(形成體)가 국가이다. 이 요구는 피치자(被治者)나 치자(治者) 모두에게 가해지는 것이다. 공공심은 공익(公益)에 대해 긍정하는 태도이다.[56]

공공심에 대립되는 태도는 누구에게나 알려져 있는 것이다. 나는 당파 이기주의, 계급적 배타심, 계급투쟁 심성, 사회의 다른 집단에 대한 증오, 타협 용의의 결여 등만 들어 둔다. 오늘날 특히 위험한 것은 국가, 그의 주권, 그 기구와 공직 담당자에 대한 적의(敵意)이다.[57] 이기주의적인 권리청구적 사고와 사회적 걸식 근성(乞食 根性)[58], 의무의 망각, "나는 제외하고" 주의와 봉사 거부 심성, 공적인 재원(財源)을 사취하고 공공재산을 경시하는

---

56) Gundlach 1959; Johannes Messner 1966, pp.450ff., 여기서 공공심은 아우구스티누스, 토마스 폰 아퀴나스, 그리고 비오 11세에 연결되어 "개인적 사랑"과 달리 "사회적 사랑"으로 설명된다.

57) Forsthoff 1971; Abelein 1973; Wannenmacher 1979; Studienzentrun Weikersheim 1982 참조.

58) Schmölders o. J., pp.174ff.

경향도 상기되어야 할 것이다.

공공심의 **성립조건**들은 특히 복잡하다. 공익의 수호자로서의 그 공직자들에게 신뢰가 가고, 그 국민들로부터 공공심을 요청하며, 응분의 명예를 분배하는 국가가 필요하다. 국가는 합리적인 수단 및 정서적인 수단으로써 공공심의 이상을 학대하기 위해서 학교를 이용하지 않으면 안 된다. 이것은 국가봉사자로서 자신이 맡은 공직을 성실하게 수행하고 그 언행에 있어 공익에 대한 고려를 하고 있음이 느껴지게 하는 교사를 전제로 한다.

수업은 개개인의 일거일동과 전체의 번영 사이에 성립하는 그 복잡한 작용 연관들에 대한 통찰이 이루어지도록 하지 않으면 안 된다. 이를 위해 수업은 상세한 인식과 구체적인 사고를 필요로 한다. 실례를 들면 주위 사람들에게 과오를 범했을 때 그것이 가지고 오는 귀결이 어떤 것인지 깨우쳐 주는 것이다.

지식을 매개하는 것만으로는 충분치 않다. 게다가 이기심의 힘, 자기 자신의 순간적인 이익에 대한 관심이 너무 크다는 점도 고려되어야 한다. 공동체에 해가 되는 욕망 획득을 포기하는 극기(克己) 용의는 오직 비(非)합리적인 신념과 이상에 대해 감정적으로 결합되어 있는 상태에서만 나올 수 있다. 이런 종류의 생산성 있는 신념과 이상은 지금까지 여러 종교들만 영속적으로 양육할 수 있었다. 이것은 우리가 해결책을 오직 정보의 증가나 덧없는 감정에 대한 호소로부터 기대하는 것을 경고한다.[59]

7. 애국심

독일어로는 이 미덕을 전에는 "조국애"라고 불렀다. 이것은 자

---

59) Foerster 1914; 합리주의적인 조치만으로 불충분하다는 증거로는 Durkheim 1973, pp.59ff.와 pp.149f.가 참고됨.

기 나라에 대한 충성, 그의 운명과의 연대감, 과거·현재·미래
의 그 국민 공동체의 일원이라는 소속감과 같은 감정성향을 의미
한다. 이런 태도는 유럽에서는 비교적 늦게 등장하였다. 17세기
와 18세기까지만 해도 자기 지역에 대한 연대감, 향토 의식, 국
가감정 대신 거주 도시 사랑 등 "지역 애착심"만 존재했다. 현대
국가에 이르러 비로소 그 국민의 조국애가 국가의 유지를 위해서
필요한 것으로 간주되었고 국민의 의무가 되었다.[60] 이때부터 "조
국애(祖國愛)로 나아가는 교육"[61]이 학교의 한 과업으로 간주되
고 있다.

"조국"을 위한 그 엄청난 무의미한 희생을 치른 제1차 세계대
전은 애국심이 악용될 수 있다는 위험에 대한 의식을 두드러지게
하였다. 1933년과 1945년 사이의 전체주의 정체(政體)의 경험
과 제2차 세계대전의 파국은 국가와 그 제도의 무상(無常: 덧없
음)이라는 인식을 더욱 강화시켰고, 그에 대한 감정적 애착보다
는 국가로부터의 자유를 향한 소망을 더 조장했다.

서유럽의 도처에서 우리는 오늘날 청년들 사이에서 국민 국가
(國民 國家)의 의의(意義)에 대해 의심하고 그와의 동일화(同一
化)가 감퇴되고 있음을 본다. 조국에 대한 이 거리 취하기는 그
것이 온갖 본국적(本國的)인 것은 과대평가하고 타국의 인간과
문화재의 가치에 대해서는 눈이 먼, 우둔하고 자기 도취적인 애
국심에 반대하는 것인 한에서는 괜찮다. 그러나 비록 계몽된 애
국심은 불필요한 것으로 간주될지라도 자기 나라로부터 감정적으
로 등을 돌리는 것은 위험하다. 애국심 없이는 국민 개인에게는
삶의 안전감(아늑함)의 본질적인 부분이 결여되고, 국가에게는
그가 영속적으로 생존할 수 있기 위해 필요로 하는 힘의 원천이

---

60) Michels 1913 참조.

61) Münch 1896 참조.

결여된다. 국가는 순조로운 시대에도 그렇거니와 좋지 않은 시대에는 더욱 국민의 최소한의 희생정신에 의지한다. 희생정신은 단지 강요에 의해 성립되는 것이 아니라 가벼이 신성시된 국가의 상(像)에 대한 애정어린 찬동(贊同), 구체적인 국가 기관들과 그 불충분성을 초월하는 "조국"이라는 신화(神話)에 대한 애정어린 찬동을 전제로 한다.

애국심에 **대립되는 태도**는 자기 나라를 경멸하는 경향, 그 성취에 대한 몰이해(沒理解), 그 가치충만한 전통에 대한 경시고, 겨레와 나라를 공격에 맞서 방어하려는 각오의 결여다.

애국심을 **성립시키는 조건은** 대개 학교 바깥에 놓여 있지만, 세계 어디서나 학교는 애국심의 유지를 위한 불가결한 수단이 되고 있다. 이 경우 학교는 신중하고 간접적으로 작용하는 것이 더 낫다. 본질적으로 중요한 것은 애국심 형성에 우호적인 역사의식, 독일 문화의 최선의 작품들과의 친숙성, 고향의 경치와 그 인간과의 만남, 국경 바깥의 비교되는 경험 등을 돌보는 것이다. 문화적·정치적 삶에 적극적으로 동참하는 기회들도 마찬가지로 중요하다. 여기서 이런 공식이 적용된다. "국가에 대한 기쁨은 사람을 국가와 결합시킨다."[62]

부모, 교사, 기타 교육자가 현재의 시기에 표준으로 삼아야 할, 기본이 되는 교육 목표들에 관하여 결단을 하는 데 있어 우리가 어떻게 생각해야 할 것인가. 그 정향을 돕고자 하는 논의는 이 정도로 하자. 나는 우리의 처지가 안고 있는 위험에 직면해서 특히 중요한 것으로 보이는 사회적 기본 이상(基本 理想)의 7가지 부분 이상(部分 理想)을 개괄해 보았다. 인생과 세계에 대한 신뢰, 자기 노력으로 자기를 지키고 발전시키려는 용의, 세계와

---

62) Exner 1891, p.10.

자기 자신에 대한 현실적인 이해, 심정의 도야, 자기 규율, 공공심, 그리고 애국심이 그 7가지 부분 이상이다. 이상(理想)이 없이는 인간은 의미충만한 삶을 살 수 없고 교육을 할 수도 없다. 우리 시대의 의미 위기 및 교육 위기로부터 벗어나는 길은 검증되고 신용할만한 공동의 이상에게로 향하는 것이고 그것을 거쳐 트이는 것이다. 이 이상들에 따라 살아가는 용기를 내는 사람은 이런 고래(古來)의 규칙이 진실임을 경험할 것이다.[63] 공동의 이상을 따르라! 그러면 그것이 그대들을 지켜줄 것이다.

---

63) 기독교 교단에서 전래된 규칙에는 이렇게 되어 있다. "계율을 지켜라, 그러면 계율이 너희를 지켜줄 것이니라". Willmann 1908, p.141.

제5장 오늘의 기독교 교육의 목표
-교육학적 관점에서의 고찰-

우리는 사회의 정신적 근거의 박탈, 세계관적 정향의 상실, 그리고 도덕적 변혁의 시대에 살고 있다. 이것은 교육 목표에 관한 불확실성에서도 표출되고 있다. 이 불확실성은 기독교인들 사이에서도 널리 퍼져 있다. 수많은 사람들은 정향을 찾기 위한 도움을 교육과학자들에게 조회하고 있다. 물론 과학자들은 목표, 목적, 규범에 대한 결단이 논의의 초점이 되는, 논쟁의 여지가 많은 물음들에 있어서 누구로부터도 그 결정을 떠맡을 수는 없다. 과학은 우리가 무엇을 하고자 하는지 목적이 알려져 있을 때 비로소 도움이 될 수 있다. 목적이 확립될 때 그 목적된 바가 달성될 수 있는 수단에 관해서는 과학을 통해 무언가를 얻을 수 있는 것이다.

그러나 몇 가지는 교육과학적 시각에서 필요한 결단들을 준비함에 있어 발언될 수 있다. 우선 우리가 처해 있는 상황을 해명하는 데 기여할 수 있다. 다음으로 개인이나 집단에게 설정된 목적들을 해설할 수 있고, 일정한 목적들을 위한 결정을 내렸을 경우 그로부터 산출되는 귀결들을 서술할 수 있다. 이러한 의미에서 나는 오늘날 유럽의 기독인들을 위한 교육 목표에 관하여 몇 가지 말하rh자 한다.

나는 이렇게 하기 위해서 우리가 필요로 하는 개념 두 가지를 간단히 해명하는 것으로 논의를 시작하기로 한다.[1] **"교육"**이라는 말은 어떻게 이해되는 것인가? "교육 목표"라는 말은 무엇을 뜻하는가?

"교육"이란 인간이 타인의 인격 구조를 어떠한 견지에서 지속적으로 개선(改善)하거나, 그 인격 구조의 가치 있는 것으로 판단되는 구성 요소들은 유지하고 좋지 못한 것으로 평가되는 인격적 특성은 발생하지 않도록 방지하려고 시도하는 행위라고 이해되는 것이다.

교육적 행위는 교육 목적을 달성하기 위하여 행하여진다. 교육은 언제나 목적에 이르는 수단이다. 일정한 인격적 특성 또는 하나의 전체적인 인격 구조 – 심리학적으로 표현하면 심적 체제 또는 심적 체제의 구조 – 가 각각 목적이나 목표로 간주된다. 달성하기 위하여 의도되는 것은 (예를 들면 어린아이가 스스로 구두끈을 맬 수 있는 능력과 같이) 비교적 간단한 것일 수도 있고, (예를 들면 외국어나 수공예의 숙달 등과 같이) 복잡하게 조직되는 특성일 수도 있으며, 또는 (예컨대 기독교적 인격, 인도주의적 인격, 사회주의적 인격과 같은) 전체 인격의 일정한 상태일 수도 있다. 각기 의도되거나 얻고자 원하는 바를 보통 교육 목표라고 일컫는다.

교육 목표는 피교육자들에게 있어서 달성하고자 소원하고, 시도하며, 또는 요구하는 하나의 표상된 심적 소질(즉 체험 및 행동 용의의 표상된 구조)이다. 그것은 인격의 표상되고 소원된 상태 또는 표상되고 소원된 인격적 특성을 표현한다. 그러므로 교육 목표들은 사람이 교육을 통해서 산출, 촉진 또는 창조하고자 시도하는 인격 내지 인격 특성들의 표상상(表象像), 곧 상상(想像)하거나 원망(願望)하는 심상(心象)을 말한다.

그러면 교육과학의 견지에서 유럽 기독교인을 위한 기독교적

---

1) Brezinka 1990, pp.70ff.

교육 목표의 문제성에 대해 언급되어야 할 바가 무엇인가? 여기서 "과학적 견지에서"란 과거와 현재에 있어 인간들과 그들의 사회, 그리고 그 종교를 포함한 문화에 관한 우리의 경험적 인식에 근거해서라는 뜻이다. 이 경우 여기서 문제되는 기독교적 종교에 대한 진술들은 이 종교의 원전(原典)들과 이들 원전에 대한 교회의 교직담당자가 가하는 해석에 의거할 필요가 있다.

I. 교의(敎義)와 미덕 규범(美德 規範)

한 종교의 본질적인 교리(敎理)를 알고 믿는 신자(信者)들은 신앙을 가진 사람의 인격이 어떠해야 하는지를 명확히 알고 있다. 모든 위대한 세계 종교의 윤리적 체계는 하나의 미덕의 규범, 즉 그 신자들에 대해 요구되는 미덕의 목록, 대강(大綱)을 포함하고 있다.[2] 그러므로 신앙자들은 그들이 어디로 향하여 교육을 해나가야 하는지도 인식하고 있다.

만약 오늘날 기독교인들 사이에 혼란, 불확실, 당혹(當惑)이 존재한다면 이것은 그들이 기독교적 신앙에 있어서 불확실하고 철저하지 못하거나 혹은 그것을 이미 상실하였다는 것을 알리는 표시다. 주지주의, 상대주의, 회의주의의 시대에는 기독교적 구원론에 대한 신앙에의 능력을 육성하기 위한 조건들이 불리하다. 기독교적 신앙이 아니라 불신앙, 신앙으로부터의 이반(離反), 신앙의 상실, 신앙 불능은 오늘날 당연시되고 있다. 또한 자의 반 타의 반의 신앙, 결단력 없는 기다림, 자기 자신이나 혹은 타인에 대한 실용적인 고려(예컨대 자녀들에 대한 부모의 고려)에서 믿는 척하는 것도 당연시되고, 스스로 믿지 않으면서 신앙과 신자에 대하여 존경심을 갖는 것도 당연시될 것이다.

이런 상황에서 기독교적 교육 목표에 대한 명확성은 기독교적 신앙공동체(즉 교회)가 타당하다고 인정하는 기독교적 신앙의 오랜 증언들을 청취할 때만 획득될 수 있다. 중심적인 기독교적 교리의 재수용 없이는 그 독특하게 기독교적인 미덕의 서열을 지닌 기독교적 인격 이상(人格 理想)에 대한 척도도 존재하지 않는다.

---

2) Wach 1962, p.125; Glasenapp 1960, p.118ff.

그러므로 수많은 그 한때의 신봉자들의 신앙 상실의 결과로서 의 기독교의 비(非)기독화[3]로 말미암아 등장한 사이비 기독교적 언어로 된 저 엉터리 교리를 포함하는 비(非)그리스도적 세계관과 순수한 그리스도적 교리를 구별하는 것이 중요하다.[4]

---

3) Kasch 1978.

4) Hildebrand 1968, pp.197ff. 및 1973; Molnar 1978. ; Williams 1979. pp176f도 참고됨.

II. 기독교 교육의 기본적 목표 - 신앙(信仰)의 미덕

그리스도 교회의 신앙의 자산을 조회하여 본다면, 기독교 교육의 기본적인 목표가 신앙이라는 사실이 아주 분명하다. 이것은 인격적 신(神)이신 하느님, 하느님의 아들로서의 예수, 신약 성서 속에서 전승되어 있는 그의 가르침의 내용을 믿는 것을 의미한다. 이에는 특히 죄(罪), 속죄(贖罪)의 필요, 예수의 십자가 죽음에 의한 속죄, 그리고 영원한 삶의 가르침이 속한다. 신앙, 희망, 그리고 사랑은 그리스도의 가르침에 의하면 세 가지 중심된 초자연적인(혹은 신학적인) 미덕으로 간주된다. "초자연적"이란 이들 세 가지 미덕을 획득하는 일은 하느님의 도움, 그의 "은총"을 전제로 한다는 것을 의미한다. 이 은총은 원칙적으로 모든 인간에게 보장된다. 하지만 그것만으로는 충분하지 않고, 인간이 그것의 완성(혹은 신성화)에 능동적으로 참여하는 것이 요구된다.[5] 아우구스티누스((Augustinus)는 이것을 이런 문장에서 표현하고 있다. "Qui te fecit sine te, non te iustificat sine te", 즉 "그대 없이 그대를 창조한 자, 그대 없이는 그대를 정당화할 수 없다."[6] 곧, 인간이 스스로 이 이른바 초자연적인 미덕들을 얻고자 힘써야 하고 그럴 수 있어야 한다는 것이 전제가 된다. 이것은 기독교인에게 세 가지 기본이 되는 미덕으로서 믿음과 희망과 사랑에의 능력(혹은 심적 소질)은 기독교인에게 있어서 기본이 되는 교육 목표로서 타당성을 지닌다는 것을 의미한다.

---

5) 예컨대 Mutz 1913, pp.23ff.; Hertling 1930, pp.31ff. 참조.

6) Hildebrand 1944, p.159에서 인용.

이처럼 세 가지 미덕이 성립되고 그 중 한 가지 미덕이 다른 미덕의 기초가 되어 준다는 관점하에서 보면, 신앙이 희망과 사랑에 선행한다. 이미 하느님(의 존재)을 믿는 사람만이 하느님과 영원한 삶을 희망할 수 있다. 하느님의 존재를 믿는 사람만이 또한 그를 사랑하는 데 이를 수 있다. 이에 반해 미덕들의 서열에 있어서는 사랑이 첫째 자리를 차지하고 믿음이 끝 자리를 차지한다.[7] 이 세 가지 초자연적인 미덕들은 직접 하느님 자신에 관계된다는 사실이 중요하다. 그렇기 때문에 이들은 (현세적인 것에 관계되는 도덕적 또는 윤리적 미덕들과는 달리)[8] "신적인 미덕"이라고 불리기도 한다. 또한 사랑이라고 하는 것도 일차적으로 하느님에 대한 사랑(Gottesliebe)을 뜻한다. "네 마음을 다하고 목숨을 다하고 뜻을 다하여 주 너의 하느님을 사랑하라 …… 이것이 제일 크고 첫째 되는 계명이니라."(마태복음 22장 37~38절) 이웃 사랑의 계명은 하느님 사랑의 그것과 같으나, 그것은 둘째 것으로 명명되고 있다.

닫혀진 기독교 사회나 한 사회의 부분 집단에서는 그 구성원들이 어릴 때부터 신앙을 학습하고 그것이 그들의 세계상과 생활영위의 자명한 토대가 되도록 광범위하게 습관화시킨다. 그와 같은 사회·문화적 조건들하에서는 교육 목표로서의 믿음이 다른, 특히 도덕적인 미덕들을 위하여 상대적으로 소홀히 될 수도 있었다. 이 상대적 소홀은 18세기 이후 닫혀진 기독교 사회들과 사회집단들이 계몽사조(啓蒙思潮)의 반기독교적·무신론적·현세적·인간주의적 이념들의 돌진에 의해 세계관적으로 점차 더 침식당하고 마침내 세속화되고 방임주의적이며 세계관적으로 자유롭게 개방되고 다원주의적인 사회로 변화되었을 때도 아직 지속되고 있다.

---

7) Pieper 1949b, p.32

8) Mutz 1913, pp.426f.

기독교인들이 그들의 세계관적 독점을 상실하고 (자율적) 이성, 현세적 행복, 관용, 자유, 인권이라는 그 매력적인 이상들을 가진 비(非)기독교적 운동의 경쟁자에게 내맡겨진 이후 그들의 더불어 용해되는 대열들 속에는 수많은 의사형성적(意思形成的) 인물들이 현대의 이교도의 대부분의 이상이 또한 그들의 이상이라는 것을 선언하려고 애썼다. "영(靈)들을 분별"(고린도 전서, 12장 10절)하고 자기를 한정하는 것 대신 이른바 "세상"에 자기 자신을 열어 환심을 사는 정도에까지 이르렀다.

사태가 이 같이 전개된 원인들에 대해서는 여기서 고려치 않고 남겨 둬도 무방하다. 우리들에게 있어 중요한 것은 다만 하느님과 "이 세상에 속한 것이 아닌"(요한 복음 18장 36절) 하느님 왕국에 대한 사랑의 절대적인 우위를 희생으로 하여 복음서가 "세상"이라 명명하는 것과 일치하려는 의지는 기독교적 교리는 양립할 수 없다는 점이다. "너희가 세상에 속하였으면 세상이 자기의 것을 사랑할 터이나 너희는 세상에 속한 자가 아니요, 도리어 세상에서 나의 택함을 입은 자인 고로 세상이 너희를 미워하느니라."(요한복음 15장 19절). 예수는 "세상"이 자기의 제자들을 사랑하지 않고 미워한다는 것을 자명한 것으로, 아니 바로 기독교인임(Christsein)의 판단기준으로 보았던 것이다. 이에 따르면 중심적인 기독교적 교육 목표들은 오늘날 역시 비(非)기독교인들도 추구하는 저 교육 목표들일 수가 없다. 이것은 비단 성경을 근거로 해서만 밝혀지는 것이 아니라 역사적 경험도 가르치고 있다. 즉 신앙공동체가 그 구성원들에게 있어 그들 공동체의 신앙재(財)에 대한 믿음을 각성·유지·강화시키는 것을 기본적인 교육 목표로서 설정하고 그에 따라 교육적으로 행동하는 것을 중지하면 몰락한다는 것을 가르치고 있다. 성서적으로 믿음의 우선은 바울에 의해서 이렇게 표현되고 있다. "믿음이 없이는 하느님 마

음에 들지 못하나니 하느님께 나아가려는 자는 반드시 그가 존재
하심과 또한 그가 자기를 찾는 자들에게 상 주심을 믿어야 할지
니라."(히브리서 11장 6절)

III. 신앙의 성립과 유지를 위한 조건

신앙이 근본적인 미덕, 곧 기독교인의 모든 다른 미덕들을 위한 불가결의 전제라면, 전체 기독교적 교육 목표를 실현할 수 있는 가능성은 인간이 신앙하는 것을 배우고 그의 신앙을 일생 동안 유지할 수 있느냐에 달려 있다. 경험은 그것이 원칙적으로 가능하다는 것을 가르친다. 무엇보다 성인들의 생활사, 특히 교회의 시성(諡聖: 죽은 후 성인 명부에 올림) 절차[9] 속에 수합되어 있는 증거 수단들은 이를 위한 수많은 결의론적(決疑論的) 자료를 제공하고 있다. 〔결의론(決疑論): 교회·성경의 율법에 비추어 양심의 문제나 도덕의 문제를 해결하려는 학문 : 역주〕 하지만 오늘날 여기서 이 초자연적인 신앙의 미덕을 실현할 수 있는 기회는 어떠한가? 우리의 탈기독교화된 사회에 있어서 기독교적 믿음을 획득하고 유지하기 위한 조건들에 관한 경험적·분석적 근거에 관해서는 (교회가 "은총"이라고 부르는 것의 신비스러운 가능한 영향은 괄호에 넣어 두고) 무슨 말을 할 수 있는가? 믿음의 미덕(또는 믿음 능력)을 기르기 위한 목적합리적 교육은 적어도 의도된 효과가 나타나는 바 가장 중요한 조건들이 알려져 있을 때만 성공을 전망할 수 있다. 나는 여기서 세 가지 조건 복합에 관하여 언급하는 것으로 만족해야겠다. 신앙자의 생활질서, 신앙에의 의지, 신앙에서 비롯하는 행위가 그 세 가지다.

---

9) Hertling 1930, pp.41ff.

1. 신앙자(信仰者)의 생활 질서

한 인간이 미덕을 습득하고 보유할 수 있기 위해서는 그 생활 질서가 집단의 모든 구성원들로 하여금 미덕적인 삶을 살도록 의무지우는 집단에 소속해야 된다. 이미 아리스토텔레스는 가르침과 훈계만으로는 충분치 않고 미덕에 상응하는 사고, 감정, 행동에 먼저 익숙해져야 한다는 것을 강조하였다. "신앙자의 혼이 제대로 사랑하고 미워할 수 있기 위해서는 씨를 받아들이도록 결정되어 있는 땅처럼 사전에 익숙함을 통해 개간되어 있어야만 한다."[10] 도덕적·종교적 미덕들은 언제나 집단 특유(特有)의 미덕들이다. 이 미덕들을 학습하기 위해서는 무엇보다도 다음과 같은 외적인 부분적 조건들이 필요한 것처럼 보인다. 즉 집단의 사고 범위가 비교적 통일성과 일치성을 지닐 것, 그들의 관습(慣習)의 지속성, 정서적으로 친밀하게 지내는 더불어 사는 사람들의 좋은 본보기(성서적으로 말하면 "증언") 등이 그것이다.

헤르바르트(Herbart)는 이를 근거로 해서 교육을 위하여 다음과 같은 귀결을 도출하였다. "실천교육의 기초는 학생들을 가치 있는 사교적 관계 속으로 인도하는 것이요, 물론 이는 도덕적 엄격이 그 근본 조건이 되도록 하기 위함이다. 이 관계는 정의(正義)로부터 벗어날 경우에는 언제나 즉시 뚜렷이 모욕감으로 느껴지지 않으면 안 된다."[11] 집단성원들 간의 일치성의 중요성을 그는 다음과 같은 문장으로 상기한다. "사고하는 사람들이 하나가 될 때만 이성적인 것이 승리할 수 있고, 보다 나은 사람들이 하나가 될 때만 보다 나은 것이 승리할 수 있다."[12] 중요한 사회

---

10) Aristoteles: Die Nikomachische Ethik. Hrsg v. Olof Gigon. München 1972, p.10.

11) Herbart 1919, Bd. 3, p.568.

12) Herbart 1913, Bd. 1, p.246.

적 파트너들의 일치하는 기대와 안정적인 생활질서에 의해 지지
되는 것이 도덕적 미덕들을 위해 불가결하다면, 이것은 이른바
초자연적인 미덕들에게도 타당하다.

믿는 자의 생활질서는 기독교적 믿음의 획득과 유지를 위한 하
나의 필요한 조건인 듯 보인다. 그러나 그것이 확실히 충분조건
은 아니다. 기독교적 믿음에 적대적인 문화를 지닌 개방적인 현
대의 대사회(大社會)에서는 신앙 동료의 모범과 기독교적 하위
문화에의 익숙화가 한 사람의 믿음 있는 기독교도가 되어 변함없
이 유지되게 하기에 족하도록 그렇게 기독교 집단들이 그 성원들
을 비(非)기독교적 세계로부터 하나의 하위문화로 차단시켜주는
것은 거의 불가능하다. 이들 필요한 외적 지지에 더하여 하나의
내적 조건 부합이 추가되지 않으면 안 된다.

2. 신앙에의 의지

합리주의, 상대주의, 회의주의의 시대에는 신앙에의 의지는 경
험상 가능하고 그러기 위해 좋은 근거도 존재한다. 대부분의 사
람들은 억누를 수 없는 종교적 욕구를 지니며 종교적 경험을 할
수 있다는 가정은 많은 종교사적 사실 및 심리학적·인간학적 사
실들이 정당화시키고 있다.[13] 계몽주의 시대 이래의 이념사(理念
史)는 "하느님 없는 인간주의"[14]는 많은 사람들의 경우 정신적 근
거의 상실, 정신적 공허, 무의미(無意味), 무희열(無喜悅), 절망
으로 끝난다는 사실을 가르치고 있다. 요컨대, 인간과 사회를 병
들게 하는 귀결을 지닌 니힐리즘으로 끝난다는 사실을 가르치고

---

13) 보기: James 1963. Allport 1954. Berger 1972. 종교의 심리학적·인간학
   적 근거지음에 대해서는 Hessen 1955, Bd.2, pp.270ff 참조; 종교적 경험의
   본질과 보편적 전화에 대해서는 Wach 1962, pp.53ff. 참조.
14) Lubac 1950.

있다.[15] 종교적 공백이 과학적 인식에 의하여 메워질 수 없다는 것은 증명된 것으로 간주할 수 있다. 반대로, 바로 과학들, 특히 역사적 정신과학과 사회과학이 삶을 의미충만한 것으로 경험할 수 있기 위하여 대부분의 인간들을 위해 불가결한 것으로 여겨지는 종교적·도덕적 신념을 파괴하였다. 과학은 종교, 세계관, 또는 의미부여 체계에 위험이 되었다. 그 기능과 업적에 있어서, 즉 가치질서와 이상, 세계관적 정향 확실성과 삶의 의미, 안전과 위안(慰安)의 매개에 있어서 이들을 대리할 수도 없다.

만약 무절제한 역사적·사회과학적 지식이 삶에 대해 그와 같은 손실을 끼칠 때는,[16] 인간의 행복은 "인식 충동의 억제", "과학의 억제"[17]를 요구한다. 이것은 과학의 한계에 대한 인식을 의미하고 인생을 위하여 그것을 억제하는 것을 의미한다.[18] "인식과 박식(博識)에 대한 가치 판단이 중요하다."[19] 성경은 신앙이 경험적 지식과 모순되고[20] 신앙이 인식보다 더 중요하다는 점에 대해 의심을 허용치 않는다. "신앙은 바라는 것에 대한 확신이요, 보지 못하는 것들에 대한 확인이니라."(히브리서 11장 1절) 신앙은 그것이 "자연인"("육에 속한 사람")의 "인간적 지혜"에게는 "어리석음"으로 보일지라도 견지되지 않으면 안 된다. (고린도 전서 2장 13~14절). 성서적 의미에서 "의인"은 지식을 먹고 사는 것이 아

---

15) W. Kraus 1983.

16) Nietsche 1976, Bd. I, pp.209ff. 참조.

17) Nietzsche 1978, Bd. I, pp.50f.

18) Nietsche 1978, Bd. I, p.46.

19) Nietzsche 1978, Bd. I. p.51.

20) 제1차 바티칸 공의회(1870)가 "신앙과 이성 간에 결코 실질적인 모순은 존재할 수 없다." (Neuner와 Roos 1948, p.46.)고 가르쳤을 때, 그것은 일견 이와 모순되어 보일 뿐 사실은 그렇지 않다. 여기서 "이성"이란 비판적이고 독립적인 이성이 아니라 교회의 의미에서 "올바르게 사용되는 이성", "신앙에 의해 깨우쳐지는 이성"을 의미한다.

니라 "신앙을 먹고" 사는 것이다. (히브리서 10장 38절).

니체는 이런 사정을 솔직하고 엄격히 그리고 종교의 진리 주장을 고려하지 않고 이렇게 표현하였다. "우리는 오직 환상으로 살아간다."[21] "어떤 대가를 치르고서라도 아는 것"이 요구되는 것이 아니라 "최선의 삶에 봉사하는 인식"이 요구된다. "사람은 스스로 환상을 소원하지 않으면 안 된다 – 여기에 비극적인 것이 놓여 있다."[22] 분해하는 비판적 분석이 아니라 "숭고한 것을 견지하는 것"[23]이 인간에게 도움이 된다. "모든 종류의 문화는 다수의 사물들이 은폐됨과 더불어 시작된다. 인간의 진보는 이 은폐에 의존한다 …… 만약 우리가 위대한 개인들을 우리들의 이상(理想)으로서 필요로 한다면 우리는 그들에게서 많은 것을 은폐한다. 그렇다. 우리는 그들 개인의 출현을 가능하게 하는 일체의 사정들을 은폐하고 그들을 숭배하기 위해서 그들을 우리들로부터 격리시킨다. 모든 종교는 그와 같은 요소를 포함하고 있다 …… 만약 우리가 (자연 상태에서보다) 더 낫고 더 고상하다면 그것은 격리시키는 환상들이 만든 것이다."[24]

만일 이 "환상의 필요성"[25] 학설이 대체로 타당하다면 신앙에의 의지도 경험적·분석적 관점에서 보아 인간이 부끄러워해야 할 무엇이 아니라 최소한 인식에의 의지와 마찬가지로 인간의 상황에 상응하는 심적 행위이다.[26] 이런 전제하에 오늘의 기독교인들에게도 다음과 같은 것이 보다 합목적적일 것이다. 신앙 재(財)를 탈신비화하는 대신 그것을 건드리지 않고 보지(保持)하는

---

21) Nietzsche 1978, Bd. I, p.55.

22) Nietzsche 1978, Bd. I, p.49.

23) Nietsche 1978, Bd. I, p.49.

24) Nietzsche 1978 Bd. I, p.56(괄호 안의 보충은 저자에 의함).

25) Nietsche 1978, Bd. I, p.51.

26) William James 1948은 이에 대해 토대가 되어 주는 저술이다.

것, 하느님에 관하여 토론하는 대신 기도하는 것, 제식(祭式)을 현세의 속세의 상투어 대신 신적인 비의(秘義)에 집중시키는 것, 신성한 것으로 간주되는 것을 "세상" 환심사기로 환속시키는 대신 그것을 베일에 씌우는 것 등이 그것이다.

"하나의 공동체나 한 국가가 오랫동안 존립하게 하려면 우리는 그들을 자주 그 시원(始原)으로 소급시키지 않으면 안 된다."는 역사적 경험에 입각하는 규칙은 교회에도 적용된다. 갱신을 위한 수단은 "시원(始原)에 대한 반성"이다.[27] 마키아벨리는 이 연관에서 기독교적 종교는 "만약 그것이 성 프란체스코(이탈리아의 수도사로서 프란체스코회의 창시자, 본명은 Francesco di Pie-tro di Bernardone, 1182?~1226 : 역주)와 성 도미니쿠스(스페인 태생의 도미니크 수도회의 창립자, 본명 Domingo de Guzman, 1170~1221 : 역주)를 통하여 그 출발점으로 귀환되지 않았더라면 이미 중세에 "완전히 소멸되었을 것"이라는 추측을 피력하였다. "이 두 남자는 그들의 가난과 그리스도를 닮은 삶에 의하여 이미 거의 잊혀져 있는 사람들의 의식 속에 기독교를 다시 가져왔다."

3. 신앙에서 비롯하는 행위

신앙에의 의지, 신앙을 감행하려는 용기 없이는 누구도 기독교인일 수 없고 될 수도 없다. 그러나 신앙이 환상이 아니라는 것을 어떻게 경험하는가? 혹은 더 조심스럽게 더 중립적으로 말한다면 믿음이 수많은 사람에게 있어서는 하나의 필연적인 환상일지라도 더 이상 환상으로 존재하지 않는다는 의심으로부터 자기 자신과 타인을 해방시킬 수 있는가?

---

27) Machiavelli 1966, pp.274ff.

이에 대해 하나의 경험적인 대답이 가능하다면 그것은 다음과 같은 가정에서 성립한다. 즉 신앙에서 비롯하는 행동이 (유리한 사정하에) 신앙의 내용이 진실이라는 확신을 갖게끔 돕는다. 신앙의 심리학을 가장 잘 아는 사람 중의 한 분인 뉴맨(Newman) 추기경은 이 연관을 이렇게 표현하였다. "성서의 명령들에 대한 복종을 통하여 우리는 이 명령들이 진실로 하느님으로부터 온 것임을 배우고 시험을 통해 우리는 증거를 얻으며 행동을 통하여 우리는 인식에 이른다."[28] 이는 무슨 의미인가. 신앙은 하나의 도덕적 기초("선한 의지")를 가진다는 것, 신앙은 선행(善行)을 통하여 강화될 수 있다는 뜻이다. 만약 그에게 명령된 선(善)을 행하면, 인간은 자기 자신과 함께 사는 사람들을 변화시키게 되어 자신의 행위가 가져온 여러 결과를 유익한 것으로 경험하게 되고 이로써 명령된 것의 진실성에 대한 확인으로 경험하게 된다. 신앙에서 비롯하는 행동에는 하느님과 이웃에 대한 사랑으로서, 그리스도의 후계(마태복음 5장 48절 참조) 속에서의 자기 완성으로서 교의(敎義)에 의해 요구되고 있는 것이 모두 속한다.

그런데 이런 연관은 기독교인들에게만이 아니라 다른 신앙을 가진 자들에게 있어서도 그들의 신앙 내용과 관련하여 성립하는 게 아닌가 하는 이의(異議)가 나올 수 있다. 그러므로 하나의 좋은 영향들을 경험한다고 해서 이것이 그대로 이 신앙이 진실임을 증명하는 것은 아니다. 만약 증명이라는 말을 낱말의 엄격한 논리적인 의미에서 사용하는 경우 이것은 옳다. 그러나 이런 논리적인 의미의 증명은 종교적인 경험 영역에서는 불가능하다. 증명을 통한 종교적 확신을 하고자 하는 사람은 과학적 인식의 한계와 모험으로서의 신앙의 독특성을 오해하고 있는 것이다.[29]

---

28) Newman 1936, p.2 (Parochial und Plain Sermons VIII, 8).
29) Wust 1946, 특히 pp. 285ff.

경험적으로 고찰하면 주관적인 경험세계에 있어서는 오직 두 가지의 기독교적 신앙의 뒷받침이 존재하는 것으로 보인다. 첫째는 이미 기독교적 신앙에서 비롯한 행동이 가지고 온 장기적인 좋은 효과들을 경험하는 것(성서적으로 말하면 믿음의 "열매들")이다.[30] 둘째는 다른 교리들과 비교하여 주관적으로 보다 확신을 주고 종교적 동경을 더 만족시켜 주는 대안은 존재하지 않는다는 경험이다. 이에 대한 고전적인 증언은 요한복음 6장에서 발견된다. 신자들 중 다수가 그의 말씀이 믿기지 않아서 예수를 등지고 떠났을 때, 예수께서 열두 제자에게 "너희도 가려느냐?"고 물으셨다. 시몬 베드로가 대답하였다. "주여 우리가 누구에게로 가오리까. 당신은 영생의 말씀을 지니십니다." 베드로는 예수를 대신할 수 있는 분은 절대로 없으므로 이탈이란 있을 수 없다고 답변했던 것이다.[31] 사람이 믿음에의 의지를 이미 불러일으켰고 믿음에서 비롯하는 행동을 통하여 그것의 좋은 결과를 좀 경험했을 때만 이런 논증이 가능하다.

기독교적 신앙의 획득과 유지가 우리 시대에도 의존하는 것으로 여겨지는 세 가지 경험적으로 비교적 잘 입증된 조건복합들은 이상으로 언급되었다. 이제 근본이 되는 기독교적 교육 목표로서 신앙이라는 미덕의 현실 가능성에 대한 물음으로 되돌아가 보자. 만일 바라는 심적 소질을 성립 또는 유지시키기 위한 조건들이 인정되어 있다면 그중 어느 것이 주어진 상황에 있어 존재하는지, 그리고 존재하지 않는 조건은 산출될 수 있는지, 있다면 어

---

30) 요한복음 7장 16~17절 참조: "예수께서 대답하여 가라사대 내 교훈은 내 것이 아니요 나를 보내신 이의 것이니라. 사람이 하느님의 뜻을 행하려 하면 이 교훈이 하느님께로서 왔는지 내가 스스로 말함인지 알리라." 힐티의 말도 비슷하다. "종교의 진리는 만일 윤리적인 힘이 그것을 증거하지 못한다면 우리들에게는 여전히 입증되지 않을 것이다." Hilby 1914, p95f

31) 달리 대안이 없다는 이 논증은 뉴맨(Newman)에 의해 특히 자주 인용되고 있다. Newman 1855, pp.249ff 및 1936, p.25와 p.314 참조.

떻게 산출될 수 있는지 검사해 보지 않으면 안 된다. 산출될 수 있는 조건들을 마련하고자 시도하는 행위들은 피교육자의 인격 안에서 목적된 결과를 달성하기 위한 수단으로 간주될 수 있다. 이 행위들이 "교육", 우리들의 경우 곧 "종교적 교육", 또는 더 정확히 "기독교적 교육"이라 불린다.

하나의 결과와 그것을 성립시키는 조건들 간의 관계에 관해서는 원칙적으로 이런 명제가 타당성을 얻는다. 즉 결과를 바라는 사람은 그 조건들도 소원해야만 한다는 것이다. 종교교육에 적용한다면 기독교적 신앙을 교육 목표로 바라는 사람은 그 신앙이 피교육자들에게서 발생하고 유지될 수 있는 조건들도 소망하지 않으면 안 된다. 이들 조건으로는 경험적인 견지에서 아마도 가장 중요한 것이 세 가지가 있다. 신자들의 비교적 완결되고 지속적인 생활질서, 교육자와 피교육자에게 있어서의 신앙에의 의지, 교육자 및 피교육자에게 있어서의 신앙에서 비롯하는 행동이 그것이다.

이들 조건들을 마련하기 위해서는 효력을 비교적 잘 나타내는 수단이 존재한다. 교육학적 전통에 있어서는 수단들의 두 가지 주요 부류가 구분된다. 교수와 훈육(또는 가르치기와 길들이기)이 그것이다. 목적을 원하는 자는 수단도 원하지 않으면 안 된다. 그것이 우리의 테마를 위하여 무엇을 의미하는지 여기서 나는 단지 시사만 할 수 있다. 그 내용이 순수하지 않고 긍정적이지 않고 경건하지 않고 그 존엄과 신비에 대한 외경 속에서 가르쳐지지 않을 때 신앙이 생길 가능성은 거의 없다. "신비만이 위안을 준다."[32] 규율을 적용하고 금욕적 생활을 영위함이 없이 기독교적 미덕이 성립되고 견지된다는 것은 불가능한 일이다. 선과 악을 구별할 수 있는 능력과 의지, 자기 인식, 죄의식, 참회, 회

---

32) Pfleger 1957.

개 용의, 본질적인 것에 대한 집중, 자기 연마 등이 없이 우리는 기독교도일 수도 없고 기독교도가 될 수도 없으며, 남들이 기독교도가 되도록 도와 줄 수도 없다.[33] 기독교적 교육 목표를 원하면서 이 같은 수단들을 사용하려고 하지 않으려는 사람은 "뿌리와 줄기 없는 꽃을 원하는 것이요, 결국 허사가 될 것이다."[34]

그와 같이 기독교인의 경우도 필요한 수단을 사용하려는 의지가 그들이 참으로 기독교적 인격 이상들을 진지하게 여기는지, 그들의 교육 목표가 자기 기만과 타인 기만에 이르는 믿음 없는 환상의 형상인지 아니면 독자적인 사고와 행동을 위한 믿음 있는 규범 – 이것의 효용 가치는 사람이 그 자체를 위하여 받아들이는 희생을 통하여 증명된다 – 인지를 가르는 하나의 시금석이다.

말할 나위도 없이 신앙의 미덕은 여러 기독교적 교육 목표 중의 하나일 뿐이다. 신앙의 미덕이 여기서 특히 강조된 것은 그것이 기독교도로서 존재함의 토대를 이루고, 그래서 모든 여타의 특수하게 기독교적인 교육 목표들을 위한 심적 전제조건을 형성해 주는 것이기 때문이다.

---

33) Hildebrand 1944.

34) Nietzsche 1976, Bd. I, p.280.

제6장 가치 변화와 학교 교육

I. "가치 변화"란 무엇을 뜻하는가?

"시대가 다르면 예의범절도 다르다." "시대가 바뀌면 우리들도 그 시대와 함께 바뀐다." 이것은 아주 오랜 경험 지식(經驗 知識)이 표현되고 있는 두 개의 격언이다.[1] 오늘날 "가치 변화"라는 표어 아래 논의되고 있는 것도 대부분 이 테두리에 속한다. 우리는 어떤 것을 이전에 존재했던 바와 오늘날 존재하고 있는 바와 서로 비교해 보게 되는데, 이때 이 "어떤 것"을 언표(言表)하는 것이 "가치"라는 다의적(多義的)인 낱말이다. "가치들이 변화되었다." 이것이 "가치 변화"라는 표현에서 우리가 염두에 두고 있는 제1주제이다. 이것이 무엇을 의미하는지는 자연히 "가치"란 낱말을 우리가 무엇으로 이해하는지에 따라 결정된다. 잠정적으로 가치란 사람들이 가치 있는 것으로 체험하는 것, 그들이 얻고자 힘쓰는 것, 다른 것보다 더 좋아하는 것이라고 한번 가정해 보자. 그러면 "가치 변화"를 조사하는 것은 이런 뜻이 된다. 즉 개인 또는 인간 집단의 가치체험에 있어 그들의 추구와 관련하여 무엇이 변화되었는가를 관찰하고 기술하고 설명하려고 시도하는 것을 의미한다. "가치 변화"는 여기서 하나의 사실을 의미하는 것이다.

---

1) Mackensen 1981, p.32 및 p.706. 이 문장은 독일의 황제 로타르(Lothar) 1세
   (795~855)의 작품으로 간주되고 있다.

　　"가치 변화"라는 표어 아래 토의되고 있는 주제로서는 또 하나
가 있다. "가치는 변화**되어야 한다!**"와 "이를 달성하기 위해서는
우리는 무엇을 할 수 있는가?"이다. 그렇게 되면 "가치 변화"를
조사하는 것은 이런 뜻이 된다. 개인 또는 인간 집단에 있어 그
들의 가치 부여 또는 인정과 관련하여 무엇이 바뀌**어야 하며** 어
떤 수단으로써 이것이 성취될 수 있는가를 해명하는 것을 의미한
다. 여기서는 존재하는 것을 기술하는 것이 문제가 아니라 소원
하거나 존재해야 할 바를 규정하는 것이 문제가 된다. 이 의미에
서의 "가치 변화"의 보기로서 사도 바울의 다음과 같은 문장이 도
움이 될 수 있다. "이제부터는 이방인이 그 마음의 허망한 것으
로 행함같이 너희는 행하지 말라! 저희 총명이 어두워지고 저희
가운데 있는 무지함과 저희 마음이 굳어짐으로 말미암아 하느님
의 생명에서 떠나 있도다. 저희가 감각 없는 자 되어 자신을 방
탕에 방임하여 모든 더러운 것을 욕심으로 행하되, 오직 너희는
그리스도를 이 같이 배우지 아니하였느니라. 진리가 예수 안에
있는 것같이 너희가 과연 그에게서 듣고 또한 그 안에서 가르침
을 받았을진대, 너희는 유혹의 욕심을 따라 썩어져 가는 구습(舊
習)을 좇는 옛 삶을 벗어 버리고 오직 정신과 심령으로 새롭게
되어 하느님을 따라 의와 진리의 거룩함으로 지으심을 받은 새
삶을 입으라." (에베소서 4장 17~24절)

　　다른 한 예는 니체가 공표한 "모든 가치의 재평가"라는 프로그
램이다. 그에게 있어서는 "온갖 신앙을 믿는 자"에게 그들의 "가
치의 명판(銘板)"을 부숴버리는 자가 "창조자"이며, 그는 "새로운
가치를 새로운 판에 쓰는" 공동 창조자를 찾는다. "새로운 가치를
창조하는 것", "새로운 가치에 대한 권리를 인수하는 것" - 그것
이 차라투스트라의 말의 핵심이다.[2] "가치 변화"는 여기서 요구,

---

2) Nietzsche 1976, Bd. II, p.289 및 p.897; Bd.III, p.634. 참조.

명령, 요청, 행동 프로그램의 내용을 의미한다. 이 경우 문제가 될 수 있는 것은 교육, 심리치료, 선교, 선전과 같이 사회적으로 영향을 미치려는 시도 또는 자기 자신에 대해 영향을 미치려는 시도다. 나치 독재의 붕괴 이후 독일인을 재교육하기 위한 프로그램을 생각해 보라.[3] 오늘날 환경위기의 극복을 위한 수단으로서 "가치 변화"가 추천된다면 역시 비슷한 무엇이 함의되어 있는 것이다. 즉 실상 아직 성취되어 있지 않은, 적극적으로 초래되어야 할 "가치평가의 전환"을 달성하고자 한다.[4]

"가치 변화"에 관한 현대적인 토론에서는 개념과 문제 제기의 두려운 혼란이 지배하고 있다. 이 혼란을 수습하기 위하여 우리는 차이가 나는 것을 구별하고 또한 차이가 나게 명명하지 않으면 안 된다. 자기 자신이나 타인을 원하는 방향에서 변화시키고자 하는 것은 확실히 온당할 수 있다. 그러나 가치 변화라는 낱말이 역사적 사실들을 나타내는 데 훨씬 더 적합하다면, 왜 우리는 교육적 요청들을 "가치 변화"라고 명명해야 하는가. 물론 가치 변화라는 사실은 일정한 목표와 수단에 대한 요구를 하기 위한 동기가 될 수도 있다. 그러나 양자, 곧 사실로서의 가치 변화와 요구로서의 가치 변화는 우리가 그에 대한 서로 다른 이름을 사용할 때 이해가 더 잘된다. 그 때문에 나는 "가치 변화"란 낱말을 전적으로 사실, 즉 역사적 변화의 과정과 그 결과를 일컫는 것으로 사용할 것이다.

그러나 "가치 변화"에 있어 변화하는 것은 무엇인가? "가치"란 무엇인가? 비록 가치이론적 문헌의 양은 엄청날지라도 이에 대해서는 아직도 큰 불명료성이 상존한다.[5] "가치"는 최근 하나의 유

---

3) Lewin 1953, pp.63ff. 및 pp.76ff. 참조.

4) Hillmann 1981 참조.

5) Reininger 1947은 좋은 입문서가 되어 주고; Kraft 1951은 보다 상세한 논의를 제공하며; O. Kraus 1937은 역사적·비판적 고찰로서 여전히 기본이 되는 문

행어가 되었다. 그것은 주관적인 가치 부여 또는 인정 체험, 종교적 신념, 관심, 이념, 이상, 원칙, 규범, 사물의 성질, 긍정적인 평가의 대상으로서의 재화(財貨)와 같은 다양한 것들을 지칭하기 위해서 무분별하게 사용되고 있다.

이런 혼란 아래서 특히 교사들이 고통을 받지 않으면 안 된다. 왜냐하면 그 직업적 의무에 관한 공적인 의사 표시에 있어 가치는 중심적 위치를 차지하는 것이므로, 무엇이 가치인지 우리는 교사들에게 정확하게 말해 주어야만 하기 때문이다. 이에 대한 실례를 몇 가지 들자. 니더작센 주(州) 학교법은 기본법과 주(州) 헌법의 "기초가 되어 있는" "가치 관념들을 전수하는" 교육 임무를 학교에 부여하고 있다. 나아가 학생들이 "종교적·문화적 가치들을 인식하고 존중"할 수 있게 해야 한다는 것이다.[6] 바이에른 주(州)에서도 학교는 학생들이 "문화적·종교적 가치들을 승인하도록 교육할" 과업을 지닌다.[7] 바덴뷔르템베르크 주(州)에서는 "어린이들은 기독교적·서양적 도야 가치 및 문화 가치를 토대로 해서 교육"받아야 한다. 노르트라인-베스트팔렌 주(州)의 경우도 같은 이야기가 타당하다.[8] "오스트리아의 학교는 도덕적·종교적·사회적 가치 및 진선미(眞善美)의 가치에 따라 수업을 함으로써 청소년의 소질을 개발하는 데 협력할 과제를 지닌다."[9] 1984년 7월 12일의 독일연방정부의 교육정책 원칙에는 이렇게 되어 있다. "교육은 …… 기본적 가치와 규범을 전달함으로써 젊은 사람

헌이다. Brezinka 1992, p.142도 참고됨.

6) 1980년 11월 6일 제정 니더작센 주(州) 교육법 제2조.

7) 1982년 9월 10일의 바이에른 주(州) 교육법 제2조.

8) 1953년 11월 11일의 바덴뷔르템베르크 주(州) 헌법, 제16조 제1항; 1950년 6월 28일의 노르트라인 베스트팔렌 주(州) 헌법 제12조 제6항: "기독교적 도야 가치 및 문화 가치를 토대로……."

9) 1962년 7월 25일의 오스트리아 학교조직법 제2조.

들에게 국가와 사회에 있어서 올바른 방향을 잡도록 도움을 주어야 한다."[10]

이들 텍스트에서 "가치들"은 명백히 고정된 것, 지속적인 것, (비교적) 불변적인 것을 의미한다. "가치들"은 여기서 학생들에게 그들의 의식 바깥에서 먼저 주어져 있는 객관적 정향수단으로 나타난다. 가치 변화라는 사실은 이와 어떻게 조화되는가? "가치들"은 동시에 불변적이면서 가변적인 무엇인가? 이 모순은 우리가 "가치"라는 동일한 명칭이 아주 다양한 사태를 나타내기 위하여 사용되고 있다는 사실을 인식할 때만 해결될 수 있다. 학교법에서 사용되는 가치라는 명칭은 "기본 가치"[11] 또는 "가치 변화"[12]에 관한 텍스트에서 사용되는 명칭과는 의미하는 바가 다른 것이다. 이 점에 관해서 스스로 석명치 못하는 사람은 "가치"라는 테마에 있어 불명료한 사고를 넘어가지 못한다.

나는 여기서 "가치"란 낱말의 여러 상이한 의미를 상론할 수 없다. 우리의 테마는 역사적 현상으로서의 가치 변화이다.[13] 이 경우 문제되는 것은 일정 시기 내에서 일정한 개인과 인간 집단의 가치 부여 또는 인정의 변화인 것이다. 가치 부여 또는 인정은 인간의 의식 안에서 진행되는 과정이다. 평가는 어떤 것에 대한 입장 표명, 어떤 것에 대한 찬반의 결정, 어떤 것을 더 좋아함 또는 차위(次位)에 둠이다. 이것은 "긍정적인 것"과 "부정적인 것", "더 높은 것"과 "더 낮은 것", "더 좋은 것"과 "더 나쁜 것"에 대한 표상을 전제로 한다. 한 인간의 가치 인정은 현실적이거나 또는 상상된 대상, 현재의 대상, 과거 또는 미래의 대상에 관계

---

10) 연방정부의 교육정책적 구상. 1984년 7월 12일의 연방정부 공보청 공보 (公報) 제85호, 753.

11) Gorschenek 1977 참조.

12) Rescher 1969; Inglehart 1977; Klages 1984 등 참조.

13) Kluckhohn 등 1963; Lautmann 1969; Kmieciak 1976, pp.147ff. 참조.

된다. 긍정적으로 평가되는 대상들을 "재(財)"라고 부른다. 이는 종교, 세계관, 도덕, 법, 사회적 질서, 과학, 예술과 같은 정신적 재(財)를 포함한다. 또한 이상과 모범, 올바른 생활 영위의 전형(典型), 그리고 인격 내부에서 이들에 상응하는 미덕(美德)들도 포함된다. 이들 정신적 재(財)는 각 공동체를 위해 특별한 의의를 지닌다. 공동체 전체의 결속은 이들 정신적 재에 대한 존중과 이들에의 애착(내적 결합)에 의존하는 것이기 때문이다.

세계와의 수많은 경험들을 쌓는 가운데서 이미 유년기에 평가되는 대상들에 대한 개인적인 순위, 곧 자주 **가치 위계** 또는 "개인적인 가치 체계"라고도 불리는 "주관적 위계"[14]가 형성된다. 이것은 장기간에 걸쳐 비교적 안정적으로 유지된다. 이는 개개인의 내부에는 일정한 경향, 관심 또는 태도들이 실제적인 가치체험에 영향을 주는 심적 성향으로서 성립되어 있다는 사실로만 해명이 가능하다. 이들 경향, 관심, 태도는 때때로 (개인적) **가치 정향** "가치 구조" "가치 태도"라는 용어로 명명되기도 한다. 이들은 함께 더불어서 하나의 하비투스(Habitus: 습성), 즉 비교적 고정적인 추구 질서를 형성한다. 사람들은 그들의 주관적인 가치 위계 안에서 일정한 정신적 재(財)를 받아들이는 서열의 위치가 서로 차이가 난다. 이 주관적인 질서는 "우선순위 질서" 혹은 선호 질서(選好 秩序)라고도 불려진다. 가치 변화는 이 질서 내에서의 우선순위의 변화로서 이해되는 것이다.

그런데 세상에는 긍정적으로 평가되는 대상 또는 재(財)뿐만 아니라 부정적으로 평가되는 것 또는 나쁜 것(惡)도 일어난다. 이에 따라 모든 인간에게는 긍정적인 주관적 위계뿐만 아니라 부정적인 주관적 위계도 존재한다. 그 사람이 부정적으로 평가하고 기피, 회피, 또는 극복하려고 노력하는 대상 또는 사태의 서열도

---

14) Süllwold 1977; Stiksrud 1976 참조.

존재한다.

가치 변화에 관한 연구에 있어서는 자주 혼동되는 두 가지 상이한 문제 제기가 가능하다. 개인적 연구와 집단적인 연구, 혹은 생활사적인 연구와 시대사적 연구가 그것이다. 가치 변화를 **개인적·생활사적 현상**으로서 연구할 때는 동일한 인물의 가치 인정에 있어서 그의 인생의 경과 속에서 일어나는 변화가 문제된다. 긍정적으로 평가되는 대상(財)에 대한 평가가 달라졌는지 새로워졌는지, 평가가 절상되었는지 절하되었는지 알고자 하는 것이다. 수많은 개별 인격의 주관적인 가치 위계질서가 변화하면, 이 위계질서가 속하고 있는 집단들의 상황도 그와 함께 자연히 변화한다. 때문에 개인적 가치 위계질서의 변화에 관한 인식은 사회적 상황의 이해를 위해서도 중요할 수 있다.

가치평가를 **집단적·시대사적 현상**으로서 연구할 때는 일정한 시기 동안 한 집단의 가치 인정에 있어 일어난 변화가 관심거리다. 여기서도 개인들 – 한 집단은 이들로 이루어진다 – 의 가치인정을 묻는다. 그러나 과거와 현재의 비교에 있어서 개인의 생활사에 있어서의 과거의 시점이 기준점(基準点)이 아니라 집단의 역사에 있어서의 과거의 시대가 기준점이다.

20년 이내에 오스트리아 사람들에게 있어 오스트리아 국가에 대한 그들의 가치 인정에서 일어난 변화를 보기로서 생각해 보자. 합스부르크 군주국의 몰락 이후 작은 독일 언어를 쓰는 잔존 – 오스트리아에 있어서 거의 주민의 100%가 독자적인 국가보다 독일제국에의 합병을 선호하였고, 오직 전승국의 이의(異議) 제기에 의해서 가까스로 합병이 저지되었다. 1938년에도 오스트리아 국가는 대다수에게 선위적(先位的)인 – 그를 위해서 사람들이 무거운 희생을 감수할 용의가 되어 있는 – 선(善)이 아니었다. 광범위한 인민들은 그에게서 하나의 악(惡)을 보았다. 그러나 이미 20년 후 사정은 뒤바뀌었고, 오늘은 확고한 오스트리아의 국가 의식이 존재하고 있다. 즉 대다수의 서민들은 자기 국가를 높은 재(財)로서 존중하고 있다.[15] 이 사례는 또한 집단적·시대사적 현상으로서의 가치 변화는 사회적·문화적 변화를 고려하지 않고서는 해명될 수 없다는 사실을 시사한다. 가치 변화는 오직 변화된 생활조건에 대한 응답으로서만 이해될 수 있다.

확실히 집단에서의 변화는 그 집단의 구성원들인 동일한 인물들 내부에서 일어나는 변화들에 의해서 야기되어 있는 것이다. 그러나 또한 수많은 인물 내부에서 일어나는 변화는 집단의 구성이 변화된 것의 결과이기도 하다. 이것은 무엇보다 탄생과 사망을 통해서 일어난다. 일정한 주관적 가치 위계질서의 담지자들은 작고하고, 새로 태어나는 사람들은 학습능력 있는 연령에서 새로운 역사적 시기의 변화된 학습조건들 아래서 다른 가치 위계질서를 획득한다. 이로 인하여 그의 성인 구성원들의 가치 위계질서는 각기 평생토록 비교적 안정적으로 유지된다고 할 때도 한 사회에서의 전형적인 가치 위계질서의 분배는 시간이 경과하면서 본질적으로 변화될 수 있다. 여론 조사의 결과는 일차적으로 이런 관점에서 해석되지 않으면 안 된다. 설문된 인물들의 연령과 세대 소속에 관해 알려져 있는 바가 많으면 많을수록 그 결과는 더욱더 시사하는 바가 많다.

개념해명은 이 정도로 해두자. 가치 변화라는 큰 주제 영역 가운데서 나는 두 가지 문제를 다루고 싶다. 1. 우리 사회에 있어서 어떤 종류의 집단적 가치 변화가 교육에 미치는 그 영향 때문에 학교에서 특히 중요한가? 2. 가치 변화 현상으로 말미암아 어떤 문제들이 학교의 교육 임무를 위해서 발생하고, 이들 문제들은 어떻게 해결되어야 하는가?

---

15) SWS-Meinungsprofile 1980; Bruckmüller 1984, pp.192ff.

II. 학교 교육을 위해 의미를 지니는 집단적 가치 변화의 종류

하나의 가치 변화는 - 개인에게든 집단과 제도에게든 - 다소간 중요성을 지니는 재(財)에 관계될 수 있다. 가치 변화는 소수의 사람들에게서 나타날 수도 있고, 한 공동체의 대다수에서 나타날 수도 있다. 나는 여기서 개인과 사회를 위해 특히 중요하고 주민의 상당한 부분에서 일어나고 있는 것으로 보이는 가치 변화의 몇 종류를 중점적으로 살펴보고자 한다.

내가 이 문제를 이토록 신중하게 표현하는 것은 가치평가라는 것이 개인의 의식 안에서 일어나고, 따라서 타인에 의한 관찰에는 도달하기 어려운 개인적인 일이라는 것을 상기시키기 위해서다. 우리는 언어적 표현들과 다른 행동방식들을 해석함으로써 단지 하나의 간접적이고 불완전한 접근을 할 따름이다. 이때 오류와 기만들이 발생할 수 있다. 조사 결과를 피조사자 서클을 넘어서 일반화하는 것도 문제가 된다. 그러나 나는 가치 변화의 탐구에서 성립하는 큰 방법적 어려움들을 여기서 논의하지 않겠다.[16] 반대가 증명될 때까지는 신용할 만한 가치 변화 연구자가 우리에게 보고한 것이 진리라고 가정하자.

독일연방공화국에서 나온 아래와 같은 연구 결과는 1960년대 중엽에 하나의 "가치 변화의 급변"이 일었다는 사실을 알 수 있게 한다.[17] 이 시기에 이르기까지는 "자기 강제(自己 强制)와 자기

---

16) 이에 대해서는 Stiksrud 1976, Klages와 Kmieciak 1979, 453ff.의 가치분석 방법론에 대한 기고를 참고할 것. Jaide 1983도 참고됨.

17) Klages 1984, 17ff.

통제(自己 統制)" 또는는 "의무 가치(義務 價値) 및 수용 가치(受容
價値)"라는 표제어 아래 요약될 수 있는 개인적 가치 정향들이
우세(優勢)였다. 이에는 주로 다음과 같은 "가치들"이 속한다. 즉
규율, 순종, 업적, 질서, 의무 이행, 충성, 복종, 근면, 겸손, 자
제, 시간 엄수, 순응성, 유순, 검소 등이 그것이다. 대략 1965년
부터 1975년 사이에 이 가치들은 퇴각하고 동시에 이른바 "자아
개발 가치"가 상승하였다. "자아개발 가치"라는 이름 아래 세 가
지 가치 그룹이 종합된다. (1) 권위로부터의 해방, 동등한 대우,
평등, 민주주의, 참여, 개인의 자율성과 같은 "이상주의적 사회비
판"의 가치 (2) 향락, 모험, 긴장, 기분 전환, 정서적 욕구의 만
끽과 같은 "쾌락주의"의 가치 (3) 창의성, 적극성, 자아 실현, 자
유 분방, 독자성과 같은 "개인주의"의 가치 등이 그것이다.

　70년대 중엽 "가치 변화 급변"은 정지 상태에 이르렀다. 하지
만 그렇다고 해서 대부분의 사람들의 경우 가치 정향의 새로운
확실성이 형성되었는가 하면 그렇지도 않다. 오히려 그 이후 가
치 부여 내지 인정에 있어서 상당히 고도의 불확실성이 확인될
수 있다. 동시에 "의무 가치 및 수용 가치"와 "자아개발 가치" 양
자를 공히 긍정적으로 판단하고 양 가치 그룹 자체를 결합시키려
고 시도하는 사람들의 수도 증가하는 듯 보인다. "의무 가치 및
수용 가치"에 대한 더 많은 이해도 다시 늘어나고 있다. "가치의
종합"을 위한 노력이 증가하고 있다.[18]

　가치 변화의 몇 가지 외형(外形)들을 더 상세히 들여다 보자.
노동, 직업, 그리고 업적에 대한 평가는 어떠한가? 결혼과 가정
은 어떤가? 자기 규율은? 종교는? 공공심(公共心)과 애국심은?

---

18) Klages 1984, pp.164ff. 참조.

1. 노동, 직업, 업적

크미치아크(Kmieciak)는 1976년에 **"개인주의적이고 쾌락주의적인 태도가 선호되고 직업 및 업적 정향"**의 지위가 하락된 것을 "독일연방공화국에 있어서의 가치 변화의 중심적 현상"이라고 불렀다. "사회적·물질적 안전"이라는 가치는 중요성이 증가하고, 그에 반해 "시민적인" "노동을 이상시하는 가치체계"의 가장 중요한 요소로서의 "위험의 각오와 욕구충족의 연기(延期)"는 하락하였다고 한다. 이러한 경향은 여러 가지 상이한 주민 서클에서 인식될 수 있다.[19]

노엘레 노이만(Noelle-Neumann)은 1975년 "250년 동안 시민적 미덕으로서 소중히 여겨져 왔던 것이 급격히 하락하였다."는 것을 입증해 주는 정황증거로서 해석한 여론조사 결과를 제시하였다. 그는 특히 그중에서도 노동과 성취에 대한 높은 평가, 노고는 보답을 한다는 확신, 경쟁의 긍정, 장기적인 만족을 위하여 단기적인 만족을 후퇴시킬 수 있는 능력으로서의 절약을 시민적 미덕에 산입시킨다.

이 이상들을 평가함에 있어서 무엇이 달라졌는가? 노엘레 노이만에 의하면 "노동 혐오, 노고의 회피, 모험의 회피, 장기적인 목표 긴장 대신 직접적인 만족, 평등 추구, 보답의 공정에 대한 의심 …… 노고를 통해 자기 자신의 지위를 개선할 수 있는 가능성에 대한 의심" 등 대조되는 태도에 대한 적응이 일고 있다고 한다.[20]

대부분의 시민의 가치 위계에 있어 노동과 직업은 건강, 결혼, 가정, 그리고 사회적 안전보다 더 낮은 위치를 차지하고 있다는

---

19) Kmieciak 1976, pp.463f.
20) Noelle-Neumann 1978, pp.11, 8, 20f.

것은 그 동안 누차 확인된 바 있다. 그러나 "비교적으로 낮게 등급을 매긴다고 해서 그들을 경멸하거나 단지 필요악(必要惡)으로 처리하고 있다는 뜻은 아니다."[21] 오히려 대다수는 여전히 노동과 직업을 매우 중요한 것으로 여기고 있다. 그러나 직업 노동이 삶의 중심점으로 간주되고, 그 자체 때문에 소망스러운 무엇으로 간주되는 경우는 더 드물어졌다. 직업 노동은 오히려 그 외부의 목적들을 성취하기 위한 수단으로 간주되고 있다.

하지만 이러한 현상을 해석함에 있어서는 유의해야 할 것이 있다. 이런 조사 결과를 근거로 해서 필연적으로 "노동의 모티베이션과 노동의 질이 떨어진다."는 결론이 도출되지는 않는다는 점이다. "성취의 신뢰성이 그로써 자동적으로 하락하지는 않는다. 그것은 오늘날 다른 목적 설정에 의해 뒷받침되고 있다. 즉 부양자 역할을 떠맡으려는 용의를 포함하는 가정에 대한 높은 평가, 오직 신용할 수 있는 노동 성취에 의해서만 충족될 수 있는 고도의 물질적 수준에 대한 보편적인 갈망, 사회적 안전에 대한 두드러진 소원, 명성과 교제의 욕구 등과 같은 목적 설정이 그것이다."[22]

2. 결혼과 가정

건강 다음으로 결혼과 가정은 오늘날 독일인들의 중요한 척도에 있어서 최상위의 자리를 점한다. 그것은 소망할 가치가 있는 생의 형식으로 간주된다. "나중에 결혼하는 사람은 그 전에 혼인과 유사한 관계 속에 산다. '싱글'이나 '독신자'으로서의 생활은 추구할 만한 가치가 있는 것으로 간주되지는 않는다."[23] 그러나

---

21) Pross 1982, p.90.

22 Pross 1982, p.99. Schmidtchen 1984도 참고됨.

23) Pross 1982, pp.74f.; Köcher 1987, pp80ff도 참고됨.

결혼에 대한 견해가 바뀌었다. "결혼을 긍정한다고 해서 그것이 어떤 대가를 치르고라도 결혼이라는 것을 긍정하는 경우까지 포함하는 것은 아니다. 무엇보다 그것은 한 번 혼인을 맺으면 죽음까지 간다는 종신성의 원칙에 동의한다든가 이혼은 원칙적으로 거절한다는 뜻은 아니다." 결별의 불가능성을 아직 고집하고 있는 경우는 소수에 지나지 않는다.[24]

결혼에 대한 기대도 변화되었다. 결혼에 대한 기대가 보다 강하게 "개인의 욕구, 개인의 발전, 그의 자율성", 그의 소원 성취에 향해져 있다. 이 "새로운 개인주의"라는 경향은 모든 생활 영역에서 발견된다. 이 경향은 무엇보다도 개인적인 독립에 대한 높은 평가에서 표현된다. 달성된 생활 수준에서의 "독자적인 생존을 위해 필요한 것보다 더 많은 의무를 포함하는 관계를 받아들이는 것은 소망스럽지 못한 것"으로 보인다. 타자와의 내적 결합 용의는 저울질된다." 즉 내적 결합은 "그것이 자기 자신의 내적·외적 행복을 위해 직접적으로 요구되는 정도까지만 긍정된다."[25]

이것은 또한 바람직한 자녀의 수(數)에 관한 생각에도 영향을 준다. 주로 최고 두 자녀를 가진 소가족을 원하고 있다. 출산율의 발전도 이에 상응한다. 출산율이 독일연방공화국에 있어서 1960년에서 1977년까지 절반으로 하강하였다. 이것도 하나의 가치변동을 나타낸다. 자녀를 기르는 데는 돈과 시간과 힘이 많이 든다. 자녀는 수입, 주택, 주거지역, 생활수준과 같은 물질적 재(財)를 축소시킨다. 그러나 대부분의 시민들에게 있어 이런 재(財)는 가장 중요한 것에 속한다. 이들은 가정보다 높은 순위를 갖거나 가정과 꼭 같이 높은 순위를 차지한다. 그래서 자녀를 하

---

24) Pross 1982, p.76.
25) Pross 1982, pp.79ff.

나만 두거나 부득이한 경우 두 자녀를 가지려는 결정은 두 가지 고순위(高順位) 가치 간의 타협의 산물이다.[26] 하지만 소규모 가정을 선호하는 것은 어린이를 싫어하는 것과는 아무런 상관이 없다.[27]

이 영역에 있어서도 연령, 학교교육, 종파, 지역에 따라 큰 차이가 있다. 이에 대해 엠니트(Emnid) 연구소에서 1983년에 실시한 청소년 조사에서 몇 가지 예를 들어 보자.[28] 다음과 같은 진술문을 14~24세 젊은이들에게 제시하여 그들이 이를 판단하도록 하였다. "혼인 증서 없는 동거생활보다 정식 결혼을 택하겠다."에 대해서 응답자의 55%가 찬성하였고, 42%는 찬성하지 않았다. 나이 많은 응답자들보다 젊은 사람들에게 찬성이 더 많았다. 대학입학자격 소지자와 대학 공부 경험이 있는 젊은 사람들의 경우 기간 학교〔초등학교의 본과정(제5학년~제9학년), 4년제 기초학교(基礎學校)를 마치고 김나지움이나 실과 학교에 진학하지 않는 학생이 다니는 학교 : 역주〕를 다녔고 도제수업을 마친 사람들의 경우보다 명백히 찬성률이 더 낮았다. 전자는 46%였고 후자는 58%였다.

마찬가지로 다음과 같은 진술문에 대한 입장표명들도 여러 가지로 나타났다. "법적·사회적 견지에서 국가는 오직 합법적으로 체결된 결혼만 승인해야 한다." 57%가 찬성하고 40%가 반대하였다. 찬성한 사람의 지분은 초등학교 학력을 가진 젊은이들의 경우 62%에 달했고, 이에 반해 고등학교 졸업자와 대학학력을 가진 응답자 등의 경우 불과 44%였다.

지역적으로 보면 찬성이 바이에른 주에서 65%, 바덴 뷔르템베르크 주에서 64%로 가장 높았고, 니더작센 주에서 찬성은 54%였

---

26) Pross 1982, p.80.

27) Pross 1982, p.83.

28) Wingen 1984.

고, 이에 비해 도시국가 함부르크와 베를린에서는 단지 8%였다.

이 결과는 우리가 다른 조사를 근거로 해서도 알고 있는 것을 확증해 준다. 즉 저학력 젊은이들보다 고학력 젊은이들에게 있어 관습에서 벗어나 있는 사람이 더 많았다는 사실이다. 학력 수준의 증가와 더불어 항의 용의도 증가한다.[29]

3. 자기 규율

1960년대 중엽 이후 질서감각, 근면, 시간엄수, 청결, 공손과 같은 미덕들이 일부 주민에 있어 중요성을 상실하였다. 이것은 교육 목표에 관한 질문에서 드러난다. 이에 대해 몇 가지 보기를 들자. "아동들에게 그들의 물건을 정돈하고 여기저기 널려 있지 않도록 하라고 요구해야 한다"는 의견을 가진 사람은 1964년에 독일연방공화국 16세 이상 인구의 77%였고 1988년에는 60%에 불과했다.[30] 아동들은 부모의 집에서 "공손과 착한 행실"을 배워야 한다고 여기는 사람이 1967년에는 독일노동자의 82%였으나 1972년에는 65%에 불과했다. 1967년 노동자의 76%가 아이들은 "그들의 일을 꼼꼼하고 성실하게 하도록" 교육해야 한다고 여겼으나 1972년에는 61%로 떨어졌다. "스스로 질서에 순응하고 적응하기"라는 교육 목표는 1967년 노동자의 59%가 지지했으나 1972년에는 43%만이 지지했다. 자기 통제와 연관되는 미덕을 평가절하하는 것은 나이든 노동자들에게서보다 젊은 노동자들에게 더 컸다는(15%까지 차이가 남) 사실이 주의를 끈다.[31]

어떤 인격적 특성들이 최근에 평가절상되었는가? 등급 목록에

---

29) Urbas in: Rosenmayr 1980, pp.62ff.; Klages 1984, p.42; Klages와 Herbert 1983, p.38 및 p.89 참조.

30) Noelle-Neumann 1983, pp.120ff.

31) Noelle-Neumann 1978, pp.11ff.

있어서 아주 상위에 위치하는 것이 "자기 자신을 주장하고 관철하며 굴복당하지 않는 능력"으로 이해되는 "자립"이라는 것이다. 이에는 자신, 판단 능력, 비판 능력, 그리고 경쟁 능력이 속한다.[32]

이 연관에는 학교의 과업에 대한 표상들의 변화도 속한다. 19 58년 "질서와 규율" 및 "함께 사는 사람에 대한 존중"이라는 교육목표가 "지식"보다 앞서 거명되었다. 그 이후 지식과 쓸모 있는 기능의 전수가 강하게 전면으로 등장하였다. "다면적인 지식"과 "판단 능력"의 가치인정은 1958년과 1979년 사이에 30% 증가했고, "자립"과 "확실한 자의식"의 가치평가는 10% 증가했다. 이에 반해 "질서나 규율"은 30% 하강하였고, "좋은 교제형식"은 20%, "함께 사는 사람에 대한 존중"은 25% 하강하였다.

"독립성"의 평가절상은 그 자체로는 긍정적으로 평가되어야 한다. 그러나 "함께 사는 사람에 대한 존중"이 동시에 평가절하될 경우의 "독립성"의 가치 인상은 "방약무인"의 증가로 해석될 수 있다. 어쨌든 "집단 정향적 가치"가 크게 하락하고 "자기정향적 가치"가 크게 상승하고 있음이 확증될 수 있다. "자기 이익"의 가치들이 "연대성"의 가치들보다 더 중시된다.[33] 이것은 개인주의적 가치 태도가 확산되고 있다는 일반적인 관찰과 일치한다.

"자립성"은 물론 자기 규율 없이는 달성될 수 없다. 지식과 능력은 질서, 규율, 자제를 거쳐서만 획득될 수 있다. 그런 점에서 삶의 충실성을 위해 필요한 능력들은 앞으로도 계속 인정받는 교육 목표가 될 것임에 틀림없다. 그러나 그 기능은 변화되었다. 즉 이들 능력은 "무엇보다도 개인과 그의 행복, 그의 관심에 봉사해야지, 한 집단의 공익이나 복지와 같은 상위적인 것에 봉사

---

32) Pross 1982, p.85.

33) Meulemann 1982, pp.232ff.

하지는 않는다."[34]

4. 종교

여기서 가치 변화는 특히 두드러진다. 이를 입증하는 하나의 상황 증거가 예배 참석의 감소이다. 1953~1979년의 25년 동안 개신교의 규칙적인 예배자가 18%에서 9%로 하강하였고, 카톨릭교의 경우 60%에서 36%로 하락하였다. 반대로 교회에 드물게 가거나 한 번도 가지 않는 개신교도는 1953년 49%에서 1979년에 69%로 증가하였고 카톨릭교도의 경우 1953년 20%로부터 1979년 42%로 증가하였다. 그러나 오늘날 교회에 대한 충실성이 변함이 없는 사람들은 1953년 당시 교회예배자들보다 더 강하게 결속되어 있다. 즉 그들은 훨씬 더 많은 횟수로 교회 봉사에 능동적으로 활동하고 있다.[35]

예배 참석만이 감소한 것이 아니라 동시에 기독교적 신앙도 감퇴하였다. 예를 들어 어떤 형태로든 사후(死後)에도 하나의 삶이 존재하리라는 믿음이 1956~1971년에 수많은 사람들에게 있어서 회의 앞에 굴복했거나 심지어 이 삶과 더불어 모든 것은 끝난다는 확신 앞에 굴복했다. 사후의 생(生)을 믿는 신자의 수가 15년이 경과하는 과정에서 42%에서 35%로 줄었다. 특히 카톨릭 신도들 가운데 사후의 계속적인 삶에 대한 의심이 공공연하게 되었다.[36] 그것은 생활태도에 영향을 미친다. "개인적 실존이 죽음과 더불어 끝나지 않음을 확신하는 사람들은 삶을 가능한 한 잘 이행시키지 않으면 안 되는 하나의 사명으로 파악한다. 반면에

---

34) Pross 1982, p.88.

35) Noelle-Neumann과 Edgar Piel 1983, pp.89f.

36) Schmidtchen 1973, p.256.

상당수의 회의자(懷疑者)들은 삶이 말하자면 자기 소비의 대상으로 전락하고 인생의 기쁨을 구하는 것이 최고의 의미가 된다. 사후의 삶에 대한 신념과 생활 태도 간의 이 같은 연관은 예배 참석과 무관하고 종파와도 관계가 없다." "영혼의 불멸을 믿는 사람은 회의론자 집단보다 더 과업지향적이다."[37]

기독교적 윤리는 무엇보다 "자유"가 신성한 것으로 여겨지는 하나의 "보편적인 일상윤리"에 대폭적으로 굴복하였다. "자유, 제도적 통제의 부재, 자기 형성의 본질적 자원(資源)으로서의 시간"이 신성시되는 그런 일상 원리에 굴복했다는 말이다.[38] 그러나 이 같은 탈기독교화(脫基督敎化)에도 불구하고 종교적 욕구와 관심은 존속되고 있다. 심지어 이런 공식도 타당성을 얻을 성싶다. "한 사회의 합리성이 철저하면 할수록 그것은 종교적 모티베이션을 더욱더 많이 방출한다." 그 때문에 "제도화된 종교의 의의가 영(零)에 가까워질 것이라고까지 어림잡을 필요는 없다."[39] 하지만 교회에 귀의하는 인간의 가능성은 아동기와 청년기에 있어 과학적 사고방식에로의 교육이 인간에 대한 교회의 진술을 …… 하나의 제2의 모순적인 진리인 것처럼 보이게 신앙봉쇄를 얼마나 널리 초래했느냐에 달려 있다.[40] 명백한 것은 이 같은 상황하에서 "과학 정향"[41]이라는 것이 수업의 주도 규범으로 통용되는 학교 교육은 교사나 학생들에게 있어서 제기되는 큰 긴장을 잘 해결하지 않으면 안 된다는 것이다.

---

37) Schmidtchen 1973, p.305.

38) Schmidtchen 1979, p.191.; Raes 1986. pp114ff도 참고됨.

39) Schmidtchen 1979, pp.194f.; Köcher 1987a도 참고됨.

40) Schmidtchen 1979, p.200.

41) Deutscher Bildungsrat 1970, p.33 참조.

5. 공공심(公共心)과 애국심

"공공심"이란 공공복리(公共福利)에 대한 긍정적인 태도를 말한다. 즉 여러 특수 관심을 가진 다양한 집단들로 성립되는 보다 큰 전체의 복리에 대해 긍정하는 태도를 말한다. 공공심에 의지하고 있는 사회적 형성체(形成體) 중에서 가장 크고 정치적으로 가장 중요한 것이 국가 속에 통합된 인민 또는 나치온(Nation)이다. 이는 국민(Staatssvolk)으로 이해되는 것이다.

공공심과 관련한 가치 변화에 관해서는 거의 알려진 바가 없다. 우리가 알고 있는 것은 다만 이런 것이다. 일차적으로 사적 생활 영역에 속하는 재(財), 즉 건강, 결혼과 가정, 사회적 안전, 높은 물질적 독립 등이 중요하게 여겨지고 추구할 가치가 있는 것으로 간주되고 있다는 사실이다. 다수가 "좋은 사회"에 대해 가지고 있는 영상에는 종교적 신앙, 조국 이념, 혹은 개인적 욕구의 공동체 욕구에의 종속 이념 등 "높은 이상에 헌신하기 위한 기회"가 결여되어 있다. 대체로 전혀 비영웅적인 사회 이상들이 지배적이다.[42] "공공복리"는 최우선시되는 교육 목표 가운데 들어 있지 않다.

많은 관찰자들은 이용 가능한 자료들을 해석하여 현재 "총체적인 에고이즘에로의" 변화가 진행되고 있고,[43] 우리들은 "자기 중심적 방임적 사회"로 들어가는 도상에 있으며,[44] 심지어 "자폐증적 사회"로 들어가는 도상에 있다고 한다.[45] 하지만 이 추세는 명백하지는 않다. 오히려 가족, 친구, 이웃, 단체 등과 같은 조망 가능한 소규모 집단의 영역에서는 상호인간적 결속, 함께 사는

---

42) Pross 1982, pp.73f.

43) Ortlieb 1978.

44) Recum 1983.

45) Hoffmann-Nowotny 1980.

사람에 대한 개방, 자기 책임, 협조심의 증가가 나타나고 있다. 이것은 종종 일면적으로 대집단으로부터의 전면적인 후퇴로 해석되거나 전체 사회에 대한 무관심으로서 해석되고 있다. 하지만 이 같은 해석은 최소한 그 성원들의 사적 임의(任意)에 전적으로 내맡겨져 있지는 않은 소규모 집단들에 있어서는 "우리의 생활 질서의 보다 큰 구조로부터의 인간들의 연결 풀기는 일어나지 않고, 오히려 여기서는 거꾸로 시민적 용의들의 활성화"가 일고 있다는 경험과는 배치된다.[46)]

공공심의 주관적 가치 인정에 대해서와 마찬가지로 **애국심**과 관련된 가치 평가에 관해서도 우리는 거의 아는 바가 없다. 1981년에 16~29세의 61%가 "조국"이라는 낱말은 더 이상 오늘의 시대에는 적합하지 않다고 여겼다. 35%에게 있어서는 그 낱말이 "좋은 어감"을 지녔다. 전체 인구 중 이 같은 의견을 지닌 사람들은 59%에 달했고, 39%만이 그것이 더 이상 맞지 않다고 여겼다.[47)]

또 하나의 앙케트 조사가 **민족적 자부심**에 관한 것이었다. "당신은 독일인인 것을 자랑합니까?"라는 질문에 대해 1971년에 42%가 "무조건 그렇다"로 응답했다. 1981년에는 35%가 그렇게 응답했다. 30세보다 더 젊은 사람은 1981년 불과 27%가 "무조건 그렇다"고 말했다.

민족적 자부와 **국방의지** 사이에 밀접한 관계가 성립한다는 것은 이해할 만하다. 독일 사람이라는 것을 매우 자랑으로 여기는 30세 이하의 사람들은 1981년에 60%가 그들의 나라를 위하여 싸울 용의가 있었다. 독일인이라는 것을 자랑스러워하지 않는 30세 이하의 사람들 중에서는 15%만이 싸울 용의가 있다고 밝혔

---

46) Klages 1983, pp.66ff.

47) Noelle-Neumann 1983, p.73.

다.[48] 유럽의 다른 나라들과 국제적인 비교를 하면 독일인들은 민족적 자부와 국방 의지에 있어서 훨씬 뒤떨어져 있다. "모든 조사 영역에 있어서 독일의 경우에 드러난 결과를 보면 그것은 공동체가 오히려 약화되는 추세를 보이는 것이다."[49]

  이상으로 개인이나 집단을 위해 특히 중요하고, 따라서·학교교육에도 관계가 되는 다섯 군(群)의 재(財)에 관련된 가치 변화에 대해 개괄해 보았다. 이 변화가 실제로 얼마나 많은 사람들을 사로잡았으며, 이 변화가 개개의 사람들에게 얼마나 깊숙이 진행되고 있는지는 자료의 부족 때문에 확실하게 말할 수는 없다. 응답자의 진술이 깊이 뿌리박은 심성이나 태도[50]를 입증하는지 혹은 그것이 상대적으로 불안정한 의견들인지 대부분의 설문결과에 있어서 불확실하다. 사람들이 실제로 그들의 가치 인정에 관한 언어적 전달에서 털어놓은 척도에 따라 살고 있는지에 대해서는 아는 바가 적다. 예컨대 "후기 물질주의적으로" 사고하는 사람들 중의 대부분이 실제로는 물질주의적으로 살고 있음이 사실이라는 것을 증명하는 것은 많다.[51] 이른바 후기 물질주의적 가치(공동결정, 우정 있는 사회, 돈보다 더 중요한 이념과 미와 같은 것)의 가장 강력한 변호자들은 상위 중산층, 곧 재정적으로나 교육적으로 가장 잘 무장된 주민층에 속한다.[52] 그들의 의사표현에 있어 유행이 되고 있는 것은 무엇인가? 희생정신에서 표명되고 있는 바 진정한 태도의 징후는 무엇인가?
  우리는 가치 변화에 관한 우리의 지식이 얼마나 한정되어 있는

---

48) Noelle-Neumann 1983, pp.97ff.

49) Noelle-Neumann 1983, pp.97ff.

50) 이에 대해서는 Rohracher 1965, pp.6ff.와 1976, pp.389ff. 참조.

51) Herz 1979, p.298(Inglehart 1977에 대한 비판에 대하여)

52) Stoff in: Rosenmayr 1980, pp.112ff.

가를 염두에 두어야 한다. 그러나 그 지식은 교사와 기타 직업적 교육자가 법률상으로 규정된 그들의 교육 임무를 이행하고자 시도할 때 어떠한 어려움을 참작하지 않으면 안 될 것인지를 인지하기에는 부족하지 않다.

III. 가치 변화의 여러 현상과 학교 교육의 임무(任務)

중요한 영역들에 있어서의 집단적 가치 변화는 학교 교육의 임무와 그 임무의 실현을 위한 조건에도 관계가 된다. 교육은 언제나 목적에 이르는 수단이다. 교육받아야 할 사람들에게 있어 무엇이 달성되어야 하는지에 관한 하나의 표상(어떤 대상을 지향하는 의식 내용)을 가지고 있을 때만 교육을 할 수 있다. 그 때문에 의도되거나 소원된 인격적 특성들에 관한 그와 같은 표상들을 우리는 교육 목표라고 부른다. 교육 목표 없이는 교육될 수 없다.[53] 그러므로 교육 **목표** 없이는 교육 **임무**도 있을 수 없다. 학교의 법적 교육 임무는 다음과 같은 내용을 가진 학교 당국과 교사에 대한 명령 이외의 다름 아니다. 당신들은 입법자들이 교육 목표로서 확정해 놓은 인격 이상에 부응하는 지식, 능력, 태도를 학생들이 학습하도록 영향을 미치려는 노력을 해야 한다!

영향행사 시도가 성공할 것인지 여부는 수많은 조건들에 달려 있다. 나는 여기서 다만 특히 가치변동에 관계되는 조건을 두 가지만 상기시키고자 한다. 첫째는 학생이 교제하는 인물들, 특히 그의 부모와 교사가 교육 목표로서 설정된 인격 이상들을 긍정하고, 부모와 교사가 스스로 이들 이상을 모범으로 삼으며 그들의 행동에서 이것이 인지될 수 있어야 한다는 것이다. 그러므로 중요한 것은 공동체의 모든 구성원들에게 통용되는 **이상들에 있어** 학생들에게 사고와 행동의 지침이 되어 주는 관련 인물들이 **의견의 일치를 보는 것**, 그리고 그들 자신이 이들 이상의 **좋은 모범**이 되어 주는 것이다.

---

53) Brezinka 1981a, 111ff. 및 1987b, pp.148ff.

둘째로 교육의 성공은 한 공동체의 본질적인 인격 이상 및 그 공동체의 생활질서의 기타 중요한 내용들이 최소한의 **지속성**을 가지는 것에 의존한다. 근본이 되어주는 규범들의 계속성 없이, 제도들의 항상성(恒常性) 없이, 관습과 시간을 초월하여 존속하는 생활 형식들 없이 성인들에게 정향 확실성이 존재하지 않으면 후진들에게 있어 효력을 지니는 규범들이 내면화되지 않는다. 곧 사람들이 의지할 수 있는 양심이 존재하지 않는다. 단순화시켜 표현하면, 내적 근거가 성립되고 지속될 수 있기 위해서 외적 근거가 필요불가결하다. 사람들이 이 규범들에 따라서 자기 통제를 할 수 있게 되고, 또 그것이 지속되도록 하기 위하여서는 온갖 변화의 한가운데서 (비교적) 불변적인 무엇을 필요로 한다. 즉 전래의 문화재, 전통, 이와 더불어 세계 해석의 비교적 영속적인 형식들과 생활 영위의 확고한 규범들 및 사회적 강제[54] 또는 자기 통제 등을 필요로 한다.

하나의 집단적 가치 변동이 학교 교육의 임무를 위해 어떤 문제들을 필연적으로 수반할 수 있는가를 이해하기 위하여서는, 교육의 성공 여부를 결정하는 이 사회적·문화적 조건들을 상기하지 않으면 안 된다. 이들 여러 문제의 본질은 대체 무엇인가? 이들 문제에 대해서 우리는 어떤 입장을 취해야 마땅한가? 우리는 이들 문제를 어떻게 풀어야 하는가? 여기서 나는 교육 목표에 관계되는 몇 가지 문제에 한정하고자 한다. 이 목표의 달성을 위한 조건들과 연관이 있는 수많은 물음들을 다 상론할 수는 없다.

가치 변화와 교육 목표

내가 보기에 **주요 문제**는 다음과 같은 것이다.

---

54) 이에 대해 기본이 되어 주는 문헌으로는 Elias 1976, Bd.II, pp.312ff.

 현재 우리들의 학교에 있어 법적 효력을 지니는 교육 목표 가운데 지난 수십 년의 가치 변화 현상에 의해 뚜렷하게 의문시되는 목표가 존재하는가? 만약 그렇다면 어떤 것인가? 이 교육 목표는 철두철미하게 거부되고 있는가, 아니면 다른 목표들과 비교할 때 의의가 너무 크게 부여되고 있다거나 너무 작게 부여되고 있다고 하는 등 목표들의 서열에 있어서의 그 위치가(位置價)에 대해서만 이의(異意)가 제기되고 있는가? 학교에 책임이 있는 사람들은 일정 부분의 주민이 특정의 교육 목표를 거절하는 데 대해 어떻게 반응해야 하는가? 어떠한 교육 목표가 평가절하되거나 절상되는 징후에 대해서는 어떻게 반응해야 하는가? 논박되는 교육 목표 또는 그것이 현재 얻고 있는 순위에 대해 양보와 포기로 반응해야 되는가? 혹은 이 목표 또는 그 서열을 강화하고 방어해야 되는가? 이 물음에 있어서 입법자는 어떻게 행동해야 하는가? 학교 당국은 어떻게 행동해야 하는가? 교장, 교사진(敎師陳), 개별 교사는 어떻게 행동해야 하는가?

 법적으로 정해진 교육 목표를 보완하거나 현행 교육 목표의 서열을 변화시키기 위해서 가치 변화를 계기로 삼아야 하는가? 가치 변화는 다수의 사람이 가치 인정 습관에 적응한다는 의미에서 일어나야 하는가 혹은 공공복리를 인증(引證)으로 내세워 수정을 시도하거나 방향을 역전환(逆轉換)시킨다는 의미로 일어나야 하는가? 아예 법으로 규정된 교육 목표를 전면적으로 수정하는 것이 합당한가? 전면 수정이 합당하다면, 그것은 어느 방향으로 이루어져야 하는가? 어떤 이상(理想)을 위하여 이루어져야 하는가? 그로부터 어떤 장점과 단점이 기대될 수 있는가?

 경험이 시사하는 바에 의하면, 입법 기관은 수많은 가치 변화 현상에 대해서 반응하지 않거나, 한다고 해도 매우 늦게야 반응하며, 그가 반응할 것인지의 여부와 한다면 어떻게 할 것인지 아무도 사전에 알기 어렵다. 이런 사정 아래서 교사가 독단적으로 나아갈 수 있는가? 그가 개인적으로 긍정적으로 평가하는 가치 변화 현상을 학교에 있어서의 그의 교육적 행위의 지침으로 이용해도 되는가? 교사는 하나의 가치 변화를 인증으로 내세워 법으로 정해진 교육 임무 속에 포함되어 있는 일정한 교육 목표를 도외시해도 되는가? 교사는 법정(法定) 교육 과업에 포함되지 않은 교육 목표들을 추구해도 되는가? 한 학급 또는 한 학교의 부모들이 의견을 같이 하는 특수한 교육 목표들을 교사들에게 제기할 수 있으며, 그럴 경우 교사들은 그것을 따라야 하는가?

나는 이들 물음에 대해 몇 가지 **원칙적인 숙고**(熟考)를 토론에 부치고자 한다.

1. "가치 변화"는 매우 다양한 종류의 현상을 나타내기 위한 집합명사이다. 그러므로 우리는 가치 변화에 대해 즉시 입장을 취할 수 없고, 다만 가치 변화의 하나하나 일정한 현현(顯現) 형식에 대해서만 태도를 취할 수 있을 뿐이다. 그 가운데는 보다 좋은 방향으로 나아가는 변화도 있고 보다 나쁜 방향으로 가는 변화들도 있다. 각기 집단에 있어서 무엇이 중요한가 하는 것은 평가기준에 달려 있는 것이다. 동일한 가치 변화 현상이 아주 다르게 판단될 수 있다. 예를 들어 소망스러운 자녀 수가 몇인가에 대한 달라진 태도를 두고 생각해 보자. 일차적으로 인구과잉(人口過剩)의 위험을 눈앞에 두는 사람은 한 자녀 또는 두 자녀 가정으로의 전환을 긍정적으로 평가할 것이다. 그에 반해 일차적으로 국민의 고령화(高齡化) 및 노인 부양 관습의 붕괴, 그리고 출산율이 강한 민족에 의한 정복을 염두에 두는 사람은 한 자녀나 두 자녀 가정을 부정적으로 평가하고 대책을 요구할 것이다.

2. 가치 평가와 가치 태도는 모든 인간의 심적 핵심 영역, 인

격의 중심에 속한다. 가치 평가와 가치 태도는 인간의 양심, 믿음, 세계관적 고백과 연관된다. 그것은 인격의 자유로운 발현, 신앙과 양심과 고백의 자유, 그리고 의사표현의 자유라는 기본권(基本權) 규정에 의하여 헌법으로 보호되어 있다.[55] 그의 가치 평가에 있어서 모든 국민은 "타인의 권리를 침해하지 않고 합헌적 질서나 도덕률에 저촉되지 않는 한 국가의 법으로부터 자유롭다."[56] 이 책에서 보고되었던(pp179ff.) 가치 변화 현상의 5가지 부류들에 있어서 이 제한적인 규정들이 적용될 수 있을 법한 것은 하나도 없다. 모두가 세계관과 모럴에 관계되는 것이며, 현행의 헌법적 법규들과 모순되는 것은 하나도 없다.

3. 상술된 가치 변화 현상들은 또한 현재 학교에서 효력을 지니고 있는 법적인 교육 목표들과 명백히 인식될 수 있는 모순 관계에 있지 않다. 그로부터 유일하게 예외인 듯 보이는 것은 "하느님에 대한 외경"이 교육 목표로 규정되어 있는 5개 주(州)의 경우다.[57] 하지만 이 규범은 그것이 공립학교의 종교적 중립이라는 상위(上位) 법 규정과 무신론적인 학생들과 부모들이 소유하는 바 소극적인 종교의 자유라는 기본권과 양립하지 않는 것이기 때문에 우리들의 문제를 위해서는 아무런 의의를 지니지 못한다. 그러므로 어느 독일의 주(州)에서도 탈기독교화(脫基督敎化)라는 가치 변화 현상과 무신론적 신념의 증가라는 가치 변화 현상은 공립학교에 적용되고 있는 교육 목표들과 법률상으로 모순되지 않는다.

4. 학교 현장의 교육을 지도하는 데는 법정(法定)의 교육 목표

---

55) 독일연방공화국 기본법 제2, 4, 5조 참조.

56) 기본법 제2조 제1항.

57) 바이에른 주(州) 헌법 제131조 제2항, 노르트라인 베스트팔렌 주(州) 헌법 제7조 제1항, 바덴뷔르템베르크 주(州) 헌법 제12조 제2항, 자알란트 주(州) 헌법 제30조, 라인란트 팔츠 주(州) 헌법 제33조("하느님 경외").

만으로는 충분치 않다. 그런 목표들은 많은 경우에 있어 더 이상
의 해석과 구체화 없이는 학생들이 인격 이상으로서 적극적으로
추구하고 교사들이 학교 일상에서 정향 보조로서 사용할 수 있기
에는 너무 내용이 빈약하고 불명료하다. 이 목표 진술들 중 다수
는 도덕적 의견 충돌에 있어서 가능한 한 모든 목소리들을 만족
시키고 어떠한 권력 집단을 불쾌하게 하기보다는 차라리 중요한
목표들을 제외하고 싶어하는 입법기관의 소원이 간취되는 타협안
(妥協案)들이다. 하지만 입법기관이 그에 대해 책임이 있는 것은
아니다. 그것은 주민들에 있어서의 도덕적 다원주의의 한 결과이
다. 이 다원주의 때문에 법규적 교육 목표로서 요구되고 있는 인
격적 특성들의 틀이 여러 주(州)에 있어 광범위하고 모순으로 가
득 차 헌법과 형법에 저촉되지 않는 것이면 거의 모두 용납될 수
있을 정도다.

이것이 또한 왜 법령적 교육 목표들이 상술된 가치 변화 현상
들과 거의 관계가 되지 않는지 그 사유를 설명해 준다. 우리가
1968년부터 서유럽의 문화혁명(文化革命) 동안 수많은 학교에서
체험했던[58] 저 일면적이고 사회비판적이며 해방적이고 권위 적대
적(權威 敵對的)인 교육 실천조차도 이들 목표와 용납될 수 있
다. 헤센 주(州)와 노르트라인 베스트팔렌 주(州)에서 이들 교육
목표를 교육과정에 의해 공적으로 확정하려는 시도가 이루어졌을
때 비로소 문제의 윤곽이 파악되었고 이에 대해 저항이 불붙을
수 있었던 것이다.

교육 임무에 관한 일반적인 진술에 있어 상호 양립 불가능한
것을 서류상으로 합병시켜 놓은 예로 니더작센 주(州) 학교법의
다음과 같은 문장을 들 수 있다. "학교는 학생들의 인격을 기독
교, 유럽의 휴머니즘, 자유롭고 민주적이며 사회적인 자유 운동

---

58) Brezinka 1981c.

이념의 토대 위에서 계속 발전시켜야 한다." 순수한 형식적인 규범의 예로서는 같은 법의 다음과 같은 조문(條文)을 인용할 수 있다. "학생들은 윤리적 원칙에 따라 행동할 수 있게 되어야 한다."[59]

5. 학교법의 공식적인 교육 목표와 교육과정의 공식적인 수업 목표 이외에 무엇보다 학교의 일상을 규정하는 것은 교사, 부모, 그리고 이들이 소속하고 있는 사회적 집단의 **비공식적인 주관적 교육 목표** 및 학생들이 추구하는 인격적 이상이다. 이 비공식적인 목표와 이상들은 사람들의 개인적인 에토스에 속하고, 그들의 성향 태도에 속한다. 이런 의미에서 이들은 개인적·인격적이다. 이들은 순전히 사적(私的)이지 않고 개개인이 속하고 있는 공동체의 다른 구성원들에 의해 나누어지고 있는 것이다. 이들은 적어도 부분적으로 이 집단들 안에서 타당한 것으로 간주되고 있고 그것을 따르는 것이 집단성원들의 의무가 되고 있는 바 규범들에 상응한다. 이들은 집단의 모럴, 도덕, 생활형식, 소박한 인간상 및 사회상에 의존한다. **그것이 가치 변화가 진행되고 가치 변화가 학교 안으로 영향을 미치는 그런 영역이다.**

부모 및 교사의 교육적 행동은 일차적으로 그들의 자명스럽고 소박한 인격 이상들에 의해 규정된다. 그들은 자신이 소속하고 있는 생활공동체의 도덕적 문화로부터 "충실성"의 구체적인 규범과 모범, 지도상, 모방하기 위한 전형 등을 넘겨 받는다.[60] 한 사회에서 사실적으로 추구되는 교육의 목표는 공동생활에서 실제로

---

59) 1980년 11월 제정된 니더작센(Niedersachsen) 주(州) 학교법, 제2조 제1항.

60) "유능 건실성"(본 역서에서 "충실성"으로 옮긴 경우도 있음: 역주)과 관련된 헌법 조문으로는 1919년 바이마르제국 헌법 제120조 "자녀들을 신체적·심적·사회적 유능 건실성에로 교육하는 것은 부모의 최고의 의무이다."; 1946년 바이에른 주(州) 헌법 제126조 "부모는 자녀들을 신체적·정신적·심적 유능 건실성에로 교육할 최고의 의무를 지닌다." 등이 있다. 해석에 대해서는 Brezinka 1987을 참고할 것.

"충실성"으로 평가되고 보상받는 인격적 특성들, 즉 자신이 속한 공동체의 믿음과 사회적 제재(制裁)들이 그 배경을 이루는 **관습에 결부된 목표**인 것이다. **법에 규정**된 학교 교육의 임무로부터 실제로 어떤 성과가 얻어지는지는 이들 관습에 결부된 교육 목표의 질(質)에 달려 있다. 또한 교육 목표의 관점에서 민족의 모럴은 좋은 방향에서든 나쁜 방향에서든 국가의 법보다 효력이 더 크다.

6. 우리들의 고도로 분화되고 가동성(可動性) 있는 거대 사회에 있어서는 전체로서의 인간을 요구·보호·통제하는 (가정이나 정치적 종교적 공동체의 단위로서의 공동체들과 같이) 작은 생활 공동체는 퇴보하고 약화된다. 누구나 여러 집단에 속하고, 이들 집단들은 단지 제한적으로만 요구하고 일정한 부분 성취로 만족한다. 도덕적으로도 각 집단의 특수 목적에 불가결한 것 이상으로 요구받지는 않는다. 학교에서는 향학열(向學熱), 기업에서는 근로 충실성, 군에서는 출동 준비성, 사교 클럽에서는 사교성, 정당에서는 당규(黨規), 국가에서는 준법성 등이 그것이다. 각 집단은 그 성원들에 대하여 그들의 특수한 과업을 위해 중요하지 않은 것으로 보이는 모든 행동 영역에 있어서는 관대하게 대한다. 각 집단은 자기 자신의 과업의 달성을 직접 위협하지 않는 것은 모두 도덕적으로나 세계관적으로, 그리고 정치적으로 허용한다.

그러니까 꼭 필요한 집단 특유의 능력과 미덕에 대해서는 십분 배려가 되고 있는 것이다. 그러나 이 부분적 의무와 부분적 세계상의 인격적 통합은 누가 돌보는가, 에토스와 세계관의 통일은 누가 돌보며, 인격의 정체성은 누가 보살피며, 전체에 대한 개인의 의미부여는 누가 돌보는가? 과거에는 종교적 공동체 또는 세계관적 공동체가 이 모든 것을 수행하였다. 오늘날 이들 공동체와는 멀리 떨어져 있는 인간들에게 있어서 누가 이 과제들을 떠맡아야 하는가? 개인주의, 사사 중심주의(私事 中心主義), 쾌락주의, 이기주의, 요구적 사고, 결속 기피 등의 확산에 관한 가치 변화 보고는 수많은 다른 상황 증거와 나란히 경고로서 봉사할 수 있다. 만약 우리가 우리 공동체의 무정부주의적 자기 파괴를 방지하고자 한다면 이 물음들을 해결하는 것이 더 이상 오래 연기되어서는 안 된다는 경고 말이다. 국가가 뛰어들어야 하는가? 공립학교는 그들의 세계관적·도덕적 자제(自制)를 포기해야 하는가?

7. 자유 법치국가가 전체주의적 국가와 구별되는 것은 그가 그의 국민들에게 하나의 세계관, 가치 서열, 모럴을 구속력 있게 규정하고 지시하는 것을 포기함으로 해서다. 시민적 자유를 유지하려고 하는 사람은 전반적인 정향 위기에 직면했을 경우 자유로운 시민 및 그들의 공동체가 수행해야 마땅한 것을 국가에 전가시켜서는 안 된다.

아동들을 교육하는 것은 무엇보다 먼저 그 부모의 권리요, 의무이다. 이것은 사물의 본질 자체에 근거를 두는 것이다. 자녀들의 세계관적·도덕적 근본 태도는 정상적으로는 가정에서 형성되고, 국가와는 무관한 가정 보완적인 집단에서 형성된다. 세계관적·도덕적 근본 태도들이 성립될 수 있기 위해서는 성장 세대는 신뢰할 수 있는 감정적 결속, 좋은 보기, 일정한 도덕적 요구, 그리고 다면적인 행위 가능성들을 지닌 작은 범위의 공동생활 안에서의 안전감을 필요로 한다. 가치 부여 방식, 세계 해석, 규범 등을 어린이에게 내면화시키기 위한 이 조건들은 노임을 목적으로 하는 교육자만 근무하는 학교는 마련할 수 없다. 그러므로 부모들이 그들의 교육적 책임을 국가에 양도하려 한다면 이를 막는 노력이 있어야 한다. 그런 부모들은 하나의 기본권을 포기하는

것이 될 것이며 기본의무를 손상시키고 그들의 자녀들에게 유익
하기보다는 오히려 해가 될 것이다. 가정들, 그리고 그들이 접속
하고 있는 신념 공동체들만이 다원주의적인 생활조건들하에서 성
장 세대의 도덕적 삶의 유능 건실성을 위한 신뢰할 수 있는 토대
를 마련할 수 있다. 말할 나위도 없이 학교가 나중에 중요한 보
완을 수행하게 되는 것이지만, 학교는 어디까지나 보완을 수행할
수 있을 따름이지 스스로 토대를 산출할 수는 없다.

　　이상과 같은 법적·실제적 근거에서 학교의 도덕교육적 성취
에 대한 너무 높은 요구들은 철회되지 않으면 안 된다. 학생들에
게 전체에 관한 의미부여를 전달하려는 소망도 다원주의적인 공
립학교에 대해서는 지나친 요구가 된다. 전체에 대한 의미부여는
오직 세계관적 결단을 수행하고 논쟁의 여지가 있는 수많은 의미
표상들 가운데 **하나의** 의미를 스스로 믿고 이에 충성함으로써 성
립될 수 있다. 학교는 그와 같은 결단들을 위한 몇 가지 전제들
을 장려하려는 시도 이상의 일은 할 수 없다. 학교는 종교공동체
처럼 궁극적인 것에 대한 형이상학적인 구세(救世)의 지식을 소
유하지 못한다. 학교는 세계관적 특수 이상의 편을 들어서는 안
된다. 학교는 그 학생들을 하나의 정해진 세계관에 고정시킬 권
리를 지니지 않는다. 이는 신앙고백의 자유라는 기본권으로부터
나오는 귀결이다. 니더작센 주(州) 학교법에는 이 점이 이를테면
이렇게 표현되어 있다. "교육과 수업에 있어 종교적·세계관적
신념을 고백할 수 있는 자유가 존중되어야 하고 달리 생각하는
사람들의 감정도 고려해야 한다."[61]

　　8. 한편 공립학교는 우리의 자유 법치국가의 존립이 달려 있는
저 가치 확신과 미덕을 기르도록 교육한다는 점도 고려되지 않으
면 안 된다. 이 과업은 지난 수십년 간 우리의 "호의를 베푸는 민

---

61) 니더작센 주(州) 학교법, 제3조 제2항.

주주의"[62]에서 매우 소홀하게 되었다. 학교가 일면적으로 사적인 교육과 출세의 관심을 충족시키기 위한 하나의 서비스 업체로 간주되고, 각자가 자기 개인적인 인생계획을 추구하는 데 필요한 지식과 기능을 무료로 입수하는 하나의 셀프서비스 가게로 간주되어 왔다. 학교가 사적 관심뿐만 아니라 공적 관심에도 봉사해야 한다는 점은 간과되었다. 학교는 우리 민족의 **문화적 통일성**과 **도덕적 기본합의**를 형성하고 후계 세대의 **국민적 미덕**을 확보하기 위하여 우리들이 가지고 있는 가장 중요한 수단이다.

자유주의 국가가 의존하고 있는 도덕적 기본합의는 헌법의 기본권을 신봉하고 지지한다는 고백 이상의 것을 포함하지 않으면 안 된다. 그것은 이를테면 니더작센 주(州) 학교법 속에 다음과 같은 조문으로 강조되고 있다. "학교는 **이 헌법**(즉 독일연방공화국 기본법과 니더작센 주의 잠정 헌법)**의 기초가 되는 가치 관념**을 전달하지 않으면 안 된다."[63] 하지만 이 같은 규범은 아직 너무 소극적이다. 왜냐하면 "가치 **관념**"은 가치와 가치를 지닌 것에 대한 단순한 지식인데 반해서 중요한 것은 국민적 이상에 **결속되는** 가치 **신념**이요, 심정적 태도기 때문이다.

자유주의적 헌법의 기초가 되는 가치 신념에는 모든 국민은 기본 권리와 더불어 **기본 의무**도 지니며, 그것도 단지 법적인 의무뿐 아니라 도덕적인 의무도 지닌다는 신념이 본질적으로 포함된다.[64] 도덕적 기본 의무를 이행하려는 시민의 용의가 없이는 정치적 자유가 영속적으로 존재하지는 않는다. 도덕적으로 좋은 행동을 하려는 용의[또는 심적 소인(素因)]를 미덕이라고 부른다. 학교에서 육성되지 않으면 안 되는 **국민적 미덕**은 어떤 것인가? 도덕적 신념에서 비롯하는 법률 준수, 성취 용의, 자기 규율, 공

---

62) Ortlieb 1971, pp.11ff. 참조.

63) 니더작센 주(州) 학교법, 제2조 제1항, 강조는 브레징카에 의함.

64) Isensee 1982 참조.

공심, 그리고 애국심이 나로서는 가장 중요한 것으로 보인다.[65]

좌파자유주의적 지식인 서클은 수십 년 동안 이 국민적 미덕에 반대하는 투쟁을 전개해 왔다.[66] 국민적 불복종, 성취 반감(反感), 스스로 나쁜 버릇 들이기, 이기주의, 조국 경시(輕視)는 오늘날 우리들에게 걱정을 끼치는 부정적인 가치 변화 현상에 크게 기여하였다. 또한 수많은 정치가들은 두려워 위축되었고 법률로 정해져 있는 학교 교육의 임무에 있어 국가를 유지하는 가치 신념과 미덕을 변두리로 밀쳐 버렸다. 게다가 이들 신념과 미덕은 너무 자주 소극적으로 표현되어 있어서 그것을 아주 지나쳐 버리기 십상이다. 다른 사람들과의 좋은 인간 관계에 관한 애매한 관심이 국가에 대한 의무를 덮어 버리고 있다.

예로서 다시 니더작센 주 학교법을 언급해 보자. 교육의 임무에 대한 조항 가운데 단지 한 대목에서만 국가에 관한 언급이 있다. "학생들은 기본권에서 비롯하는 국민으로서의 책임을 이해할 수 있게 되어야 한다."[67] 하지만 기본권으로부터는 국가에 대한 국민의 책임이 생기지 않으며 단지 국민들에 대한 "모든 국가 권력의 의무"만 생긴다.[68] 국민으로서의 책임은 우리가 기본 **의무**로부터 출발할 때만 발생하는 것이다. 그러나 "의무"란 낱말은 이 학교법에서는 전혀 등장하지 않고 있다. 학생들에게 국민으로서의 책임을 "이해하는 것" 외에는 더 이상의 요구가 없다는 사실이 미덕에 대해 소극적이라는 점과 단순한 지식의 전달에 물러서 있다는 점을 전형적으로 나타내고 있다. 국민적 책임을 이해하는

---

65) Isensee 1977a, 103ff. 참조.

66) Schelsky 1975 참조.

67) 니더작센 주(州) 학교법 제2조 제1항.

68) 기본법 제1조 제1항 "인간의 존엄은 불가침이다. 이를 존중하고 보호하는 것은 모든 국가권력의 의무이다."; 제19조 제2항 "기본권의 본질적 내용은 어떤 경우에도 침해되어서는 안 된다." (기본권의 법적 제한에 있어).

데 그치는 것은 너무나 적은 요구다. 왜냐하면 자유주의 국가는 그가 국민들에게 가능한 한 큰 자유를 보장해 주는 바로 그 때문에 전체주의 국가보다 훨씬 더 국민들의 자발적인 봉사 용의, 편견 없는 사랑, 그리고 충성을 필요로 하는 것이기 때문이다.

만약 공립학교가 "가치 관념을 전달하기", 국민적 책임을 "이해" 하도록 가르치기, 혹은 민족의 통일로 향한 노력을 경주하는 대신 "민족의 통일에 대한 **사상**이 깨어 있도록 유지하기"[69] 따위로 만족한다면, 목표 진술에 있어서의 이 같은 주지주의(主知主義) 는 교육 수단의 선택에도 영향을 미치게 된다. 단지 가치 관념만 전달하고, 이해를 야기시키거나 생각을 생생하게 하려고 하는 사람은 이성에만 호소하는 합리적 수단에 한정될 수 있다. 가치 신념을 일깨우고 강화시키려 하는 사람, 정서적 찬성을 얻고자 애쓰는 사람은 추가적으로 심정에 도달하는 수단도 활용하지 않으면 안 된다. 학생들의 가슴에 닿는 언어적 · 음악적 문화재, 국가에 대한 존경의 염(念)을 불어넣는 국가적 상징, 애국적 감정을 환기시키는 애국적 의식 등이 그것이다. 그러나 가장 중요한 수단은 참여하는 애국자로서의 그 인격적 신뢰를 지니고 있는 교사 자신이다. 학창 시절에 국가와 국민적 의무에 대한 정서적 결속을 얻지 못한 시민들에 대해서는 장차 그들이 무조건 행하여야만 하는 것 이상의 것을 국가를 위해 행하기를 기대할 수는 없다.

우리는 이런 사례들을 근거로 해서 현행 법에 정해진 교육 목표가 새로 개정을 받아야 마땅하다는 점을 알게 된다. 개인주의, 도덕적 양보, 국가로부터의 소원(疎遠) 등의 방향에서 이루어지는 가치 변화는 뜻하지 않게 지금까지보다 더 많은 시민들이 물질적 복지와 "해방" 신념이 풍미하던 수십 년 동안 도덕적 · 도덕정책적 · 도덕교육적으로 무엇이 소홀히 되어 왔는지 인식할 수

---

69) 바이에른 주(州) 교육법 1982, 제1조 제1항(강조는 저자에 의함).

있게 했던 것이다.

9. 우리는 앞(5)에서 자유주의 국가는 만약 그것이 교사의 개인적인 에토스(도덕적 품격)에 상응하지 않을 때는, 그리고 교사와 부모와 학생이 모두 속하고 있는 민족의 기본 도덕에 상응하지 않을 때는, 법규상의 공식적인 교육 목표만으로는 거의 아무것도 성취할 수 없다는 점을 확인하였다. 법으로 규정된 교육 목표는 사회의 가능한 한 많은 성원들이 찬성하는 하나의 **사회적 기본 이상**의 뒷받침을 필요로 한다. 그것은 전체 인격의 이상에 비추어 측정해 볼 때 하나의 **부분적** 이상에 지나지 않을 수 있다. 그것은 개인의 삶과 모두의 공동생활이 성공할 수 있도록 하기 위해서 한 사회의 대부분의 판단 능력이 있는 성원들이 무조건 필요하다고 여기는 인격의 "부분"(혹은 심적 성향)을 포함한다. 사회적 기본 이상은 사회 성원 대다수가 보기에 삶의 충실성에 속하고 따라서 모든 시민들에게 습득되어야 하는 최소한의 인격 특성을 포함하는 것이다.

이 이상은 누구에게나 그리고 언제나 확립되어 있는 것은 아니다. 이것은 모든 다른 가치신념 및 규범과 마찬가지로 변화에 내맡겨져 있다. 그러나 국민의 도덕적 결속과 국가의 존속 및 그 통치가능성이 그에 달려 있기 때문에, 사회적 기본 이상은 각별한 보호를 받아야 마땅한 정신적 재(財)가 된다. 우리는 개인주의적 분위기가 만연되고 있는 시대에 있어서 사회적 기본 이상이 위축되지 않도록 보호해야 하고 시민들에게 있어서 그것이 유지, 강화, 갱신되도록 하기 위하여 적극적 운동을 펼칠 필요가 있다. 지난 수십 년의 가치 변화 현상은 삶에 불가결하고 지금까지 자명하게 여겨져 오던 찬동(贊同)을 상실할 수 있다는 점을 보여주고 있다. 소극적으로 이로 인해 괴로워하거나 화를 내는 것은 아무런 소용이 없다. 위험을 깨닫는 사람은 종을 쳐서 경보를 알려야만 하고 위험이 가까이 오지 못하도록 하기 위하여 함께 도와야만 한다. 우리 사회의 도덕적 기본 합의가 약화되는 것은 결코 피할 수 없는 운명이 아니라 우리가 노력을 다할 때 예방할 수 있는 위험에 속한다. 우리는 자유로운 국가에서 살고 있기 때문에 공동의 도덕적 재(財)에 대하여 새롭게 사려(思慮)하도록 운동하는 것은 우선적으로 시민들의 임무요, 그리고 그들의 자유로운 결사체의 임무다. 그러나 많은 시민들은 그들의 사적 관심을 추구하는 데 정신이 팔려 공익(公益)을 잊고 있으므로, 국가는 그들로 하여금 공동체의 토대로서의 도덕적 문화를 상기케 하고 도덕적 문화의 보호에 관여할 의무를 지닌다.[70]

10. 공립학교의 **교사**들은 법으로 규정되어 있는 교육 목표와 차이가 나는 스스로 선택한 교육 목표를 결정할 수 있는 권한이 없다.[71] 교사들은 국가의 공직 담지자(公職 擔持者), 곧 공무원이며 국가의 지시에 구속되는 것이다.

교육 목표를 결정할 수 있는 기본 권리는 **부모**들만 갖는다. 국가는 그가 설립한 학교에서 "그들 자신의 종교적 · 세계관적 신념에 따라 교육과 수업을 확실하게 정할 수 있는 부모들의 권리를 존중하지 않으면 안 된다."[72] 이 명령은 한 학급 또는 한 학교의 부모들에게 그들의 종교적 · 세계관적 신념의 일치가 성립되지 않는 경우에 있어서도 지켜지지 않으면 안 된다. 하지만 모든 해당 부모들이 종교적 또는 세계관적 신념에 근거를 두는 일정한 교육 목표에 관하여 의견의 일치를 보이는 한 그들은 자녀들이 수학하는 학급이나 학교에서 이들 목표에 따라 교육이 이루어지기를 요구할 수 있다. 하지만 국가가 학교의 세계관적 방향설정에 대한

---

70) Isensee 1977b 참조.

71) Isensee 1977a, p.117.

72) 1952년 3월 20일 구주 평의회(Europarat) 회원국의 인권과 기본 자유 보호를 위한 조약의 추가의정서 제2조.

부모의 희망을 준수해야 할 의무를 지고 있는 것은 아니다.[73]

예를 들면 부모들이 기독교적 신앙에 모두가 일치를 보이는 한에서는 신앙고백상 중립적인 공립학교에서도 그들은 이 신앙에 적합한 수업을 요구할 수 있다. 다른 한편 부모들이 종교가 없을 경우, 그리하여 자녀들에게도 명시적으로 종교 없는[74] 교육을 희망한다면, 학교는 또한 이를 고려하지 않으면 안 된다. 하지만 어떤 교사도 자기 의지에 반해서 종교적으로나 세계관적으로 부모의 의사대로 수업을 해야 할 의무를 질 수 없다. 학교 당국은 그런 경우에 그렇게 할 용의가 있는 교사를 돌보지 않으면 안 된다.

이와 같은 법적 상황에서 보면 1984년 "교육·학술 노동조합"의 선언에서 발생했던 바와 같이 학교에서 교사들에게 무제한적인 "교수 및 의사 표시의 자유"가 주어져야 한다고 판결한다면 그것은 오도적(誤導的)인 것이다.[75] 교사의 필요한 교육적 자유는 오직 교육 수단과 관련해서만 성립하는 것이지 교육 목표와 관련하여 성립하는 것은 아니다. 학교의 교육 목표에 관해서는 오직 국가가 결정하지 않으면 안 된다.[76] 그런 까닭에 의회는 물론이요 정당 및 기타 사회 조직은 우리 시대의 가치 변화에 대한 입장 표명에 있어 특별한 책임을 지게 되는 것이다.

나는 이 장(章)에서 교육 목표에 관련되는 범위에서 이 같은 입장 표명을 위해 도움이 될 수 있는 10가지 관점을 설명해 보

---

73) Schmitt-Kammler 1983, p.75 및 p.84 참조.

74) Knight 1964 참조.

75) "교육·학술 노동조합" : 학교에서의 교수 및 의사 표시 자유를 위한 선언. Walter Jens, Wolfgang Klafki, Derter Wunder에 의해 작성됨. Frank -furter Rundschau, 1984년 5월 24일.

76) Schmitt-Kammler 1983, pp.57ff 참조.

았다. 다시 한 번 상기되는 것은 가치 변화는 그 자체로는 결코 부정적인 것이 아니며, 문제가 되는 것은 다만 가치 태도가 좋은 것으로 변하느냐 좋지 못한 것으로 변하느냐 하는 것이다. 우리 시대에도 양 방향에서의 변화가 존재한다. 우리들은 오늘날 무엇보다도 좋은 것을 좋지 못한 것으로부터 구별하고, 약이 되는 것을 독이 되는 것으로부터 구별하며, 본질적인 것을 비본질적인 것으로부터 구별하기 위하여 현명(賢明)의 미덕, 곧 우리 이성을 지혜롭게 사용하는 미덕을 필요로 한다. 게다가 좋은 것으로 인식된 것을 옹호하는 용기가 생기고, 다른 사람들과도 의견의 일치를 보려는 의지가 생긴다면, 우리는 직면하고 있는 정향 위기를 해결해 나갈 수 있을 것이다.

제7장 환상 없는 교육정책

이 세상에서 오늘날만큼 교육시설이 많은 적이 없었다. 과거 어느 때도 우리 사회에서처럼 젊은이들이 생애의 그토록 많은 시간을 학교에서 보낸 적은 없었다. 다른 사람들을 가르치고, 훈련시키고, 계속 교육하고, 혹은 재교육하는 일에 그토록 수많은 근로자들이 직업적으로 종사한 적은 아직 한 번도 없었다. 학교, 대학, 기타 교육기관에 드는 비용들이 오늘날보다 많았던 적은 없었다. 이 시설의 전체를 독일 언어권에서는 즐겨 "교육제도"라고 표현한다.[1]

---

1) Wehle 1970 참조.

I. 개인과 사회를 위해 교육제도가 지니는 의의(意義)

교육제도는 현대적인 산업사회에 있어서 핵심이 되는 부분이다. 그것은 각 개별 인간의 인생 행로에 영향을 주고, 가정과 기업으로부터 이익 단체와 종교 공동체를 거쳐 민족에 이르기까지 사회집단들의 운명에도 영향을 준다.

개개 인간의 경우 학교는 그가 법적으로 9년, 10년 또는 12년 동안 취학해야 할 의무가 있기 때문에 이미 중요하다. 그가 어떤 학교를 다니고 어떤 성적을 얻는가에 따라 그는 직업훈련, 직장, 수입, 그리고 사회적 명성을 얻으려는 경쟁에 있어 더 좋은 성공 전망을 갖기도 하고 더 좋지 못한 성공 전망을 갖기도 한다. 대다수 인간의 지위가 더 이상 그 부모의 신분과 재산에 의해서 결정되지 않게 된 이후 사람이 인생에서 어떤 위치를 차지할 것인지는 주로 학교에서의 성공 또는 실패에 좌우된다. 학교는 사회에서 필요로 하는 여러 가지 성취 능력을 획득하기 위한 가장 중요한 수단이다. 동시에 학교에서는 실제로 이루어진 성과들이 평가된다. 그것은 적성과 성적 다음으로 학생들의 사회적 계층 상승의 소망과 생활상의 요구에 대하여 결정적인 것이 된다. 부모가 그들의 자녀들을 위해 만드는 수많은 인생설계들은 학교가 부정적인 판단을 통하여 생각을 바꾸도록 강요함으로써 좌절하기도 한다.[2]

사회와 그 하위 집단들의 경우 학생들이 거기서 무엇을 배우는지 또는 무엇을 배우지 않는지는 그들이 속하고 있는 본질적으로 공동체의 생존 능력에 영향을 미치기 때문에 학교가 중요한 의의

---

2) Schelsky 1961; Husen 1980 참조.

를 지닌다. 사회적인 시각에서 볼 때 교육제도는 우선적으로 세대의 교체 속에서 사회와 그 문화의 유지를 확실하게 하는 과업을 갖는다. 이를 위해서는 후계 세대가 지식과 능력, 그리고 전체의 존속이 그에 의존하는 바 도덕적 신념들과 미덕들을 습득하는 것이 필요하다.

거대한 지식 축적과 극단적인 분업을 가진 복잡화된 사회에서는 성인이 된 구성원들의 경우 극히 다양한 종류의 매우 특수한 지식과 능력이 소요된다. 그것을 전수하기 위해서는 많은 종류의 특수한 교육과정이 요구된다. 이 피할 수 없는 전문화 앞에서 그와 나란히 이 점이 배려되지 않으면 안 된다. 즉, 미래의 전문가들이 모든 사람에게 공동적인 최소한의 기본 지식과 기본 능력을 습득하는 일이 그것이다. 이는 단순히 직업 선택을 위한 전제로서 필요한 것일 뿐만 아니라 일차적으로 그것은 공동의 문화에 대한 이해, 그 문화의 가장 가치충만한 작품에 대한 관심, 선조들과 동포들의 업적에 대한 존경을 상기시키고자 하는 것이다. 일반적인 기초 교육과 특수한 직업 교육 간의 관계는 교육 제도를 조직함에 있어 하나의 주요 문제가 된다. 지식이 증가하면 할수록 학교는 그중에서 무엇을 교재(教材)로 받아들이느냐를 결정하기가 더욱 어렵다. 그 선택에 따라 각기 성장 세대의 의식이 다른 내용을 얻게 된다.

그러나 수업에서 다룰 대상을 선택하는 데 있어 순전히 이성적인 지식과 순전히 기술적인 능력만 문제가 되는 것은 아니다. 학교가 목표로 삼는 삶의 충실성에는 도덕적 신념과 행동 용의도 속한다. 다원주의적 사회에 있어서는 이 도덕적 신념과 행동 용의에 관하여 의견의 일치를 보는 것은 용이한 일이 아니다. 그러나 공적인 학교 제도는 최소한 모든 국민에게 적용되는 사회적 기본 도덕을 후진들에게 육성시키는 과제도 갖는다는 것은 의심할 나위가 없다. 학교는 세계관적·정치적 다원주의라는 조건하에서의 삶에 대한 준비를 시켜야 하고 동시에 이 다원주의 내에서 공동의 이상과 미덕을 돌보지 않으면 안 된다.

오늘날에는 교육이란 것이 개개인을 위해서나 전체 사회와 그 집단들을 위해서 매우 큰 의미를 지니므로 자연히 다종다양한 관심, 소원, 요구들이 그에 대해 향해진다. 그 이념들과 목표에 영향을 미치고자 하는 모든 이익 단체들이 학교에 대해 영향을 행사하려고 시도한다. 부모, 학생과 교사는 물론이요 직업 단체, 노동 조합, 경제회의소, 정당과 교회, 그리고 지방자치단체와 국가도 학교와 학교 개혁에 대해서 매우 다양한 기대들을 표출한다.

매우 분화된 교육 체제로서도 서로 반목적인 이 모든 기대들을 충족시키는 것은 불가능하다. 그리하여 그것이 자기 자신의 요구들을 관철시키기 위해 비판하고 정치적 투쟁을 펴려는 유인(誘因)이 되기도 한다. 비록 정당화되고 논의는 용이하게 될지는 몰라도 이들 요구를 공개적으로 그들 자신의 집단이익으로 근거짓는 경우는 드물다. 그 관심의 대변자들은 즐겨 공익, 정의, 학생의 필요, 내일의 사회를 위한 공적 효용, 혹은 일반적으로 존중되는 유사한 규범들을 증거로 끌어 댄다. 그것은 개별 사례에 있어 맞을 수 있다. 그러나 그것이 실제로 그러한지는 근본적으로 사태를 검토했을 때 비로소 판단될 수 있다.

이런 것이 오늘날 교육 정책의 입안을 둘러싸고 있는 상황이다. 온갖 종류의 결함들을 지닌 엄청나게 복잡화되고 돈이 드는 교육제도, 서로 차이가 나는 호소와 모순적인 제안과 조화될 수 없는 요구들을 지닌 수많은 다양한 이해 관계자들, 경제와 노동 시장과 세수입(稅收入)과 사회적 부담의 미래에 대한 불확실성, 게다가 선거자들의 경우 교육을 통한 사회적 계층상승이라는 많

은 환상들, 그리고 다수의 정치인들의 경우 모든 사람들에게 온
갖 것을 약속하는 경향 등이 그것이다.

II. 교육정책적 환상들의 위험

교육정책은 한 공동체의 학교, 대학, 그리고 그밖의 교육기관들을 대상으로 하는 정책이다. 교육정책은 정치의 다른 영역들보다 더 환상에 약하다. 이에는 많은 이유가 있다.

가장 중요한 이유 중의 하나는 구체적인 경우에 있어 이 울림 좋은 낱말 뒤에 무엇이 숨어 있는지 더 자세히 주목하지도 않고 "교육"에 대해 표명되는 일반적인 가치 평가에 있다. UN이 1948년 교육("education")을 받을 인권을 선언한 이래 독일어권에서는 "교육 받을 권리"를 즐겨 언급한다. "교육"은 모든 시민이 그에 대한 권리를 갖고 있으며, 교육 제도를 통해서 매개되는 하나의 재(財)로 간주된다. 이 재(財)는 다양한 양(量)으로 존재하므로 개별 인간이 그것을 많이 받으면 받을수록 그만큼 더 그를 위해 좋다는 관념이 널리 퍼졌다. 시민이 받을 수 있는 교육의 양은 주로 비교적 높은 수준의 교육 시설에서의 재학 기간에 달려 있는 듯 보이므로 "교육 받을 권리"는 통속적인 해석으로 쉽사리 최고 수준의 교육 시설에서 최장의 교육을 받을 수 있는 권리로 해석될 수 있다. 이와 같이 "교육"과 교육청구권이 인권 및 후진에 대한 사회의 도덕적 의무와 결부됨으로 말미암아 "더 많은 교육"과 "더 좋은 교육"에 대한 요구들이 검사를 거치지도 않고 "진보적인" 것으로 환영받는다는 전망을 갖는 정신적 분위기가 조성되었다. 이 분위기가 교육정책적 환상들을 조장하고 비판자가 출현할 가능성을 위축시키고 있다.

대학을 다닌 적이 없는 사람들과 실천적인 노동세계와의 접촉을 상실한 많은 지식인들이 특히 교육정책적 환상에 빠지기 쉽다. 심지어 교육 문제에 대한 학문적 전문가로 통하는 교육학자, 정치학자, 사회학자 및 경제학자들 사이에도 이들이 존재한다. 전문지식만으로는 정치적인 희망적 사고에 빠지지 않도록 보호하지 못한다. 그 때문에 교육정책적 계획을 비판도 없이 대학의 교육전문가들에게 맡겨 버려서는 안 된다. 지난 수십 년 동안 일어난 대부분의 잘못된 계획들은 "교육전문가"로 간주되는 사람들의 작품이었다.

교육정책이 환상의 위협을 받고 있는 제2의 이유는 교육 제도 자체의 특성에 있다. 그것은 유치원부터 대학에 이르기까지 모두가 상호 연관되어 있는, 매우 복잡하고 한눈에 내다보기 어려운 시스템 때문이다. 이 시스템의 **한** 부분에 - 일정한 이득이 기대되어 - 손을 대는 것은 그 시스템의 **다른** 부분 또는 시스템 전체에 대해 예기치 않게 유해한 영향을 미칠 수 있다.

게다가 또 하나 덧붙여지는 바가 있으니, 그것은 교육 시스템은 자기 자신을 위해서 성립되는 것이 아니라 사회와 그 후진을 위해서 현존한다는 점이다. 교육 시스템은 매우 다양한 종류의 기능들을[3] 이행하고 사회의 다른 영역들, 특히 줄여서 "고용 체제"라 부르는 영역과 다양한 교호관계를 맺는다. 이것은 직업적 노동의 세계를 의미한다. 이 직업 노동의 세계에서 모든 젊은 사람은 우선은 15~25년 간은 다른 사람의 노동으로 생활한 후에 자기 자신이 보수를 받는 노동에 의해 스스로의 삶을 유지할 수 있기 위해서 교육 제도를 통과한 후 하나의 일자리를 찾지 않으면 안 된다. 보수를 받는 것은 오직 실제로 필요가 있는 노동에 한한다. 교육 제도에 있어 고용 체제의 수요를 너무 적게 고려하면, 일차적으로는 교육 시스템의 불취업 졸업생들이 고통을 받아야 하지만 결국은 사회 전체가 고통받지 않을 수 없게 된다.

---

3) Widmaier 1967, pp.278ff. 참조.; Ballauf 1981.

교육 시스템의 각 부분 간 및 이 부분들과 다른 사회적 부분영역들 간의 이 연관은 일반론에 머무르는 한에서는 납득이 가능하다. 하지만 특별한 교육정책적 요구와 조치가 문제가 될 때는 관계자들의 시야는 각자가 자기 자신의 소망 표상과 자기의 현재적 관심에 사로잡혀 있기 때문에 대개 좁다. 교육 시스템에 손을 댈 경우 그 결과가 언제나 모든 사람에게 즉시 인식될 수 있는 것은 아니기 때문에 그것은 변경시키기가 그처럼 어렵다. 새로운 조직 형태, 새로운 교육 지침, 혹은 새로운 교수 내용에 대해 오늘날 취해지는 수많은 결정들은 수년 또는 수십 년 후에야 비로소 효과가 나타난다. 그런 까닭에 정책의 다른 부문에서보다 교육정책에 있어서는 그것이 도대체 완수될 수 있는지 그리고 어떤 값을 치르는지가 분명치 않은 것이 비교적 오랫동안 가능하다. 관련되는 요인들이 다량이고 가변성이 있는 것이기 때문에 과학적인 성공 통제가 어렵고 한참 뒤에야 결과를 가져오는 것이어서 교육정책적 환상들은 오랫동안 환상으로서 인정되지 않는 위험이 존재한다.

책임의식 있는 국민들은 교육정책적 이념과 요구에 대한 이 위험에 직면하여 어떻게 행동해야 하는가? 쉽사리 믿어 버리거나 근시안적이어서는 안 되고 냉철하고 비판적이며 멀리 내다보는 것이어야 한다. 그것이 어떤 쓸모가 있는 것인지 확인할 수 있기 위해서, 모든 개혁 이념이 반드시 먼저 아동과 청소년을 대상으로 하여 시험될 필요가 있는 것은 아니다. 미리 알 수 있는 단점과 예측 가능한 비용에 대비하여 기대되는 장점들을 측정할 수 있기 위해서 대개는 이성(理性)이면 족하다. 동시에 과거의 경험들도 도움이 될 수 있고 마찬가지로 비교되는 다른 나라의 정보들도 도움이 될 수 있다.

그러나 모든 판단의 기초가 되어야 하는 것은 달성하고자 하는 목표들이 무엇인지, 그리고 그들의 우선순위가 어떤지 명확해야 한다는 것이다. 일정한 장점을 취하기 위해 어떤 단점을 덤으로 받을 용의가 있는지, 어떤 단점을 무조건 피하려고 하는지 알지 않으면 안 된다. 교육 제도에 있어서도 모든 견지에서 완전한 해결책은 존재하지 않는다. 교육 제도에 있어서도 모든 것은 그 값을 지니게 마련이다. 이는 재정적 비용만 뜻하는 것이 아니라 무엇보다 모든 조처에 있어 고려하지 않으면 안 되는 원치 않는 부작용과 후속 작용을 의미한다. 그러니까 모든 교육정책적 제안의 경우, 무엇이 그에 찬성하고 무엇이 반대하는지 세심하게 검사하는 것이 중요하다. 동시에 사회 전체에 미치는 영향들도 평가되지 않으면 안 된다. 종종 하나의 개혁 계획을 실현하는 경우 경험상 서로 배척되는 긍정적인 성과들이 여럿 약속되므로 가능한 모순들도 적발되지 않으면 안 된다. 그와 같이 검사해 보고 가치를 재어 보는 것이 교육정책적 환상을 막는 최선의 방어가 되는 것이다. 그렇게 함으로써만 그들 사이에는 정책적으로 결정이 내려져야 하는 바 대안들이 인식될 수 있다. 나는 이를 최근의 교육정책적 요구들을 예로 하여 설명하고자 한다.

지난 수십 년에 있어 다음 세 가지 교육정책적 요구가 가장 주목을 받았다. 첫째는 보통교육을 담당하는 중등학교 제도를 확장하자는 요구 - 그 척도는 동년배에 있어 고등학교 졸업반 학생이 차지하는 몫이다 - 고,[4] 둘째는 정규 학교로서의 종합학교(Gesamtschule)에 대한 요구이며,[5] 셋째는 **모든** 아동과 청소년을 위한 "교육의 학문 정향성"[6]에 대한 요구가 그것이다. 이들 요구들 각자의 배후에는 매우 복잡화된 문제들이 숨어 있다. 여기서 나

---

4) Dahrendorf 1965, pp.30ff. 참조.

5) Magdeburg 1967; Lohmann 1968; Sander, Rolff, Winkler 1971; Raschert 1974; Maier 1980; Haenisch와 Lukesch 1980 참조.

6) Deutscher Bildungsrat 1970, p.33.

는 첫째 요구에 고찰을 한정하고 동시에 문제의 핵심과 주요 논점만 다룰 수밖에 없다. 하지만 이로부터 다른 두 가지 요구를 밝힐 수 있는 빛도 충분히 얻을 것이다.

III. 보통 중등 학교제도의 확장과 그 결과

1960년과 1970년 사이에 서유럽의 대부분 고도산업화된 나라에 있어서 큰 역점을 들여 중등학교의 신속하고 광범위한 확장이 요구되었다. 이를 위해서 두 가지 아주 다른 종류의 이유, 즉 경제적 이유와 도덕적 이유가 내세워졌다.

경제적 이유는 직업의 구조와 직업적 요구에서 관찰될 수 있었던 변화에 근거한다. 한편으로는 농업, 공업, 그리고 중소기업 종사자 몫의 감소, 다른 한편으로 서비스 분야에서의 증가, 특히 모든 경제부문에 있어 단순 수공 작업 성과의 수요가 감소하고 복잡하고 정신적 요구도(要求度)가 높은 작업에 대한 수요가 증가하는 것, 그리고 이와 관련하여 단기 교육의 직업이 감소하고 중급 자격 수준의 전문 인력 및 학문적으로 훈련된 전문가의 수요가 증대된 것이 그것이다.

1962년 한 프랑스의 전문가가 국제 교육회의에서 발표한 수요 견적을 예로 들어 보자. 20세기 초에 프랑스 경제에 있어 근로자 100명 중 80명은 단순 수공 노동을 하였다. 이에 대하여 1975년의 경우 역으로 수공 노동자는 근로자의 20% 남짓이고, 80%는 중등 보통 학교교육 또는 기술계 학교교육을 전제로 하는 노동을 수행하지 않으면 안 되는 것으로 간주된다는 것이었다. 그중 32%는 고등학교 졸업 자격 이상의 교육을 받아야 할 것이라고 했다(20세기 초에는 1~2%만이 그랬다).[7] 이것은 또

---

7) Louis Cros (≪학교의 폭발≫의 저자, Paris 1961). Pädagogische Mitteilungen. Beil. z. Verordnungsblatt des Bundesministeriums f. Unterricht (Wien) (1963) Stück 1, p.4.

한 OECD, 즉 경제협력개발기구의 당시의 추정과도 대략 일치하는 것이었다.

60년대의 이 경제상의 수요에 대한 견적은 두 가지 교육정책적 요구를 위한 유인(誘因)이 되었으니, 첫째는 "만인을 위한 보다 나은 교육"이요, 둘째는 "가능한 다수의 고급 교육을 받은 자의 공급"이라는 것이었다.[8] 첫째 요구는 전적으로 정당하였다. 둘째 요구는 너무 막연하지만 원칙적으로는 역시 지당하였다. 교육정책상의 잘못은 중등의 **직업**교육과 중등의 **일반**교육을 너무 구별하지 않았다는 점에서 시작되었다. 아비투어(오스트리아와 스위스에서는 '마투라'), 즉 보통 교육 중등학교에서 취득되는 대학입학 자격이 주도적 이상으로서 간주되었다. 이것은 미래의 노동 세계에서는 무엇보다 가능한 다면적인 지식, 형식적인 사고능력, 지적 기민성, 곧 보통 교육을 담당하는 중등학교가 매개할 것을 약속하는 특성들이 중요하다는 가정과 관련되어 있다.

이 교육정책적 요구들의 경우 불행하게도 독일어 사용 국가들에게 있어서는 다른 나라들에 있어서의 중등학교 취학자 수와의 믿기 어려울 정도로 단순한 비교들이 중요한 역할을 했다.[9] 성취능력이 대단한 독일, 오스트리아, 스위스의 중등학교 제도를 졸업자들에 있어서의 엄청난 질적 차이를 지적하지 않고 미국의 "고등학교"(High-School)와 초급대학(Junior College)과 같은 성능이 약한 학교 제도와 비교하였기 때문에 그 비교는 단순했던 것이다. 예컨대 OECD 교육전문가들은 1970년도 대학입학 자격을 지닌 중등학교의 졸업자가 동년배에서 점하는 몫을 미국의

---

8) Nowotny 1963, 7. 오스트리아 연방교육부의 보고서: 오스트리아의 교육계획. 제1권: 1965년부터 1975년까지의 교육계획과 경제성장. Wien 1967(오스트리아 연방 출판사), p.11도 참고됨.

9) 교육 통계의 국제적 비교의 문제점에 대해서는 Recum 1969, pp.51ff. 참조.

경우 80%로 매겼고, 이에 대해 독일연방공화국의 경우 약 7%로 매겼다.[10] 이것은 만약 중등학교 제도를 대폭 확장시켜 고등학교 졸업반 학생의 수를 여러 배 늘리는 조치가 즉각 취해지지 않으면 얼마 안 가 경제적 경쟁력의 상실을 초래할 독일의 파국적인 후진 상태로 해석되었다.

당시 고등학교 졸업반 학생의 비율이 실상 너무 낮았고 그것을 높이는 일이 필요하였다. 그러나 미국과의 비교는 오류였고 사정을 "교육의 파국"으로 해석하는 것은 크게 과장된 것이다.[11] 미국에서는 공부에 관심 없이 12년 간을 앉아서 보낸 학생이면 누구나 - 성적이 좋든 나쁘든 - 중등학교 졸업자로 산입된다는 사실이 전혀 고려되지 않았다. 이들 미국의 "고등학교 졸업자"의 다수는 읽고 셈할 수가 없어서 군대의 징병시험에서 낙방하였다.[12] 게다가 이 국제적 비교에서는 단지 전일제(全日制) 수업만 고려되었던 것이다. 독일어권 나라에서 정평 있는 파트 타임 수업을 하는 기업과 직업학교에서의 이원적(二元的) 직업교육은 계산에 넣지 않았다. 소위 "교육 전문가들"은 이처럼 엉성한 출발 자료를 가지고 공중을 기만했고 무능력한 교육정책가들을 위축시켰다.

김나지움과 대학의 졸업자에 대한 수요를 미리 산정(算定)함에 있어 이런 큰 오류를 범했음에도[13] 불구하고 경제적 이유에서 중등학교 제도의 확장을 지지했던 인물들의 경우 학교 제도는 직업 노동 세계의 예견되는 수요에 비추어 방향을 잡아야 한다는 것 한 가지는 논의의 여지가 없었다. 사람들은 전체 사회의 이익

---

10) Edding 1963, p360에 의거함. 실상 이미 1964년 대학입학 자격자의 몫은 8.39%에 달했고, 1971년에는 12.6%로 상승했다. 1966년과 1973년 독일연방공화국 통계연보에 의거 계산.

11) Picht 1965.

12) Schoeck 1979, p.39 참조.

13) 독일의 교육정책가들이 유감스럽게도 무시했던 대학졸업자 수요에 대한 환상에 대해 일찍이 경고한 것으로는 Riese 1967을 참조할 것.

을 눈앞에 두었고 그 교육 시스템을 고용 체제에 더 잘 조율시키려고 하였다.[14] 오늘날 고용 체제로부터 교육 시스템을 "분리시키는 것"을 무엇이라 명명하고 있는지에 대해서는 누구도 생각이 미치지 않았다.

중등 교육기관의 대규모 확장을 위해 도입된 경제적 이유보다 훨씬 중요한 영향을 미친 것은 **도덕적 이유**였다. 도덕적 이유들은 무엇보다 두 가지 슬로건으로 통용되었으니, "교육 기회의 평등"과 "시민권으로서의 교육"이 그것이다. 여기서 일차적으로 문제가 되는 것은 교육, 노동 조건, 수입, 사회적 위신과 관련하여 중류와 하류의 사회적 계층에 속하는 개인들과 부분집단들의 이해관심이다. 평등이라는 이상은 여기서 일면적으로 생활 기회의 평등으로 해석된다. 이 이상은 유토피아적이다. 생활 기회의 평등은 존재하지 않고 존재할 수도 없다. 교육 제도에 있어 "기회 균등"이란 불명료한 표어로 우리가 도리상 이야기할 수 있는 것은 훨씬 더 단순한 것이니, 일정한 생의 단계에 있어 외적 생활 조건들 중의 **한** 중요한 요인, 즉 상급학교 진학 가능성과 관련하여 상대적으로 사람들 간의 불평등을 감소시키는 것이다.

이 점에 있어서 사실상 예전에는 사회적 계층 간에 있어 오늘날보다 훨씬 더 큰 차이가 있었다. 농민, 수공업자, 산업 노동자의 자녀들이 김나지움과 대학을 졸업한 사람의 수가 이들 직업집단이 인구에서 차지하는 몫에 비추어 상층 출신 자녀들보다 훨씬 적었다. 대학에서 공부하는 사람들 가운데서 노동자 자녀가 차지하는 몫은 이를테면 1959년 독일연방공화국에서는 5.2%에 불과하였고, 스위스에서는 5.5%에 달하였다.[15]

---

14) 각주 8에서 인용된 오스트리아 교육부의 계몽적이고 현실주의적인 보고를 참고할 것.

15) Popitz 1967, p.392에 의함(이 연구는 바젤 주(州)의 사회적 계층에 따른 김나지움 학생의 분포에 관한 자료도 포함하고 있다). 1960년경 독일연방

이러한 사정은 이제 점점 더 도덕적으로 나쁜 것으로 평가되었고 상층부의 "교육 특권"이라는 표어로 비판되었다.[16] 교육 기회의 불평등을 감소시키는 것은 모든 정당에 의해서 사회 정의의 명령으로 이해되었다. 그들은 교육정책은 사회정책의 특별히 적합한 수단이요, 교육정책은 "오늘의 사회정책"[17]이라고 믿었다. 그 자녀들을 상급학교에 보내도록 부모들을 움직이기 위해서 소위 "교육과 거리가 먼" 주민 집단들에게 계획적인 "교육 권유 운동"[18]이 시작되었다. 여기서 "교육과 거리가 먼"이란 것은 직업적 교육은 고려함이 없이 일방적으로 "김나지움과 거리가 먼"으로 해석되었다. 이에 반해 보통교육을 담당하는 중등학교의 졸업생은 "교육과 거리가 가까운"으로 간주되었고, 대학 졸업자는 "교육과 거리가 가장 가까운" 사람으로 간주되었다. "교육 권유 운동"에 있어서는 두 가지 오랜 이념이 접촉점으로 봉사하였다. "유능·건실한 사람에게 길이 열리기를!"이라는 자유주의적 이념이 그 하나요, 교육 수준 및 그 성원들의 시장 가치의 개선에 의한 "노동자 계급의 상승"이라는 사회주의적 이념이 그 둘째다. "김나지움과 거리가 먼" 다수의 부모와 자녀들에게 있어서는 보다 큰 교육적 노력에 의해 개인적으로 상승할 수 있다는 가능성에 대한 믿음 속에 이 두 가지 이념이 어우러져 있다.

이 믿음은 그 자체로서는 틀린 것은 아니었다. 그것은 우리가 현대사회를 하나의 "업적주의 사회"라고 부를 때 의미하는 사회적 사실과 이상에 들어맞았다. 업적주의 사회는 사회적 지위, 직업,

---

공화국의 사정에 관해서는 Peisert 1967 참조; 역사적 발전에 대해서는 Ringer 1980을 참고할 것.

16) Schulenberg 1970, pp.396ff. pp.407f. 및 pp.417f. 참조.

17) Picht 1965, p.21. 이런 사상세계의 비판에 대해서는 Hayek 1977을 참조할 것.

18) Rolff와 Sanne 1967; Knoll 1969, p.35와 p.50; Klaus-Roeder 1969, p.106 참조.

수입의 정도, 명망이 더 이상 출생, 가문의 전통, 부(富), 그리고
좋은 연고 관계에 달려 있지 않고 주로 자신의 성취능력에 의존
하는 사회이다. 이상적인 경우 각자는 모든 공동 경쟁자들과의
객관적인 비교에 있어 그가 산출하는 업적에 따라 자기의 지위를
유지한다. 하지만 이것이 어떤 종류의 가혹한 결과를 초래하는지
는 "기회 균등"이라는 표어로 말미암아 오랫동안 은폐되었다. 시
민들은 학습 의지가 있는 사람이면 누구에게나 "위"로 올라가는
길이 열려 있고, "위"에는 거의 모든 사람을 위한 자리가 존재하
며, 사회는 아무도 "밑"에서 머물지 않도록 돌볼 의무가 있다고
속아서 믿고 있다. 상승할 수 있다는 약속이 중심이 되고 있는
것이다.

　소위 "교육받을 시민권"[19]의 선전은 실제로는 일면적으로 "대학
입학 자격을 얻을 시민권"을 위한 선전으로서 작용하였다. 이 선
전은 중등 교육기관에 취학하기 위한 이 권리를 대량적으로 주장
함에 있어서도 획득된 교육 수준에 상응하는 일자리와 수입을 얻
을 권리가 졸업자들을 위해 존재할 것이라는 환상을 촉진시켰다.
그와 같은 권리는 결코 존재하지 않았다. 다만 수요와 공급이 조
화를 이룰 경우 졸업자들이 그들이 가고자 하는 곳에서 고용될
수 있을 것이라는 고려는 가능하였다.

　하지만 이 상황은 "교육 권유 운동"의 엄청난 성과로 인하여
크게 바뀌었으며, 이런 변화는 예견될 수 있는 것이었다. 그러므
로 우리는 보통 중등학교 제도를 가능한 한 크게 확장하자는 요
구에 있어 간과된 것이 무엇인가라는 물음에 눈을 돌려 보자. 회
피될 수 있었을 환상들은 어디에 숨어 있었던가? 여기서 그중 가
장 중요한 것 4가지만 논하여 보기로 한다.

---

19) Dahrendorf 1965. 그의 한계에 대해서는 Maunz 1973을 참조할 것.

1. 대학 졸업자의 수요에 대한 환상

대학 졸업자의 미래의 수요에 대한 하나의 환상이 성립되었다. 독일어가 사용되는 나라들에 있어 대학입학 자격자의 극적인 증가를 주장하는 사람은 이들 대학입학 자격자의 대부분이 대학의 수학 가정을 졸업하고 통상적인 대학 졸업자가 받는 수입이 보장되는 직장을 얻고자 할 것이라는 점을 고려했어야 했다. 보통 중등학교의 졸업 자격은 직업 자격을 주는 수료(修了)로 이해되는 것이 아니라 대학 진학 허가를 획득한 것으로 이해된 것이다. 독일의 고등학교 졸업반 학생 10명 중 9명에게 있어 아비투어(고등학교 졸업 또는 대학입학 자격 시험)는 단지 학문 연구 직업에 들어가는 길에 있어 하나의 중간 단계였다.[20] 학문 연구 노동력의 수요는 경제성장이 지속되는 경우에도 대학수학 자격자의 수와 같은 정도로 증가하지 않으리라는 것은 예견될 수 있는 일이었다. 1973년도 독일의 "교육총괄계획"은 이미 1985년이면 동년배의 24~28%가 대학입학 자격을 획득할 것이라는 점을 예견했었다.[21] 하지만 이 몫은 이미 훨씬 일찍 도달되어 버렸다.[22] 이와 대조적으로 스위스에서는 19세 주민에 있어 고교 졸업반 학생(대학입학 자격 획득자)의 몫이 1970년 6.5%에서 1980년 9.9%로 증가했다.

대학생 수가 독일연방공화국에서는 1960년의 291,100명에서 1986년 1,044,200명으로 증가했다. 이것은 259%의 상승이다. 1985~86년 겨울 학기까지 그것은 1,500,000명으로 증가하였

---

20) Ruge 1971년부터 1976년간의 자료, 1977, p.782.

21) 김나지움에서 15~17%, 실업교육 중등학교에서 9~11%. Bund-Länder-Kommission für Bildungsplanung 1973, Bd.I, p.34 참조.

22) 1978년에 이미 그 몫이 23.23%에 달했고 1981년에는 24.96%에 이르렀다. 1980년과 1983년 BRD 통계연보에 따라 계산.

다. 최근 수년간 원하는 직업에서 취직을 못 한 고교 졸업자와 대학 졸업자의 과잉이 발생하였다. 연방·주 교육계획위원회는 2000년까지 대학 졸업자가 260만 명 내지 280만 명이 될 것으로 계산하고 있다. 하지만 대학교육을 받은 피고용자 수는 80만 내지 90만밖에 되지 않을 것이다. 170만~200만 명의 대학 졸업자의 경우 그들의 교육에 상응하는 일자리가 결여될 것이다.[23]

  이것은 우선 후계 세대의 이 집단에 있어 실망 체험, 위기 의식, 갈등 용의의 앙등을 초래한다. 이와 더불어 또한 정치적 과격화 소지가 커진다. 이 집단은 그가 받은 교육 덕택으로 인구에서의 그 몫(비율)에 상응하는 정도 이상으로 더 공공연히 대중매체에서 공중으로 하여금 자신들의 관심사에 귀를 기울이게 할 수 있는 가능성을 지닌다. 이로 말미암아 한 작은 집단의 비교적 통상적인 직업적 적응 곤란들이 저널리즘상으로 전체 교육 및 고용체제의 위기로 과대평가되고, 심지어 사회적 시장 경제의 무용성을 입증하는 것으로까지 과대하게 문제시되는 위험이 존재한다. 하지만 사태는 이에 머무르지 않는다. 교육 피라미드의 정점에 있는 이 위험의 병소는 아래로 계속 번성한다. 그 까닭은 이렇다. 남아 도는 대학 수학자들이 등급이 보다 떨어진 일자리로 만족해야만 하고, 그로 인하여 원래 그 자리에 적합한, 그러나 자격이 더 낮은 구직자들을 구축하기 때문이다. 대학 졸업자들의 경우 실업의 위험성은 상대적으로 경미하다는 사실은 잘 알려져 있어서, 열악한 직업 전망에도 불구하고 대학에로의 쇄도는 계속된다. 게다가 후일 어떤 경우든 대학을 못 나온 사람을 희생으로 하여 최소한 이류(二流)의 일자리는 발견할 수 있을 것이라는 전망도 대학 쇄도의 동기로 작용할 것이다.

---

23) Frankfurter Allgemeine Zeitung 1985년 3월 16일자 및 1986년 2월 26일자; ≪경제와 통계≫ 1990년도 제5권, p.345.

이 같은 사정은 불만분자의 수량이 사회에서 증가하는 데 기여한다. 정치적으로 과격한 집단들이 이것을 이용하지 않는다면 기적일 것이다. 온갖 경향의 서구 마르크스주의자들의 전략에 있어서 대학입학 자격자와 대학 졸업자의 과잉 생산은 핵심 위치를 차지한다. 자신들이 받은 교육에 적합한 일자리에 대한 전망이 없는 실망에 빠진 대학 졸업자와 대학생들이 과격한 사회비판과 사회분열 행동에 나서도록 할 수 있다는 점을 노리는 것이다. 좌파사회주의 이론가 앙드레 고르츠(Andre Gorz)는 이미 1967년에 이런 기대를 표명하였다. "다름 아닌 교육 제도 안에서 산업자본주의는 그가 공장에서 회피하려고 시도하는 저 반란들을 산출할 것이다."[24]

2. 자금 조달 가능성에 대한 환상

고등학교와 대학을 가능한 최대로 늘려야 한다는 요구를 하는 두 번째 환상은 자금조달 가능성에 관계되는 것이다. 장기적인 경기 순환에 관한 현존하는 인식에도 불구하고 교육정책을 입안함에 있어서는 제2차 세계대전 이후 장기간의 도약에서 비롯된 것처럼 언제나 경제 성장이 계속될 것이라는 점이 아주 순진하게 전제되었다. 유럽에서 전쟁으로 제약된 보충 수요가 이미 거의 포화상태에 도달했고, 원료가 모자라게 되고, 엄청난 사회보험 몫으로 인건비가 상승하고, 기업에 있어서의 불가피한 합리화는 공공재정에 큰 부담을 주는 구조적인 만성적 실업을 결과로 얻게 될 것이라는 점을 고려하지도 않고 사람들은 우리 사회를 영속적인 "풍요의 사회"[25]라고 생각하였다. 그것 대신 대학 제도의 환상

---

24) Gorz 1967, p.135. 여타의 증거는 Brezinka 1981a, pp.132ff 참조할 것.
25) Galbraith 1958. 비판에 대해서는 Drucker 1979, pp. 152ff. 참조.

적인 확장 계획들이 추구되었고, 이들은 10년 뒤 자금조달 불가능 때문에 도로 철회되지 않으면 안 되었다. 정평 있는 전문학교들이 불가피한 사실적 근거도 없이 전문대학으로 바뀌었고, 교사들이 실제와 가까운 훈련을 받던 장소가 변모하여 실제와는 거리가 먼 학문적 대학이 되었고, 중(中) 정도의 괜찮은 봉급을 받는 도첸트(교수가 아닌 공무원 신분의 대학 교원: 역주)로부터 최고 봉급을 받는 대학교수(Universitätsprofessoren)가 되었다. "교육과 과학의 진흥"이라는 슬로건 아래 공금이 수년 동안 무비판적으로 소비되었다. 이로 인하여 중등학교의 학생들에서 대학교수에 이르기까지 모든 이해 관계자들에게 있어서 훨씬 더 높아진 물질적 요구 수준이 야기되었고, 이를 근거로 예견될 수 있었던 것이 재정적으로는 영구히 만족될 수 있기는 불가능하다는 것이었다. 1975년부터 예산이 점점 더 삭감되어야만 했을 때, 여러 방면에서 항의가 제기되었던 것은 당연한 일이다.

만약 자유민주주의의 적(敵)이 내부로부터 이를 약화시키기 위한 수단을 찾는다면, 그는 여기서 진행되는 것보다 더 좋은 것을 발견할 수 없을 것이다. 즉 우선 교육의 놀고 먹는 세상이라는 환상을 일깨워놓고, 얼마 동안 막대한 재정적 지출에 의해 그것을 실현 가능성 있는 것으로 사칭하고, 끝으로 이에 대한 믿음이 이해 관계자들에게 있어 굳혀졌을 때 재정정책적 이성으로 복귀하여 이 "교육" 비누 방울이 터지게 만드는 것 말이다.

3. 기회 균등과 상승 기회라는 환상

셋째 환상은 기회 균등과 사회적 상승 약속에 관계되는 것이다. 여기서 도저히 이행 불가능한 것이 약속되었다는 점은 실증적인 "교육 연구"를 실시하지 않고 단지 숙고만 해보아도 알 수 있다. 기회 균등이라는 프로그램은 우리가 인간의 본성에 관하여 알고 있는 것과 모순된다. 그러므로 "기회의 균등을 요구하는 권리의 주장"[26]은 있을 수가 없다. 수태 순간부터 이미 기회 균등은 존재하지 않는다. 신체적 구조, 건강과 미, 혹은 유전 또는 환경의 제약을 받는 지능의 기초 등에서 볼 수 있는 커다란 불평등을 생각해 보라.[27]

설령 모든 아동에게 김나지움에 입학할 수 있는 길이 보장될지라도 이에 의해 성공 전망의 평등은 성립하지 않는다. 개별화 수업에 의해 학생들을 각자 달리 장려하고 지원해도 학업 성취를 위한 개인적 조건들의 평등은 산출될 수 없다. 학교는 이 조건들 중의 작은 부분에만 영향을 미칠 수 있을 뿐이기 때문이다.[28] 정신 박약이 아닌 모든 사람을 위해 김나지움을 열어 준다 해도 그것이 학생의 타고난 불평등과 그들의 학교 외적 생활세계의 사회 문화적 불평등을 변경시키지 못한다.

사회적 계층의 상승이라는 약속도 기회 균등이라는 환상과 꼭 마찬가지로 기만적이다. 물론 상급학교를 성공적으로 취학함에 의한 사회적 상승은 존재한다. 그러나 이는 탁월한 성적을 냈을 때, 그리고 다만 소수의 경우에 한한다. 과거처럼 동년배의 10~15%가 아니라 40~60%가 김나지움 수학 허용이 되는 경우 이것은 능력 있는 자의 수량은 증가시키지만, 동시에 경쟁 조건들을 첨예화시킨다. 고용 체제에 있어서나 직업의 지도적 지위가 부족함에는 변함이 없고 오직 경쟁자의 수량만 증가될 뿐이다. 이로 인하여 엄격한 시험을 통한 선발의 중요성이 증가한다. 시

---

26) Becker 1980, p.20. 비판에 대해서는 ≪교육학 전망≫ 36(1982), pp.747~749에 실린 나의 평론을 참고할 것.

27) Eysenck 1975b 참조.

28) Klauer 1977; Jencks 1973; Bourdieu와 Passeron 1971; Husen 1977; Rothe 1981 참조.

험은 능력주의 사회에 없어서는 안 되는 것이다. 신분제 사회에 있어서는 보다 높은 공직을 획득하기 위해서 연고(緣故)도 중요하고 영향력 있는 후원자와의 관계도 중요하다. 이와 대조적으로 민주주의 사회에 있어서는 이상적인 경우 모든 지원자들의 성적 가운데서 상대적으로 가장 높은 성적만이 의미를 갖는 것이다.

물론 정치적 또는 교육적 근거에서 보다 상급의 교육 단계를 위한 선발의 시점을 연기할 수는 있다. 심지어 이른바 "성적 압박"으로 인한 손상을 아무도 입지 않게 하기 위하여 김나지움을 성적으로부터 자유로운 청년들의 오락 장소로 영락하게 할 수도 있다. 그러나 이로 인하여 선발은 단지 보다 높은 연령으로 그리고 다른 교육 장소로 이전될 따름이다. 만약 김나지움이 대중교육기관으로 만들어져서 김나지움 졸업 증명서(대학입학 자격을 증명하는 것이기도 함: 역주)가 더 이상 대학 수학 능력을 위한 신용할 만한 증명이 아니게 되면, 선발을 대학으로 옮기고 입학 시험을 도입하는 것 외에 다른 방법은 없다. 만약 거기서도 성적 위주의 척도가 꺼려진다면, 노동 시장에 후계자 수요가 근소하고 무진장한 재정적 수단이 있을 경우 18~22세 젊은이들을 위하여 "학습 스트레스"가 없는 즐거운 칼리지와 같은 종류의 교육기관을 설치할 수 있으나, 그것의 졸업증명서는 아무 가치가 없다. 그러나 그럴 경우 불가피하게 그러한 극단적인 "교육 사회"에 있어서도 미국의 "대학원"과 같은 본래적인 직업 자격을 주는 대학 수학을 위한 가혹한 선발의 시점이 다가온다.

그러니까 능력이 보다 떨어지는 사람들이 좌절하는 것은 여기서도 사라지지 않으며, 다만 더 고령(高齡)으로 이전되는 것일 뿐이다. 젊은이들이 중간 단계의 선발을 거치지 않고 최고 교육기관의 문 앞에 이르면 이를수록 경쟁은 더욱더 무자비해지고 더 많은 희생자를 요구한다. 일본의 교육제도는 이에 대한 하나의 예가 된다. 제9학년까지는 모든 학생들의 학교 수업이 거의 획일적이다. 그러나 그 다음에 이어지는 3년은 대학입학 준비로서 가장 가혹한 학습 부담과 경쟁의 기간이다. 이건 가공할 "시험 지옥"으로 많은 사람이 심리적으로 낙담하거나 자살로 끝나기도 한다. 이때 선발은 객관적이고 공정하게 행해진다. 그러나 중등학제의 확대가 진행되면 될수록 능력주의 사회의 대가는 교육 시스템에서 더욱 높아지는 것은 불가피하다. 곧 교육의 장기화(長期化)와 고도화(高度化) 그 자체로서는 하등 사회적 상승을 보장하지 않으며, 수많은 학생들은 그들의 부모들보다 더 높은 교육 수준에는 도달하지만 그를 통해 더 높은 위치에 도달하는 것은 아니다.[29] 이 같은 결과는 예견될 수 있었다. 영국의 작가 길버트(Gilbert)가 간략한 형식으로 표현한 하나의 단순한 경험적 사실을 생각해 보는 것으로 족할 것이다. "모두가 상당한 인물일 때는 그 누구도 상당한 인물이 아니다."[30]

4. 학생들의 감당 능력에 대한 환상

보통교육을 담당하는 중등학교를 무사려하게 확장할 것을 주장하는 자가 빠지기 쉬운 넷째 환상은 학생들의 심적 감당 능력의 한계와 모럴에 관련되는 것이다. 대다수 학생들은 노동 세계와 떨어져 수준 높은 학습 가능성의 증가에 대해 기뻐하게 될 것이라고 너무 순진하게 가정하였다. "교육받을 권리"를 지속적으로 입에 올릴 경우 그것이 불평등과 "권위주의적인 성적 압박" 사회에 대항하는 고발과 결부되어 초래하지 않을 수 없는 그 이로울 것 없는 도덕적 귀결에 관해서도 무예감(無豫感)이었기는 마찬가

---

29) Teichler 1976, p.361; Vogel 1979, pp.158ff.; Haasch 1979도 참고됨.
30) Gilbert 1924, p.340.

지다.

중등 교육제도를 아비투어라는 우상에 일방적으로 정향시킨 것은 재학 기간의 연장을 가져왔을 뿐 아니라 교재, 수업 방식, 학습 요구 등에 있어서의 변화도 초래했다. 이 변화는 아래로 기초학교에 이르기까지 영향을 미쳤다. 사람들은 이 변화를 저속하기는 하나 언어상으로 짧게 "김나지움화(化)",[31] "학술화(學術化)", "이론화" 혹은 "과학화(科學化)" 따위로 명명하였다. 이것은 서적의 세계와 이론 일변도의 몰두를 위하여 대다수 학생이 학교 외적 생활, 노동 세계, 실제적 활동으로부터 더욱 소외되는 것을 의미한다. 또한 교육과정(敎育過程)을 장기화·과학화시킴으로써 소득과 위신을 증대시킬 수 있다는 직업 단체들의 관심도 하나의 역할을 했다. 그러나 이 같은 발전은 경영자들이 후계 인력을 채용함에 있어 학교에서의 사전교육에 대한 요구를 점점 더 높임으로 해서 더 촉진되었다. 그것은 청년기를 포괄적으로 학교화시킴에 대한 반작용으로 이해될 수 있는 것이었으나, 노동 세계로부터 젊은이의 소외의 증대라는 악순환을 깨뜨리는 대신 오히려 공고화하였다.

학교화로 말미암아 우리의 젊은이들이 자립하고자 하고 힘든 상황에서 활동해 보고자 하는 그 자연적 충동에 반하여 인위적으로 의존의 상태 속에 붙들려 있게 되고 실천적 검증을 받을 수 있는 가능성이 빈약한 상태에 고정되게 된다. 이것은 전체 청소년 연령 집단을 성인들로부터 격리시키고, 생활 현실로부터 분리시키는 위험을 초래한다. 이것은 플레이보이와 플레이걸들의 성취 적대적인 하위문화의 그 불합리한 이념들의 전파를 조장하고 성숙에의 길을 어렵게 한다.

청년들을 생산 노동과 스스로 버는 소득으로부터 너무 오래 차

---

31) Hegelheimer und Zöller 1977, pp.8ff. 참조.

단시키는 것은 학교에 해가 되고 사회에 대해 비판적인 청년들의 수를 급증시킬 것이라는 점은 약간의 청년심리학적 지식과 미국의 사정에[32] 대한 안목만 있었다면 예견될 수 있었다. 실제로 학교에 대한 역정, 학습 혐오, 규율 파괴, 공격성 등은 학생들 사이에 굉장히 증가하였다. 학교의 단계가 높으면 높을수록 학교에 대한 태도가 더욱더 부정적이다. 비교 조사에 의하면 최종 학년에 있어 지식과 능력의 향상은 아주 미미하다는 사실이 드러났다.[33]

중등학제의 확장과 모든 학교 종류에 있어 교육 수준의 향상을 위한 노력에 병행하여 "학교 스트레스", "성적 압박", "점수 공포"에 관한 호소들이 점점 더 커졌다. 1976년에 이미 〈슈피겔〉 지(誌)의 한 표지 관련 기사는 "학교 불안"을 다루었다. 화보(畵報) 〈슈테른〉 지(誌)는 같은 해 "망할 놈의 학교"라는 시리즈를 냈는데, 그 제6부는 "누가 우리들을 그 해악에서 구해 주는가?"라는 표제를 달았다.[34] 물론 능력이 빈약한 학생들에 대한 과중한 요구를 방지하기 위하여 요구의 수준을 낮출 수 있다. 그것은 또한 대부분의 학교 교실에서 필연적으로 일어났으나, 학교의 불행이 이에 의해 달라진 것은 없다. 이로써 달성된 것이 있다면 그것은 다만 가장 능력 있는 학생들이 소홀히 되었고 사기가 죽었다는 것이다. 이로써 우리는 미국의 사정에 더 가까워졌다. 그것을 한 전문가가 이미 1967년 이렇게 묘사한 바 있다. "우리 어린이들이 다년 간 학교를 다녀서 가지고 온 가장 중요한 소득은 일종의 교활한 능숙성이다."[35] 그리하여 평균 이상으로 재능 있는 사람들을 장려하려는 중등학교의 사회적 주목적이 하나의 유토피아를 위해 반대로

---

32) 그 중 Clark 1960; Hoffmann 1976 참조.

33) Husen 1980, pp.13~15, p.103.

34) Der Spiegel 30(1976) p.23, pp.38~52; Stern, 29(1976) p.29, pp.42~50.

35) Miller 1968, p.284.

역전(逆轉)되어 버렸다.

그것은 좌파자유주의의 대변자 랄프 다렌도르프(Ralf Dah-
rendorf)가 1965년 독일 사람들에게 권고했던 한 교육정책의 결
과이다. 독일인들은 "현대화에로의 길"을 아직 완전히 걷지 않았
다는 것이고, 이 현대화 지체의 "증세"로서 그는 그 당시 명시적
으로 "학교에 대한 실천의 우선"이라고 명명하였다.[36] 이 이른바
"지체"는 그후 대폭 만회되었다. 그러나 그 결과에 대해 책임이
없는 한 지식인의 사고의 유희 속에서 "진보"로서 선전되었던 것
은 - 이는 "미국에 있어서의 유색 인종의 실질적인 해방과 의의에
있어 뒤지지 않는" 것이다[37] - 그 사이 학교화(學校化) 희생의 반
작용에서 잘못된 길이라는 것이 입증되었다.[38]

이 오류 위에서 또한 후계 세대의 도덕도 고통받았다. 최고의
사회정책적 목표로서의 "기회 균등" 선전과 현존하는 불평등에 대
한 자제력 없는 비판은 질투와 불이익을 받았다는 의심을 엄청나
게 부추길 것이라는 사실은 예견될 수 있었다. 그 누구도 "자기
자신과 다른 사람 사이에 모종의 기회의 상위(相違)가 존재하는
한 자기 자신의 교육 결과에 대해 어떠한 개인적 책임을 지지 않
는다."는 착각이 실제로 짧은 기간에 퍼졌다. 아동들에게서도 "불
평등의 체험 또는 관념에 대한 온갖 개인적인 과잉 반응은 정당
하며 하나의 의무이기도 한 것"이라는 신념이 생겼다.[39] 사람들은
모든 실망에 대해 그 원인을 "사회" 안에서 또는 "체제" 안에서 찾
는 데 익숙해졌다. 이로 인하여 "공격성의 수문(水門)이 넓게 열
렸고"[40] 이웃간의 정, 봉사 정신, 심사 숙려, 공손, 그리고 감사

---

36) Dahrendorf 1965, p.38

37) Dahrendorf 1965, p.24.

38) 이른 시기의 - 그러나 망각된 - 경고로서는 Spranger 1927/28을 참고할 것.

39) Schoeck 1982, p.45.

40) Waelder 1970, p.255.

의 결여가 오늘날 이토록 한탄의 대상이 되고 있는 바, 이것은 이처럼 사전 프로그램이 되었던 것이다.

이들 불가결한 사회적 미덕이 쇠퇴된 데는 물론 그 밖의 다른 원인들도 있다.[41] 그러나 그것은 교육의 무절제한 확장으로 인하여 강화되고 촉진되었다. 이 무절제한 확장이 명시적으로 종교적·도덕적 전통 및 권위 담지자(擔持者)로부터의 "해방"이라는 기치 아래 수행되었다는 사실이 사회적 미덕의 쇠퇴에 결정적으로 기여하였다.[42] 1965년 그의 교육정책적 강령문서에서 다음과 같은 것을 선언했을 때 다렌도르프는 이를 위해서도 표제어를 공급하였다. "모든 시민이 그들의 능력에 따라 교육을 받을 권리는 의문의 대상이 된 바 없는 온갖 속박을 타파하지 않고서는, 곧 계몽된 합리성이 현대적 세계 속으로 들어서지 않고서는 불완전할 것이다."[43] 그가 볼 때 "사회의 현대화"는 "의문의 대상이 된 바 없는 속박으로부터 사람들을 풀려나게 해줌", 즉 평이한 텍스트로 사람들의 사회적·종교적·세계관적·도덕적 근거박탈과 동일한 것이었다. 이 소박한 합리주의의 정신 속에서는 사람들에게 정서적 안전, 내적 지지, 그리고 의미를 주는 모든 것이 "성숙이 모자라서 나타나는 징후"[44]로 경멸시되었다. "계몽"과 "과학적 교육"이라는 슬로건 아래 일면적으로 지력을 키우고 사회와 국가에 대한 자기 중심적인 요구를 장려하는 교육 체제는 전승된 도덕적 문화 속에 뿌리를 내리도록 하는 데 기여하는 대신 청소년의 도덕적 뿌리뽑힘을 촉진시킨다.

중등 교육제도를 가능한 한 최대로 확장할 필요가 있다는 주장

---

41) Meves와 Ortlieb 1982 참조.

42) 이에 대하여 보다 상세한 것은 Brezinka 1981a를 참고할 것.

43) Dahrendorf 1965, p.24. 강조는 Brezinka.

44) Dahrendorf 1965, p.25; 마찬가지로 Becker 1980, pp. 301ff.

을 신봉하는 자들로 하여금 원치 않은 부작용과 후속 효과를 보는 안목을 흐리게 만든 네 가지 중요한 환상에 대한 논의는 이 정도로 하자. 환상들은 이 밖에도 더욱 많이 존재한다.[45] 여기서는 다만 도덕적인 복장을 걸치고 등장하는[46] 교육정책적 요구들을 냉철하게 그 핵심과 그 귀결에 대해 검사하는 것이 얼마나 절실한 일인지 분명히 해보고자 하였다. 19세기의 가장 위대한 사상가의 한 분이 이미 1873년에 그 시대의 교육정책적 이상들을 판단했던 저 인간학적·역사학적 회의(懷疑)의 정신으로 검사하는 것 말이다. "세상에서 가장 새로운 것은 인권으로서의 교육에 대한 요구인데, 이것은 안락한 생활에 대한 하나의 은폐된 욕구인 것이다."[47] 바젤의 역사가 야콥 부르크하르트(Jacob Burck-hardt)가 그의 〈세계사적 고찰〉에서 썼던 말이다.

끝으로 이 물음에 잠시 눈을 돌려 보자. 우리가 직면하고 있는 이 불모의 시대를 위한 하나의 현실주의적 교육정책은 어떠한 관점에 맞추어 방향을 잡아야 하는가?

---

45) 예컨대 Becker 1980, p.205의 주장이 그것이다. "현대 세계에 있어 자율적인 행동의 기초로서" 각 인간의 경우 "초과 자격"(Überqualifikation)은 필요하다는 것이다.

46) 권력 투쟁의 무기로서의 모럴에 대해서는 Topitsch 1973, pp.135ff.를 참조할 것.

47) Burckhardt o.J., p.99.

IV. 현실주의적 교육정책을 위한 여러 관점

1. 시·읍·면의 최소 자치체, 주(州), 국가의 교육제도는 다음 세대의 교육에 협력함으로써 장기적으로 전체의 유지와 생존 능력을 확보하는 것을 일차적 사명으로 한다. 이 전체는 고도의 분업 체제를 지닌 사회이다. 그 경제의 생산성과 그 성원들의 복지 및 사회적 안전은 **모든** 노동 영역 및 **모든** 직무 단계에서 필요한 노동 성취가 이루어질 때만 유지될 수 있다. 이것은 후계 세대에게 있어 특별한 성취 능력과 직업적 앙가주망(참여와 책임)을 전제로 한다. 다양한 종류의 요구들에 준비하기 위해서는 분화된 학교제도가 요구된다. 이에 있어서는 하급 단계와 중급 단계도 고급 단계와 꼭 같이 중요하고 조성(助成)을 필요로 한다. 하급과 중급 단계는 그 고유한 과제와 가치를 지닌다. 이들은 학생들이 입장에 처할 실생활의 지위가 부과하는 요구에 방향을 맞추어야 하는 것이지 대학이 준비해야만 하는 학문적 직업의 요구에 방향을 맞추어서는 안 된다.

2. 사회는 최고도의 지적 성취를 낼 수 있고 내려고 하는 한정된 수의 후계 세력을 필요로 한다. 이들을 위해서는 최고의 지위가 존재하는데, 이들 지위에는 자유민주주의 체제에서나 사회주의 독재 체제에서나 마찬가지로 최고의 수입, 최고의 위신, 기타 이득이 결부되어 있다. 최고 성취를 내기 위한 교육장소에 이르는 통로는 사회적 혈통과는 독립적으로 그럴 능력이 있는 젊은이면 누구에게나 열려 있다는 것은 사회의 관심사이다. 이것은 중등교육 단계와 고등교육 단계로의 이행가능성이 있는 융통성 있는 학교 시스템을 요구한다. 또한 모든 학교 종류에 있어서 업적

원칙이 긍정되고[48] 성취 엘리트들이 없어서는 안 되는 존재로서 인정을 받는 것도 포함된다.

다른 한편 그 자녀들이 가능한 한 최선의 학교교육을 받는 것은 부모의 관심사다. 부모들은 수준 높고 다방면으로 응용할 수 있는 교육은 불확실한 시대에 있어서 가장 귀중한 자산의 하나라는 것을 알고 있고, 그 때문에 그 자녀들에게 이 자산을 장만해 주려고 한다면 그들은 정당하다. 욕심이 없이 살아야 할 의무는 존재하지 않는다. 그런 까닭에 부모들이 학교 외적인 학습보조나 필요한 경우 학비가 비싼 사립학교를 거쳐서 최선의 자리를 둘러싼 경쟁에 있어 최선의 출발 기반을 마련해 주기 위해 큰 희생을 치르는 것을 금지할 수 없다. 학교 선택과 직업 선택의 자유는 보장되지 않으면 안 된다.

3. 보다 높은 수준의 교육에 대한 수요와 보다 높은 지위에의 취업 가능성 간의 불균형은 정치적·경제적·정신위생적 이유에서 가능한 적게 유지되어야 한다. 이를 위해서는 노동 시장의 실상에 관해서 시민들에게 계몽하고, 또한 일방 지식의 증대와 타방 경쟁의 첨예화로 인해 고등교육 기관에 있어 요구되는 성취 수준이 높아지고 있음에 대해서도 시민들에게 계몽하는 것이 필요하다. 이에는 또한 자기 자신과 자신의 성공 전망을 비현실적으로 평가하고, 그리하여 실패하는 사람이면 누구나 위협받는 불이익, 즉 신체적 건강, 자아 의식, 심적 건강, 생의 기쁨 등에서 입게 되는 불이익에 관한 계몽도 속한다. "기회 균등"과 "더 많은 교육에 의한 만인의 사회적 상승"이라는 환상을 만연시키는 대신 한단계 한단계 더 높은 수준으로 상승하여 마침내 감당 능력의 한계에 이르는 "위"를 향한 길을 위해 지불되어야 하는 대가가 처음부터 언급되지 않으면 안 된다.

---

48) Lenk 1983 참조.

사회적 가동성이 큰 경쟁 일변도의 능력주의 사회를 위해 치러야 할 심적 대가가 위험하리만큼 높다는 사실은 공개적으로 훨씬 더 널리 알려지지 않으면 안 된다.[49] 너무 많은 사람들이 과도한 기대를 품게 되면, 필연적으로 대량의 실망자가 발생한다. 극단적으로 가동적인 사회는 평온, 지속성, 상황의 조망가능성을 바라는 인간의 깊은 욕구와 조만간 모순에 빠진다. "만약 일반적인 생활 조건들이" 지속적으로 급속한 "흐름 속에 있을 때는 이 조건들은 수용되지 않으며 아무도 그에 적응하지 않는다. 그러므로 진보의 시대는 공포와 불안의 시대일 수밖에 없다."[50] 이것을 페스탈로치(Pestalozzi)는 이미 산업혁명의 초기에 분명하게 목도하였다. 1780년 그가 이렇게 썼을 때 말이다. "인간은 내적 평안에 이르도록 교육받아야 하고, 자기의 처지와 달성 가능한 향락으로 자족하도록 교육받아야 한다." "내적 평안이 없으면 인간은 거친 길 위에서 나부낀다. 도달이 불가능하게 멀리 있는 것에 대한 갈증과 충동은 가까운 현재의 축복의 향유를 그에게서 박탈해 버린다."[51] 이 단순한 지혜에 대한 이해를 수많은 사람들은 그 사이 다시 획득하였다.

만약 우리가 교육 과정(過程)을 품위 없이 경영하는 것을 피하고자 한다면, 부모와 자녀에게 있어 가능한 한 일찍 이성적인 자기 평가를 장려하는 일만 남았다. 이를 위해서는 학업 성취에 대한 주문 사항, 자기 자신을 시험해 보는 기회, 그리고 시험은 필수불가결한 것이다. 이런 것을 평가절하하여 학교에서 가능한 멀리 밀어내고 싶어하는 사람은 그 자신이 생각하는 것보다 덜 인도적인 행위를 하게 된다. 취학이든 취업이든 현실주의적인 인생 계획을 위해서는 자기 자신의 능력과 그 한계에 관한 진실을 인

---

49) 이에 대해서는 Young 1961 및 Riesman 1968의 풍자를 참조할 것.

50) Waelder 1970, p.254.

51) Pestalozzi 1946, Bd. 8, p.10.

식하는 것이 필수적이다. 이 인식은 학업 성취에 대한 주문 사항이 없거나 학업 성취에 대한 평가가 없이는 얻어질 수 없다.

4. 사람이 학교와 대학을 오래 다니면 다닐수록 인간의 삶의 충실성이 필연적으로 증대된다는 것은 하나의 미신이다. 교육기관에서 오랫동안 체제하는 것은 무익하거나 혹은 유해할 수도 있다. 만일 교육기관에서의 장기 체제가 학교로 인한 심적 장애를 초래한다면, 만일 장기 체재가 자기 신뢰, 자기 노동에 의한 자기 유지 용의, 현실 감각, 생의 희열 등과 같은 삶의 충실성의 본질적인 특징의 획득을 방해한다면, 그것은 유해하다. 의무 취학 기간의 확대에도 효용의 한계가 존재하고, 교육과정의 연장에도 효용의 한계가 존재하며, 교육에 대한 주문(요구 사항)을 증대시키는 경우에도 효용의 한계가 존재한다. 이 효용의 한계는 청년기의 학교화(學校化)가 가장 극단으로 나아간 나라들에서는 이미 도달되어 있는 듯 보인다. 교육비 지출의 엄청난 증가로 인하여 차세대의 상급학교 진학이 최고치(最高値)에 도달한 곳에서 학교에 대한 불만, 학교에 대한 반항, 학교로부터의 청년들의 소외가 가장 심대하다. 복지의 모든 부분에서처럼 교육에 있어서도 급부(給付)의 증가는 요구 수준을 증가시키고, 지나치게 증가된 요구들은 만족을 감소시킨다.[52]

학교제도의 가능한 한 최대한의 확대를 주장하는 자들이 지금까지 빠져 있는 이 학교화된 사회의 위기로부터 벗어나는 유일한 출구는 청년들을 가능한 한 일찍 노동 세계와 연결시키는 것이다. 추측컨대 다른 방도는 전혀 존재하지 않아 보인다. 그 때문에 젊은이의 대부분이 의무적으로나 자발적으로 전일제 학교에 다니는 나라들에 있어서도 최근에는 16세부터 18세까지의 청년

---

52) Meulemann 1982, p.249. "증대되는 기대의 혁명"에 대해서는 Waelder 1970, pp.251ff.도 참고됨.

들에게 실제적 노동을 경험하는 기회를 확대하거나 반일(半日)
수업과 부분 시간 노동을 복합시키는 기회를 제공하는 일이 권장
되고 있다.[53] 청소년기의 전면적인 학교화에 공동 책임이 있는
교육전문가들조차도 이로 인해 발생되는 난점들의 해결책을 이원
적(二元的)인 직업 교육[54]에서 보고 있다. 독일어권 나라들은 이
원적 직업 교육으로 국제적으로 최고의 명성을 얻게 되었고, 예
컨대 스위스는 직업과 거리가 먼 대학교육의 유익성에 대해 전세
계적으로 과대 평가가 이루어지던 시기에도 직업 교육은 멀리 하
지 않았던 것이다.[55] 일찍 직업적 노동 세계와 아는 사이가 되는
것이 "학교에 싫증난" 청년들에게 다시 추진력, 성취의 희열, 자
신감을 얻을 수 있게 하는 가장 중요한 수단이다.[56] 그것은 또한
책임의식과 현실감각을 획득하기 위한 가장 중요한 수단이요, 노
동분담적인 사회를 제대로 보는 법을 배우기 위한, 즉 그 누구도
스스로 다른 사람들을 위해 봉사를 행하려는 자세가 되어 있지
않을 때 타인으로부터의 봉사를 기대할 권리를 갖지 않는 상호성
에 기초한 직무(서비스) 수행 체제로서 보는 법을 배우기 위한
가장 중요한 수단이다. 이로부터 교육정책적으로 도출되는 결론
이 있으니, 그것은 대학 진학을 목표로 삼는 학교 공부의 이점이
많아서 직업 교육에로의 조기 이행이 너무 많은 학생들에게 불리

---

53) Husen 1980, p.106.

54) Husen 1980, p.108.

55) 스위스에서는 16~20세 사이의 학생 10명 중 약 7명은 직업학교에 다닌다.
    1983~84학년에 210,089학생의 직업교육이 이원적 제도에서 이루어졌고,
    26,686학생의 직업교육은 전일제 직업교육학교에서 이루어졌으며, 4,357명
    의 직업교육은 정시제(定時制) 직업교육학교에서 이루어졌다. 연방통계청
    (발간), 1983~84년도 학생 통계, Bern 1984, p.22 참조. 독일연방공화국에
    서는 1983년 17~18세 청년 중 46.6%가 직업학교에서, 22.1%는 김나지움에
    서, 16.2%는 전일제 직업교육학교에서였다. 비스바덴 연방통계청 간행, 수
    치로 본 교육 1984, Stuttgart 1984(Kohlhammer), pp.39f. 참조.

56) Guyer 1975, pp.166ff.

하게 보일 정도가 되어서는 안 된다는 것이다.

5. 삶의 의미에 대한 믿음과 모럴 없이는 삶의 충실성도 존재하지 않고 직업의 충실성도 존재하지 않는다. 심리학적 연구는 우리가 삶의 경험을 근거로 해서 이미 알고 있는 사실, 즉 인격의 도덕적 기초는 학교나 기업에서가 아니라 가정에 놓여 있다는 사실을 몇 차례 확증한 바 있다. 인격의 도덕적 기초는 단지 이성으로 향해지는 수업을 통해서만 마련될 수 있는 것이 아니라, 유년기에 어린이들이 표준으로 삼는 본보기나 모범으로서 영향을 발휘하는 사랑받는 사람들과 교제하는 가운데서 성립한다. 삶의 의미, 세계에 대한 신뢰, 노동의 기쁨, 그리고 타인을 위한 선의가 일생 동안 유지되기 위해서는 이들이 어릴 적부터 심정 속에 뿌리내리지 않으면 안 된다. 모든 공동체의 번영은 본질적으로 그 후진의 이 도덕적 특성들에 의존하므로, 가정에 있어 정신적 지반이 되어 주는 심정적 경험의 결여된 부분을 교육제도가 학령기에 있어 지식 전달에 의해 만회하여 줄 수 있다고 믿는 것은 가장 위험한 교육정책적 환상일 것이다.[57] 교육정책(Bildungspolitik) - 학교정책으로 이해되는 - 은 전체 교육정책(Erziehungspolitik)의 한 부분일 뿐이다. 만일 우리들이 학교제도에 대한 염려가 앞선 나머지 아동 친화적이고 교육적인 가정에 대한 배려를 소홀히 한다면 최고로 값비싼 교육 시스템도 사상누각(砂上樓閣)이 되고 만다.

---

57) Gotthelf 1940, p. 366 참조: "잘못 생각하지는 마시오 …… 그건 국가도 아니고 학교도 아니며 인생의 다른 어떤 것도 아니오. 그것은 가정이요 …… 삶을 교육하는 것은 교사가 아니라 가정의 아버지와 어머니인 것이오. 한 나라에서 공공적인 삶은 주요점이 아니고 가정적인 삶이 만사의 뿌리요, 그 뿌리 여하에 따라 다른 것도 형성되는 것이오."

제8장 유전, 기회 균등, 학교 조직

지난 수년 동안 영국과 미국의 심리학자 몇 사람이 인간의 인격과 그들의 학습능력, 성취능력, 지능은 유전인자들에 의해 제약되고 한정되어 있다는 점을 매우 정력적으로 상기시켰다. 이 견해는 유전·환경 문제의 연구에 종사하고 있는 생물학과 심리학의 전문가들 사이에서는 오래 전부터 확실한 것으로 여겨지고 있다. 다만 이 견해는 아르투어 옌젠,[1] 한스유르겐 아이젱크,[2] 리하르트 헤른슈타인[3] 등의 최근의 저작에 의하여 새로이 확인되고 세련화되며 세부적으로 더욱 확장되어 왔을 따름이다.

이 학자들의 테제는 사회주의적 지식인과 좌파자유주의적 지식인 사이에 격렬한 분격을 불러일으켰다. 이 분격은 하등 과학적 근거를 가진 것이 아니라 세계관적·정치적 근거를 가진 것이다. 옌젠, 아이젱크, 그리고 그들의 동지들은 그들이 연구하는 학문의 분야에서 전적으로 새로운 무엇을 발견한 것이 아니라 과학적으로 확증된 지식과는 일치하지 않음에도 수십 년 전부터 여론의 신념 내용에 속해 있는 정치와 교육상의 희망적 관념을 논박했을 뿐이다. "유전, 환경, 교육"이라는 오랜 주제를 둘러싼 최근 몇 년 동안의 논쟁의 격렬성은 결국 평등이라는 사회정책적 이상이 실현 가능한가 아닌가라는 물음에 관계된다는 점을 고려

---

1) Jensen 1972; 1973a; 1973b.

2) Eysenck 1975a; 1975b.

3) Herrnstein 1974.

할 때만 이해될 수 있다.

인간들이 평등하지 않다는 것은 명백하다. 인간들을 평등하게 만들려고 하는 사람은 인간들이 평등하게 만들어질 수 있다는 사실을 전제하지 않으면 안 된다. 유전인자들이 적어도 현재로서는 아직 임의로 변경될 수 없다는 사실은 잘 알려져 있다. 이에 반해서 환경은 최소한 부분적으로는 계획적으로 형성될 수 있다는 사실이 받아들여지고 있다. 그러니까 인간들을 평등이라는 이상에 따라 변화시키는 가능성은 일차적으로 환경적 요인들에 의한 영향 가능성이 얼마나 큰가 하는 점에 달려 있다. 영향 가능성 대신 또한 가소성(可塑性), 학습능력, 또는 (교육학적 전문용어로) 도야 가능성(陶冶 可能性)도 운위된다.

I. 평등의 이상과 환경의 힘에 대한 신뢰

인간을 변화시키고자 하는 사람은 - 그 목적, 동기, 수단은 어떤 것이든 상관없다 - 오직 그들 인간이 영향을 받을 수 있다는 것이 확실할 때만 이를 시도할 수 있다. 기회균등이라는 정치적 목적을 추구하는 사람은 그들의 영향 가능성을 매우 높이 견적하고 학습능력의 유전적 한계는 부정하거나 아니면 그(유전적 한계)의 의의를 낮게 평가하거나 하는 경향이 있다. 모든 인간이 대충 동일한 유전적 기반을 가지고 태어나거나 아니면 현존의 유전적 차이가 환경적 영향에 의해 고르게(평균화) 될 수 있거나 둘 중의 하나가 가정될 때만 인간을 그들의 삶의 기회와 관련하여 평등하게 만들려는 시도들이 처음부터 가망 없는 것으로 보이지는 않을 수 있다. 보수주의자들이 인간들 간의 현존의 불평등을 성급히 "자연적으로 주어지고", 유전적으로 조건지어지며, 따라서 변화될 수 없는 것으로 간주하는 경향이 있는 반면 자유주의자와 정치적 좌파는 예로부터 환경을 믿었다는 것도 여기에 기인한다.

역사적으로나 국제적으로 비교하면 이미 계몽주의 시대 이래 영국, 프랑스, 미국의 자유주의적 지식인들은 인격의 생성을 위한 환경적 영향의 의의를 매우 높이 평가했고 반면 독일의 정신적 지도층은 고전주의와 낭만주의의 영향을 받아 유전적 소인들과 이들의 내부로부터의 자발적인 전개에 더 많은 무게를 주었던 것으로 관찰된다. 제2차 세계대전 이후에 비로소 독일에서도 인격이 지금까지 가정했던 것보다 훨씬 강력하게 사회문화적 상황과 학습과정들에 의존한다는 점이 보다 다수의 사람들에게 알려지게 되었다.

II. 무한한 학습능력이라는 환상

인간이 그 소질상 학습하도록 정해져 있고, 무엇보다 유년기에 학습능력이 현저하다는 사실을 입증하는 자료가 너무 강한 인상을 남겨서 몇몇 교육이론가들은 때때로 도야 가능성의 유전적 한계를 시야에서 놓치기도 하였다. 도덕적 사명감과 세계의 개량(改良)이라는 정치적 의도에 고무되어 그들은 교육에 의한 인간의 완성이라는 오랜 교육학적 몽상(夢想)을 무비판적으로 부활시켰다.[4] 틀림없는 관점은 과장하고 대립되는 사실은 고려하지 않으며, 복잡한 연관들은 단순화시켜 일면적으로 교육낙관주의적인 견해들을 유리하게 하였다.

그리하여 예를 들면, 1966년부터 1975년까지 "독일교육심의회"에서 독일연방공화국의 가장 중요한 교육정책적 요직을 차지하였던 하인리히 로트(Heinrich Roth)는 인간에게 **무한한** 학습능력"과 **무한한** 교육 가능성이 있다고 간주하였다.[5] 1952년에 벌써 그는 이른바 "교육학적 재능 개념"을 도입하였고 "개인의 소질의 강화, 외부로부터의 재능 부여"는 가능하다고 가르쳤다.[6]

그와 같은 부정확하고 오도하는 정식화(定式化)는 평등주의가 품고 있는 희망적 관념을 일견 과학적으로 정당화시켜 주는 것으로 급속히 세간에 보급되었다. 진보적인 학교정책 담당자들은 평등이라는 요청에 그토록 잘 들어맞는 이 근거희박한 관념들을 사회적 상승과 수입, 그리고 소비 기회 면에서 여러 상이한 사회계

---

4) Passmore 1975, 특히 pp.164ff. 참조.

5) Roth 1966, p.115 및 p.149.

6) Roth 1952.

층 소속자들 간에 존재하는 그 차이들을 평준화시키는 데 유용하다고 고려한 수많은 학교조직 개혁 조치들을 뒷받침해 주는 충분한 과학적 기초로 간주하였다. 이런 개혁에는 예비교육시설(유아학교·유치원 등 초등학교 입학 전의 교육 시설: 역주), 개발 학년(초등학교 과정과 상급학교 과정의 중간 단계가 되는 5~6학년 과정, 독일의 초등학교인 '기초 학교'는 4년 과정임: 역주), 통합된 종합 학교(실업계와 인문계가 종합된 중등학교: 역주), 전일(수업)제 학교, 수업의 "과학 정향성", 그리고 "성적 결손"을 해소시키고자 하는 모든 형식의 "보정(補整) 교육"이 속한다.

III. 유전적 차이의 인정 – 개성에 합당한 교육의 전제

　　요사이 인간의 유전제약적 불평등을 지적하는 심리학자들은 그로써 이를테면 능력이 보다 떨어진 아동들로 하여금 교육적 도움을 받지 못하게 하려는 것이 아니다. 유토피아적인 평등 신봉자들은 그들을 아주 부당하게 비난하였다. 그들 심리학자의 저술에서 보면 사실은 그와 정반대다. 그들은 어린이들의 천차만별로 유전된 능력의 가능성과 한계에 적합한 학교조직 형태와 수업 방법을 마련해 줌으로써 어린이들을 지금까지보다 더 잘 돕는 것을 원하고 있기 때문이다.

　　그들은 그 천차만별의 능력과 관심을 가진 실제의 인간들이 우리들의 학교에서 지식인들의 사고방식을 전국민들에게 강요하려 들고 이론적 척도 이외에 다른 성취척도를 인정하고자 하지 않는 그런 정치적 몽상가(夢想家)들의 꿈에 희생되지 않는 것을 지지한다. 그들은 새로운 유전생물학적·지능이론적 논거를 가지고 개성의 고려라는 오랜 교육학적 원칙을 옹호한다. 이 경우 그들에게 사회적 정의는 그들의 논적(論敵)에 못지않게 중요시된다. 그러나 그들은 바로 개개의 인간에게 공정하게 되기 위하여 사회계급에 정향된 사회정책적 목표 및 교육수단에는 반대한다. 그런 목표는 공상적인 것으로 보이고, 그런 수단은 유해한 것으로 간주하기 때문이다.

IV. 유전 이론과 학교 조직

그렇다면 유전적 불평등에 관한 새로운 연구결과들로부터 개개의 교육 행위와 전체로서의 학교 조직을 위하여 어떠한 결론을 얻을 수 있는가? 나의 대답은 이렇다. 즉 이렇다 할 하등의 결론, 혹은 하등의 직접적인 결론은 얻을 수 없다는 것이다. 도야 가능성에 대한 견해는 인간 속에 숨어 있는 **가능성들**에 관한 우리들의 관념을 규정한다. 그러나 그것이 어떠한 가능성들이 실현되어야 하고 이를 위해 어떠한 수단이 적당한지를 판단하기 위한 근거를 제공하지는 않는다. 교육의 목표 또는 목적에 대해서는 이런 결단이 내려져야 한다. 곧 그것의 준비를 위해 인격의 형성에 있어 유전과 환경이 점하는 몫에 대한 가설들로부터는 아무런 긍정적인 것이 얻어져서는 안 되는 그런 결단이 내려져야 한다. 기껏해야, 일정한 사람들의 수많은 가능한 인격적 상태, 능력, 태도 중에서 어느 것이 달성될 수 없는지에 대한 소극적인 시사는 얻어진다. 여기서는 이런 명제가 타당하다. 즉 이루어지거나 행해야 마땅한 것은 이루어지게 하거나 행할 수 있어야만 한다(혹은 더 줄여서, 당위는 가능을 포함한다)는 명제다.

마찬가지로 유전·환경·관계에 관한 가설로부터는 설정된 목적들을 실현시키기 위하여 어떤 수단이 적당한지에 관한 결론이 도출될 수 없다. 고작해야 우리가 변화시키고자 하는 인간의 심리적 상태에 적합하지 않은 수단을 선택하지 않기 위한 일반적인 관점이 얻어질 수 있을 뿐이다. 사정이 이러하므로, "기회 균등"이라는 (유토피아적인) 사회정책적 목표의 타당성과 이 목표의 달성을 위한 적합한 수단으로 간주되는 교육의 조직형태의 도입을 "소질의 가소성", "무한의 학습능력", 혹은 "재능"의 형성 가능성으로써 근거짓는 것은 과학적으로 정당화되지 않는다.

다른 한편 예비교육 시설, 개발학년, 종합학교 등과 같은 이미 도입되었거나 계획중에 있는 교육의 조직형태를 유전생물학적·지능이론적 논거를 가지고 반대하는 것도 정당화되지 않는다. 이와 같은 논거들은 이 조직형태들이 독점적으로 "기회 균등"이라는 유일무이한 목표를 실현시키기 위한 수단으로 간주될 수 있을 때만 비로소 의미를 지닐 것이다. 기회 균등이란 낱말의 엄밀한 의미에서 하나의 유토피아, 즉 하나의 실현 불가능한 목적이라는 것이며, 따라서 이 같은 목적의 실현을 위해 사용되거나 제안되는 수단들 또한 무용한 것으로 드러날 것이다.

사실상 "기회 균등"이라는 슬로건은 말 그대로 받아들여지는 경우는 드물고 대개는 다소간에 현실주의적으로 "가능성의 범위 내에서의 기회 **불**균등의 경감"이라는 의미로 해석된다. 이 훨씬 더 분별 있는 사회정책적 목표는 유전생물학적·지능이론적 관점 하에서 확실히 유토피아적인 것으로 지적될 수는 없다. 하지만 "기회 균등"이라는 이상(理想)이 한 사회의 모든 구성원의 삶의 기회의 완전한 평등이라는 문자 그대로의 의미로 주장될 때도, 이 이상의 유토피아적 성격에 대한 정당한 유전생물학적 비판이 교육의 일정한 조직형태에 대해 반대하는 논거를 제공하는 것은 아니다. 왜냐하면 이 교육의 조직형태는 언제나 **몇** 가지 목적을 위한 수단으로 간주되기 때문이다. 엄밀한 의미에서의 "기회 균등"과 같이 이들 목적 중의 **하나**가 유토피아적인 것으로 증명될 수 있을 때도, 이것으로써 하나의 교육시설이 여타의 비(非)유토피아적인 목적을 위해서도 무용(無用)한다는 말은 결코 성립되지 않는다.

V. "가능"에서 "당위"를 위한 무엇이 도출되지 않는다

목적의 실현 가능성과 수단의 적합성을 판단하는 데 유효한 유전생물학적 지식이 존재하는 한 교육의 이론이나 실천에서 그것을 고려하는 것은 말할 나위 없이 적절하다. 하지만 학습능력이나 지능 또는 그 한계에 관한 지식은 교육적으로나 교육정책적으로 어떻게 행위되어야 하는지 결정할 수 있기에는 충분치 않다는 사실을 우리는 분명히 알아야 한다. 개별 인간의 경우도 그렇고, 어떠한 인간 집단에 있어서도 그렇다. 많든 적든 간에, 갑(甲)이든 을(乙)이든 간에 **학습할 수 있다**는 사실로부터 학습할 수 있는 것이면 무엇이든 **학습해야 한다**는 결론이 나오는 것은 아니다. 여기서는 이런 명제가 타당하다. 즉 가능은 당위를 포함하지 않는다.

인간의 "무한한 학습능력"에 관한 주장이 진실일 때조차도 그것이 인간들을 취학강제와 기타 형태의 사회적 통제에 의하여 가능한 한 오래, 가능한 한 많은 것을 학습하도록 강요할 수 있는 근거가 되지는 않는다. 그 시민의 무한한 도야 가능성이 한 사회의 학교 교육제도의 조직을 위한 유효한 관점은 아니다. 다른 한편 인간들 간의 지능의 차는 80% 정도는 유전적으로 결정된다는 비교적 새로운 사정(査定)도 있는데, 이는 그 나머지는 환경의 영향 부분으로 남는 여지라는 것을 시사한다. 그렇다면, 이로부터는 어떤 결론의 도출이 가능한가. 그렇지 않다. 이 여지가 교육적으로 이용되어야 하는지, 이용되어야 한다면 어떻게 이용되어야 하는지에 대해서 이로부터 아무것도 도출될 수 없다.

지적 능력들이 국민들 사이에 얼마나 다양하게 분포되어 있는

지에 관한 연구결과들도 한 국가의 학교체제의 편성을 위한 충분한 기초를 제공하지 않는다. 그런 연구결과들은 우리가 온갖 재능의 방향과 정도를 지닌 사람들을 똑같은 경비로써 장려할 것인지, 혹은 우리가 다수의 평균적인 재능의 소유자보다 재능이 우수한 사람 또는 재능이 열등한 사람에게 더 많은 지원을 돌릴 것인지의 문제에 대해 해답을 주는가 하면 그렇지 않다. 미해결로 남긴다. 우리가 학생들을 그들의 사회계층에의 소속과는 무관하게 교육할 것인지, 혹은 중층과 상층의 어린이들보다 하층의 어린이들을 위해 그들의 재능을 고려하지 않고 원칙적으로 더 많은 것을 행할 것인지는 지능심리학의 연구결과에 달린 것이 아니라 정치적 결단에 달린 문제다.

VI. 기회 균등, 상승 원망(願望), 그리고 사회적 수요(需要)

"무한의 학습능력"과 지능의 높은 환경 의존성에 관한 환상은 그 자체만으로서가 아니라 기회 균등을 구하는 정치적 요구와 결부됨으로써만 비로소 학교정책에 대한 영향을 획득하였다. "기회 균등"이라는 다의적(多義的)인 슬로건은 "교육받을 권리"[7]라는 슬로건과 마찬가지로 일면으로 개인주의적으로 해석되었다.

독일연방공화국에서는 다른 고도로 발달된 사회적 법치국가들에서와 마찬가지로 만인을 위한 기초적인 공교육은 수세기 이래 확립되었다. 그러므로 이 나라에서 "기회 균등"이라 함은 일차적으로 가능한 한 많은 학생들에게 그들의 사회적 출신과는 관계없이 상급학교의 취학을 통한 사회적 상승에의 기회가 주어진다는 뜻으로 이해되었다. 성적의 차이 중 유전으로 결정되는 몫을 무시하는 것, 교육에 의해 지능을 향상시킬 가능성이 있다고 믿는 것은 거의 모든 사람이 그의 유전적 소질에 근거하여 취학기간의 연장으로 상층 사회의 교양 수준, 수입, 명성에 더 가까이 갈 수 있다는 가능성에 대한 의심을 풀어 주기 위한 정치적인 수단이었다.

이런 방식으로 주민들에게 학교란 것은 주로 사회적 계층상승에 관한 개인의 사적 관심에 봉사해야만 한다는 인상이 매개되었다. 하지만 통찰력 있는 사람이면 누구에게나 1960년대에 각 정당의 교육정책가들이 행한 사회적 상승의 약속들이 실현 불가능한 것이었다는 것은 처음부터 분명하였다. 그럼에도 불구하고 그

---

7) Dahrendorf 1965.

것의 이행 불가능성이 대부분의 시민들에게 있어 장래에 가시화
될 그 같은 약속들을 통하여 중층과 하층의 유권자들의 마음을
얻어 자기 당을 지지하도록 하고자 하는 소망이 승리를 거두었
다. 김나지움과 대학을 가능한 한 크게 증대시키기 위한 주(州)
정부들 간의 수년에 걸친 경쟁이 시작되었다. 경제성장과 국고
(國庫)의 부(富)가 지속되는 경우에도 대학 졸업자를 위한 고임
금 일자리는 대학입학 자격 시험 준비생의 증가에 부족함이 없을
규모로 증대될 수는 없다는 점은 예견될 수 있었다.

　나아가 지망자가 더욱 쇄도하는 고위직의 부족은 보다 엄격화
된 선발을 초래할 것이라는 점도 예견될 수 있었다. 지원자가 더
많을수록 거절되는 사람의 수도 더 많아진다. 민주적 법치국가에
있어서는 성적 이외의 다른 선발척도는 허용되지 않으므로, 모든
상급학교에 있어 취득가능한 대학 졸업자의 일자리와 그것을 얻
고자 하는 사람의 수량 간의 불균형이 증대되는 정도로 성적에
대한 요구가 고조될 것이라는 점 또한 분명하였다. 이것은 다시
금 과거 어느 때보다 더 많은 학생들이 과도한 요구를 부과받게
되고 낙담하게 되며 심적으로 병들게 되는 결과를 초래한다.

　약간만 숙고했어도 이 모든 것은 예견될 수 있었다. 책임 있는
사람들은 "기회 균등"이라는 구호하에 개인적 상승 소망을 무조건
고무시킨 데 대해 어떠한 대가가 지불되어야 할 것인지, 온갖 부
작용을 고려해서라도 그 대가를 지불할 만한 것인지 사전에 재어
볼 수 있었을 것이다. 추측컨대 독일 청소년의 삶의 전면적 학교
화(學校化)를 무비판적으로 지지했던 수많은 교육정책 담당자와
교육학 교수들은 그들의 좋은 의도를 가지고 결과적으로 어떤 사
태를 야기했는가 하는 점에 대해서 사실상 전혀 예감치 못하였던
것이 아닌가 싶다.

　하지만 자신들이 무엇을 행하고 있는지 알고 있는 사람도 많았

고 지금도 그렇다. 만약 하나의 자유로운 법치국가에서 고유한 원칙들을 일방적으로 개인주의적 해석을 가하여 내부로부터 몰락시키고자 한다면, 직업·수입·위신에 대한 실현 불가능한 요구를 지닌 거대한 수의 고등학생, 대학생, 대학 졸업생을 만들어 내는 것보다 더 효과적인 수단은 거의 없다. "사회"는 우리들에게 가능한 한 높은 생활 수준에 대한 "권리 요구"를 들어주어야 할 의무를 지고 있다는 주장에 대해서는 필연적으로 실망이 일게 되는 바, 이 실망은 실망한 사람들로 하여금 "체제"에 반대하도록 정치적으로 선동하는 데 쉽사리 이용될 수 있다. 신좌파나 공산주의자들이 사회적 수요에 대한 고려 없이 고등학교와 대학을 확대시키는 것을 "체제 극복"을 위한 우선적인 수단으로 보고 있음을 입증해 주는 증거는 무수하다.[8] 이로부터 명백해지는 것은 지능의 환경 의존성에 대한 일면적인 교설은 단순히 교육자를 고무시키기 위한 무해한 수단일 뿐만 아니라, 그것은 또한 폭발성 있는 정치적 투쟁수단으로 이용될 수 있고 오래 전부터 이용되고 있다는 사실이다.

학교정책 및 대학정책상의 혼란은 우리들의 교육정책 담당자들과 교육학·사회학·정치학 측면에서 그들을 조언한 자들이 다소간 좋은 의도에서 야기시켰던 것으로 대다수의 당사자들로서는 고통을 감수하는 가운데서만 다시 제거될 것이다. 이를 위한 하나의 본질적인 전제가 되는 것은 개인의 사적 상승 원망(上昇 願望)이 아니라 사회의 필요가 현실에 합당하고 재정적으로 부담 가능한 학교정책의 제1의 기준이 되어야만 한다는 오랜 국가정책적 통찰을 다시 획득하는 일이다.

---

8) Brezinka 1981a, pp.132ff. 참조.

제9장 교사의 직업 에토스

- 교육정책에서 소홀히 된 문제 -

I. 등교 의무(登校 義務)와 학생의 복리

우리는 학교가 인류의 역사상 과거 어느 때보다 더 많은 중요성을 지닌 사회에서 살고 있다. 현재 독일연방공화국에서는 약 1천150만 명의 학생들(오스트리아에서는 115만 명, 스위스에서는 1백만 명)이 재학하고 있다.[1] 법적인 취학 의무 덕으로 모든 아동은 현재 적어도 9년 동안은 전일제 학교에 다녀야 한다. 이에 이어서 만 18세에 이르기까지 정시제(定時制) 학교로서의 직업학교를 다녀야 할 의무가 있다.[2] 그러니까 모든 독일의 아동은 최소 12년 동안 그 인생의 큰 부분을 학교에서 보낸다. 이들 학교는 모두 "국가의 감독하에" 있다.[3]

독일의 각 주(州)에서 법적인 취학의무는 18세기에 도입된 이후 늘 이중(二重)으로 근거지어져 있으니, 아동들의 개인적 복지와 공공의 복리(또는 공익)가 그것이다. 각 아동의 의무취학은 인권 또는 교육받을 권리가 가져오는 당연한 귀결로 이해되고,[4] 등교는 아동을 위해 베풀어지는 선행(善行)으로 간주된다. 동시에 후진들의 취학으로부터 공동체를 위해 이득이 되는 효과들도

---

1) 독일 연방통계청: Bildung im Zahlenspiegel 1991, pp.42와 p.61; 오스트리아의 학교통계, H. 39, 1989/90학년도, p.246; 스위스 연방 통계청: Länderbericht Schweiz 1991, p.41.

2) 1946년 12월 2일의 Bayern 주 헌법을 예로 들면, 제129조 1항 "모든 아동은 초등학교와 직업학교에 취학해야 할 의무를 지닌다."

3) 1946년 5월 23일의 독일연방공화국 기본법 제7조 1항; 바이에른 주 헌법 제130조 1항.

4) 예를 들면 1848년 12월 5일의 프러시아 헌법 원전(原典) 제18조는 이렇다. "프러시아의 청소년은 충분한 공공적 시설로써 국민 보통 교육을 받을 권리가 보장된다." Rönne 1850, p.49.

기대되고 있다.

학교를 설립·유지하고, 등교를 법률적으로 의무화시키며, 상급학교에의 자발적 진학을 장려하는 등의 학교정책적 조치들은 모종의 **약속**과 결부되어 있다. 학교를 설립·운영하는 사람은 그 학생들에게 효용·이득·인격의 향상을 약속한다. 등교는 사람이 획득하고자 하고 획득하여야 하는 일정한 지식, 기능, 태도들이 가능한 한 잘, 그리고 경제적으로 - 즉 가장 짧은 기간에 불필요한 힘의 낭비 없이, 원치 않는 부작용 없이 - 학습될 수 있게 하기 위한 하나의 필요 조건으로 간주된다.

모든 학교는 목적을 달성하기 위한 **수단**으로 이해될 수 있다. 학교의 가장 중요한 목적은 학생들에게 가르쳐 주기로 약속되고 있는 그 특별한 인식과 능력에 있다. 이 목적이 학교의 교수 목표, 수업 목표, 또는 교육 목표이다. 목적된 바를 학생들에게 있어서 달성하기 위한 가장 중요한 수단이 교원과 그의 수업이다.

학교의 운영자로서 학생들에게 일정한 효용을 약속하는 자는 그 약속된 것이 일어날 수 있도록 배려하지 않으면 안 된다. 수업 성공의 조건들이 학교의 힘에 놓여 있는 한, 그는 약속의 이행에 대해 책임을 진다. 이것은 교사 개개인의 일인 수업 운영에도 타당하고 수만 명의 공무원 교사를 지닌 거대한 국가적 학교 운영에도 타당하다.

II. 교사의 직업 충실성에 대한 국가의 책임

전체 학교 제도의 계획과 형성을 위한 권리가 **국가**에 놓여 있으므로, 입법, 통치, 행정의 국가 기구들 역시 학교의 제반 임무 이행이 의존하는 바 그 조건들을 가능한 한 널리 확보하는 일에도 책임이 있다. 이것은 "청소년의 교육을 돌보기" 위해서 국가와 지방자치단체 자체가 설립한 공립학교의 경우 특히 타당하다.[5] 학교를 운영하고 등교 의무를 지우는 것이 정당화되는 것은 학교가 수행할 것이라고 한 약속과 학교가 학생들에게서 사실적으로 실현한 것 사이에 너무 큰 불균형이 발생하지 않을 때에 한한다.

국가의 교육기관이 시민들, 특히 부모와 그 자녀들에게 하는 약속들은 **교육 목표**,[6] 수업 목표, 혹은 도야(陶冶) 목표에 관한 법적 진술들 속에 포함되어 있거나 **교수 계획**과 **수업 원칙**들에 관한 규정 속에 포함되어 있다. 설정된 교육의 목표들이 달성되는지 여부가 학교와 그 교사들에만 의존하는 것은 아님은 누구나 알고 있다. 교육의 목표로서 중요시되는 인격적 특성들이 형성될 수 있기 위해서는 수많은 조건들이 함께 작용하지 않으면 안 된다. 이 조건들 중의 오직 한 부분만이 교사, 학교, 학교 법규, 그리고 학교 행정 조처의 영향을 받을 수 있다.

학생이나 교사의 실패를 교사, 학교의 행정직원, 학교 법규 제정자 등의 영향을 받지 않는 조건 요인, 즉 학생들의 소질, 부모의 실패, 텔레비전, 시대 풍조 등의 탓으로 돌리는 것은 학교교

---

5) 바이에른 주(州) 헌법 제133조 제1항: "청소년의 교육은 공립기관을 세워 이를 돌보게 해야 한다."

6) "교육 목표"의 개념에 대해서는 Brezinka 1990, pp.100ff. 참조.

육의 과제와 한계에 관한 일반적인 논의에서 언제나 가능하다. 하지만 구체적인 사례들을 조사하면 학교나 학교정책적으로 영향 받을 수 있는 요인들이 그 실패에 대해 함께 책임이 있는지, 있다면 어떤 점에서 그런지 대개 정확하게 평가될 수 있다. 학생의 행동이나 교사의 행동이 상당 부분 학교 외적 조건들에 의존한다고 해서 등교가 학생들에게 미치는 영향들에 대한 책임을 일괄적으로 학교 운영자가 면제받을 수는 없다. 게다가 학생들의 생활 시간, 노동력, 의식에 대한 학교의 요구는 너무 크다. 이 같은 요구는 현 상태의 학교가 설정된 목적을 달성하기 위한 적합한 수단이 되고 있다는 것으로만 정당화될 수 있다. 만약 학교측에서 실제로 공급되는 교육적 성취용의와 성취능력이 그 요구에 상응하지 못한다면, 이 같은 목적·수단 신념은 잘못된 것으로 증명될 것이다.

학교에서의 이 공급은 교사에 의해 결정된다. 학교가 이바지해야 하는 그 목적들이 다소간 잘 달성되는지는 교사의 지식과 능력, 그들의 태도와 자세에 주로 달려 있다. 등교의 성공을 위한 모든 학교의 조건요인들 가운데서 교사의 인격은 가장 중요한 요인이다.[7] 가정교육의 성공을 위한 모든 가정 내의 조건 요인들 가운데서 부모의 인격적 특성들이 가장 중요한 것과 마찬가지다.

교직은 서비스 직업이다. 모든 다른 직업에서처럼 우리는 일정한 직업적 지식, 능력 및 태도에 의존하는 노동 및 노동성과의 질을 생각한다. 교직을 성공적으로 수행하기 위해 필요한 인격적 특성(혹은 심적 성향)을 우리는 교사의 직업적 충실성이라는 개념 아래 묶을 수 있다.[8] 보다 학술적으로 들리는 명칭으로는 교

---

7) 특히 Gerner 1972; Pause 1973; Döring 1973; Brophy와 Good 1976; Brunner 1978; Gröschel 1980; Rutter 등 1980, pp.217ff.; Schreckenberg 1982 참조.

8) 1919년 8월 11일의 독일제국헌법 제148조 제1항 및 1946년 12월 1일의

사의 "직업 적성"[9] 또는 "교육적 전문 능력"[10] 등을 들 수 있다.

교사의 직업적 충실성에는 직업 에토스(Berufsethos)가 본질적인 구성요소로서 속한다. 이에 대해 내가 논하고자 하는 주 테제는 이런 것이다. **그 직업 과제에 적당한 교사의 직업 에토스는 학교의 법적 교육 임무를 가능한 테두리 안에서 실현시킬 수 있기 위한 불가결한 조건이다.** 이 주장이 틀리지 않다면 학교 제도에 대해 책임을 지고 있는 국가기관은 교사의 직업 에토스를 보살필 의무가 있다.

이 보살핌이 우리의 경우 지난 수십 년 동안 크게 소홀해졌다. 이를 특징적으로 나타내 주는 것이 1947년과 1967년 사이 교사교육과 교사의 직업상(職業像)에 관한 교육학 잡지의 문헌 목록 속에(교사의 직업 윤리, 교사 윤리, 교사의 윤리, 교사의 모럴, 그리고 교육적 윤리와 같은) 관련되는 표제어가 모두 빠져 있다는 사실이다.[11] 1977년에도 한 전문가가 교사의 "직업 에토스"는 "오늘날 크게 비방되고 있는 현상"이라는 것을 확인해야 했다.[12]

헤센(Hessen) 주 헌법 제56조, 그리고 1947년 5월 18일의 라인란트 팔츠(Rheinland-Pfalz) 주 헌법 제33조에서 사용된 "직업적 충실성"이라는 표현에 연결됨. 교사의 "직업적 유용성"이라는 용어도 같은 의미의 것인데, 이것은 이를테면 Mitter(1981, p.88)가 사용함.

9) Kramp 1978; Sauer 1980.

10) Deutscher Bildungrat 1970, p.218.

11) Schmidt와 Lützenkirchen 1968.

12) Pöggeler 1977, p.386.

III. 교사의 망각된 직업 에토스

구소련 지배 지역과는 달리[13] 독일연방공화국과 기타 서방국가에서는 학생의 복리 및 공공복리를 위하여 교사의 좋은 직업 에토스는 불가결한 것이라는 의식이 사라진 듯 보인다. 이에는 여러 까닭이 있다. 아마도 가장 중요한 까닭으로는 교사교육이 일면적으로 "과학화"된 것,[14] 전후 수십 년의 교사 부족 시기에 있어 교직에 대한 요구 수준이 하강한 것, 평등주의적 "반권위주의적" 이념, "이데올로기 비판", "해방", "민주화", "공동결정", "자아 전개의 자유" 등의 이름에 눌려 학교 감독기관들이 위축된 것, 무엇보다 사회 전체에 있어서 도덕적 정향의 확실성이 퇴보된 것을 들 수 있다.

"독일교육심의회"가 1970년 발행한 "교육제도에 관한 구조 계획"을 보면 교사교육에 관한 장(章)에 교사의 직업윤리적 요소에 관해서는 일언반구도 눈에 띄지 않는데, 이 같은 사실은 독일의 학교제도에 대해 공동책임을 지고 있는 수많은 인물들의 의식상태를 나타내 주는 하나의 징표가 된다. 그 문건에는 "교육적 훈련의 요소들"에 대해서는 상세히 열거되어 있지만, 규범에 대해서는 단 한 군데서만 언급이 있을 뿐이다. 그리고 이 언급마저 독일의 교육에 있어 신좌파적 문화혁명의 시기에 공표된 교육학적 견해를 나타내고 있는 것이다.[15] 즉 모든 교사의 교육에는 "사회의 규범들과 교육학적 교육목표 및 체제에 대한 이데올로기 비

---

13) Tschernokosowa와 Tschernokosow 1977; Junghänel과 Sachnowskij 1976; Hübner 1970.

14) 전사(前史)에 관해서는 Neumann과 Oelkers 1984 참조.

15) Brezinka 1981a 참조.

판적 분석"이 속해야 한다는 것이다.[16]

1978년의 스위스의 한 텍스트도 교사교육의 목표로서 다만 "교과적", "교수법적", "심리학적" 그리고 "정치적·사회적 능력"만을 요구하고 있다.[17] 짐작건대 직업윤리적 능력에 대해서는 생각이 미치지 못한 듯하다. 이것은 또한 "독일교육학회"의 1982년의 입장 표명에도 해당된다. "교직 연수과정에 있어서 교육과학적 연구의 형성을 위한 개괄적 권고"에서 직업윤리적 관점은 등장하지 않고 있다.[18]

교사의 직업 에토스가 갖는 중요성에 대한 이 널리 만연된 몰이해(沒理解)에 직면해서 우선 두 가지 물음이 해명되지 않으면 안 된다. 1. "직업 에토스"란 낱말은 무엇을 의미하는가? 2. 교사의 좋은 직업 에토스는 그의 교육과업의 이행을 위한 하나의 필요한 조건이라는 것이 진실인가? 만약 이 물음이 긍정적으로 대답된다면 다음의 물음이 제기된다. 3. 현재 교사의 직업 에토스는 어떤 상태이며 이에 대해 무엇이 행해지고 있는가? 만약 이 입장표명이 불만족스런 결과로 된다면 우리는 끝으로 이런 질문을 해야 한다. 교사의 직업 에토스를 돌보기 위해 어떤 교육정책적 가능성이 현재 존재하며, 이 경우 어떤 어려움들을 고려해야만 하는가?

1. 직업 에토스, 직업 모럴, 직업 윤리

에토스(Ethos)

"에토스"란 낱말은 많은 의미를 지닌다.[19] 여기서는 한 **인간의**

---

16) Deutscher Bildungsrat 1970, pp. 222ff.

17) Widmer 1978, pp. 77ff.

18) Deutsche Gesellschaft für Erziehungswissenschaft 1982.

19) Schöllgen 1959; Messner 1954, pp.355ff.; Funke와 Reiner 1972;

도덕적 심성 또는 그의 **도덕적 신념의 구조**를 의미하는 것으로 이해한다.[20] 중요한 것은 일정한 도덕적 가치평가 원칙과 규범을 인정하고 이들에 따라서 사고하고 느끼고 평가하고 의욕하는 비교적 지속적인 경향이다. 그러니까 여기서 에토스는 인격적 또는 개인적 에토스로서 이해된다.[21] 내용상으로는 한 인간에 의해 자기 자신을 도덕적으로 의무지우는 것으로 체험되는 것이 개인적 에토스에 속한다. 심리학의 언어에서 그것은 '태도(態度)'[22]라는 부류(綱 : class)에 속하는 하나의 복합적인 심적 성향이다.[23] 일상 언어에서 그것은 '양심'에 부속된다. 이것은 에토스의 내용이 자기 자신의 사고, 계획, 행위의 도덕적 평가를 위한 척도로서 봉사한다는 것을 의미한다.[24] 어떤 행동이 의무에 부합하는 것으로 체험되고 어떤 행동이 의무에 거역하는 것으로 체험되는지는 에토스에 달려 있다.

태도라는 큰 부류(綱) 이내에서 에토스는 "심성·태도"라는 부분 부류(目)에 속한다. 이에는 도덕적·종교적·세계관적·정치적 심성(心性)도 들어가고, 미학적 또는 과학적 원칙·신념도 들어간다. 심성·태도는 성인의 경우 깊이 뿌리내려져 있고 변화되기가 어렵다. 이들 속에는 언제나 개인적 입장표명, "찬성 또는

Kluxen 1974, pp.21ff. 참조.

20) Funke 1961; Funke와 Reiner 1972, Sp. 812 및 815; Duden, Bd. 2, 1976, pp.759; Ullstein Lexikon 1969, p.296; Schöllgen 1959, Sp. 56. 참조.

21) "한 사회의 전통에 결부된 도덕" 또는 "하나의 주어진 인간 집단에서 효력을 지니는 것으로 간주되는 규범들의 총체"로서의 "사회적 에토스"는 이와 구별될 수 있다. 이 대상을 여기서는 "모럴"이라고 부른다.

22) 심적 성향의 개념에 대해서는 Stern 1935, pp.111ff.; Brezinka 1990, pp.80f. 참조.

23) 태도(attitude)라는 개념에 대해서는 Allport 1950; E. Roth 1967; Rohracher 1976, pp.389ff. 참조.

24) Reiner 1976 참조.

반대"가 포함되어 있다. 우리의 사고와 느낌은 고도로 이들에 의해 함께 규정된다. "이들은 우리들에게 확실성과 단호성을 부여하기 때문에" 인격의 중요한 지주(支柱)들이다. "왜냐하면 이들은 우리가 일상의 정신적 문제에 있어 즉각적으로 최고의 확신을 가지고 이것은 옳고 저것은 나쁘다고 선언할 수 있도록 하기 때문이다." 이들은 수많은 문제상황들에 있어 즉각적으로 하나의 능숙한 결정을 내릴 수 있도록 도와 주고, 그럼으로써 상황을 통어할 수 있다는 감정을 우리들에게 부여한다. 후버트 로아허(Hubert Rohracher)는 "심성・태도는 현재의 체험과정을 조절해 주는 과거 결단들의 재활성화"라는 개념 규정을 제안한 바 있다.[25] 이런 의미에서 여기서는 "에토스"를 한 **인간의 도덕적인 심성・태도의 구조**라고 이해한다.

모럴(Moral)

모럴은 에토스와는 구별되어야 한다. 모럴이란 하나의 사회적 집단 내에서 유효한 것으로 간주되고 그것을 따르는 것이 모든 집단 성원들의 의무로 되는 도덕적〔즉 선・악의 구별에 관계되는〕규범 또는 당위 요구(當爲 要求)이다.[26]

에티크(Ethik)

끝으로 "에티크"라는 것이 있다. 이것 역시 에토스나 모럴과 구별되어야 한다. 에티크란 첫째로 도덕적으로 좋은 행동을 위한 규범들을 세우고 이성적으로 - 말하자면 정치적 또는 종교적 권위라든가 그저 옛날부터 습관화되어 있는 것을 증거로 끌어 대지 않고 - 근거지우는 일이 시도되는 실천철학(實踐哲學)의 한 부분

---

25) Rohracher 1965, pp.6ff.; 마찬가지로 1976, p.395.

26) 예컨대 Reiniger 1947, pp.104ff.; Hartmann 1962, p.34 참조.

이다.[27] 둘째로 에티크란 말은 그와 같은 철학적 노력들의 일정한 성과, 즉 하나의 특수한 **도덕론**(또는 윤리론)을 뜻하는 것일 수도 있다. 이것은 우리가 "직업 윤리", "의료 윤리", 또는 "교육 윤리"를 말할 때 이 낱말이 갖는 의미이다.

직업 에토스

에토스, 모럴, 그리고 에티크 개념이 이렇게 해명됨에 따라 이제 직업 에토스에 관한 우리의 물음에 대답하는 것이 가능하다. 그것은 인간이 **자기의 직업 활동 및 자기 직업의 특수한 과제와 의무에 대해 가지는 도덕적 태도들의 전체**를 의미한다. 이 복합적인 인격적 특성은 자주 "직업 심성"[28] 또는 "직업윤리적 태도"[29]로서 표현되기도 한다.

직업 모럴

직업 에토스와는 달리 직업 모럴이란 **일정한 직업을 수행하는 모든 인물들에게 통용되는 해당 직업과 관련된 도덕적 규범들의 전체**를 말한다. 그래서 의사의 직업 모럴, 사제의 직업 모럴, 판사의 직업 모럴, 군인의 직업 모럴, 기타 직업 집단의 직업 모럴과 더불어 교사의 직업 모럴도 존재하는 것이다. 교사의 직업 모럴은 **"교육적 모럴"**[30]이라고 불리기도 한다. 이것은 교육을 직업으로 삼는 사람의 직업 특유의 미덕과 의무에 관계되는 도덕적 요구들을 포괄한다.

모든 직업 소속자들에게 효력을 지니는 하나의 공동체적 직업

---

27) Höffe 1980, p.54. 및 Messner 1954, p.361에 의함.

28) 이를테면 〈프러시아 초등학교 교사 교육의 새 편성에 대한 각서〉 (1927), pp. 79 및 81 참조. Kövesi와 Jonak 1983, p272.

29) Schneider 1940, S. V.

30) Tschernokosowa와 Tschernokosow 1977, pp.55ff. 참조.

모럴은 개개 직업 종사자들에게 있어 하나의 좋은 개인적 직업 에토스가 성립할 수 있기 위한 불가결의 전제조건이다. 외부로부터 의무지움이 없이는 대부분의 경우 지속적인 자기 의무지움은 존재하지 않는다. 일반적으로 개인의 높은 직업 에토스는 직업 집단 내에 가능한 한 분명하고 상세화된 규범들을 가진 높은 집합적 직업 모럴이 존재하는 것을 전제로 한다.

교육적 직업 윤리

대부분의 직업에 있어 해당 직업 특유의 의무가 어떤 것인지 충분히 해명되어 있지 않다.[31] 이것은 교육 직업의 경우에도 해당된다. **교육적 직업윤리**[32]는 이를테면 의료적 직업윤리[33]와 비교하면 오늘날 아직도 빈약하게 손질된 분야다. 그러나 이렇게 자인하는 것이 회피될 수 있는 도덕적 결함이 제거되지 않고 있는 데 대한 변명으로 오용되어서는 안 된다. 벌써 오래 전부터 중요하고 십분 근거 있는 직업 윤리적 인식은 존재하지만, 이것이 교사의 실제로 효력을 지닌 직업 모럴과 학교의 실천 속에는 아직 받아들여지지 않고 있다. 그것을 변화시키는 것이 교육정책의 한 중심적 과업이다. 그렇지 않을 경우 "교육적인 것의 재생"[34]이라든가, "교육을 위한 용기"[35]와 같은 훌륭한 사상들이 학

---

31) Nell-Breuning 1949, Sp. 101; Furger 1969, pp.140ff. 참조.

32) 가장 유익한 저술들로 여겨지는 것을 들면 Salzmann 1964; Schneider 1940 내지 1947; Lieberman 1959, 이중 "직업적 윤리"에 관한 제13장; Perry 1955 〔1952년 국립교육협의회(미국)의 "Code of Ethics" 복제본(複製本) 포함, 그 해석에 대해서는 Lieberman 1956, pp.420ff.도 참고됨〕; Derbolav 1971; Oswald 1980; Brezinka 1992, pp.200ff.

33) 예컨대 Moll 1902; Sperry 1952; Pellegrino와 Thomasma 1981; Schaffer 1983 참조.

34) Maier 1976, pp.62ff.

35) 교육을 위한 용기. 1978년 1월 9~10일에 개최된 한 포럼의 기고. Stuttgart 1978(Klett-Cotta).

교교육 실천상으로는 아무 효과를 지니지 못할 것이다.

2. 교육 임무의 이행을 위한 필요 조건으로서의 교사의 직업 에토스

교사의 좋은 직업 에토스가 학교의 교육임무의 성취를 위한 하나의 필수불가결의 부분조건이라는 점을 입증하려고 할 때 우선 **교육 임무의 내용**이 어떤 것인지가 명백하게 되어야 한다.

부모와 더불어[36] 국가도 법률적으로 정해진 교육 임무를 갖는다는 사실은 논쟁의 여지가 없다. 그것은 간접적으로는 기본법에 명시되어 있고[37] 직접적으로는 연방의 각 주(州)의 헌법에 명시되어 있다. "누구에게 무엇을 위임함"이란 돌보아야 할 무엇을 그에게 주는 것, 무엇을 그의 의무로 만드는 것을 의미한다.[38] 현재 독일연방공화국에서는 학교와 그 교직원들에게 무엇이 의무로 되고 있는가? 학교는 독일연방공화국에서 연방 제주(諸州)의 일이므로 정확한 법률적 진술은 오직 각 개별 주(州)에 대해서만 가능하다. 우리들의 논제를 위해서는 단 하나의 주(州)면 보기로서 족하다. 나는 보기를 위해 공화국 바이에른(Bayern)을 택하기로 한다. 바이에른 주에서는 무엇이 학교와 그 교사들에게 의무로 되고 있는가?

가장 일반적인 교육 목표로서의 충실성(유능·건실성)

---

36) 그리고 기본법 제6조 제2항에 의해 보장된 교육권과 더불어: 부모의 교육권은 국가의 교육권에 비해 "하위가 아니라 동격으로 서열됨": 1972년 12월 6일 독일연방헌법재판소의 판결. Entscheidungen des Bundesverfassungs gerichts, 34. Bd., Tübingen 1973(Mohr), Sp..183 참조.

37) 기본법 제7조 제1항. Glotz와 Faber 1983 참조.

38) Ullstein Lexikon 1969, p.83.

가장 일반적인 진술은 헌법 제126조에서 발견된다. 국가와 지방자치단체는 "자녀들을 신체적·정신적·심적 유능 건실성에로 교육하기 위한 의무"에 있어 부모들을 "지원"해야 한다. 이 임무는 아동과 청소년에 관계해야 하는 모든 국가기관에 적용된다. 이 기관들은 아동과 청소년이 "신체적·정신적·심적 충실성"에 도달하는 것을 돌보아야 한다. 이것은 아동과 청소년을 "도덕적·정신적·신체적 방임(放任)으로부터…… 보호해 주는" 명령도 포함한다.[39)]

"신체적·정신적·심적 충실성"은 곧 가장 일반적인 교육 목표이다. "충실성(유능·건실성)"에 도달하도록 교육하는 것이 모든 교육자의 최고의 의무이다. 이것은 또한 연방의 "청소년 복지법"에 의해서도 엄명되어 있다. 그 제1조 1항은 "모든 독일의 아동들은 신체적·심적·사회적 충실성에 도달하도록 교육받을 권리를 지닌다."[40)] 이 규범은 1919년의 독일제국(獨逸帝國)의 헌법으로부터 글자 그대로 인수되었던 것이다.[41)]

교사의 교육적 의무

신체적·정신적·심적 충실성이라는 가장 일반적인 교육 목표는 바이에른 주(州) 헌법 제131조에 다음과 같이 구체화되고 있다.[42)]

---

39) 바이에른 주(州) 헌법 제126조 3항.

40) 1977년 4월 25일 제정 청소년 복지를 위한 법. Jugendrecht 1985, p.11.

41) 독일연방공화국의 청소년 복지법의 교육 목표 진술은 1922년 7월 9일의 제국의 청소년 복지를 위한 법과 일치한다. 후자는 제국 헌법 제120조가 그 근거를 형성해 준다.

42) 헌법 제126조에 이미 규정되어 있는 최고 일반목표와의 명시적인 연관은 없이. Verfassungen der deutschen Bundesländer. 1981, p.63 참조.

(1) 학교는 지식과 능력을 전달할 뿐만 아니라 심정과 성격도 도야해야 한다.

(2) 최상위의 교육 목표들은 하느님에 대한 경외, 종교적 신념과 인간의 품위에 대한 존중, 자제(自制), 책임감, 협조심, 그리고 진선미(眞善美)에 대한 관심이다.

(3) 학생들은 민주주의의 정신, 바이에른 고향과 독일 민족에 대한 애정, 국제적 화해의 정신 속에서 교육을 받아야 한다.

헌법 속에 포함된 이 교육 임무는 1982년의 바이에른 주 교육법에서 한층 더 구체화된다.[43] 이것은 제1조에서 "학교는 바이에른 공화국 헌법에 근거를 둔 교육 임무를 실현하여야 한다."고 요구하고 있다. 제2조는 다음과 같다.

(1) 학교는 특히 다음과 같은 과업을 지닌다.

- 지식과 기술을 전달하고 능력을 개발시키는 것
- 독자적인 판단과 자기 책임적인 행동을 할 수 있게 하는 것
- 자유를 책임있게 사용하고 관용하고 평화적인 심성을 지니며 타인을 존중하도록 기르는 것
- 민족의 통일성에 대한 사상을 늘 일깨우는 것
- 문화적·종교적 가치를 인정하도록 기르는 것
- 바이에른에 대한 각별한 고려하에 역사, 문화, 전통과 풍속에 대한 지식을 전달하고 향토애(鄕土愛)를 일깨우는 것
- 제(諸)민족 상호 이해의 정신에서 기르는 것
- 자유민주주의적·사회적 법치국가를 위해 헌신하고, 내외에 대해 이를 방어하려는 용의를 촉진하는 것

---

43) 1982년 9월 10일의 바이에른 주(州) 교육법 참조.

　－ 국가와 사회의 권리와 의무를 떠맡을 수 있게 하는 것
　－ 노동세계와 직업에 대해 준비시키는 것
　－ 환경에 대한 책임의식을 일깨우는 것

　(2) 학교는 학생들에게 전승되고 정평이 난 도야재(陶冶財)를
열어 주고 새로운 교육재와 친숙하게 한다.
　(3) 학교의 제반 과제를 이행함에 있어 모든 관계자들은 신뢰
넘친 협동을 할 의무를 진다.[44)]

　교사에 대해서는 제38조에 다음과 같은 것이 요구되고 있다.

　"교사는 학생들을 가르치고 교육하기 위한 직접적인 교육적 책
임을 진다. 교사는 이에 있어 특히 제1조와 2조에 기록되어 있는
교육 임무 및 교수 계획과 교육 지침을 존중하여야 한다."

　이 의무는 또한 1977년의 "바이에른 공립학교 교사 복무규정"
에도 포함되어 있다. 이 규정은 "특히 바이에른 헌법 제131조에
기록된 최고 교육 목표가 교사의 활동을 위해 결정적"이 되어야
한다는 것을 지시하고 있다.[45)]
　이 법적 규정들은 당연히 교사교육에 대해서도 규정적 영향을 미
친다. 바이에른 주(州) 교사교육법은 다음과 같이 지시하고 있다.

---

44) 이 같은 규범들은 1973년 5월 25일 학교의 과업에 관한 "교내 학생의
　　입장에 대하여"라는 독일연방 제주(諸州) 문교장관 상설 회의(常設 會議)
　　의 선언 가운데 학교의 과업에 관하여 확정되었던 규범들과 부분적으로 글
　　자 그대로 일치한다. Ständige Konferenz der Kultusminister 1981,
　　p.106 참조.

45) 1977년 10월 3일의 바이에른 주(州) 교사 복무규정 제2조. 바이에른
　　주 문교부 관보, I부, 1977, 제18호, p.538.

"기초 교육과 전문 교육은 그 교육 및 수업 활동에 자유 국가 바이에른 헌법의 일반 교육 목표와 각급 학교제도의 특수한 교육 목표에…… 부응하지 않으면 안 된다."[46]

학교의 교육 임무에 관한 이 같은 **법률적인** 진술에다 교육과정(커리큘럼)을 통해 이를 더욱 구체화시킨 것을 보면, 국가가 학교로써 그 국민들에게 행하는 약속의 큰 범위를 확인하게 된다. 성장세대들이 지녔으면 하는 좋은 특성들은 거의 모든 것이 고려되어 있다. 이 약속들이 이행 가능성이 있다면, 그것은 일차적으로 **교사의 직업적 충실성** 여하에 달려 있다.

직업적 충실성과 교육적 자유

교사의 직업에는 수많은 다종다양하고 복잡하며 어려운 과제들이 속한다.[47] 한편으로 지극히 광범위한 그 직업적 임무와, 다른 한편으로 직업적 성공을 위한 그 조건의 양(量), 그 불투명성, 그리고 그 한정된 조성 가능성 사이에 그렇게 큰 긴장이 존재하는 직업은 달리 없다.

교육 임무는 늘 특수한 사정 아래 성취되지 않으면 안 되는 많은 부분 과제들을 포함하므로, 그 방법적 상론이 보편타당성 있게 확정될 수는 없다. 그런 까닭에 수업의 형성에 있어서 교사들에게는 **교육적 자유**가 존재한다.[48] 입법자는 교사들에게 그들이 어떤 목표를 추구해야 하는가를 교육 임무로 지시해 주지만, 그

---

46) 1977년 9월 29일 제정 바이에른 주(州) 교사교육법 제1조에서 인용. 여기서 "기초 교육"이란 과학 또는 예술 분야 수학으로 이해되고, "전문 교육"이란 학교 현장의 실습 교육으로 이해된다.

47) 예컨대 Friedrich 1977 참조.

48) 이에 대해서는 Heckel 1967, pp.193ff.; 스위스의 경우 Plotke 1979, pp.392ff; 오스트리아의 경우 Berka 1978 참조.

들이 사용해야 할 수단에 대해서는 아무것도 말해 주지 않는다. 교육 목표는 임무 실현을 위한 규범들이다. 이들은 임무의 실현을 위하여 어떤 방법들이 적당한지는 미정(未定)으로 열어 놓고 있다. 이로 인하여 교육 목표들은 일정한 목표를 달성하기 위해 사용되어 마땅한 수단을 지시하는 기술적 규범들과는 구별된다.[49]

교육기술적 규범들과 관련하여 입법자가 이렇게 삼가는 것은 교사의 직업 과제의 그 복잡성에, 그리고 이 과제의 수행에 역할을 맡는 합법칙성에 대한 우리들의 불확실한 지식 수준에 상응한다.[50] 대개 우리는 부정적인 영향요인들, 곧 교육의 성공을 저해(沮害)하므로 교사가 회피하거나 제거하지 않으면 안 되는 영향요인들에 대해서는 비교적 알고 있다.

직업적 충실성의 부분으로서의 직업 에토스

사정이 이러하므로 교사들에게 있어 **직업 에토스**는 중심 사항으로서의 직업적 기술과 비교하여 하나의 부차적 사항이 아니라, 직업적 충실성의 본질적인 기초이다. **그토록 어려운 과제들, 그리고 그 성취를 위한 수단의 선택에 있어 자유재량이 그토록 큰 직업은 이 직업의 제반 과제에 대해, 그리고 과제의 수행을 위해 필요한 제 규범에 대해 도덕적으로 긍정적인 태도가 잡혀 있고 그 규범을 습관적으로 자기 자신의 의무로 체험하는 사람만이 만족스럽게 수행할 수 있다.** 좋은 직업 에토스 없이는 교사는 학생과 공공복리를 위해 요구되는 바와 같이 행동할 수가 없다. 즉, 전달해야 하는 문화재의 가치에 대해 확신하고, 끊임없이 변화하는 사회적 상황들을 감지할 수 있으며, 학생들의

---

49) Brezinka 1990, p.141 참조.
50) Brezinka 1981, pp.76ff., 130ff., 190ff. 참조.

내적 상태를 공감적으로 고려하고, 학생들에게 고무적인 선의(善意)를 지니며, 부모와 공동체에 대한 책임감을 갖는 그런 행동 말이다. 확실히 직업 에토스는 하나의 필요 조건일 뿐 충분 조건은 아니다. 직업적 충실성은 좋은 직업 에토스만 가지고 이룩되는 것은 아니다. 하지만 그것은 교육적 행위의 장(場)에 있어 행위의 방향을 잡는 데 불가결한 조력을 발휘한다. 구체적인 상황 하에서 성공을 약속하는 교육적 조처들은 교사가 긍정적인 직업 윤리적 태도에 의해 인도되고, 그런 태도를 추구하도록 박차가 가해질 때 비로소 발견될 수 있다.

내게는 적어도 다음과 같은 네 가지 태도들이 근본이 되어 주는 것으로 보인다. 1. 학생들과 그들의 행복에 대한 긍정적인 태도, 2. 자기 자신의 공동체와 그 공동체에 의해 설정된 교육 임무에 대한 긍정적인 태도, 3. 자기가 가르쳐야 하는 교수 대상들에 대한 긍정적인 태도, 4. 직업 수행을 위해 필요한 활동들에 대한 긍정적인 태도가 그것이다.

이 네 가지 근본태도들은 이미 지식과 기능의 성공적인 전달을 위해서 불가결하다. 게다가 우리의 학교 교육 임무에 있어서 전문 지식과 전문 능력을 위한 배려보다 **더 많은 것**이 요구된다는 것을 진지하게 받아들인다면, 우리는 또한 묻지 않으면 안 된다. 이 '더 많은 것'이 어떻게 학생들에게 있어서 조성될 수 있는가? 말이나 정보제공이나 말로 하는 가르침만으로는 안 된다는 것은 확실하다. 너무 많은 말, 말뿐인 말, 부적합한 기회에 하는 말을 통해서는 우리가 조성시키고자 하는 미덕들이 저해될 수도 있다. 학생들에게 있어 도덕적·종교적·미적 태도를 싹트게 하거나 강화하기 위한 가장 중요한 수단은 교사의 **인격**이다. 이것은 너무 간단히 들리지만, 교사가 그의 학생들에게 있어 가능한 모방의 대상들이라는 것 – 교사들이 모방대상이 되고자 하든 않든 상관

없이 - 은 다름 아닌 사실이다. 교사들이 가장 학습능력 있고 가장 영향력이 클 수 있는 연령의 젊은 사람들과의 집중적인 접촉 때문에 거의 불가피하게 그들의 "모방 학습"[51]을 위한 보기 또는 모델로서 작용하므로 하나의 좋은 보기가 되어 줄 것을 고래로부터 요구받는다면 그것은 사리상 정당하다.[52]

이것은 단순히 나쁜 보기가 되지 않는 것 이상을 의미한다. 학생들의 도덕적 교육에로의 임무는 학생들에게 내면화하도록 교사가 기여해 주고자 하는 도덕적 규범들을 그 스스로 이미 내면화하고 이들 규범에 따라 살려고 노력하고 있음을 자기도 모르게 알아채게 할 때만 실현될 수 있다. 이 테마에 대한 새로운 심리학적인 지식은 마티아스 클라우디우스(Mattias Claudius)가 아주 간략하게 피력했던 그 오랜 경험을 확인해 주고 있다. "어린이들을 어떤 인물로 만들고자 한다면 사람이 스스로 그런 인물이 되어야 한다는 것말고 달리 묘책을 생각할 수 없다. 다른 사람을 선하게 만들고자 한다면 그 자신이 선해야 한다는 것 이외의 다른 방책을 나는 갖고 있지 않다. …… 그 비용이 얼마나 드는가 안다면 …… 사소하고 경박한 기교로는 아무것도 이루지 못한다는 사실이 드러난다."[53] 다른 사람들의 도덕적 교육에 책임이 있는 사람은 스스로 도덕적 의무를 질 용의와 능력을 갖추지 않으면 안 된다. 도덕적 의무를 스스로 진다는 것이 도덕 교육의 성공을 위한 전제가 된다. "교육적 활동은 학교가 이행해야 하는 임무에 따라 청소년이 동화해야 하는 행동을 교육자에게 제공한다. 그렇지 않을 경우 교사는 사회, 특히 학부모가 기피하는 행동하여 실망시킬 것이고, 결국은 파괴할 것이다."[54]

---

51) 또는 "모델 학습"이라 부르기도 한다. Bandura와 Walters 1970; Bandura 1976 참조.

52) Benden, 1983 참조.

53) Foerster 1917 p.133에서 인용.

　그러므로 교사의 좋은 직업 에토스는 그와 학교의 법적인 교육
임무의 실현 사이에 하나의 인과적 연관이 존재하고 있기 때문에
필요한 것이다. 그 때문에 교육정책적으로도 교사의 직업 에토스
를 염려하는 것은 결코 불필요한 것이 아니다. 오늘의 상황을 일
별해 본다면 그것이 아주 시기적절하고 뒤늦은 감이 있다는 사실
이 드러날 것이다.

---

54) Plotke 1979, p.397.

IV. 교직 에토스의 현상(現狀)과 그 조성 상태

독일연방공화국에는 현재 50만 명 이상의 전업 교사가 재직하고 있다[55] (오스트리아에는 약 103,000명[56]). 이것은 개인적으로 다양한 직업적 충실성과 상이한 직업적 에토스를 지닌 50만 명의 인격들을 의미한다. 그들의 직업 에토스는 어떤가?

대표될 만한 경험적 조사에 기초하는 신뢰할 만한 대답은 존재하지 않는다. 그런 종류의 연구는 지금까지 한번도 실시된 적이 없기 때문이다.[57] 이것은 특히 연구방법적 어려움에 기인한다.[58] 개인적인 직업 에토스는 외부의 관찰로는 접근하기 어렵다. 언어적 전달을 근거로 하거나 교사의 행동방식의 해석을 통해서 간접적으로 추론할 수 있을 뿐이다. 행동으로부터 태도를 향하는 그런 귀납적 추론에 있어서는 오류를 범할 가능성이 많다. 그렇게 까다로운 도덕적 테마에 관한 질문에 있어서는 피질문자가 자기의 태도에 관하여 본의 아니게 스스로를 기만하거나, 마음속으로는 달리 보면서도 의도적으로 주위 사람들의 도덕적 기대에 일치되게 대답하는 위험이 있다. 교사 행동의 해석에 한정한다면, 대부분의 표현 현상들은 여러 가지 해석을 허용하고, 모든 해석은 단지 해석되어야 할 현상에만 의존하는 것이 아니라 선입견을 포

---

55) 1990년 교사의 수는 583,193명이었다. 연방통계청: Bildung im Zahlenspiegel 1991, p.42와 p.61.

56) 오스트리아 학교 통계, 제39호, 1989/90학년도, p.296.

57) 1967/68년 동독에서 휘브너(Hübner)가 실시한 해당 주제의 설문지 조사는 대표적인 것으로 간주될 수는 없다. Hübner 1970 및 Gerner 1976, pp. 86ff., 122ff., 133ff.에 나와 있는 이에 대한 보고 참조.

58) Süllwold 1969 참조.

함하여 해석하는 사람의 세계상과 인간상에도 의존한다는 불확실 요인을 계산에 넣지 않으면 안 된다.[59]

이런 형편에서 우리는 오늘의 독일의 교사들의 직업 에토스에 관해 아무런 확실한 전체 인식을 가질 수 없고 운이 좋으면 단지 개별적 사례와 소규모 교사 집단과의 한정된 경험에 의지하는 근거 있는 추측을 할 수 있다. 그와 같은 한정된 경험들을 근거로 구속력 있는 일반화가 내려지기는 어렵다. 하지만 그들 경험이 자주 일치한다면, 그 속에서 전달되는 교사 에토스의 인상들은 단순히 우연적인 것 이상이라고 가정해도 된다. 이런 제한점을 조건부로 하여 나는 상황에 대한 몇 가지 정통한 목소리를 인용하고자 한다.

1. 직업 에토스의 현상(現狀)에 관한 목소리들

"교육·과학 노동조합(GEW)"의 교육이론 기관지를 근거로 하여 아주 일괄적인 판단을 시작해 보자. 학교교육 전문 잡지 〈Die Deutsche Schule〉(독일의 학교)에서 디이터 나하티갈(Dieter Nachtigall)은 1978년 다음과 같은 테제를 제기하였다. "매우 많은 수의 현직 교사가 '병든 에토스'를 지니고 있다." 그는 계속 기록하고 있다. "교사 에토스가 어둡게 보인다. '병든 교사 에토스'가 교육개혁에 주요 장애이다." "너무 많은 교사들"이 "학생들의 정신적 구조와의 대결, 정신적 발달에서의 정성어린 도움, 학생의 관심에 대한 개인적인 관여"를 꺼리는 단순한 "수업 제공자"일 뿐이다. 그 필자는 그들 교사에게서 "권위주의적인 태도 및 행동구조"를 확인하고 있다. 이런 구조는 "자기 자신의 교육적 무능에 대한 불안"으로 인해 야기되고 있으며, 이 교육적 무능은

---

59) Uslar 1970 참조.

"불량한 교사 교육"의 결과라고 한다.[60]

퀼른(Köln) 교육대학의 학교교육학 교수 베르너 그륀펠트 (Werner Grünfeld)는 보다 자세한 그림을 그려 보인다. 그는 1978년 교사의 일반적인 모티베이션 위기에 관해서 말하고, 이를 다음과 같은 언급으로써 특징지었다. "직장 동료들이 교과 전문교사로 퇴화하고 있다." "교육적 대화는 거의 이루어지지 않는다." "'Beruf'(천직이라는 뜻 : 역주)는 'Job'이 되고 있다." "학생들의 무관계성과 불만이 교사들에게 전염되고 있다." "일반적인 가치상실이 교육적 행동의 유의미성(有意味性)도 파괴하고 있다." 교사와 학생과 수업의 성공이 의존하는 그 복잡한 요인 구조에 관한 지식이 "일반적인 소박성의 상실을 초래하고 있다." "교사에 대한 요구들의 다양성, 모순성, 비현실성이 바로 교사의 책임감을 무력화시키고 의기소침케 한다." 그들은 "증대되는 무능력", "항구적인 불충분성" 의식 상태에 빠져들고 있다.[61]

엘리자베트 폰 데어 리이트(Elisabeth von der Lieth)는 고등학교 교장으로서 함부르크에서의 경험을 근거로 하여 1983년 "체념"을 "오늘날의 교사 실존의 중심문제"라고 명명하였다. 그녀는 직업 희열, 내적 확실성, 자기 신뢰, 자기 비판의 부족을 말하고, 사적 생활로의 퇴각, 노골적인 냉소주의 사례들을 언급하고 있다. 그에 대한 가능한 원인들 가운데서 그녀는 "교육적인 것의 법률적인 것 아래로의 복종"을 특히 중심적이라고 강조한다. 부모와 학생들의 이의 제기권(異議 提起權)으로 인해 "불안하게 된 교사들은 …… 형식적인 '약점 잡히지 않기'를 구하고 있다." "그들은 어떠한 교육적 자기 책임도 더 이상 모험하지 않으며, 엄격히 규정에만 매달리고, 모든 결정을 위해 하나의 지시를 요구하

---

60) Nachtigall 1978, pp.131, 133, 135.
61) Grünfeld 1978, pp.119ff.

며, 그리하여 늘 새로운 규정들의 생산을 촉진하고 있다. 그로
인해 극도로 이질적인 요소들이 학교 안으로 밀려들고 있다." 나
아가 특히 한탄을 불러일으키는 것이 "동료들 내에서의 증대되는
양극화"이다. "우리의 공적 생활을 점차 더 날카롭게 규정하는 정
당정치적 양극화가 학교 안에서도 스며들고 있다." 수많은 교사
동료들은 교육적 근본문제에 있어 의견의 불일치를 보이고 있다.
"수업과 교육에 관한 상이한 견해 뒤에는 절대적으로 설정되고
더 이상 토론에 붙여지지 않는 상이한 인간학적 관념들이 드러나
고 있다."[62]

한 김나지움의 교장인 요제프 하르트만(Josef Hardmann)은
이미 1977년에 유사한 인상을 피력한 바 있다. "너무나 많은 교
사들이 몇 년도 봉사하지 않고 교육적 어려움과 조직노동의 끊임
없는 증가에 직면하여 체념하고 있다." 자기 밥벌이와 전문교과
이기주의, 동료 상호 간의 조정의 결여, 동일한 학급을 가르치는
교사들에게 있어서의 협동의 결손이 특히 질책되고 있다.[63]

많은 교사의 직업 에토스에 관한 근심은 심지어 몇몇 정치가들
의 마음도 사로잡았다. 바이에른의 문교장관 한스 마이어(Hans
Maier : 기독교 사회 연맹 소속)는 이미 1977년에 교사들 사이
에 그들의 과업에 대한 일치, 전승되어 온 "통일적인 직업 이해"
가 사라졌다는 사실을 확인하였다. 그 결과가 60년대와 70년대
에 있어 교사에 대한 사회와 학부모와 학교 감독자의 "신뢰의 철
거"였다. "학교 팽창의 시대에 있어 교직원의 엄청난 증가는 학교
의 질이 오늘날 더 이상 자명한 것으로 보이지 않게 하는 데 기
여했다." 성적 평가에 있어 교사가 누리는 자유에 대해 행정재판
소가 간섭한 것은 특히 지속적으로 그들의 교육적 자세에 영향을

---

62) Lieth 1983.

63) Hardmann 1977, pp.71 및 39.

미쳤다. "교사들의 퇴각이 한창 진행중이다." "책임으로부터의 도
피", 책임 인수를 꺼리는 것이 "오늘의 학교 상황의 병폐"라고 한
다.[64]

헤센 주(州) 국무총리 홀거 뵈르너(Holger Börner : 사민당)
는 1981년 교육정책 연설에서 수많은 교사들의 "부업 근성(Job-
Mentalität)", "단지 돈을 벌기 위하여 교사가 된 남자와 여자들
의 부업 근성"을 비난하였다. "그들은 어린이들과 하등 인간적인
관계를 갖지 않으며, 도야(陶冶)하고 교육하려는 소망도 갖고 있
지 않다. 그들은 부업 근성을 가지고 우리의 수준 높은 학교제도
의 이름을 더럽히고 있다. 그들은 소수다. 그러나 헤센 주(州)의
학교가 빈의 커피 숍처럼 즐겁게 왔다갔다하는 것이라는 인상을
수많은 부모와 자녀들에 불러일으킬 수 있을 만큼은 충분히 다수
다. 우리는 약 4만4천 명의 교사들에게 봉급을 지불한다. 그러나
이런 의문이 제기된다. 우리는 그것으로써 우리들의 자녀들을 위
해 4만4천의 의무감을 지닌 교육자들을 가지고 있는가?"[65]

노르트라인-베스트팔렌 주(州) 문교장관 한스 슈비어(Hans
Schwier : 사민당)도 1984년에 열의에 가득 찬 교사의 부족을
탄식하였다. "훌륭한 교육자와 더불어 …… 종종 무능한 교사도
있고, A-13 호봉의 월급을 주머니에 쓸어넣고는 그저 어깨를 으
쓱하고 마는 완전 무관심의 정신상태를 가진 교사들도 있다." "교
사들이 봉착하고 있는 어려움들도 많다. 그것은 나도 인정한다.
하지만 만약 교사들이 이에 대해서 체념과 울먹임으로써 대답한
다면, 나는 이를 받아들일 수 없다. 만약 한 학생에게 그는 이것
도 저것도 그 어느 것에도 책임이 없고 다만 사회적 연관의 희생
물일 뿐이라는 식으로 늘 모범을 보인다면 우리는 그 학생을 낙

---

64) Maier 1977, pp.12, 14, 18, 25.

65) Börner: Ich bin im Bildungsgesamtplan nicht vorgeschen.
   Frankfurter Allgemeine Zeitung, 1983년 1월 3일자.

담시키고 만다."[66]

　의심할 나위 없이 교육 임무는 교사들의 의무에 속한다. 그러나 그 임무를 법적으로 확정하는 정치인들은 세계관적·도덕적 다원주의의 생활조건하에서 그것을 구체적인 교육적 행동으로 옮기는 것이 교사들에게 얼마나 어려운지 분명히 알기란 쉽지 않다. 많은 교사는 도덕적 규범의 일의성(一義性)과 그 절대성 요구를 학생들 앞에서 주장해야 할 때 "지적 성실"로부터 하나의 분열 속으로 빠져든다.[67] 최근에는 "교육에 대한 교사의 불안"이 확산되었다. 뢰비슈(Dieter-Jürgen Löwisch)는 1980년에 이것을 묘사하고, "무엇을 신봉하고, 배후를 묻지 않고 규범과 가치를 구속력 있는 것으로서 인정할 것을 선언하였다." 그는 그 속에서 "의견, 견해, 규범과 가치에 관한 다원주의가 요청되고, 그리고 만사의 배후를 묻고 모든 긍정적인 진술의 상대성을…… 의식하는 비판이 요청되는 시대에서의" 삶의 한 귀결을 본다. 이 요청들에 대해 교사들이 일면적으로 방향을 맞춘 결과 "무정견"(줏대 없음), "모범 부재", 삶의 희열의 소멸이 초래된다고 한다. 규범과 가치들은…… 엄밀하게 인식되고 증명될 수는 없는 터이므로, 교육 임무의 수행을 위한 능력은 결국 "믿음"과 "신조"에 결부된다고 한다. 그러나 그 대신 종종 "주관주의, 변덕…… 불확실, 무정견, 무관심주의"가 교육 목표로서 효력을 지닌 많은 규범들을 지배하고 있다는 것이다.[68]

　지금까지 교사의 직업 에토스의 현상(現狀)에 대한 몇몇 비판적 목소리를 들어 보았다. 이 목소리들은 확실히 대략적인 시사들을 제공할 뿐이지만, 이 시사는 우리들의 우려의 대상이 되기에는 부족함이 없는 것이다.

---

66) Der Spiegel, 1984년 제22호.

67) Lieth 1978, p.76.

68) Löwisch 1980.

2. 직업 에토스의 함양을 위해 이용되지 않은 가능성들

우리들의 다음 질문은 이런 것이다. 직업 에토스의 함양은 어떤 상태에 있는가? 좋은 교직 에토스가 성립할 수 있기 위해서 오늘날 무엇이 행해지고 있는가? 이 점에 관해서는 우리는 불완전하게 알고 있을 따름이다. 물론 좋은 직업 에토스는 교사의 인격과 그의 환경에 있어서의 수많은 조건들에 의존한다. 이 조건들을 위해 행해지는 모든 것은 간접적으로 또한 직업 에토스에도 유리하게 된다. 그러나 우리는 좋은 교육적 직업 에토스의 성립이 가능한 부분 조건들 전체를 투시할 수는 없고 일반적으로 존재하는 가장 중요한 행위 가능성들에 초점을 맞추어야 한다.

그것은 주로 다음의 세 가지이다. 첫째, 교사 양성교육이 시작되기 전에 성격적 적합성도 고려하는 직업 적성검사를 실시하고 이를 근거로 하여 교직 후보자를 선발하는 일. 둘째, 교사 양성교육 기간 중 교육생들로 하여금 자신의 도덕적 노력으로 좋은 직업 에토스를 획득하도록 지적·정서적으로 고무하는 일. 셋째, (양성교육 수료 후) 현직 교사로서 교직을 수행하는 동안 교원 보습교육 및 교직 동료와 학교 감독기관측의 사회적 통제 – 이 경우 집합적인 교직 모럴의 척도로 봉사함 – 에 의하여 개인적인 직업·에토스의 촉진을 도모하는 일.

교사의 직업 에토스를 위해 기여를 할 수 있는 이들 세 가지 주요 가능성은 현재 전혀 활용되지 않고 있거나 아주 불충분하게 활용되고 있을 뿐이다.

(1) 교직 후보자에 대한 적성검사의 결여

우선 가능한 방책들 중의 첫째 것, 즉 직업적성의 검사에 의한 교직 후보자의 선발에 대해 주목을 하자. 내가 알고 있는 한 교원 양성교육의 개시 전에도 그렇고 양성교육 제1단계 동안에도 그렇듯이 이 가능성은 활용되지 않고 있다.

교직 적성이란 개념이 이를테면 바이에른 주(州)의 교사 교육법에는 등장하지도 않고 있다. 여기서는 다만 아주 한정된 시험법적 의미로 "교직 자격"만 언급되고 있다. 교직 자격은 "교사 자격 취득을 위한 제1차 및 제2차 국가 시험에 합격함으로써 획득된다"는 규정이 그것이다. 교사 자격 취득의 전제는 단지 학문 또는 예술 분야의 직전 교육(대학 수학)의 수료와 교생 실습(실습 근무)의 수료가 전부다.[69] 교사 자격 취득을 위한 제1차 국가 시험의 규정을 보면, 이 시험의 목적에 대해 〔이 시험은 대학의 졸업 시험인 동시에 주(州) 공무원법상 일종의 채용시험이기도 함〕 오직 다음과 같이 언급되고 있다. "이는 공립학교 교직을 위한 수습근무(공무원 지원자의 1차 국가시험 후의 수습근무 : 역주)에 임명함에 있어 지원자가 **전문 지식면에서 적합한지** 여부를 확인하는 데 기여한다."[70] 그에 상응하여 오직 **지식**만 시험의 대상이 되고 있는 것이다.[71]

교직과정 **입학허가**를 위해서는 대학입학 자격의 증명만 있으면 족하다. 바이에른 주(州) 대학법은 오직 체육 전공 과정과 예술대학 입학의 두 경우에만 "적성" 검사 규정을 두고 있다. 예술대학 수학의 경우 시험에서는 "재능"이 증명되어야 한다.[72] 그러니까 스포츠 적성, 예술적 적성 또는 음악적 적성과는 달리 교직 준비 대학생의 경우 교육적 적성과 이와 뗄 수 없게 결합된 성격적 적성은 시험의 대상이 아니다.

---

69) 1977년 9월 29일의 바이에른 주(州) 교사교육법, 제7조와 제1조.

70) 바이에른 주 교직시험 규정 제1장 제1조.

71) 바이에른 주 교직시험 규정 제1장 제36조 이하.

72) 1973년 12월 21일의 바이에른 주 대학법 제50조 1항 및 2항.

이 같은 입학 허가의 실제는 소정의 교직 훈련과정을 규정대로 수료한 사람이면 누구나 교직에 적합한 것은 아니라는 경험적 사실을 고려치 않고 있다.[73] 하르트무트 폰 헨티허(Hartmut von Hentig)는 문제를 짧게 이렇게 표현하였다. "다른 사람이 교사가 되지 않으면 안 된다." "교사를 충원하는 일도 그들을 교육하는 일만큼 중요하다. 어린이를 좋아하지 않고…… 그들에게 무엇인가를 가르쳐 주는 데서 기쁨을 느끼지 못하는 사람이…… 교사교육을 받음으로써 자기 자신이나 타인에 대해 이런 흥미가 있는 양 기만하게 해서는 안 된다." "교직으로부터 나오는 것도 마찬가지로 중요하다. 들어가는 것보다 더 중요하지는 않다 하더라도."[74]

교사 부족의 시대에는 교사 지원자들 가운데서 선발을 하는 것이 거의 불가능하였다. 제2차 세계대전 이후 학제의 확대와 더불어 많은 사람들이 그들의 교육적 재능, 직업 적성, 직업 선택의 동기와는 상관없이 교직에 들어가는 것이 허용되었다. 그 이유는 다수의 교사가 필요하였기 때문이다.[75]

교사 직업을 선택하는 사람에게 교직 윤리에서 제기되는 도덕적 요구들은 실제에 있어서는 거의 존중되지 않았다. 아니, 그런 것들은 수많은 오늘의 교직 과정 대학생들과 교사들에게 세상물정 모르는 것으로 비치고 있는 듯하다. 그런 요구들 중 가장 중요한 것 두 가지만 들어 보자. "교육적 활동이 자신의 천직으로

---

73) 규칙에 정한 양성교육 이외의 전제로서 "성격적 적성"에 관해서는 Plotke 1979, pp.351f. 참조.

74) Hentig 1981, pp.105 및 133.

75) Wilson 1971, p.23. 프러시아에서는 1926년과 1932년 사이 세계 경제 위기와 기타 사정의 결과로 하나의 예외가 성립하였다. 신설된 다수의 교육 아카데미가 "다수의 지원자들 가운데서 선발을 할 수 있었고 하지 않으면 안 되었다." 교육 아카데미는 여러 가지 관점에서 초등학교 교사 직업에 가장 적합하다고 여겨지는 자를 교사 양성과정에 지원한 아비투리엔트〔고등학교 졸업시험(또는 대학입학 자격시험) 수험생〕들 가운데서 골라냈다. 선발 처리 실무는 문교부가 아카데미의 교수진에게 위임하였다.

느껴질 때만 교직을 선택하라", "교사 활동에서 사회에 대한 개인적 봉사의 한 형식을 발견하라."[76]

교사들의 직업선택 동기에 관한 조사를 근거로 하여 우리는 자주 교육과 무관한 동기가 결정적인 것이었음을 알고 있다. 그래서 예를 들면 설문에 응한 독일의 김나지움 교사들 중 30~44%가 순전히 경제적·실용적 이유에서 교직에 정착하였다는 것이 밝혀졌다. 교직은 그들의 경우 학자, 예술가, 작가, 편집자, 사서(司書) 등 원래의 직업 목표가 달성 불가능으로 또는 위험부담이 많은 것으로 증명된 이후 붙잡은 "임시 피난 직업"이었다. 그들의 경우 대학 수학 시기가 끝날 무렵 체념 모티브가 두드러졌다. 이렇다 할 더 나은 길이 남지 않아 교직에 적응하였던 것이다.[77] 이런 사람들 가운데서도 교육 적임자(適任者)가 나올 수 있음은 물론이다. 여기서 문제의 초점이 되는 것은 적성(適性)이 제때 검사되지 않고, 적성의 존재 여부가 우연에 맡겨지고 있다는 사실이다.

하지만 이질적이고 예측 신뢰도가 적은 직업선택 동기들은 "심적 건강", "자아의 강고성(强固性)", "이타주의적 태도"[78]와 같은 비교적 안정적인 인격적 특성들보다 직업적성 검사를 위해서 그 중요성이 훨씬 떨어진다. 심리학적·성격적 선발이 소홀히 되면 어떤 결과가 초래되는지 예감할 수 있게 해주는 교직 과정 대학생을 대상으로 실시한 경험적 연구가 있다. 예를 들면 뵐러(Wöller)는 1975년 괴팅겐의 "교사" 지망 대학생을 대상으로 실시한

---

76) Tschernokosowa와 Tschernokosow 1977, pp.105ff.

77) Kob 1958, pp.25ff.; Combe 1971. pp53ff. Stelltmann 1980; 스위스의 경우는 Helbing 1959, p.8: "중등학교 교사는 하나의 계획에 따라 되는 경우가 드물다. …… 오히려 대학의 철학부에서 영위되는 학문의 길을 향하는 도중에 중등학교 교사가 되는 수가 많다. 아무리 열심히 학문에 몰두해도 누구나가 대학 교수가 될 수는 없기 때문에."

78) "이타주의적 태도"의 기본적 의의에 대해서는 Liedke 1982, p.300 참조.

표본 무작위 추출 검사에서 그들이 전체 인구에 비교해서 보다 더 신경증적(神經症的)이라는 사실을 발견해 냈다. 그들은 "무엇보다 더 우울하고, 분노하기 쉽고, 굴종적이고, 억제되어 있고, 정서적으로 불안정하고, 자기 의지 관철 능력이 적다." 그들은 또한 인간적 접촉에서 더 많은 장애를 느끼고 더 내향적이다.[79] 1978년 오스트리아 교육대학의 대학생 1637명을 대상으로 한 우르반(Urban)의 조사는 모든 대학생의 25%에서 교사의 필요한 직업 에토스에 좋지 않게 어울리는 행동 특성들을 식별하였다. 즉 "자아 허약성, 양심의 결여, 사회적 접촉의 장애, 자제의 저하, 노력하려는 용의의 부족, 실패에 대한 불안, 노동 및 연찬습관의 부족" 등이다.[80]

우리는 교사 후보자의 모집과 양성교육에 있어서 1966년 10월 5일 발표된 "교사의 지위에 대한 유네스코(UNESCO)의 권고" 속에 포함되어 있는 규범을 준수하는 것과는 여전히 거리가 멀다. 그 규범은 이런 것이다. "교육에 있어 진보는 교사 일반의 자격과 능력, 개별교사 특유의 **인간적·교육적·직업적** 자질에 의존한다는 점이 인정되어야 한다." "이 직업은 교사들로부터 완벽한 기초 지식과 특수한 전문 지식뿐만 아니라…… 그에게 맡겨져 있는 학생들을 돌보고 교육하는 데 대한 **개인적·사회적 책임의식**도 요구한다." "교사 양성 과정의 입학허가 조건들은 필수적인 **도덕적**·정신적·신체적 능력을 소유하고 요구되는 직업적 지식과 기능을 지닌 적정(適正) 수의 교사를 사회를 위해 마련해 줄 필요성에 기초해야 한다." "교원양성 과정 입학허가를 위한 전제조건은 중등교육 과정 졸업 및 교직 소속자에게 요청되는 **성격 특성의 증명**이어야 한다."[81]

---

79) Wöller 1978, pp.283ff.

80) Urban 1981, p.725. 이 조사는 기간 학교(基幹 學校) 교사 양성교육의 범위에 포함되는 당시 1학기 재학생 전체의 94%에 이르렀다.

(2) 양성교육 기간 중의 소홀

교사 양성교육 기간 중의 직업 에토스의 함양은 어떤가? 유감스럽지만 이에 대해서도 확실한 전체 인식은 존재하지 않고 다만 한정된 경험 범위에서 나온 여러 보고가 있을 뿐이다. 사정은 연방의 각 주(州), 대학, 의무취학 학교교사 교육과정과 김나지움 교사 교육과정에 따라 차이가 난다. 그러나 전반적으로 사정은 용서할 수 없을 정도로 열악한 것으로 보인다.

이른바 **교육과학의 수학**(修學)과 제1차 국가시험에서의 **수험 요구사항**에 대한 법적 규정을 일별함으로써 시작하자. 이 경우 의무취학 학교교사와 김나지움 교사 사이에 만들어지는 구별은 특별한 주목을 받아 마땅하다.

독일연방의 모든 주(州) 가운데서 바덴-뷔르템베르크(Baden-Württemberg)는 김나지움 교원 양성교육의 교육학적 불충분성이라는 관점에서 기록을 보유하고 있다. 그 주(州)의 최고 교육관청인 문교부 - 그의 전(前)장관 빌헬름 하안(Wilhelm Hahn)은 "교육을 위한 용기"를 고취하는 선전을 열심히 했다 - 는 오늘날까지 고의로 미래의 김나지움의 교사들에게 최소한의 의미 충만한 교육학의 수학(修學) 의무를 부과하는 것도 소홀히 하였다. 소위 "교육적 부수 수학(附隨 修學)"을 위해 거기서는 교육학 또는 교육심리학 "연습 2개"와 교과 교수법 하나에 성공적으로 참여하는 것 이상 더 요구되는 바가 없다.[82] 그것은 아무런 내용상

---

81) 교직 대헌장(敎職 大憲章), 교사의 지위를 위한 유네스코의 추천 (III, 4 및 6; V, 11 및 14). In: Material - und Nachrichtendienst der Gewerkschaft Erziehung und Wissenschaft, Nr. 123, 18. Jg. (1967), p.15

82) 1977년 12월 2일 김나지움 교직 학술 시험에 관한 문교부 법령 제6조 2항. 바덴-뷔르템베르크 주(州) 법률공보 1978년 제1호.

의 규정 없이 전체 학업 과정에 있어 임의의 학기에 주당 4시간 출석이다. 〔주당 강의를 40시간으로 규정하고 있는 노르트라인-베스트팔렌(Nordhein-Westfalen)은 이와 극명한 대조를 이룬다[83]〕 교직 국가 시험에서 교육학은 문제의 대상에 들지도 않고 있다. 이로써 분명한 것은 대학의 교직과정 기간 동안 교직 충실성(교육직업적 유능성)을 습득하도록 취해지는 조치는 아무것도 없으며, 그럼으로써 직업윤리적 지식의 습득을 위해 취해지는 조치 또한 아무것도 없다는 사실이다 - 교직에 관련되는 도덕적 태도에 관해서는 더 말할 것도 없고.

바이에른에서는 어떤가? 기초학교, 기간학교〔"기초학교" 수료 후 "실과학교"나 김나지움(9년제 중등학교)에 진학하지 않은 학생이 다니게 되는 제5~9학년의 의무교육 학교 : 역주〕, 실과학교, 특수학교, 그리고 직업학교 교사가 되기 위한 대학 수학 과정에서는 "교육학"과 "심리학" 수강 시간이 주 20시간으로 규정되어 있고, 김나지움 교직을 위한 수학 과정에서는 최소한 12시간이다. 교육학에 대해서는 전자의 경우 10시간, 후자(김나지움 교직 과정)의 경우 6시간만 배정되어 있다.[84] 추가적으로 기초학교, 기간학교, 실과학교 및 특수학교 교직 지망자들에게는 최소 주(週) 4시간 범위 내에서 신학부(神學部)와 철학부(哲學部) 강좌에 성공적으로 참여할 것이 요구된다. 신학부의 강좌는 "신학적 관점에서의 윤리적 문제"라는 주제를 다루어야 하고, 철학부의 강좌는 "교육적으로 의의 있는 문제를 특별히 고려한 윤리학"을 다루어야 한다. 그럼으로써 대학생들은 윤리학의 광범위한 영

---

83) Bayer 1980, pp.511~533 참조. 1982년의 "독일교육학회"의 대강 권고(大綱 勸告)에서도 학기당 최저 주(週) 40시간을 예정하고 있다. Deutsche Gesellschaft für Erziehungswissenschaft : Stellungnahme zum "erziehungswissenschaftlichen Studium im Rahmen der Lehrerausbilduy". Benlin 1982, p.39.

84) 1979년 12월 21일의 바이에른 주(州) 교직시험 규정 Ⅰ, 제36조.

역 중에서 교육적 직업윤리에 관하여 무엇인가를 다소 들을 수 있는 가능성은 존재한다. 그들을 가르치는 신학이나 철학 교수가 그에 대해 관심을 가지는 한에서 말이다. 이에 반해 김나지움이나 직업학교 교직을 얻고자 하는 대학생들에게 있어서는 윤리적 테마들이 전혀 규정되어 있지 않다. 이른바 교육과학 시험의 시험내용 요구 사항에 교육적 직업윤리는 빠져 있다. 못지않게 중요한 학교법(學校法)이 빠져 있듯이.

현재 독일연방 내에서 사정이 이와 다른 주(州)는 없다. 교사를 위한 직업 특유의 미덕론(美德論) 및 의무론(義務論)이란[85] 의미의 "교육적 직업윤리" 또는 "교사를 위한 윤리"는 강의의 대상으로도 시험의 대상으로도 규정되어 있지 않다.

교직 윤리와 관련된 이런 결함에 대해 우리는 대학의 교육학 교수들에게 신뢰를 주고 그들의 일반교육학이나 학교교육학 강좌에서 테마를 삽입하여 충분히 다루리라 믿는 것으로써 마음을 달래려 할 수도 있으리라. 그럴 수 있는 가능성은 존재한다. 그러나 그런 가능성이 자주, 그리고 양적으로나 질적으로 충분하게 이용되고 있음을 입증하는 증거는 전혀 없다. 이 점을 이해할 수 있기 위해서 우리는 **교육학**이 지난 30년간 크게 변화하였고 겨우 2백 년의 역사에서 최대의 위기에 빠져 있다는 사실을 알지 않으면 안 된다.

교육학의 위기와 그 영향

한 세대 전까지 교사 양성교육의 중심에 자리잡고 있던 전통적인 "교육학(Pädagogik)"은 교사에 대한 직업적 요구사항에 맞추어 작성된 하나의 **실천적** 학문이었다. 그 속에서는 학생들 및 학교의 제반 조건하에서의 그들에 대한 교육에 관한 경험적 지식

---

85) 그 의의와 주제에 대해서는 Brezinka 1978, pp.229ff. 참조.

이외에 세계관적 신념들과 도덕적 규범들 - 이것이 없는 교육은 가능하지 않다 - 이 가르쳐졌다. 여기에는 물론 교사의 미덕과 의무에 관한 교수내용도 들어 있었다.[86] 그것은 "실천적 교육학"이었지 과학적 이론이 아니었다. 여러 과학의 해당되는 연구성과를 고려하는 좋은 실천 교육학은 교사교육을 위해서 언제나 필수불가결일 것이다.[87] 그럼에도, 그것은 - 교사와 학생에게 손해가 되게 - 대략 1960년 이래 점점 더 교사 양성교육 제도로부터 밀려났고 이른바 **"교육과학**(Erziehungswissenschaft)"에 의해 대치되었다. 그러나 교육과학은 교사교육의 견고한 기초로서 봉사할 수 있는 충분히 확실시된 인식 수준에 도달한 통일적이고 비교적 성숙된 학문으로서가 아니라 여전히 프로그램으로만 그리고 연구의 가설로만 존재한다.

사람들은 교사교육에 있어서 "교육과학"이라는 거대한 현대적 마천루(摩天樓)가 단지 설계만 존재하고 아직 한 번도 토대가 존재하지 않은 시기에 "실천교육학(Praktische Pädagogik)"이라는 검소하나 거주할 만한 구옥(舊屋)을 너무 성급히 헐어 버렸다. 이를 위해 결정적이었던 것은 교육에 관한 과학의 진정한 진보가 아니라 과학이라는 명성으로 치장하고 봉급인상을 위한 논거를 가지려는 이익집단의 소망이었다. 그리하여 오늘날 교육과학의 수학에 관심을 가진 대학생들은 실천과 거리가 멀고 시야가 협소한 경쟁적인 전문가 집단들, 철학설을 논하거나 정론(政論)을 떠벌fl는 망상가들이 이 분야의 역사에서 이전보다 더 허튼 말을 지껄이고 있는 매우 혼란된 사고의 들판과 맞부딪치고 있는 것이다.

유르겐 헤닝젠(Jürgen Henningsen)은 "함석쟁이로부터 수

---

86) Schiller 1894, pp.49ff.; Matthias 1903, pp.12ff. 참조
87) Brezinka 1978, pp.236ff. 참조.

다쟁이로"라는 표어로써 교사교육의 이 같은 변화를 희화화(戲畵化)하였다. 교육학적 "함석쟁이"는 물건을 어떻게 만드는지 알고 있고 그것을 또한 만들 수 있는 장인(匠人)이었다. "수다쟁이"는 "왜"(이유)에 관해서 이론만 늘어놓는다. 그는 사회, 학교, 학생들의 현실을 재빨리 무리가 많은 것으로 간주하고 모든 것을 아주 달리 상상할 수 있는 "왜-물음의 명수"이다.[88] 하르트무트 폰 헨티허(Hartmut von Hentig)는 이 표어를 자기 것으로 만들어 우리들이 하나의 "비교육적 교사교육"을 추진하고 있음을 진단하였다. "우리는 교사를 …… 사회적 함석쟁이로, 사실 수다쟁이로 만들어 내고 있다. 카발라풍(風)의 정교하게 편제된 분업체제 내의 전문가로 만들고 있다."〔카발라(Kabbala)는 중세 유태의 비교(秘敎)를 가리킴 : 역주〕"그와 같은 제도 안에서 유능한 교사가 되고 동시에 완전한 인간으로 머문다는 것은" 가망이 없다. 교육학적 지시의 풍부는 미래의 교사를 "교육학적 햄릿"으로 만들고 있다. 즉 "압도적인 이론이 그의 행동을 불구화시키고 금치산(禁治産) 선고를 내릴 뿐만 아니라 무엇보다 어린이들에 대한 그의 시선을 바꾼다. 그리고 가장 나쁜 것은 교사가 이것을 알아채지 못한다는 것이다." 그러므로 "교사를 양성하고 있는 자들 중의 가능한 한 많은 사람들이 지금까지 걸어온 길을 철저히 떠나 버리는 것이 결정적으로 중요하다."[89]

과학화된 교사교육의 위기

독일의 교사교육의 상황에 대한 이 비판적 발언들은 교육이론적 훈련에서 직업윤리적 수학(修學)이 차지하는 지분(持分)이 얼마냐에 대한 우리의 모두(冒頭) 질문을 훨씬 능가한다. 그들은

---

88) Henningsen 1980, pp.23ff.
89) Hentig 1981, pp.293, 296, 305.

현재의 교사 양성교육 제도 전체를 문제삼으며, 특히 교육학 강
좌의 질을 문제삼는다. 이에 있어서 그 발언들은 제공된 교수 내
용의 실천으로부터의 유리(遊離), 수료자의 교육학적 지식의 불
충분성, 교육학에 대한 경멸, 소위 교육과학적 공부의 하잘것없
는 또는 부정적인 효과 등을 증명해 주는 경험적인 연구 결과에
의해 밑받침되고 있다.[90] 욥 귄터 클링크(Job Günter Klink)는
이미 1972년에 수많은 "교육과학적"이라고 표방된 음성적·문자
적 표현들은 "마치 장님이 색채에 관해 말하는" 듯하다고 비판하
였다. "독일연방공화국에서의 교사 양성교육은 과학적인 형식으
로 이론과 실천을 결합시키고 있다는 온 나라에서 탄주되는 선서
에도 불구하고 이 문제는 그 어느 대학에서도 만족스럽게 해결되
어 있지 않다. 아니 그와는 반대로 **잘못 이해된 과학성에의 요
구**가 증가하는 정도에 따라 이론과 실천은 서로 동떨어지고 있
다."[91]

"과학성"을 올바르게 이해할 때조차도 교사교육의 **일면적인 과
학화**는 교직과정 대학생에게, 그리고 그들에게 배우게 될 미래의
학생들에게 위험을 가져온다. 이것은 무엇보다 과격·비판적 관
찰방식의 정신과학 및 사회과학과의 공부가 대학생들에게 미치는
영향에 대해 해당된다. 뷜러(Wöller)가 조사한 괴팅겐의 교사지
망 대학생들 가운데서 인문과학도들이 자연과학도와 스포츠 전공
대학생들보다 유의미하게 더 높은 신경증 치(値)를 보였다는 것
은 우연이 아니다.[92] 우리는 그것을 뷜러(Wöller)에 따라 적어
도 부분적으로는 다음과 같이 설명할 수 있다. 과학 자체는 "전
통을 의문시하는 데서 성립하고, 기존하는 것을 비판하거나 극복

---

90) Beiner와 Müller 1982, pp.18ff.; Reinhardt 1978, pp.521ff.;
　　Steltmann 1979 참조.
91) Klink 1972, p.789. Eisermann 1976도 참조.
92) Wöller 1978, p.284.

하는 데서" 성립한다. "이것은 가치 또는 세계 해석 모범(模範)의 불안화(不安化)를 초래한다. 정보의 홍수, 학습자료의 과잉공급은 당혹과 무관심을 야기시킨다. 특히 인문과학과 사회과학에 있어 학문적 방법으로서의 비판은…… 모든 삶의 영역에 전이(轉移)되고 생활태도로 된다. 앞에 있는 대상, 실존하는 것, 이미 학습된 것에 대한 가치 인정과 거기서 얻는 희열이 이제 무비판적인 긍정, 정체(停滯), 급기야는 시대낙후며 반동적인 것으로 의심을 받는다." 이와 같이 대학은 "하나의 일반적인 의기소침케 하는 거부증(拒否症)을 촉진하고 있다."[93]

이로써 우리는 교육학의 위기로부터 **과학화된 교사교육의 위기**에 이르렀다. 이로 인하여 현재 학교의 법적인 교육 임무의 실현이 매우 위협받고 있다. 오늘의 독일의 교사교육은 권력 정치적으로 교사의 계급 이익의 승리의 결과이고 이념정치적으로는 하나의 순진한 이성주의(理性主義)의 결과, 특히 과학을 통한 구원(救援)이라는 것에 대한 미신의 결과이다.[94]

심성의 도야 대신 이성주의(理性主義)

도덕적으로 삭막한 대중 대학의 비개성적인 면학 조건하에서 교육과학 강좌를 수강하도록 의무화하고 교육과학에 관한 시험을 치름으로써 교사의 직업적 충실성을 위해 충분한 기초가 다져질 수 있으리라 믿는 것은 순진한 이성주의에 지나지 않는다. 교육과학에 할애되어야 하는 수강 시간의 다량이 중요한 것이 아니다. 결정적으로 중요한 것은 이 수강 시간이 내용적으로 어떻게 구성되는가 하는 것이요, 주로 지성에 호소하는 가르침이 인격의

---

93) Wöller 1978, p.192.

94) 이미 27년 전 당시 나는 뷔르츠부르크(Würzburg) 교육대학의 학장으로서 이에 대해 강력하게 경고한 바 있었으나 허사였다. Brezinka 1959a와 1959b(1988년 재판, pp. 182ff.) 참조.

가치평정 중심, 그의 심정(心情), 그의 도덕적 태도, 그의 양심
에 영향을 주는 다른 수단에 의해 보완되는가 하는 것이다.

　교직 윤리를 이론적으로 인도하는 것은 아주 중요한 일일지라
도 그것만으로는 충분치 않다. 직업윤리적 강좌의 결여보다 훨씬
더 중대한 결과를 낳는 것이 있으니, 그것은 **교사 에토스의 질
을 좌우하는 심정적·의지적 제(諸) 조건에 대한 배려의 부족**
이다. 이렇게 말함으로써 내가 뜻하는 바는 미래의 교육자의 도
덕적 자기 도야(自己 陶冶)를 자극하고 고무시키자는 것이다.[95]
오늘날 많은 사람들에게 있어 이것이 그토록 인기는 없을지 몰라
도, 학교의 교육 임무를 진지하게 받아들인다면, 교사교육은 **심
성의 교육**이지 않으면 안 된다! 대학에서의 교사교육의 결정적
인 문제는 이런 것이다. "어떻게 학술적 수준에서 교육자의 인격
속에 교육의 도덕적 전제들을 확보할 수 있는가? 사범학교 방식
의 교사교육의 그 지도·육성적 양식을 도로 회복함이 없이 미래
의 교사의 교육적 에토스를 어떻게 일깨우고 강화시킬 수 있는
가?"[96]

　학술 대학이 아니라 일차적으로 직업실천에 방향을 맞춘 **교육
자 대학**[97]으로 이해되었던 전후의 소규모 교육대학들보다 오늘
날 우리가 이 문제의 해결에 훨씬 더 어려움을 겪고 있다. 거기
서는 바이마르 공화국 시대의 프러시아 교육 아카데미의 이상,
즉 "아카데미의 직업윤리적 과제는 공동체에 봉사하는 능력과 봉
사하려는 용의를 지닌 교사의 인격을 양성하는 데 있다."[98]는 이
상이 아직 통용되고 있었다. 거기서는 아직 교수와 학생의 인간
형성적인 공동생활을 위한 기회가 있었고, 인격적 접촉, 종교적

---

95) Brezinka 1988, pp.42ff. 참조.
96) Brezinka 1969, p.223 ; 마찬가지로 Brezinka 1960, p.384.
97) Spranger 1965, pp.44ff.; Litt 1957, p.36 참조.
98) Denkschrift 1925, p.80.

·도덕적 결합을 위한 기회가 존재하였다.

이 소규모의 한눈에 들어올 수 있는 교육대학이 대규모의 한눈에 들어오지 않는(조망 가능성 없는) 대중대학으로 합병됨으로 인하여 좋은 교육적 직업 에토스를 습득하기 위한 기회가 대폭 감소되었다. 바이에른 주(州)가 1972년, 노르트라인-베스트팔렌 주(州)가 1978년에 법적으로 규정한 바와 같이[98] 교육대학을 유니버시티에 편입한 것은 여러 다른 불이익과 더불어 또한 교사교육의 역사에서 한 번도 있어 본 적이 없는 저수준으로 직업 에토스의 촉진을 위한 가능성을 떨어뜨리는 효과를 가졌다.[99]

수습 근무에서 소홀히 된 점

주지하다시피 교사 양성교육은 대학 공부를 성공적으로 끝내는 것으로 종결되는 것이 아니다. 제2단계로서 **수습근무**(1차 국가시험 후 시행됨 : 역주)가 뒤따르며 이것은 **수습 교사**(이른바 시보(試補) : 역주) **연수원**(Studienseminar)에서 수행되며 통상 2년간 계속된다.[100] 이 기간에 있어 직업 에토스를 위해서는 어떤 조치가 행해지는가?

이에 대해서도 대표될 만한 조사가 부족하다. 하지만 수많은 보고에서 시보과정이 여러 가지 이유에서 그 어려운 과제에 제대로 응하지 못하고 있음이 알려져 있다. 교육학적 훈련내용에 대한 수습 교사들의 판단은 압도적으로 부정적이다.[101] 자유로운

---

99) 1972년 7월 25일의 바이에른 주(州)의 "교육대학을 주(州)의 유니버시티와 밤베르크 종합대학에 편입시키기 위한 법률(편입법)" 참조. 1972년 바이에른 주(州) 법령집, pp.292~296; 1978년 12월 19일의 "노르트라인-베스트팔렌 주(州)의 교육대학의 다른 학술적 대학과의 통합에 관한 법률", 1978년 노르트라인-베스트팔렌 주(州) 법령집 A판, pp.650~654. 그에 대한 비판에 대해서는 Kittel 1980 참조.

100) 바이에른 주(州) 교사 양성법, 제5조. 상황보고로서는 Gidion 1977 참고.

대학생 생활로부터 연수원과 학교의 엄격한 질서 속으로의 이행
(移行)이 다수의 예비 교사들에게 부담이 되고 있다. 그들은 25
세부터 28세의 나이에 연수원 교사의 학생이자 동시에 청소년
학생들의 교사라는 그 긴장을 "견디기 어려운 것"으로 체험하고
있다. 게다가 그들이 대학에서 공부하는 동안 한 번도 만난 적이
없었던 테마들을 자주 다루지 않으면 안 되는 수업 준비로 인하
여 "다수에게 있어 상당히 높은 정도의 연속적인 노동 부담"이 추
가된다. "수습 교사 연수원과 학교 현장에서의 그 수련의 중압은
자기 자신의 정체성(正體性)에 대한 육중하고 충격적인 공격으로
체험되고 그 결과는 불안과 자아의식(自我意識)의 상실이며, 연
수원은 환영받지 못하는 제도가 되고 마는 것이다."[102] 이런 조건
하에서는 직업윤리적 고려에 대한 감수성이나 수용력이 얼마나
크겠는가. 경미한 것이다. 설사 그런 것이 제공된다고 할지라도
말이다. 이 경우 "연수원 교관의 인격 안에서의 조언자의 기능과
시험관의 기능의 결합"도 불리한 작용을 나타낸다.[103]

　"교직 윤리학"은 교사 양성교육의 제2단계에서도 전문 학과목
으로 마련되어 있지 않아서 인접 학과목 **학교법**의 경험들을 청취
해 보아야 그 사정이 어떠한지 그림이 그려질 수 있다. 쿠르트
가블리타(Kurt Gawlitta)는 최근 베를린에서 학교법을 다루는
일이 수습 교사들에게 그들이 어느 정치적 입장에 경도하는지 상
관없이 예외없이 "부담스런 의무 강좌"로 간주되고 있음을 보고하
였다. 거의 모두가 "국가적 규제에 대한 공공연한 반감"과 "규격
화에 대한 유보" 태도를 지니고 대학으로부터 연수원으로 온
다.[104] 이로부터 우리는 직업 **윤리적** 규범에 반대하는 선입견이

---

101) Beiner와 Müller 1982, pp.19ff.; Liebhart 1970; Weithofer
　　 1984 참조.
102) Kuchler 1982, pp.42ff.
103) Beiner u. Müller 1982, p.20.

직업**법적** 규범들에 반대하는 선입견에 못지않게 널리 만연되어 있음을 추측할 수 있다.

가블리타가 "현대의 과학적 교사교육에 있어 가장 주목할 만한 것"이 다음과 같은 것이라고 논술할 때 그는 우리의 문제의 교육 정책적 핵심을 적중시키고 있다. "공적 학교제도의 담당자로서의 국가가 그 오른팔이 하는 일을 왼팔이 알지 못하는 사람처럼 행동한다. 국립대학은 기본법 제5조 3항에 따라 교직과정 대학생들을 국가적 제도의 체계에 대해 극도의 거리를 취하도록, 아니 국가 제도의 체계에 대해 공공연히 적대하도록 인도하는 자유를 갖고 있고, 연수원과 학교에서 시행되는 국가의 교사 양성은 젊은 교원들을 공적 봉사기업인 학교에서 그들이 맡는 수탁자 역할에 조율시키는 과제를 가지고 있다. 양 훈련단계의 이 서로 모순되는 기조(基調)가 빚어내는 결과가 바로 저 '실천에서의 충격'인 것이다. 실천 자체는 이에 대해 조금도 책임이 없다. 하지만 두 가지 상호 대립적으로 작용하는 양성기관들은 젊은 교사를 보다 둔중한 성질을 지닌 사람만이 당해 낼 수 있는 하나의 지적·심적 냉온 교호욕(冷溫 交互浴) 속에 던져 넣는다. 안절부절 못하는 과잉 적응이 아니면 태연을 가장한 냉소주의가 종종 그 귀결인 것이다."

(3) 교직 수행중의 소홀

교직 수행 기간에 있어 직업 에토스의 함양은 어떤가? 모든 전문가들은 이 점에 일치한다. 즉 "수습교사 연수원에서의 훈련도 대학에서의 교육도 학교에서 요구되는 모든 자질들을 매개할 수는 없다. 직업에 있어서 자체적인 계속교육은 절대적으로 필요

---

104) Gawlitta 1984.

하다. 학생들이 그것을 강요하기 때문에 계속교육은 보통 자동적
으로 시행되고 있다."[105] 그러나 개인적 노력만으로는 충분치 않
고, 조직화되고 체계적인 교사 계속교육이 필요하다.

교사의 계속교육

교사의 계속교육은 오래 전부터 교원단체, 교회와 각종 재단
같은 단체에 의해서 수행되어 왔으나, 근래에는 대부분 국가기관
에 의해 수행되고 있다.[106] 교사들에게는 계속교육을 받을 의무
가 법적으로 부과되어 있다. 예를 들면 바이에른 주(州)의 교원
양성법(敎員養成法)은 다음과 같은 것을 규정하고 있다.

"교사의 계속교육은 교직의 수행을 위해 이미 습득된 제 능력
의 유지에 이바지하고 과학 및 경제·노동계의 지식의 발달에의
적응에 이바지한다. 교사의 계속교육은 계속교육 시설을 통해 추
진되어야 한다." "교사는 자기도야를 계속하고 직무상의 계속교육
행사에 참가할 의무를 진다."[107]

계속교육의 여러 가능성이 교과목 전문지식과 교육과학적 지식
의 촉진과 더불어 직업 에토스의 함양을 위해서도 이용되고 있는
지 검증하기는 어렵다. 그러나 원칙적으로 교원 계속교육 및 교원
의 사회적 통제를 위해서는 다음과 같은 것이 고려되어야 한다.

직업 에토스는 직업을 이미 다소간 오래 수행해 온 사람들에게
있어서는 인격의 매우 민감한 영역이며, 아무도 그것을 비판적으

---

105) Kuchler 1982. p.46.

106) Heck와 Schurig 1982 참조. 오스트리아에서는 국가의 교원 계속교
  육은 학술원과 동격의 교육연구소에서 이루어진다. 학교조직법 제125~1
  28조 참조. Kövesi와 Jonak 1983, pp.282ff.

107) 바이에른 주(州) 교원양성법 제20조.

로 조명하기를 좋아하지 않는다. 동료 교사, 부모 대표, 학교장, 학교 감독관리 등 교사 계속교육의 협력자들로 말하자면 좋은 교육적 직업윤리는 이미 존재하는 것으로 전제하고 고작해야 자명한 것에 대한 회상의 형식으로 그에 관해 운위하기가 가장 쉽다. 우리는 교사들의 자기상(自己像)에 관한 조사연구를 근거로 하여 그들은 일반적으로 자기 자신을 "매우 긍정적"으로 보고, "이상화하고 비현실적"이며, "자만스럽게 보고 있다"는 사실을 알고 있다.[108] 이런 형편에서는 어느 정도 직업적 충실성이 충족된 경우 예외없이 동료 및 상사에 대해 직업 에토스적 열의(熱意)를 보이기보다는 소극적으로 삼가기가 십상이다.

직업 동료들의 삼감

직업 동료에 의한 사회적 통제는 이론적으로 좋은 직업 에토스를 확보하고 그에 상응하는 직업적 행동을 확보하기 위한 가장 효과적인 수단일 수 있다.[109] 중세의 동업조합(길드)이나 현대의 자유직업(의사, 변호사) 소속자 단체에 그런 예가 있다. 하지만 그 성과는 교사들에게 결여되어 있는 전제조건들에 결부되어 있다. 즉, 해당 직업 소속자 전원이 한 단체에 의무적으로 가입하는 것, 그 엄수 여부를 경험적으로 검증할 수 있는 직업활동의 질에 대한 명확한 요구를 지닌 직업윤리적 행동규범이 있을 것, 그 직업으로부터의 제명에까지 이르는 제제(制製) 가능성을 지닌 직업집단의 독자적인 징계권이 있을 것 등이 그것이다.

교원단체

교원단체들은 최근 늘 "전문직화"[110]라는 슬로건 아래 교사진의

---

108) Bachmair 1969, p.178와 pp.282ff.
109) Lieberman 1956, pp.221ff.와 pp.448ff. 참조.

자율성을 탐내고 있다. 이른바 "교육 및 수업의 전문가"로서의 교사에 대한 국가 및 교육과학적 문외한(부모, 학생, 고용자 등)에 의한 통제가 감소되거나 배제되어야 하는 한에서 교사진이 중세의 길드와 유사하다고 생각되고 있기 때문이다. 하지만 이 소망은 - 헌법적·정치적 이유 이외에도 - 적어도 현재 직업집단에 의한 효과적인 자기 통제라는 본질적인 전제, 곧 일반적으로 인정되는 직업윤리상의 의무론(義務論)이 결여되고 있기 때문에 실현 불가능하다.[111]

이와 같은 결여를 양지(諒知)하여 유네스코(UNESCO)는 1966년 다음과 같은 것을 요구하였다. "교원단체는 직업윤리학과 직업수행의 원칙을 개발해야 한다. 왜냐하면 그런 원칙은 교직의 위신과 직업적 의무의 수행을 일반적으로 승인된 원리에 따라 확실하게 하는 데 크게 기여하기 때문이다."[112]

내가 아는 한 이 권고는 지금까지 성과가 없다. 여하간 교원단체의 고위 간부들의 해당 발언 내용 가운데서는 "교사의 교육학적 근본이해", 그의 "책임의식" 등에 관한 막연한 언급 이상의 것은 발견되지 않는다.[113] "교육자는 이상적 표상을 필요로 한다"는 말은 하지만, 그 다음 곧바로 덧붙여지는 것이 교원단체의 관심은 일차적으로 자기 자신을 위한 권력을 향해 있다는 것이다. 빌헬름 에버트(Wilhelm Ebert)에 의하면 "우리는 옛날의 아시아의 지도자론을 재발굴하여 우리가 단순한 학생의 교육자로부터

---

110) 예컨대 "세계 교원 단체"의 전임(1975~1978) 의장 및 현재의 "독일 연방교육단체" 의장의 담화. Ebert 1982, pp.41ff. 이에 대한 기본이 되어 주는 문헌으로는 Lieberman 1956, 특히 pp.481ff.; 이 이념의 교사에 대한 적용의 한계에 대해서는 Reinhardt 1972 참조.

111) Lieberman 1956, pp.417ff. 참조.

112) 교직 대헌장. 교사의 지위에 관한 유네스코(UNESCO)의 권고. Nr. 73, p.23.

113) Ebert 1982, p.39와 p.51.

우리가 살고 있는 공동체의 지도자와 교육자로 성장하는 시대에
이르렀다. 오직 그렇게 함으로써 우리는 사회 안에서의 우리의
역할을 완전히 수행할 수 있다. 오직 그렇게 함으로써만 우리는
일어설 수 있고 위신을 쟁취하고 오늘의 세계에서 우리들에게 귀
속되어야 할 자리를 차지할 수 있다.[114] 하나의 교원단체에서 그
런 종류의 현실과 낯선 권력요구가 함양되고 있는 한 그로부터
교사의 직업 에토스의 진정한 함양은 기대하기 어렵다.

그러나 오늘날 그 성원들의 직업 에토스에 좋은 영향을 행사하
는 교원조직들이 확실히 존재한다. 그 기관지(誌)를 근거로 하나
의 상을 얻을 수 있는 한, 무엇보다 기독교 교원단체가 이에 속
한다.[115] 이들 기독교 교원단체는 일차적으로 종교적·세계관적
직업 및 교육 공동체로서 이해되지만 오늘날 모든 교원의 한 작
은 부분만 획득하고 있을 뿐이다. 이에 비해서 일차적으로 노동
조합적 또는 계급정치적 목표를 추구하는 큰 교원단체에서는 직
업윤리적 테마가 소홀히 되고 있다. 1949년부터 1974년 사이
"교육과학 노동조합"과 "독일어문학 협회"의 기관지의 내용을 분
석해 본 결과 계급적·사회정책적 관심이 우세하고 있음이 드러
났다. "교사 자신에게 닥치는 심리학적 문제영역들", 그리고 일상
적 직무에 있어 손상시키는 여러 영향들로 인한 위험은 대체로

---

114) Ebert 1980, p.85와 p.87(교원조직의 세계연합의 의장으로서 행한
연설에서).

115) 예컨대, 카톨릭독일여성교원연맹의 기관지 〈카톨릭 교육〉 (1985년 제
86권 발행), 독일 카톨릭 교육자 공동체의 기관지 〈그리스도와 교육〉
(1985년 제31권 발행), 〈교육적 추진력. 오스트리아 카톨릭 교사단의 전
문 기관지〉 (1985년 제73권 발행), 오스트리아 중등학교 기독교 교원협
회의 기관지 〈오스트리아의 중등학교〉 (1985년 제37권 발행) 등 참조.
과거의 계속교육의 업적에 관해서는 Cloer 1975, 특히 pp.302ff. 참조;
1945년 이후 시기에 관해서는 Pöggeler 1977, 특히 p.377와 p.385ff.
참조: 각 종파의 교원단체의 단체목표로서의 직업 에토스의 함양에 대해서
는 Gahlings 1967, pp.81ff.도 참고됨.

제외되고 있다. "정신위생과 자기 교육의 사고재(思考財)에서 비롯하는 도움이 되는 행동 대안들은 언급도 되지 않고 있다."[116)

다원주의적 사회에 있어서 하나의 교원단체는 자진 가입한 성원들에 대해 비교적 약한 사회적 통제를 행사할 수 있을 뿐임은 물론이다. 이에 비하여 동료교사와 학교장의 경우는 어떤가? 이들은 직업 에토스를 함양하고 교육적 직업 모럴의 제 규범의 엄수를 통제하는 데 어떤 기여를 하는가?

동료(同僚)

동료들은 한 교사의 활동의 장에 있어 늘 자리를 함께하는 유일한 수업전문가들이다. 그 때문에 이론적으로 그들은 교사의 교육적 행동을 개선하기 위해 그에게 가장 효과적인 응답을 제공하는 그런 사람들일 수 있다. 하지만 실제로는 그들의 영향은 비교적 적은 것으로 보인다. 이것은 수많은 교사의 불확실하고 특히 손상된 자기 가치감정과 관련되고 또한 동료·타인상(同僚·他人像)이 교사·자기상(敎師·自己像)보다 덜 호의적이라는 사실과도 연관된다.[117) 수많은 교사들은 그들의 동료들이 좋은 교사에게 제기될 수 있는 요구들을 십분 충족시키지는 못하고 있다고 가정한다. "동료에 대한 이 불신, 불확실, 경시는 교사들이 협력에 의하여 그들의 태도를 변화시키는 것을 방해하고 있다." 다른 한편 오직 협동에 의해서만 부정적인 동료·타자상(他者像)은 개선될 수 있을 것이다.[118) 여기에 말하자면 악순환이 존재한다.

대부분의 교사들은 비판적으로 참견하기는 고사하고 수업을 서로 들여다보지 않는 것을 "동료다움"의 명령으로 간주한다. "조

---

116) Brinkmann 1976, p.291 및 1977, pp.401ff.

117) Bachmair 1969, pp.285ff. 참조.

118) Bachmair 1969, pp.294ff.

화롭게 은폐된 혐오감"이 상호 간에 지배하고 있다.[119] 학교장의
보고에 의하면 "분명한 학생 지도상의 어려움을 지닌 교사들이
대개는 이것을 시인하고 스스로 도움을 받을 용의가 되어 있지
않다."[120] 극단적인 경우 "동료적 연대의 원리"가 개선의 필요가
있는 수업이 그런 것으로 인지되는 것을 막는 장애물로서 작용한
다.[121]

직업 에토스에 대한 동료교사의 사소한 배려는 또한 교사회의
의 의제설정(議題設定)에서도 나타난다. 행정상의 문제가 압도적
이고 교육적 경험의 교환은 드물다. 각자는 자신의 교육적 이미
지를 보호하고 갈등을 배태한 교육적 토론들은 회피하는 데 마음
을 쓰고 있다.[122] 동일한 학급의 교과 담당 교사들 상호 간의 조
정이 종종 결여되고,[123] 수업 배분과 시간표를…… 교사들이 교
육적 관점에서보다는 사적인 노동 경제의 측면에서, 즉 학생들의
복리에 대해서는 고려치 않고 보게 되는 것도 이에 속한다.[124]

교장

일차적으로 교장은 "학교의 임무가 성취되고 수업이 질서 바르
게 진행되고 개개 교사의 업무가 상호 조화되는 것"을 돌보아야
한다.[125] 교장은 때때로 부하 교사의 수업을 참관하고 조언을 할

---

119) Otto 1978, p.11.
120) Margreiter 1984 [티롤의 기간학교(基幹學校) 교장의 세미나에 관
한 보고], p.21.
121) Gabler 등 1982, p.64.
122) Otto 1978, pp.51ff. 참조.
123) Hardmann 1977, p.39.
124) Gabler 등 1982, p.66.
125) 1977년 바이에른 주(州) 교원복무규정 제24조 제2항; 오스트리아의
경우도 유사함. 1974년 2월 6일의 학교교육법 제56조 제2항. Kövesi와
Jonak 1983, p.569.; Brezinka 1966, pp.117ff.도 참조.

의무가 있다.[126] 역으로 교사는 교육의 문제에 있어 "상담을 구하는 청원으로써 학교장에 대해 교시(敎示)와 원조를 구할" 권리를 지닌다.[127]

학교법상으로는 교육적 상담은 보증되어 있다. 그러나 실제로는 어떠한가? 1978년의 바이에른 주(州)의 경험적 보고에는 이에 대해서 다음과 같은 것을 읽을 수 있다. "우리는 아직 한 번도 교장의 조언을 요청한 교사에 관해 들어 본 적이 없고, 이 과제를 이행한 학교장에 관해 들어 본 적이 없으며, 이 복무의무의 준수를 끝까지 독려한 장학관에 대해 들어 본 적이 없다. 그 이유로는 대개 학교장의 과중 부담, 그와 같은 과제로 인한 교사에 대한 과도한 요구, 그러한 행위에 대한 교사측의 거절이 거론된다." 교사들이 실제로 조언을 얼마나 적게 원하는지, 진정한 전문직업적 의식의 결여가 얼마나 큰지 여기서 드러난다.[128]

학교 감독기관

이런 상황에 직면해서 학교 감독기관의 책임은 특히 중대하다. 장학관[Schulrat : 오스트리아와 스위스에서는 시학관(視學官 : Schulinspektor이라고 부름]은 직업 에토스의 함양을 위해 무엇을 하는가? 학교제도에 관여하는 모든 인물들 중에 그들은 추측컨대 대개는 이런 일을 위하여 일하지 않을까 싶다. 즉 직접적으로는 교사에 대한 교육적 상담을 통해서 간접적으로는

---

126) Falckenberg 등 1982년의 바이에른 주(州) 교육법에 관한 주석(註譯), pp.206ff.: 오스트리아의 경우 학교교육법 제56조 제3항이 해당된다. "학교장은 수업과 교육활동에 있어 교사를 조언하고 수업의 상태와 학생의 성적을 정기적으로 확인하여야 한다."

127) 1977년의 바이에른 주(州) 교원 복무규정 제15조 제2항.

128) Poschardt 1978, pp.127ff. 이 보고의 기초가 된 학교감독법(1938년 3월 14일 제정)은 1977년 10월 3일의 교원복무규정의 발효와 더불어 실효되었다.

감독기관으로서 단순히 존재하는 것 자체를 통해서 말이다. 하지만 근년에 설문조사를 받은 장학관들은 자기들에 의해 행하여진 것이 만족스럽지 못하다는 것을 스스로 납득하였다. 그들은 행정 기술적 및 학교조직상의 사무 이외에 그들의 교육적 과제를 위해 바칠 수 있는 시간이 적다. 그들은 끊임없이 바뀌는 파트너와 내용들을 지닌 많은 교육과 무관한 활동들로 인하여 과도한 부담이 지워져서 그들의 "교육적 임무를 - 필요, 기대, 그리고 생각할 수 있는 가능성에 비추어 측정할 때 - 제대로 완수할 수 없다.[129] 근본적인 문제 또는 개개 교사의 특수한 문제에 대하여 충분하게 천착하는 일은 거의 불가능하다.[130]

게다가 수많은 교사들은 장학관에 대해 부정적인 상(Bild)을 지니고 있다는 난점도 부가된다. 그들은 "종종 장학관들의 협동능력과 협동용의에 대해 의심을 품는다."[131] 이것은 그들의 활동에 대한 모든 통제에 대해 교사들이 갖는 깊은 혐오와 관계가 된다. 장학관은 전문분야와 관련되는 명령권을 지닌 교사의 상사이므로, 교사들에게는 일차적으로 과실행위를 처벌하는 권력을 가진 판정자(判定者)로 체험된다.[132] 하지만 통제는 교사의 일상적 무의 자명한 구성요소가 아니라 단지 아주 드물게 일어나므로, 수업참관을 하거나 조언을 듣는 교사의 교육적 행동에 비치는 그들의 영향은 비교적 사소한 것처럼 보인다.

교육적 직업 에토스와 그것이 함양되고 있는 상황에 관한 간접증거에 대해서는 이 정도로 그치자. 우리의 인식의 온갖 불충분

---

129) Heizmann 1979, p.123.

130) Poschardt 1978, pp.91ff.에 발표된 바이에른 주(州) 장학관들의 (1972년의) 노동시간 분석과 Heizmann 1979, pp.97ff.에 발표된 니더작센 주(州) 장학관들의 노동시간 분석 참조.

131) Heizmann 1979, p.213.

132) Poschardt 1978, pp.120ff; Heizmann 1979, pp.217ff. 참조.

성에도 불구하고, 만약 우리가 학교가 그 교육 임무를 이행할 수 있기를 진지하게 원한다면, 그것이 개선되지 않으면 안 된다는 것은 의심할 나위 없다. 교육정책적 개입을 위해서 어떤 출발점이 존재하는가? 이 경우 어떤 곤란점들이 고려되어야 하는가?

V. 교사의 직업 에토스의 축진을 위한 교육정책적 가능성

학교제도를 책임지고 있는 국가기관들은 정치적·세계관적 다원주의의 제반 조건하에서 학교제도의 번영을 위한 **도덕적** 기초를 확보하는 일이 어렵다. 그 기관들은 시민들의 공동적인 도덕적 기본 확신이 최저로 감소된 관용도(寬容度)가 높은 사회에서 그 과업들을 이행하지 않으면 안 된다. 탈기독교화(脫基督敎化)와 공공심(公共心)과 애국심(愛國心)의 쇠퇴(衰退)는 도덕적 의무에 대한 이해와 도덕적 자기 완성에의 용의를 위축되게 했다. 개인의 에토스(도덕적 품성)는 사적인 일로 간주되고 있다. 집단적 모럴에 대해서는 국가의 관할권이 반박되고 있다. 세계관들과 모럴들의 뒤범벅 속에서 국가에게는 헌법적으로 중립성과 관용이 명령되고 있다.[133]

이 같은 사정은 학교 정책가들과 학교 행정관리들에게 위협적으로 작용하고 교사의 직업 에토스를 우연에 내맡기는 유혹으로 그들을 인도한다. 하지만 이것은 학교에 대한 그들의 책임과 조화될 수 없는 것이다. 학교는 교사의 좋은 직업 에토스가 없이는 그 교육 임무를 이행할 수 없으므로, 순수히 사실적인 근거에서도 이런 전제를 확보하는 일은 필요하다. 목적의 달성을 의욕하는 사람은 그 달성이 의존하는 바 수단의 확보도 의욕하지 않으면 안 된다.

교사의 에토스, 학생의 운명 및 공공의 복리 사이의 이 연관에

---

133) Ossenbühl 1981, pp.145f. ; 더 상세한 것은 Schlaich 1972, pp.244ff. 참조.

대해 충분한 이해가 되어 있다면, 일반 국민 사이에서나 모든 정
당의 국민대표자(국회의원)에게 있어 이 분야에서의 조치에 대한
광범한 일치가 얻을 수 있음을 나는 의심치 않는다. 추측컨대 대
부분의 교사 단체의 경우도 마찬가지이리라. 예를 들면 오스트리
아의 카톨릭 교사 단체는 최근 교사 양성교육의 새로운 형성에
관한 입장표명에서 그 세 가지 주요 과제 가운데 "직업적 심성의
촉진"을 직업적 지식과 직업적 능력의 촉진보다 앞서 첫 자리에
들었다.[134]

이 같은 우선순위의 구별은 직업 에토스를 특히 돌보지 않으면
안 된다는 점을 기억해 두기 위하여 유익하다. 하지만 직업 에토
스에 대한 배려가 실질적으로는 직업지식과 직업능력에 대한 배
려로부터 구분될 수 있는 것은 아니다. **나쁜 직업 에토스로서
나타나는 많은 것이 직업능력의 부족에 의해 야기되어 있다.
직업능력 없이는 직업성공도 없고, 직업성공 없이는 직업만족
도 없으며, 직업만족 없이는 장기적으로 높은 직업 에토스도
기대할 수 없다. 그러므로 하나의 좋은 직업 에토스를 확보하
고자 한다면 무엇보다 전체로서의 직업적 충실성을 촉진하지
않으면 안 된다.** 도덕적 호소나 교직 윤리에 관한 강좌의 추가
와 시험만으로는 충분할 수가 없다. 전체 전략의 부분으로서는
필요한 것일 수 있지만.

그러한 전략을 위한 세 가지 가장 중요한 출발점은 우리가 이
미 알게 되었다. 1) 그들의 직업 적성에 따른 교직 후보자의 선
발, 2) 교직 지원자를 대상으로 한 양성교육, 3) 현직 교사의 계
속교육과 그들에 대한 사회적 통제 등이 그것이다. 이 세 가지
영역들에서 확인된 결함들을 고치기 위하여 어떠한 조치들이 강

---

134) "교사교육과 학교개혁: 교사 양성교육의 재편성에 관한 오스트리아 카
　　톨릭 교원단체의 입장표명", Kövesi와 Jonak 1983, p.272 참조.

구되지 않으면 안 되는가? 나는 여기서 몇 가지 강령식의 시사를 제공할 수가 있겠는데, 이들은 각각 토론과 보완을 필요로 하는 것이다.

1. 교사 양성교육 시작 전의 직업적성 검사

교직 후보자는 직업훈련의 시작 전에 이미 그들의 직업적성을 검사받아야 한다. 이 시험은 성격적 적성(適性)까지 살피는 것이어야 한다. 이 경우 가장 잘 검증된 심리 진단적 수단들이 응용될 수 있다.[135] 그러나 못지않게 중요한 것은 지원자들이 집단 내에 있는 아동들에 대한 애착과 그들과의 교제능력을 스스로 시험할 수 있어야 한다는 점이다. 이를 위해 그들은 몇 주에 걸친 교육 실습을 통과해야 한다. 이 실습에서 그들은 자신이 교사로서의 적성을 지니고 있는지 스스로 입증해 보여야 한다. 그 실습에서 성공하느냐가 교사 양성교육 과정에의 입학 허락 여부를 결정하는 데 고려되어야만 할 것이다.

적어도 명백하게 부적합한 지원자는 입학을 거부할 수 있음도 최소한의 조치로서 취해져야 할 것이다. 이에는 지원자가 충족시키지 않으면 안 되는 직업적 요구조건들에 대한 상세화된 진술이 들어 있는 정평 있는 교사 **직업상**(職業像)이 척도로 전제된다.[136]

---

135) Urban 1982, pp.129ff.

136) 연방 노동청이 베르텔스만(Bertelsmann) 출판사를 통해 간행한 〈직업학지(職業學誌)〉, 특히 권3-Ⅲ A 01: Hans Glöckel의 "기초학교 및 기간학교 교사"(1984); 권3-Ⅲ B 01: Egon Rossa의 "실과학교 교사"(1979) 및 C 01: Helmut Reinel의 "김나지움 교사"(1983) 등이 이를 위한 출발점을 제공한다. Glöckel 1984에서는 교사직에 부적당한 인격특성의 일람표가 실려 있다. 그중 몇 가지만 들어 보면 "과대한 흥분과 과민성, 우울증적 근본 기분, 유머 결여", "성격적 불안정과 책임감의 결여", "자기 생각에의 몰두, 자기 집착

직업훈련 교육의 개시 이전에 실시되는 직업적성 검사는 교사 양성 직업교육이 교직 특유의 내용에 의해 여타 직업의 양성과정과 본질적으로 구별될 때만 정당화된다. 후일 교직에 들어가기 위해서 학교에서 이루어지는 수업과 교육이 지닌 바 그 직업 특유의 과제에 대해 충분히 고려하지도 않고 어떠한 전문 학문을 공부하는 것이 허락되는 곳에서는 교직 특유의 교육 부분이 시작되어 드디어 교직을 위한 결단을 불가피하게 만들 때까지는 의무적인 직업적성 검사의 시점도 연기되지 않으면 안 된다. 그러나 이 경우에는 이미 그 전에 하나의 자발적인 직업적성 검사를 받을 수 기회가 제공되고 권장되어야 한다. 이것은 일차적으로 교직에 이르는 길이 여러 전문 학문의 수학을 거치게 되어 있는 주(州)의 일반교육 고등학교나 직업교육 고등학교 교직에 관심을 가질 가능성이 있는 사람들에게 해당된다.

2. 교사 양성교육의 새로운 편성

교사 양성교육은 교사들의 교육 임무라는 관점 아래서 전체로서 새로 편성되지 않으면 안 된다. 이 경우 현재의 조직형태의 테두리 내에서 취해지는 부분 조치들은 현존하는 조직형태의 근본적인 변경을 목표로 장기적으로 준비되어야 할 조치와 구별될 수 있다. 나는 양 경우에 있어 특히 교직 **에토스**의 조성에 기여할 수 있는 조치에 초점을 두기로 한다. 직업상의 지식과 기능을 개선하지 않는 직업 에토스는 상상할 수 없는 것이긴 하지만.

중요한 것은 직업 에토스의 양육은 **조기에** 시작된다는 것이다. 교직 에토스의 육성은 교사 양성교육에 있어 첫째 날부터 고려되지 않으면 안 된다.[137] 그것은 어떻게 달성될 수 있는가?

의 과도, 자폐증적 자기 중심적 태도", "타인과의 교제 능력의 결여" 등이다.

"교사를 위한 직업윤리" : 의무 교과?

일견 가장 간단한 가능성은 교직과정 대학생들의 교육이론적 학습을 "교사를 위한 직업윤리(또는 "교육적 직업윤리")"라는 의무과목을 설치하여 확대하고 이에 관한 지식을 교직시험 규정의 수험내용에 수용하는 것이다.

나는 이것을 원칙적으로 추구해 볼 만한 가치가 있다고 생각한다. 충분한 것이라고 여기지는 않지만 말이다. 그러나 오늘과 같은 사정 아래서는 다음과 같은 난점이 숙고되지 않으면 안 된다. 이 직업윤리적 특수학문 분야는 현재 프로그램으로서만 존재할 뿐 아직 충분히 완성된 사상체계로서 존재하고 있지는 않다는 점이다. 관계문헌도 아주 불충분한 상태이다. 그 문헌의 내용을 보면 철학적·이념사적 잡동사니는 과도하게 많지만 상세화된 교직 특유의 규범은 너무 적다.[138] 이로 말미암아 대학생들에게는 이런 위험이 성립된다. 즉 하등 이득을 가져다 주지 않고 오히려 교직 윤리라는 테마에 대한 관심 대신 혐오를 조장하는 또 하나의 교육이론적 부담(負擔)을 그들이 짊어지게 된다는 것이다.

그렇게 되어서는 안 된다. 그러나 교육과학의 교수 내용상의 그 결점들을 고려하여 이 점도 염려되어야 한다. 직업윤리학과 같은 그토록 실천 연관적인 교과조차도 잘못된 학문적 공명심에서 그 담당 교수에 의해 일반철학적·도덕철학적·서지학적(書誌學的)·학문이론적, 또는 메타 윤리학적 종류의 실천과 동떨어진

---

137) 1920년 제국학교 회의의 보고자로서의 에두아르트 슈프랑거(Eduard Spranger) 참고. "대학은 단순히 학문적 기관이기만 한 것이 아니라, 직업학교이기도 하다. 그래서 우리는 고등학교 교사의 양성교육은 첫날부터 직업 에토스의 개발을 목표로 삼을 것, 그리고 그것은 도야 이상과 아동이라는 두 가지 관계점을 시야 속에 둘 것을 요구한다." Reichsschulkonferenz 1920, p.633.

138) 예컨대 Tschernokosowa와 Tschernokosow 1977, pp.11~92 및 Jung -hänel과 Sachnowskij 1976 참조.

내용을 포함할 수 있다는 사실 말이다. 이 같은 이유에서 교사들에게 있어 직업윤리적 지식을 돌보기 위한 과제는 교육이론적 학습의 지분을 전체적으로 새로 정돈하지 않고서는 좀처럼 만족스럽게 해결하기 어렵다. 이것은 교직윤리에 관한 강좌를 하나 추가하여 개최하도록 지시하는 것보다 훨씬 어려운 과제다.

시험 및 학업 규정

학교와 대학을 감독하는 국가기관은 **교직시험 규정**을 공포하고 **학업 규정의 작성을 위한 지침**을 마련할 수 있는 가능성을 가지고 있다. 이 가능성은 **직업 접근성을 보다 늘이기 위하여 교육이론 위주의 양성교육을 새로 방향잡기** 위해 이용될 수 있을 것이다. "**교사 양성교육에 관한 주(州) 회의**"가 이를 위한 정신적 자극으로서 기여할 수 있을 것이다. 이것은 후일 "교사 양성교육에 관한 **연방회의**"로 발전되어, 연방 각 주(州) 사이의 접근·조정도 여기서 시도될 수 있다.[139]

교사 양성교육에 대한 불만과 그 결함에 관한 인식은 오늘날 이미 아주 널리 파급되어 있어서[140] 만약 문교정책가들과 학교 당국이 결함들을 계속 침묵하거나 경시한다면 그들은 스스로를 믿지 못할 존재로 만들게 될 것이다. 결함에 대한 명백한 인식이 이루어지고 교사 양성교육에서 요구되는 교육이론의 종류에 관한 일치가 성립되면 교육이론가들에 대한 상응하는 요구사항들을 확정할 수 있다.

과학적 교육학의 위기와 다수의 그 대학 강단 대표자에 대한 불만은 근년에 여러 정치가들과 정부관리들로 하여금 교사 양성교육에 있어서의 교육이론 공부의 몫을 교과 공부의 몫을 위해

---

139) 모범으로서는 1920년의 "제국 학교 회의"가 기억될 것이다.

140) 특히 Kahl 1979; Sauer 1980; De Rudder 1982; Oelkers 1982; Süssmuth 1984 참조.

통틀어서 축소하거나 혹은 여전히 극히 낮은 - 예컨대 바덴뷔르템베르크 주(州)의 김나지움 교사 교육에서와 같이 - 곳에서는 그대로 내버려 두자는 생각을 갖도록 만들었다. 이것은 교사들의 직업적 충실성에 확실히 기여하지 못할 것이다. 실천에 접근된 교육이론을 철저하게 공부하는 것이 장래의 교사를 위해 불가결하다. 그릇되고 열등하고 불필요한 교육학적 교설(敎說)은 극복되지 않으면 안 되지만, 이 극복은 쓸모있는 교육학이 장려됨으로 해서 가장 잘 실현된다.

"쓸모있는" 교육학이란 여기서 과학적인 인식과 타당성 있는 법적·도덕적 규범들의 토대 위에서 교사의 직업적 과제들의 이행을 위해 정신적 도움을 제공하는 **실천교육학**(實踐敎育學)을 뜻한다.[141] 실천교육학은 학생들의 주목과 기억을 각종의 부차적인 것에 소모케 하는 대신 본질적인 것에 집중되게 해야 한다. 그것은 허풍떠는 전문가 은어(隱語)로서가 아니라 명료하고 단순한 언어로 제공되지 않으면 안 된다.[142] 교사들이 학생과 부모들과도 그들의 수학 정도에도 불구하고 항상 의논할 수 있도록 말이다. 이런 사정 아래서는 교육적 직업 윤리가 하나의 독자적인 교과로서 가르쳐질 필요는 없을 것이다. 직업 윤리적 규범들이 실천 교육학의 본질적 구성 부분을 형성할 수 있고 또 그렇게 되어야 하기 때문이다.

이와 같은 노선 수정(路線 修正)을 위한 시도는 교사 양성교육의 현존하는 조직적 틀 안에서 즉시 시작될 수 있을 것이다. 대학의 학술연구 활동에의 일면적인 정향으로부터 교사교육을 해방시키지 않고서 이 시도들이 크게 유익할지 여부는 누구도 예언할 수 없다. 그러나 이것은 개연성이 별로 크지 않고, 따라서 또한

---

141) Brezinka 1978, 236ff. 특히 253ff.
142) Brezinka 1978, pp.78ff. 참조.

다른 종류의 조직형태도 숙고(熟考)되지 않으면 안 된다. 공공예산의 불충분, 학생수의 상대적 감소, 교사 충원 수요의 감소가 있게 될 다가오는 수십 년은 재정적 과잉, 척도(기준)의 부재(不在), 과학의 유용성에 대한 미신이 횡횡하는 수십 년의 기간 동안 우리들의 후진(後進)의 교육에 저질러져 왔던 오류를 버릴 기회로 간주될 수 있을 것이다.

새로운 편성을 위한 원칙

교사 양성교육의 새로운 편성은 직업적 충실성을 갖춘 교사라는 이상(理想)에서 출발해야 하고 개인적인 직업 충실성이 가장 잘, 그리고 가장 유리한 비용으로 획득되는 필요 조건들을 확립하지 않으면 안 된다. 이 경우 기초학교 교사, 전기(前期) 중등교육 과정 교사, 후기 중등교육 과정의 전문 교과 담당 교사 간에 성립하는 직업 과제의 본질적인 차이들이 고려되지 않으면 안 된다. 나는 여기서 내게 특히 중요하게 보이는 약간의 원칙들을 약술할 수 있을 따름이다.

◇ 교사 양성교육은 처음부터 끝까지 교사들이 실제로 수행해야 하는 직업활동에 맞추어져야 한다. 이 직업활동은 학문적 연구와는 아무 관계가 없고 한 공동체의 본질적인 정신적 재(財)를 그 후진들에게 수업에 의해 전달하는 것과 관계가 있다. 그러므로 교과 전공 교육도 교육학적 교육도 분과 학문에 종사할 미래의 학자들을 위한 규범에 따라 이루어져서는 안 되고 그것은 학교의 교수재(Lehrgüter)와 학생들을 위한 학습보조로서의 최선의 수업 절차에 집중되어야 한다.

◇ 교사 양성교육은 처음부터 점진적으로 증가하는 직업활동을 포함하지 않으면 안 된다. 수업실습, 개별 학생과 소규모 학

생집단의 수업 보조, 학급 소풍 또는 수학 여행, 임간학교(林間學校)나 시골학생기숙사 또는 휴가야영지 등에서의 교육적 봉사는 직업상 위급한 경우에 대비하는 불가결의 사전 연습들이다. 이들은 또한 현실적 직업 인식에도 도움이 되고 직업 적성 또는 직업 경향을 보다 철저하게 검사하는 데도 도움이 되어야 한다.

◇ 교직 교육에는 원칙적으로 사전에 학교교사로서의 적성을 입증한 사람만 받아들여져야 한다. 그들은 스스로 훌륭한 수업을 유지하고 가르치는 직업에 신명이 날 수 있어야 한다. 학문적 성취만으로는 결코 교사교육을 위한 충분한 능력증명으로 인정되어서는 안 된다. 그것은 단지 학문적 전문가로서의 적성을 증명할 뿐이지 교육자로서 적성을 증명하는 것은 아니다.

그러므로 교사를 교육하는 사람으로부터는 원칙적으로 박사학위 취득이나 교수자격(敎授資格) 취득을 요구하는 것은 사리에 맞지 않다. 그런 것으로 말미암아 실천적 흥미와 교육적 적성을 구비하고 있는 지원자가 배제되고 학문 지향 일변도의 지원자들이 - 이들 중 다수는 교육적으로는 부적합하고 무관심함에도 불구하고 - 유리하게 된다. 교육적 관심 없이는 훌륭한 교육적 직업 에토스가 존재하지 않고, 교사 교육자에 있어서의 좋은 직업 에토스 없이는 교직 지망 학생들이 직업 에토스를 획득하기가 어렵다.

"교육자의 교육자", 곧 교사양성을 담당하는 교사의 인사 선발과 그들의 교육 활동에 대한 통제는 미래의 교사의 직업 에토스를 포함한 직업 충실성을 조성하기 위해 학교 감독관청이 구사할 수 있는 가장 중요한 수단에 속한다. 그러므로 교사 양성기관에게는 교사 교육자나 개별 교사단체의 사리에 덜 맞는 집단이익을 교사 양성교육의 직업실천적 성질에 대한 사리상 정당한 요구들에 맞서 방어할 목적으로 극단적으로 해석된 자율권(自律權)이나

"연구와 교수의 자유"라는 권리를 방패로 삼는 일이 허용되어서는 안 된다.

◇ 교원 양성교육을 위한 시설은 모든 참여자들 간의 인격적 교제가 이루어질 수 있을 만큼 소규모적이고 한눈에 들어올 수 있어야 한다. 그런 경우에만 교사 교육자는 교사지망 대학생의 직업 충실성에 책임을 지려는 의식을 가질 수 있다. 세분화된 지식 전달과 지식 시험이 이루어지는 하나의 익명적인 대규모 기업에서 낯선 고객들의 전문화된 부분 성취에 대해서만 책임을 지는 대신 오직 한눈에 볼 수 있는 교육 장소에서만 교사 지망 대학생들은 처음부터 그들 양성자들과 인격적으로 교제하면서 시간 손실 없이 교사의 직업적 충실성에 속하는 것을 배울 수 있다. 대중교육(大衆敎育)이 아니라 개별화된 양성교육만이 교사지망 대학생들로 하여금 "교육적 장인(匠人) 자격"에 이르게 할 수 있다.[143]

◇ 교사 양성교육은 그것이 직업적 지식뿐만 아니라 직업적 능력과 직업적 심성을 지니게끔 도울 채비가 되어야 한다. 그러나 심성·태도는 사람이 어떻게 행동해야 하는가에 대해 가르치기만 해서 산출될 수 있는 것은 아니다.[144] 그것은 오직 하나의 "형성하는·생활공동체"에서만 성장한다.[145] 그것은 일반적으로 인간이 지속적인 풍습, 구속력 있는 이상(理想), 좋은 보기, 인정된 모범을 지닌 하나의 공동의 생활질서와 여러 공동의 사업이 존재하는 하나의 작은 집단에 속해 있을 때만 성립하고 유지된다.[146] 그런 집단이 그 구성원 각자에 대해 요구하는 훈육 없이는, 그런 집단이 규범에 충실한 행동에 대해 보장해 주는 인정 없이는, 소

---

143) Spranger in: Reichsschulkonferenz 1920, p.262.

144) Rohracher 1965, p.8.

145) Spranger 앞의 책, p.263.

146) Brezinka 1971, pp.251ff., 그리고 1981, pp.62ff.와 p.173.

속자들이 그 안에서 경험하는 안전감 없이는, 하나의 좋은 에토스의 획득이 치르는 노고를 누구도 감수하지 않는다.

교사 양성교육이 하나의 공동의 종교적 또는 세계관적 믿음을 토대로 이루어지는 한에서는 교직 에토스의 성립을 위한 이 중심적 조건이 확보되어 있었다. 그러나 우리들의 회의주의적인 사회의 합리주의적 교사 양성시설들에 있어서는 교사의 직업 에토스에 동력을 공급해야 하는 심적 에너지는 어디서 오는가? 이 물음은 이제까지 풀리지 않았다.

종교적 원천들이 미래에는 오늘날보다 다시 더 풍족하게 흐를지라도 행동 없이 앉아서 기다리기만 하는 것은 의미가 없다. 교사, 교사 양성자, 그리고 차세대 교사는 추측건대 계속해서 그들의 신앙이나 불신앙에 있어서 그리고 그들의 개인적인 이상들에 있어서 매우 다양할 것이다. 그러므로 교육적 직업 에토스는 반드시 종교적 신조에 의존하고 따라서 신앙이 없는 교육자에게서는 그것을 기대할 수도 요구할 수도 없다는 오류에 대해서는 경고하지 않으면 안 된다. 탈(脫)기독교화된 사회에서도 각 교사에게서 좋은 직업 에토스가 요구될 수 있고 요구되지 않으면 안 된다. 이를 위해서는 교직을 선택할 때 모든 교사에게 필연적으로 할당되는 학생과 공동체에 대한 책임의식이면 족하다. 이성적으로 근거지어진 책임의 윤리학은 가능하고[147] 절실히 필요하며 수많은 교사들에게 있어 또한 이미 유효한 것이 되어 있기도 하다.

교육정책적으로는 우선 교육법, 교육시설, 교직원 속에 잔존하는 도덕적 실체가 유지, 보호, 강화되고 있다는 사실이 가장 큰 도움이 될 수 있다. 여기에는 또한 교직과정 대학생과 젊은 교사들의 조직화되거나 비공식적인 교육 및 심성 공동체들이 국가의 교사 양성교육이 현재 세계관적 다원주의 조건 아래서 아직 메울

---

147) Jonas 1979; Weischedel 1980, pp.197ff. 참조.

수 없는 직업윤리적 동기 결손을 메워 주도록 고무받고 있다는 점도 속한다. 그러나 계속해서 그렇게 머물러서는 안 되며, 따라서 교재 및 교원 양성장소의 풍습 속으로 흘러 들어가는 새로운 직업윤리적 합의에 도달하도록 온갖 노력들이 동시에 장려되지 않으면 안 된다.

이상으로 직업 에토스의 확보라는 관점하에서 교원 양성의 새로운 편성에 관한 약간의 원칙에 대해서 살폈다. 이 개혁에 착수하기 위해서는 많은 용기와 정치적 인내가 필요하다. 왜냐하면 지금과 같은 학생 및 교육과 거리가 먼 교원 양성으로부터 이득을 얻고 있다고 여기는 이해관계 집단들이 강력하고, 사이비 과학적·도덕적·민주적 논증을 가지고 사람을 위협하는 데 숙달되어 있기 때문이다. 하지만 인내심 있는 신념 활동은 성공을 거둘 수 있다. 만약 수많은 통찰력 있는 교사와 교사 양성자들뿐만 아니라 오늘의 불충분한 교원 양성교육의 희생자들, 즉 학생들, 그들의 부모, 그리고 그들의 미래의 일자리 제공자들과도 동맹을 이룬다면 말이다.

3. 교사의 계속교육과 사회적 통제

그 직업 훈련을 수료한 교사들에게 있어서는 교육정책적으로 직업 에토스를 조성하기 위한 출발점이 두 가지 있다. 교사의 계속교육과 사회적 통제가 그것이다.

교사의 계속교육

교사의 계속교육에 있어서는 교사들의 구체적인 교육적 곤란, 곤경, 갈등을 회피하는 대신 이들을 하나의 중심적인 테마로 삼도록 배려하여야 한다. 아름다운 장소에 자리잡은 쾌적한 교육

장, 듣기 좋은 프로그램, 높은 참가자의 수치는 아직 연수 행사
의 교육적 유효성을 입증해 주는 증거가 아니다. 여러 학교에서
파견된 연수생들을 대상으로 중앙에서 시행하는 강습보다 더 중
요한 것은 소속학교 동료직원, 학급회의, 동일 교과 담당교사들
의 연구회 등 **교육활동 현장에서 이루어지는 지속적인 계속교
육**이다.[148)]

동료에 의한 원조

직업 동료에 의한 사회적 통제는 없어서는 안 될 것이지만, 그
것은 교사 교육보다도 개선하기가 더 어렵다. 법률상으로는 교
사, 교사회의, 교장, 학교 감독기관의 교육적 의무가 이미 확정
되어 있다. 각급학교의 공식적 조직의 영역에서는 가장 일반적인
교육 목표로부터 수업수단에 이르기까지, 개개의 교육적 조치로
부터 시험에 이르기까지 규칙적으로 정해지지 않은 중요한 사항
은 거의 없을 정도다. 많은 사람들은 너무 많은 것이 규칙적으로
정해져 있다고 생각하고 있고 교사의 직업활동의 "법제화", 그것
의 "관료제"에의 의존 등을 탄식하기도 한다.

하지만 학교에서 일어나는 일이 단지 그 공식적인 조직에 의해
서만 결정되지는 않으며 구성원들이 표준으로 삼는 비공식적인
행동 규칙들에 의해서도 규제된다.[149)] 이 행동규칙들은 다시금
개인적인 불안, 사회적 풍토, 작업분위기와 같은 심대하게 영향
을 줄 수 있는 요인들과 관련된다. 교사의 행동이 실제로 그에
따라 좌우되는 바 비공식적인 집단모럴은 공식적으로 선전되는
직업모럴과는 다른 것처럼 보인다.

이런 상황에서는 선전된 반공식적(半公式的) 직업모럴과 생활

---

148) Knauf 1982 참조.
149) 이에 대해서는 Hänsel 1975; Otto 1978 참조.

실제의 비공식적(非公式的) 직업모럴 간의 접근을 위해 양측에서 노력한다면 직업 에토스를 위해 기여하는 바가 있을 것이다. 한 측에서는 결국 유네스코(UNESCO)가 이미 1966년에 요구했듯 이 **현실주의적인 교직윤리**가 마련되지 않으면 안 된다. 그것은 국가의 과제가 아니라 무엇보다 **교사와 그 단체들의 과제**이다. 직업윤리는 그것이 외부에서 부과된 것으로 체험되지 않고 스스로 의무지우려는 그 구성원들의 자기 의지에서 성립된 명예의 규약으로 체험될 때만 직업 집단에 의해 수용된다. 직업윤리는 필요한 교육적 자유를 교사들에게 보증해 주면서도 동시에 이 자유의 오용을 예방하는 그런 성질의 것이어야 한다.[150]

다른 측에서는 학교의 공적인 목적으로서의 교육 임무를 소홀케 하는 비공식적인 집단모럴에 의한 자기 보호를 초래하는 조건들이 제거되지 않으면 안 된다. 우선 노고 끝에 습득된 개인적 작업방식이 확실치 못하게 된다는 데 대한 불안이라든가, 자기 자신의 불충분성이 알려진다는 데 대한 불안이 그것이다. 상급자 측에서의 직업모럴적 압박이 고조된다면 그것은 이런 불안에 대한 대책으로 도움이 되지 못한다. 여기서는 오직 각 교사의 어려운 활동상황에 대한 이해, 교사의 성취능력에 대한 비현실적으로 과도한 요구들을 현실적인 정도로 삭감시키는 것, 부당한 비판에 대한 공직상의 보호, 그리고 가능한 범위 내에서 교사에게 직업적 성공체험을 맛보게 해주고 그럼으로써 자기 신뢰, 위신, 권위를 강화시켜 주는 개인적이고 구체적인 교육적 상담 등에 의해서만 도움이 될 수 있다. 요즈음 **학교 감독기관**의 중심적인 책무로서 교사들의 **교육적 상담**이 특별히 강조되고 있다는 사실이 통제의 포기를 의미하지는 않는다.[151] 오히려 문제가 되는 것은

---

150) 교사를 위한 시대에 맞는 직업모럴에 대해서는 Brezinka 1992, pp.200ff. 참조.

151) Hopf 1983 참조.

복잡화되고 결코 완전히 종결될 수 없는 교사의 직업활동에 옳은
형식으로 통제를 행사하는 일이다. 교장과 장학관들을 이에 대비
하여 충분히 준비시키기 위해서는 아직도 많은 일이 행하여지지
않으면 안 된다.

학생, 부모, 여론

끝으로 학생과 그 부모들에 의한 사회적 통제도 고려하지 않으
면 안 된다. 그들은 교사의 행동을 날마다 관찰하고 평가하고 입
에 올린다. 그리하여 그들은 복잡한 경로로 학교와 그 교사들에
관한 공공의 의견(세론)에서 성립하는 그림(Bild)에 무엇인가를
기여하는 것이다. 꽤 오랜 시간 이래 그 여론에서는 불안, 어쩔
줄 모름, 체념의 목소리들이 상당히 많이 표현되고 있다. 이들
목소리는 "사정은 좋지 않지만, 그에 대해 아무것도 할 수가 없
다."는 인상을 전파하고 있다.

양자가 다 과장되어 있다. 학생과 부모에게 있어서 교사의 교
육적 활동을 통제할 수 있는 법률상의 가능성은 오늘날만큼 컸던
적이 없다.[152] 그러나 여기서도 앞에서 전체로서의 학교의 경우
에 확인되었던 바와 같은 이야기가 타당하다. 즉, 관계자들의 실
제적인 행동은 형식적인 조직과 그 공식적인 목적에 의해서보다
비공식적인 행동규칙들에 의해 강하게 된다. 교사들 상호간의 행
동에 영향이 큰 비공식적인 태도들은 "상호 신뢰에 의해 담지되
는 협동" 속에서 "공동의 교육과업을…… 실현"[153]하기 위한 공식
적인 규범과는 달리 보인다. 그것은 한 화보잡지의 르포기사의
노골적인 어조 가운데서 이렇게 울려나오고 있다. "교사들은 학

---

152) 예컨대 바이에른 주(州) 교육법 1982, 제35, 40, 42~47, 52~54조; 오
  스트리아의 경우는 학교수업법 1974, 제58~64조, Kövesi와 Jonak 1983,
  pp. 572ff. 참조.
153) BayEUG 1982, Artikel 52 Absatz 1.

생들을 씹어 삼켰고, 학생들은 교사들의 위장 속에 있고, 부모들
은 학교라고 부르는 것은 무엇이든 넌더리가 났다.”[154] 어느 교사
진의 경험을 들어 보면 이렇다. 교사들에게 있어 “'학부모'라는 낱
말은…… 학교의 교육활동을 위해 필요로 하는 사람들과의 일상
적인 교제라는 표상보다는 오히려 부정적인 현상 – 불편함, 추가
적인 일거리 등 – 을 발생시킨다.”[155]

이와 같은 목소리는 학생의 공동책임과 부모의 참여라는 법률
상의 규정을 교사들이 실제로 지니고 있는 태도 및 세력관계와
혼동하지 않도록 하는 데 있어 유익한 경고로서 기여할 수 있
다.[156] 이러한 상황에서는 교사측에서의 직업 에토스 증대에 대
한 부모의 일반적인 요구에 의해 개선될 수 있는 것은 없다. 그
럴 수 있기에는 상호 이해가 아직 너무 적고 불신이 아직 너무
깊다. 직업 에토스에 대한 부모의 호소를 교사들은 학부모의 신
뢰를 얻기 위한 격려로 체험하지 않고 부당한 비판과 위협으로
체험할지도 모른다. 물론 교사들은 교육적 충실성의 차이가 교사
들의 경우보다 학부모의 경우에 훨씬 더 크다는 사실을 알고 있
다. 그들은 부모의 소홀로 인해 정신적으로나 도덕적으로 황폐되
어 있는 학생들을 많이 알고 있다. 그들은 부모의 교육적 에토스
의 결여에 원인이 귀착될 수 있는 성격상의 결점들과 날마다 관
계하고 있다. 그래서 그들로서는 세론의 일괄적인 비난에 대해서
일괄적인 비난으로 응수하기가 쉽지만, 이것은 생산적이지 않다.
여기서도 다만 교사나 부모가 인격 대 인격으로 상호에 대해서,
그리고 해당 주인공, 곧 교사의 학생으로서의 부모의 자녀에 대

---

154) H. Nogly im 〈Stern〉, Nr. 46/1969, p.56. 여기서는 Du Bois-
　　 Reymond 1977, p.114에서 인용.

155) Du Bois-Reymond 1977, p.8; Brezinka 1992, pp.172ff.

156) 교사와 부모들이 서로에 대해 갖고 있다고 추측되는 타자상(他者像)에
　　 Klingler 1981을 참조할 것.

해서 더 많은 이해를 얻고자 인내심을 가지고 애쓰는 것만이 도움이 된다.

이 같은 상호 노력은 자신이 옳다고 하는 독선적인 어조나 태도로부터 벗어날 때만 성공의 전망을 지닌다. 오늘과 같은 생활 조건 하에서는 그들의 피보호자들(아동과 청소년)의 교육이 그들에게 제기하는 요구를 충족시키기 위해 부모와 교사는 비슷하게 어려움을 겪고 있다는 통찰은 공동의 지반을 형성시킬 수 있다.

교사의 직업 에토스의 위기는 우리의 자기 중심적이고 관용도가 높은 사회 전체가 처해 있는 도덕적 위기에도 그 한 원인이 있다.[157] 하지만 이 같은 사실이 일반 대중의 에토스가 어쩌면 다시 개선되고, 이 개선이 마침내 교사의 직업 에토스에도 확산될까 하여 하는 일 없이 기다리기 위한 구실로 이용되어서는 안 된다. 모든 사회에 있어서 시민의 책임은 각기 그들에게 부여된 과제에 따라 그 크기가 다르다. 교사는 직업상 성장세대의 교육을 돌보고, 이로써 동시에 세대의 교대를 초월하여 문화의 유지를 돌보는 과업을 갖는다. 그러므로 그들은 도덕적 위기의 시대에 있어서도 그들의 직업상의 과업을 완수하기 위해 그 인격 내부의 조건에 대해 책임이 있는 것이다. 그러나 직업적 충실성은 의무일 뿐 아니라 건전한 자기 가치 감정, 직업적 만족, 생의 희열을 위한 가장 중요한 원천이기도 하다. 선발, 양성교육, 계속교육, 그리고 사회적 통제를 통해서 우리가 교사의 직업 에토스를 촉진하고자 시도할 때, 이 같은 긍정적 경험에 접목시키는 것이 긴요하다.

자유 민주 체제에 있어서는 문제의 해결을 전적으로 국가에만 전가시킬 수는 없다. 자유주의적 국가는 국민들 사이에 공통적인

---

157) Recum 1983 참조.

선한 심성으로 존재하고 있는 것만 보호하고 지지할 수 있다. 국회와 정부의 임무는 국민들 각자가 국가 공동체의 도덕적 기초에 대해서 더불어 책임이 있다는 의식을 각성시키고 유지시키는 일이다. 그러나 "국민의 정치적 의사 형성"[158]에 있어 함께 작용하는 자로서의 각 정당은 우리가 처한 상황의 도덕적 위험들에 주의를 환기시키는 용기를 더욱 북돋우고 이를 시정하기 위한 구체적인 제안들을 – 그리하여 정치적 결정이 내려질 수 있도록 – 내놓아야 할 것이다.[159]

---

158) 기본법, 제21조 제1항.
159) Böckenförde 1978, pp.36ff. 참조.

제10장 오늘의 가정교육

성인들의 인격은 그들이 아동기와 청소년기에 겪은 경험에 광범위하게 의존한다. 아이를 이 세상에 태어나게 한 사람은 그들이 인생을 독자적으로 영위할 수 있을 때까지 오랫동안 훌륭하게 교육시킬 의무가 있다. 부모는 여전히 가장 중요한 교육자이고, 동시에 가정이라는 생활공동체는 가장 중요한 교육공동체이다. 유치원과 탁아소, 학교와 공공보호시설에서 일하는 여타 교육자들은 모두 부모가 교육적으로 성취해야 할 것을 단지 보충할 수 있을 따름이고, 그것을 완전히 대리할 수는 없다. 그들은 다만 전체 교육의 일부에 대해서만 책임이 있다. 전체로서의 교육에 대한 책임은 부모에게 있다.

I. 부모의 책임

오늘날 부모는 외부로부터 지원을 거의 받지 않기 때문에 과거보다 그 책임이 더 무겁다. 자녀들이 유능하고 건실한 삶을 살 수 있게 하고 타락하지 않도록 할 책임을 부모에게 지우지만, 그렇게 하는 데 필요한 문화적 조건들에 대해서는 아무도 마음을 쓰지 않는다. 가장 중요한 조건은 비교적 지속적이고 집단의 구성원 모두가 승인하는 **좋은 공동의 생활질서**이다. 모든 생활질서의 핵심을 형성하는 것은 공동의 신념재(信念財), 가치 및 규범들이다. 성인들의 생활을 영위하기 위해서나 자녀의 교육을 위해서 구속력이 있는 인격 이상(人格 理想)도 이에 속한다.

부모와 자녀의 경험 공간에 있어 좋은 공동의 생활질서 없이, 확증된 공동의 이상(理想)에 대한 믿음 없이, 그리고 이상을 향한 의지 없이 교육은 성공할 수 없다. 만약 이들 문화적 전제조건이 결여되면, 가르침과 감정의 자극이라는 통례적인 수단만으로는 거의 아무런 성과를 거둘 수 없다. 교육자가 그들의 피보호자에게 있어 달성하려고 하는 것을 독자적으로 성취시킬 수 있는 교육의 방법이나 테크닉은 존재하지 않는다. 모든 것은 어린이들이 살고 있는 그 상황에 의존하고, 어린이들이 거기서 얻는 경험들에 의존하며, 그들이 가지는 인간 관계에 의존하고, 함께 사는 사람들이 그들에게 제공하는 본보기에 의존한다.

교육의 과제, 난점, 그리고 기회에 관한 명료성은 우리가 어린이들이 처해 있는 상황을 출발점으로 삼을 때만 얻어질 수 있다. 어린이들은 교육되어지기를 기다리지 않고 그들의 생활공간에서 좋은 것이든 나쁜 것이든 가치충만한 것이든 가치저열한 것이든 지각하는 모든 것으로부터 저절로 배운다. 그들은 우선 부모의 행동을 따른다. 부모가 교육적 의도로 행하는 것만 따르는 것이 아니라 그 전체적 폭에 있어서 따른다. 어린이는 학습 존재이다. 그들의 학습 소재는 그들에게 접근될 수 있는 한에서의 세계 그것이다. 그중에서도 그것이 긍정적이든 부정적이든 그들의 감정에 지속적으로 말을 거는 것이 가장 깊은 작용을 한다. 어린이들은 감정적으로 장기간 그들의 부모에게 의존하므로 무엇보다도 부모로부터 이 세계가 어떻게 해석되어야 하며 인생에서 무엇이 중요한지를 배운다. 그들의 근본 태도는 그들에게 가장 가까이 있는 사람들과의 초기의 사회적 경험에서 형성된다.

II. 생활공간의 질서

그러므로 **부모의 가장 중요한 과제는 자기 자신과 공동의 생활공간을 정렬하여 그로부터 나쁜 영향보다는 좋은 영향이 더 많이 아이들에게 발산되도록 하는 것**이다. 이것은 우리가 무엇이 좋고 무엇이 나쁜지 알고 이 인식에 따라 살고 행동할 때만 가능하다. 이성적인 생의 영위와 이성적인 교육은 우리가 외적 또는 내적 자극이 불러일으키는 모든 자극에 사려 없이 복종하지 않고 우리가 무엇을 허용하고자 하는지 그것을 구별하고 평가하며 선별하는 것을 전제로 한다. 이를 위해서는 법, 도덕, 풍속에서 유래하고 종국적으로 하나의 종교적·세계관적 교리에 뿌리를 두는 가치척도가 필요하다.

평가, 결단, 행동에 있어서의 정향의 확실성을 우리는 한 공동체와 그 가치질서로부터 떨어져 아주 홀로 자기 자신으로부터 얻을 수는 없다. 우리들은 공동생활 존재이며, 따라서 공동으로 전승된 것의 지지에 의존한다. 즉 전통에 의존하고, 의견이 같은 사람들과의 규범적인 일치에 의존한다. 평가와 행위의 확실성은 우리들이 다른 사람들과 함께 나누는 심성-태도[1]에 근거해서만 존재한다. 평가와 행위의 확실성은 외부로부터 공동의 이상과 상징을 통해, 요구와 본보기를 통해, 요컨대 공동 생활의 질서를 통해 확인되고 지지를 받는다.[2]

좋은 삶을 영위하고 교육을 하기 위해서는 이와 같은 문화적 토대가 필요한데, 우리들의 불안정하고 다원주의적인 거대 사회

---

1) 이 책 p.265를 참조할 것.
2) Brezinka 1981, pp. 62ff. 참조.

에서는 이것이 위태로워졌다. 우리가 살고 있는 사회는 거의 모든 사고 및 생활방식이 허용되면서도 어느 하나가 무조건 승인되거나 만장일치로 요구되고 있지는 않는 하나의 가치불확실 사회이다. 인권과 기본적 자유를 제외하고는, 절대적으로 가치 있고, 의문 없이 의무를 지우고, 무조건적으로 구속력 있는 것으로 간주되는 것이 이젠 세론(世論)에도 없다. 가치상대주의(價値相對主義)와 허무주의, 계속적인 평가절하와 재평가, 불순종, 몰염치, 그리고 진부(陳腐)의 이 정신적 분위기 속에서는 성인으로서도 심적 건강을 유지할 수 없고 아이들을 훌륭하게 교육할 수도 없다. 그런 까닭에 우리는 이들에 물들지 않도록 대항해서 자신을 지키지 않으면 안 된다.

이것은 어떻게 가능한가? 우리에게 진정으로 필요한 것에 대한 숙고를 통해서, 건강한 삶에의 용기를 통해서, 우리에게 삶의 의미와 근거를 부여하는 것으로 경험해 온 신앙에의 내적 결합을 통해서, 한마음인 사람들에 대한 관심을 통해서, 하나의 가치 공동체에의 연결을 통해서, 우리들의 뿌리를 뽑으려고 드는(우리의 사회적·정신적 근거를 박탈할 우려가 있는 : 역주) 모든 것으로부터 몸을 돌림으로써 이것은 가능하다. 우리들은 이 혼란된 세계에서도 우리가 사랑하는 사람들과 더불어, 그리고 우리가 소중히 여기는 문화재와 더불어 독자적인 방식에 따라 책임의식을 지니고 살아가는 하나의 정착지(定着地)를 만들어 낼 수 있다. 좋은 결혼과 가정, 우정과 심정 공동체, 곧 소규모의 가치로 결합된 집단들은 가치불확실의 거대 사회에서도 고향, 안전, 의미, 그리고 가치확실성을 제공할 수 있는 피난처이다. 이것은 물론 각자가 자기 자신만 생각하지 않고 타인과 전체에게 봉사하려는 용의가 되어 있을 때만 가능하다. 이것은 공동의 신념내용에의 자기 결속, 이기적인 요구의 제한, 행위에 있어서나 물질적·정신적 소유에 있어서 본질적인 것에의 집중을 요구한다.

어린이들이 그들의 부모, 가정, 그리고 가정에 가까운 교제권(交際圈)에서 발견하는 문화가 훌륭하고 안정적이고 조화로운 것일수록, 그가 받는 교육은 보다 덜 직접적인 것이어야 한다. 좋은 공동의 생활질서 안에서는 어린이들이 배워야 할 근본태도들을 광범위하게 스스로 학습하게 된다는 기대가 가능하다. 애정이 가는 인물들을 모방함으로써, 그들 인물의 행동에서 체험될 수 있는 가치질서에 익숙해짐으로써, 스스로 학습한다는 말이다. **가장 가까운 주위 인물의 좋은 본보기가 결정적이다.** 이 본보기는 훈계, 경고, 보수(報酬), 처벌에 의해서 대체될 수 있는 것이 아니다. 직접적으로 혼에서 혼으로 작용하는 것은 흔한 일이 아니다. **간접적인 교육이 직접적인 교육보다 더 중요하다.**

III. 간접적인 교육

간접적으로 교육한다는 것은 어린이들의 생활 상황을 그것이 유익하게 작용하도록 형성한다는 것을 의미한다. 즉, 삶의 충실성이 가능한 인간에게 속하는 좋은 특성들이 생성되는 경험들을 가능케 하도록 형성시키는 것을 의미한다. 이 경우 어린이들의 근본 욕구들이 고려되지 않으면 안 된다. 즉 안전과 유대와 인정을 받고자 하는 욕구, 인식하고 자기 전달하고 이해받고자 하는 욕구, 활동하고 만들어 내고 이루고자 하는 욕구 등이 그것이다. 이 욕구들은 어린이의 나이가 늘면서 고립적인 소가정(小家庭)의 협소한 생활 공간에서 점차 그 만족 정도가 줄어들 수 있다.

그 때문에 부모들은 처음부터 신뢰할 만한 친구, 뜻이 같은 가정, 해로운 영향에 내맡기지 않고 어린이들의 경험 공간을 확대시켜 주는 매력 있고 가치충만한 활동을 하는 초가정적(超家庭的) 공동체와의 연결을 발견하는 일을 고려하지 않으면 안 된다. 이를 위해서는 많은 조직적인 작업이 필요하다. 좋은 교육은 무엇보다도 가치충만한 교제 가능성, 체험 가능성, 행위 가능성의 조직에서 성립한다.

부모는 무엇이 그 자녀에게 영향을 주고 있고 혹은 줄 수 있는지 살펴야만 하고, 좋은 것은 지원해 주고 나쁜 것은 저지할 수 있기 위하여 그 영향들을 평가하지 않으면 안 된다.

직접적인 교육이든 간접적인 교육이든 언제나 검사되지 않으면 안 된다. 우리가 행하거나 중단하는 것이 어린이의 행복에 기여하는지 - 현재의 순간에 있어서의 그들의 소망실현이 아니라 장기적으로 모든 견지에서 그들의 행복에 기여하는지 아닌지 검사되어야만 한다. 교육은 좋은 것(善)에 대한 앎을 전제로 한다. 평가, 선택, 결단을 전제로 한다. 교육은 가치에 대한 확신을 요구하고, 가치 있는 것으로 선택된 것은 고수할 것을 요구하며, 정당한 요청은 끈기있게 할 것을 요구한다. 그런 까닭에 가치 불확실한 사람들은 또한 교육도 불확실하다. 그런 까닭에 가치 확신의 위기는 또한 교육의 위기를 결과로 얻는다. 그런 까닭에 우리들의 가치 불확실 사회에서는 이미 "교육의 종말"[3] 또는 "반 (反) 교육"[4]이 선전되고 있는 지경에까지 이르렀다.

성인으로서 스스로 가치 정향이 결여되어 있는 사람은 젊은 사람들에게 가치 정향을 매개할 수 없다. 그런 한에서 그에게 있어서 교육의 포기는 이론의 여지가 없다. 그러나 좋은 것의 인식 가능성과 평가의 권리와 교육의 의미에 대한 이 회의(懷疑)는 몰락과 허약의 징후이다. 그런 사람은 어린이들에게 해가 되기 때문에, 생활 실천에 있어 책임이 지어져서는 안 된다.

불량한 교육에 대한 비판은 확실히 필요하다. 모든 교육이 양호하지는 않다. 그러나 좋은 교육은 모든 아동의 행복을 위해서 필수 불가결하다. 이것은 교육을 못 받거나 불량하게 교육을 받은 청소년들에게 나타나서 이후 다시는 제거될 수 없는 인격적 손상들에 의해 백만 번 증명되고 있다. 어느 지역 주민에서나 그 자녀들을 잘 교육시키는 부모들과 자녀들을 잘못 다루거나 소홀히 하는 부모들 간의 틈이 지나고 있다. 이 틈은 결코 부유한 가정과 덜 부유한 가정 사이의 경계선을 따라 뻗어 있지는 않다.

오늘날 도처에서 물질적 영양 과잉과 정신적 영양 부족의 위험한 혼합이 존재하고, 버릇없게 키움와 도덕적 방치의 위험한 혼합이 존재한다. 우리 사회의 중간층과 상층에서도 그렇다. 가치

---

3) Giesecke 1985.

4) Braunmühl 1983; Schoenebeck 1982와 1985.

및 교육 불확실성은 수많은 부모로부터 그 자녀들에 대한 기쁨을
빼앗고, 수많은 아동들로부터 성공적인 삶에 대한 기쁨을 빼앗고
있다.

및 교육 불확실성은 수많은 부모로부터 그 자녀들에 대한 기쁨을
빼앗고, 수많은 아동들로부터 성공적인 삶에 대한 기쁨을 빼앗고

IV. 자명한 목표와 소박한 수단

이 같은 상황에서 우리는 좋은 교육에 무슨 비범한 것이 속하고 있는 것이 아님을 기억하지 않으면 안 된다. 근본에 있어 자명한 목표와 수단이 중요한 것이다. 교육의 목표는 행복하게 함께 살 수 있기 위하여 우리 스스로가 필요로 하는 인격 특성들 이외의 다름이 아니다. 교육의 수단은 우리 생각으로 사람에게 영향을 미치고자 할 때, 우리가 사용하고 있는 일상적인 수단 이외의 다른 것이 아니다. 좋은 교육자의 기술은 이들 수단을 어린이들의 내적·외적 상황에 현명하고 재치있게 맞추는 데 있다. 수많은 부모들이 이런 자명한 것을 행하지 않고 전문 지식과 특별한 테크닉이 필요하다고 믿고 있기 때문에, 교육상의 속수무책이 그토록 널리 만연되고 있다. 자명한 것이 무엇인지, 다시 한 번 간단히 특별히 중요한 **교육목표** 다섯에 부쳐 보이고자 한다.[5]

1. 근본적 신뢰

이것은 인간으로 하여금 자신의 삶을 긍정하고, 미래로부터 좋은 것을 기대하며, 함께 사는 사람들에게 자기 자신을 열고, 결속을 맺을 수 있게 하는 감정적 태도를 의미한다. 그의 가장 축복받은 형태는 하느님에 대한 신뢰이다.

2. 자기 노력으로써 자기 자신을 유지하려는 용의

---

5) 이 책 pp.127ff를 참조할 것.

이것으로써 나는 노동(작업, 공부, 연구)하려는 의지 및 이와 연관되는 모든 미덕, 즉 노력 용의, 신임성(믿음직스러움), 끈기, 인내, 면밀성, 정확성, 사회적 적응 능력, 맡겨진 것에 대한 책임감 등을 의미한다.

3. 현실적인 세계 및 자기 이해

여기서 관건이 되는 것은 인생의 행복이 의존하는 제반 조건들을 포함하는 세계와 자기 자신에 관한 충분한 근본 인식이다. 또한 현실 감각, 냉철, 사실 중시, 가르침받고 깨우칠 수 있는 가능성과 같은 근본 태도도 중요하다.

4. 심정 도야 또는 가슴의 문화

이로써 나는 애착할 만하고 삶에 의미를 주는 가치 담지자(價値擔持者)에 대한 내적 결합을 의미한다. 즉 보다 높은 관심이 가는 소중품(所重品), 긍정적인 공인간적(共人間的) 관계, 내적 만족을 주는 몰두, 좋은 사상, 아름다운 내적 영상 등에 대한 심적·정신적 결합을 의미한다. 세상의 선(善)과 미(美)에 대한 감수성, 본질적인 것에 대한 내적 집중 능력, 예의와 분별심(分別心)과 감사하는 마음, 남에게 기쁨을 만들어 주고 그들의 고통을 덜어 주려는 용의 등과 같은 태도들도 여기에 포함된다.

5. 자기 규율

이에는 이기적인 충동을 제약없이 즐기는 것의 포기, 함께 사는 사람에 대한 고려, 의무와 과업의 이행에 있어 기꺼이 나서려는 의지, 자기 행동의 결과에 대한 책임의식, 성가신 일이나 실망스런 일에 임해서 심적 하중을 감당하기, 불필요한 욕구로부터의 독립 등이 속한다.

이 다섯 가지 교육 목표들은 우리 시대에 있어서도 아직 동의할 수 있고 합의가 가능하다. **이들 목표의 달성이 의존하는 바 그 조건들도** 못지않게 동의할 수 있다. 그 조건에는 교육을 통해 얻고자 하는 인격 특성들을 스스로 추구하는 부모가 속한다. 곧, 조화롭게 함께 살고 자녀들을 위해 시간을 내고, 그들에게 세계를 긍정적으로 해석해 주고, 선의의 분위기를 마련해 주고, 기쁨을 만들어 주는 일에 전념하도록 자극·격려하고, 자기 가치 감정을 강화시켜 주는 성취를 하도록 고무시켜 주는 그런 부모가 속한다. 그들 부모는 일찍부터 자녀들이 자주성을 갖도록 지도하고, 심사숙고하고, 과업연관적인 생활양식을 발전시키고, 남을 돕고, 의무를 받아들이도록 지도해야 한다. 부모는 자기 자신과 자녀들을 대중매체에 의한 자극의 범람으로부터 보호하고, 불필요한 소비재, 소극적이고 진부한 생활 습관에 빠지는 유혹, 악하고 추한 영상(映像), 의미 없는 정보와 맞서 자신과 자녀들을 보호해야 한다. 부모는 오락, 독서와 TV시청, 유희와 게임, 음악, 주말과 휴가 등의 선택에 까다로워야 한다. 부모는 청원, 감사와 인사, 사과(謝過)와 용서(容恕)를 포함하는 좋은 교제 형식을 완성시켜야 하고, 축제와 의식(儀式)을 포함하고, 이웃과 친척과 친구의 방문을 포함하는 좋은 사교의 형식을 완성시켜야 한다. 부모는 자녀들의 놀이 친구와 학교 동무에 신경을 써야 하고, 유치원과 학교와 교회와 단체에서 활동하는 공동 교육자에 대해서도 관심을 가져야 한다.

이 모든 것은 누구나 얻으려고 노력할 수 있는 단순하고 자명한 수단들이다. 이들은 하나의 좋은 공동의 생활 질서의 자명한 부분 이상의 것이 아니며, 우리 성인들도 어린이들과 마찬가지로 필요로 하는 것이다. 만약 우리가 보다 확실한 가치확신에 기초하여 정성어리고 현명하고 인내심 있게 이들 외관상 작은 일들을 돌본다면, 가정 교육은 오늘날 아직도 가망성이 많고 보람이 있을 것이다. 가치 불확실 사회에 있어서도 교육이 지금보다 다시 더 용이하게 될 수많은 가치 확실성이 있는 생활공간들이 가정에서부터 조성되고 유지되며 확장될 수 있는 것이다.

인명 찾아보기

Literaturverzeichnis

ABELEIN, MANFRED: Der absterbende Staat. In: OSKAR SCHATZ (Hrsg.): Auf dem Weg zur hörigen Gesellschaft? Graz 1973 (Styria), 37–58.
ALLPORT, GORDON W.: Attitudes. In: ALLPORT: The Nature of Personality: Selected Papers. Cambridge, Mass. 1950 (Addison-Wesley), 1–47.
– The Individual and His Religion. A Psychological Interpretation. New York 1954 (Macmillan).
ANSCHÜTZ, GERHARD(Hrsg.): Die Verfassung des Deutschen Reiches vom 11. August 1919. Berlin 1921 (Stilke); Nachdruck der 14. Aufl. (1933): Darmstadt 1965 (Wissenschaftliche Buchgesellschaft).
ARISTOTELES: Die Nikomachische Ethik. Hrsg. v. OLOF GIGON. München 1972 (Deutscher Taschenbuch Verlag).
– Politik. Hrsg. von OLOF GIGON. München 1973 (Deutscher Taschenbuch Verlag).

BACHMAIR, BENNO: Selbstbild und Fremdbild von Volksschullehrern. Phil. Diss. Erlangen-Nürnberg 1969.
BALLAUF, THEODOR: Funktionen der Schule. Historisch-systematische Analysen zur Scolarisation. Weinheim 1981 (Beltz).
BANDURA, ALBERT u. WALTERS, RICHARD W.: Social Learning and Personality Development. London 1970 (Holt).
BANDURA, ALBERT: Lernen am Modell. Stuttgart 1976 (Klett).
BARSCHEL, UWE u. GEBEL, VOLKRAM: Kommentar zur Landessatzung für Schleswig-Holstein. Neumünster 1976 (Wachholtz).
BATH, HERBERT: Emanzipation als Erziehungsziel? Bad Heilbrunn 1974 (Klinkhardt).
– Die 30 Thesen des Landesschulrats Herbert Bath. Der Tagesspiegel v. 5.2.1980.
BAYER, MANFRED: Das pädagogische Begleitstudium für Lehramtsstudenten. Zeitschrift für Pädagogik 26 (1980), 511–533.
BECK, JOHANNES u. a.: Erziehung in der Klassengesellschaft. München 1970 (List).
BECKER, HELLMUT: Auf dem Weg zur lernenden Gesellschaft. Stuttgart 1980 (Klett-Cotta).
BEINER, FRIEDHELM u. MÜLLER, THOMAS: Das Bedingungsfeld von Praxisschock und Lehrerkonflikten. In: BEINER (Hrsg.): Zur Konfliktstruktur der Lehrerrolle. Heinsberg 1982 (Dieck), 11–35.
BELL, DANIEL: Die nachindustrielle Gesellschaft. Frankfurt 1975 (Campus).
BENDEN, MAGDALENA: Sollen Lehrer ein »persönliches Beispiel geben«? In: Hohenheimer Symposion zur christlichen Pädagogik 1983: Der Lehrer. Beruf, Rolle, Ethos. Stuttgart 1983 (Akademie der Diözese Rottenburg-Stuttgart), 105–133.
BERGER, PETER L.: Auf den Spuren der Engel. Die moderne Gesellschaft und die Wiederentdeckung der Transzendenz. Frankfurt 1972 (Fischer).
BERKA, WALTER: Die pädagogische Freiheit des Lehrers als Rechtsproblem. Juristische Blätter 100 (1978), 571–587.
BLANKERTZ, HERWIG: Pädagogische Theorie und empirische Forschung. Neue Folge der Ergänzungshefte zur Vierteljahrsschrift für wissenschaftliche Pädagogik (1966) 5, 65–78. Bochum (Kamp) (hier zitiert als 1966 a).
– Bildungstheorie und Ökonomie. In: KARL HEINZ REBEL (Hrsg.): Texte zur Schulreform. Weinheim 1966 (Beltz), 61–86 (hier zitiert als 1966 b).
– Handlungsrelevanz pädagogischer Theorie. Zeitschrift für Pädagogik 24 (1978), 171–182.
BÖCKENFÖRDE, ERNST-WOLFGANG: Der Staat als sittlicher Staat. Berlin 1978 (Duncker und Humblot).

– Elternrecht – Recht des Kindes – Recht des Staates. Zur Theorie des verfassungs-
rechtlichen Elternrechts und seiner Auswirkung auf Erziehung und Schule. In:
Essener Gespräche zum Thema Staat und Kirche, Bd. 14. Münster 1980 (Aschen-
dorff), 54–99.

BOIS-REYMOND, MANUELA DU : Verkehrsformen zwischen Elternhaus und Schule.
Frankfurt 1977 (Suhrkamp).

BOLLNOW, OTTO FRIEDRICH: Wesen und Wandel der Tugenden. Frankfurt 1958
(Ullstein).

BOURDIEU, PIERRE u. PASSERON, JEAN-CLAUDE: Die Illusion der Chancengleich-
heit. Untersuchungen zur Soziologie des Bildungswesens am Beispiel Frank-
reichs. Stuttgart 1971 (Klett).

BRAUNMÜHL, EKKEHARD VON: Antipädagogik. Studien zur Abschaffung der Erzie-
hung. Weinheim ⁴1983 (Beltz).

BRENTANO, FRANZ: Grundlegung und Aufbau der Ethik. Bern 1952 (Francke).

BREZINKA, WOLFGANG: Aufgaben und Probleme der Pädagogischen Hochschule in
Bayern. In: Die Bayerische Schule 12 (1959), 81–86 (hier zitiert als 1959 a).

– Wissenschaft und Konfession im Rahmen der bayerischen Lehrerbildung. In: Die
Bayerische Schule 12 (1959), 501–509 (hier zitiert als 1959 b).

– Zwei Jahre Pädagogische Hochschule Würzburg. Ein Rechenschaftsbericht. In: Die
Bayerische Schule 13 (1960), 377–385.

– Der Erzieher und seine Aufgaben. Stuttgart 1966 (Klett).

– Die Akademisierung der Ausbildung von Volksschullehrern als Problem. In:
Schweizerische Lehrerzeitung 114 (1969), 216–224.

– Erziehung als Lebenshilfe. Eine Einführung in die pädagogische Situation. Wien/
Stuttgart ⁸1971 (Österreichischer Bundesverlag/Klett).

– Metatheorie der Erziehung. Eine Einführung in die Grundlagen der Erziehungs-
wissenschaft, der Philosophie der Erziehung und der Praktischen Pädagogik.
München ⁴1978 (Reinhardt).

– Erziehungsziele, Erziehungsmittel, Erziehungserfolg. Beiträge zu einem System der
Erziehungswissenschaft. München ²1981 (Reinhardt).

– Die Pädagogik der Neuen Linken. Analyse und Kritik. München ⁶1981 (Reinhardt)
(hier zitiert als 1981a).

– Tüchtigkeit. Analyse und Bewertung eines Erziehungszieles. München 1987 (Rein-
hardt).

– Erziehung – Kunst des Möglichen. Beiträge zur Praktischen Pädagogik. München
³1988 (Reinhardt).

– Grundbegriffe der Erziehungswissenschaft. München ⁵1990 (Reinhardt).

– Glaube, Moral und Erziehung. München 1992 (Reinhardt).

BRIEFS, GOETZ: Pluralismus. In: Staatslexikon. Herausgegeben von der Görres-Ge-
sellschaft. Bd. 6. Freiburg ⁶1961 (Herder), Sp. 295–300.

– Staat und Wirtschaft im Zeitalter der Interessenverbände. In: BRIEFS (Hrsg.):
Laissez-faire-Pluralismus. Demokratie und Wirtschaft des gegenwärtigen Zeital-
ters. Berlin 1966 (Duncker und Humblot), 1–317.

BRINKMANN, WILHELM: Der Beruf des Lehrers. Perspektiven der Erziehungswis-
senschaft und der Lehrerverbände. Bad Heilbrunn 1976 (Klinkhardt).

– Die Berufsorganisationen der Lehrer und die »pädagogische Selbstkontrolle«. Zur
Professionalisierungs- und Deutungsfunktion der Gewerkschaft Erziehung und
Wissenschaft und des Deutschen Philologenverbandes 1949–1974. In: MANFRED
HEINEMANN (Hrsg.): Der Lehrer und seine Organisation. Stuttgart 1977 (Klett),
393–408.

BROPHY, JERE E./GOOD, THOMAS L.: Die Lehrer-Schüler-Interaktion. München
1976 (Urban und Schwarzenberg).

BRUCKMÜLLER, ERNST: Nation Österreich. Sozialhistorische Aspekte ihrer Ent-
wicklung. Wien 1984 (Böhlau).

BRÜCKNER, PETER: Freiheit, Gleichheit, Sicherheit. Von den Widersprüchen des
Wohlstands. Frankfurt 1973 (Fischer).

BRUNNER, REINHARD: Lehrerverhalten. Paderborn 1978 (Schöningh).

BUBER, MARTIN: Gottesfinsternis. Zürich 1953 (Manesse).
BÜHLER, CHARLOTTE: Kindheit und Jugend. Genese des Bewußtseins. Leipzig
³1931 (Hirzel).
Bund-Länder-Kommission für Bildungsplanung: Bildungsgesamtplan. Stuttgart
1973 (Klett).
BURCKHARDT, JACOB: Weltgeschichtliche Betrachtungen. Historisch-kritische Ge-
samtausgabe. Hrsg. v. RUDOLF STADELMANN, o.O., o.J. (Neske).

CLARK, BURTON R.: The »Cooling-out« Function in Higher Education. American
Journal of Sociology 65 (1960), 569–576; deutsch: Die »Abkühlungsfunktion« in
den Institutionen höherer Bildung. In: HEINZ STEINERT (Hrsg.): Symbolische In-
teraktion. Stuttgart 1973 (Klett), 111–125.
CLOER, ERNST: Sozialgeschichte, Schulpolitik und Lehrerfortbildung der katholi-
schen Lehrerverbände im Kaiserreich und in der Weimarer Republik. Ratingen
1975 (Henn).
COMBE, ARNO: Kritik der Lehrerrolle. München 1971 (List).

DAHRENDORF, RALF: Bildung ist Bürgerrecht. Hamburg 1965 (Nannen).
Denkschrift des Preußischen Ministeriums für Wissenschaft, Kunst und Volksbil-
dung: Die Neuordnung der Volksschullehrerbildung in Preußen. (1925). In: HEL-
MUTH KITTEL (Hrsg.): Die Pädagogischen Hochschulen. Dokumente ihrer Ent-
wicklung (I) 1920–1932. Weinheim 1965 (Beltz), 77–97.
DERBOLAV, JOSEF: Abriß einer pädagogischen Ethik. In: DERBOLAV: Systematische
Perspektiven der Pädagogik. Heidelberg 1971 (Quelle und Meyer), 124–155.
Deutsche Gesellschaft für Erziehungswissenschaft: Stellungnahme zum »erzie-
hungswissenschaftlichen Studium im Rahmen der Lehrerausbildung«. Berlin
1982.
Deutscher Bildungsrat: Strukturplan für das Bildungswesen. Stuttgart ²1970 (Klett).
DIEMER, ALWIN: Zur Grundlegung eines allgemeinen Wissenschaftsbegriffs. Zeit-
schrift für allgemeine Wissenschaftstheorie 1 (1970), 209–227.
DÖRING, KLAUS W.: Lehrerverhalten und Lehrerberuf. Weinheim ⁴1973 (Beltz).
DRUCKER, PETER F.: Die unsichtbare Revolution. Aspekte der Altersversorgung.
München 1979 (Droemer Knaur).
Duden. Das große Wörterbuch der deutschen Sprache. Bd. 2. Mannheim 1976 (Bi-
bliographisches Institut).
DURKHEIM, EMILE: Erziehung, Moral und Gesellschaft (1902/03). Neuwied 1973
(Luchterhand).

EBERT, WILHELM: Die Macht der Lehrer. Reden des Präsidenten. München 1980
(Ehrenwirth).
– Lehrer in einer Zeit des Wandels. München 1982 (Ehrenwirth).
EDDING, FRIEDRICH: Ökonomie des Bildungswesens. Freiburg 1963 (Rombach).
EISERMANN, WALTER: Zur Soziologisierung der Lehrerausbildung. In: Wester-
manns Pädagogische Beiträge 28 (1976), 260–270.
ELIAS, NORBERT: Über den Prozeß der Zivilisation. Frankfurt 1976 (Suhrkamp).
ERIKSON, ERIK H.: Identität und Lebenszyklus. Frankfurt ⁴1977 (Suhrkamp).
EVERS, HANS-ULRICH: Die Befugnis des Staates zur Festlegung von Erziehungszie-
len in der pluralistischen Gesellschaft. Berlin 1979 (Duncker und Humblot).
EXNER, ADOLF: Über politische Bildung. Wien 1891 (Tempsky).
EYSENCK, HANS JÜRGEN: Race, Intelligence and Education. London 1971 (Temple
Smith); deutsch: Vererbung, Intelligenz und Erziehung. Zur Kritik der pädagogi-
schen Milieutheorie. Stuttgart 1975 (Seewald) (hier zitiert als 1975 a).
– The Inequality of Man. London 1973 (Temple Smith); deutsch: Die Ungleichheit
der Menschen. München 1975 (List) (hier zitiert als 1975 b).

FALCKENBERG, DIETER / SCHIEDERMAIR, WERNER / AMBERG, HELLMUTH: Kom-
mentar zum Bayerischen Gesetz über das Erziehungs- und Unterrichtswesen vom
10. September 1982. München 1983 (Deutscher Gemeindeverlag).

FETSCHER, IRING: Was brauchen Menschen, um glücklich zu sein? In: KLAUS M. MEYER-ABICH u. DIETER BIRNBACHER (Hrsg.): Was braucht der Mensch, um glücklich zu sein? München 1979 (Beck), 101–110.

FISCHER, KURT GERHARD: Emanzipation als Lernziel der Schule von morgen. In: FISCHER: Überlegungen zur Didaktik des politischen Unterrichts. Göttingen 1972 (Vandenhoeck), 80–91.

FOERSTER, FRIEDRICH WILHELM: Staatsbürgerliche Erziehung. Prinzipienfragen politischer Ethik und politischer Pädagogik. Leipzig ^{2}1914 (Teubner).

– Lebensführung. Neue Ausgabe. Berlin 1917 (Reimer).

FORSTHOFF, ERNST: Der totale Staat. Hamburg 1933 (Hanseatische Verlagsanstalt).

– Der Staat der Industriegesellschaft. München 1971 (Beck).

FREUD, SIGMUND: Zeitgemäßes über Krieg und Tod (1915). In: Sammlung kleiner Schriften zur Neurosenlehre. Vierte Folge. Wien ^{2} 1922 (Internationaler Psychoanalytischer Verlag), 486–520.

FREYER, HANS: Über die Verantwortung. In: Ordnung des Tages. Erste Folge. Bd. 5 der Reihe: Rundfunk und Buch. Hamburg 1957 (Schröder), 53–68.

FRIEDRICH, LEONHARD: Aufgaben und Qualifikationen des Lehrers. In: WILFRIED HENDRICKS u. HEINZ STÜBIG (Hrsg.): Zwischen Theorie und Praxis. Marburger Kolloquium zur Didaktik. Kronberg 1977 (Athenäum), 130–155.

FRISCHEISEN-KÖHLER, MAX: Bildung und Weltanschauung. Charlottenburg 1921 (Mundus).

FRITSCH, BRUNO: Wir werden überleben. Orientierungen und Hoffnungen in schwieriger Zeit. München 1981 (Olzog).

FROESE, LEONHARD,(Hrsg.): Bildungspolitik und Bildungsreform. Amtliche Texte und Dokumente zur Bildungspolitik im Deutschland der Besatzungszonen, der Bundesrepublik Deutschland und der Deutschen Demokratischen Republik. München 1969 (Goldmann).

FUNKE, GERHARD: Ethos: Gewohnheit, Sitte, Sittlichkeit. Archiv für Rechts- und Sozialphilosophie 47 (1961), 1–80.

FUNKE, GERHARD u. REINER, HANS: Ethos. In: JOACHIM RITTER (Hrsg.): Historisches Wörterbuch der Philosophie, Bd. 2. Basel 1972 (Schwabe), Sp. 812–815.

FURGER, FRANZ: Der Beruf. Selbstverwirklichung in Welt und Gesellschaft. Freiburg (Schweiz) 1969 (Universitätsverlag).

GABLER, WOLFGANG u. a.: Lehrer zwischen Hierarchie und Paragraphen. Zu den rechtlich-organisatorischen Bedingungen von Unterricht. in: ARIANE GARLICHS u. a. (Hrsg.): Unterrichtet wird auch morgen noch. Lehrerberuf und Unterrichtsinhalte. Königstein 1982 (Scriptor), 51–66.

GAHLINGS, ILSE: Die Volksschullehrer und ihre Berufsverbände. Neuwied 1967 (Luchterhand).

GALBRAITH, JOHN KENNETH: The Affluent Society, 1958; deutsch: Gesellschaft im Überfluß. München 1959 (Droemer).

GAMM, HANS-JOCHEN: Kritische Schule. Eine Streitschrift für die Emanzipation von Lehrern und Schülern. München 1970 (List).

– Das Elend der spätbürgerlichen Pädagogik. München 1972 (List).

GAWLITTA, KURT: Schulrechtskurse für Referendare – lästige Pflicht oder letzte Chance. Die Realschule. Zeitschrift für Schulpädagogik und Bildungpolitik (1984) 3, 125–126.

GEHLEN, ARNOLD: Moral und Hypermoral. Eine pluralistische Ethik. Frankfurt ^{3}1973 (Athenäum).

GEISSLER, ERICH E.: Erziehung zu neuen Tugenden? Ethik und dynamische Gesellschaft. In: Elite. Zukunftsorientierung in der Demokratie. Veröffentlichungen der Walter-Raymond-Stiftung, Bd. 20. Köln 1982 (Bachem), 55–80.

GERNER, BERTHOLD: Der Lehrer – Verhalten und Wirkung. Ergebnisse empirischer Forschung im deutschsprachigen Raum. Darmstadt 1972 (Wissenschaftliche Buchgesellschaft).

- Selbstverständnis von Lehrern. Ergebnisse empirischer Forschung im deutsch-
  sprachigen Raum. Darmstadt 1976 (Wissenschaftliche Buchgesellschaft).
GIDION, JÜRGEN: Unglück im Winkel. Zur Situation der Studienseminare. Neue
  Sammlung 17 (1977), 39–56.
GIESECKE, HERMANN: Das Ende der Erziehung. Neue Chancen für Familie und Schu-
  le. Stuttgart 1985 (Klett-Cotta).
GILBERT, W. S.: The Gondoliers; or, The King of Barataria. In: Original Plays. Lon-
  don 1924 (Chatto and Windus), 307–351.
GLASENAPP, HELMUTH VON: Glaube und Ritus der Hochreligionen in vergleichen-
  der Übersicht. Frankfurt 1960 (Fischer).
GLOTZ, PETER u. FABER, KLAUS: Richtlinien und Grenzen des Grundgesetzes für
  das Bildungswesen. In: ERNST BENDA, WERNER MAIHOFER, HANS-JOCHEN VO-
  GEL (Hrsg.): Handbuch des Verfassungsrechts der Bundesrepublik Deutschland.
  Berlin 1983 (De Gruyter), 999–1057.
GOETHE, JOHANN WOLFGANG VON: Wilhelm Meisters Lehrjahre. Sämtliche Werke,
  Bd. 8. Stuttgart 1874 (Cotta).
GORSCHENEK, GÜNTER (Hrsg.): Grundwerte in Staat und Gesellschaft. München
  1977 (Beck).
GORZ, ANDRÉ: Zur Strategie der Arbeiterbewegung im Neokapitalismus. Frankfurt
  1967 (Europäische Verlagsanstalt).
GOTTHELF, JEREMIAS: Sämtliche Werke in 24 Bänden, Bd. VII: Geld und Geist oder
  Die Versöhnung. Erlenbach-Zürich 1940 (Rentsch).
GRASS, KARL MARTIN u. KOSELLECK, REINHART: Emanzipation. In: OTTO BRUN-
  NER u. a. (Hrsg.): Geschichtliche Grundbegriffe. Historisches Lexikon zur poli-
  tisch-sozialen Sprache in Deutschland, Bd. 2. Stuttgart 1975 (Klett), 153–197.
GRÖSCHEL, HANS (Hrsg.): Die Bedeutung der Lehrerpersönlichkeit für Erziehung
  und Unterricht. München 1980 (Ehrenwirth).
GRÜNFELD, WERNER: Schule: Tendenz lustlos? Zur Motivationskrise des Lehrers.
  In: HANS-JÜRGEN APEL (Hrsg.): Die Schulklasse – ein pädagogisches Handlungs-
  feld? Kastellaun 1978 (Henn), 119–134.
GUARDINI, ROMANO: Tugenden. Meditationen über Gestalten sittlichen Lebens.
  Würzburg 1963 (Werkbund).
GUNDLACH, GUSTAV: Gemeinwohl. In: Staatslexikon. Hrsg. von der Görres-Ge-
  sellschaft. Bd. 3, Freiburg ⁶1959 (Herder), Sp. 737–740.
GUYER, WALTER: Pestalozzi aktueller denn je. Zürich 1975 (Orell Füssli).

HAASCH, GÜNTHER: Gegenwartsprobleme des japanischen Bildungswesens. Päd-
  agogik und Schule in Ost und West 27 (1979), 17–23.
HABERMAS, JÜRGEN: Technik und Wissenschaft als »Ideologie«. Frankfurt 1968
  (Suhrkamp).
- Stichworte zur geistigen Situation der Zeit. Frankfurt 1979 (Suhrkamp).
HAENISCH, HANS u. LUKESCH, HELMUT: Ist die Gesamtschule besser? Gesamtschu-
  len und Schulen des gegliederten Schulsystems im Leistungsvergleich. München
  1980 (Urban und Schwarzenberg).
HÄNSEL, DAGMAR: Die Anpassung des Lehrers. Zur Sozialisation in der Berufspra-
  xis. Weinheim 1975 (Beltz).
HARDMANN, JOSEF: Reformierte Schule – Schulkranke Kinder? Düsseldorf 1977
  (Deutscher Pädagogik- und Hochschul-Verlag).
HARTMANN, NICOLAI: Ethik. Berlin ⁴1962 (De Gruyter).
HASSENSTEIN, BERNHARD: Verhaltensbiologie des Kindes. München ⁴ 1987 (Piper).
HAYEK, FRIEDRICH AUGUST VON: Der Weg zur Knechtschaft. München 1976 (Deut-
  scher Taschenbuch Verlag).
- Die Illusion der sozialen Gerechtigkeit. In: Schicksal? Grenzen der Machbarkeit.
  München 1977 (Deutscher Taschenbuch Verlag), 91–103.
HECK, GERHARD u. SCHURIG, MANFRED: Lehrerfort- und Lehrerweiterbildung.
  Theoretische Grundlagen und praktische Verwirklichung in Deutschland nach
  1945. Darmstadt 1982 (Wissenschaftliche Buchgesellschaft).

HECKEL, HANS: Schulrecht und Schulpolitik. Neuwied 1967 (Luchterhand).
HEGELHEIMER, ARMIN u. ZÖLLER, MICHAEL: Wider die kranke Reform. Ord-
nungspolitik für Bildungswesen und Arbeitsmarkt. Zürich 1977 (Interfrom).
HEHLMANN, WILHELM: Pädagogisches Wörterbuch. Stuttgart ³1942 (Kröner).
HEIZMANN, GÜNTER: Die pädagogische Dimension der Arbeit des Schulrates. Un-
tersuchungen zur Effizienz der Schulaufsicht im Wirkungsfeld der Reform der
Schulbehörden in Niedersachsen. Phil. Diss. der Pädagogischen Hochschule Nie-
dersachsen, Göttingen 1979.
HELBING, CARL: Vom Beruf des Mittelschullehrers. Zürich 1959 (Arche).
HELL, PETER u. OLBRICH, PAUL: Lehrerpersönlichkeit und Lehrerverhalten. Ein
Beitrag zur Professionalisierung des erzieherischen Verhaltens. In: WALTER BAR-
SIG u. a. (Hrsg.): Die Lehrerpersönlichkeit in Erziehung und Unterricht. Donau-
wörth 1980 (Auer), 34–62.
HENNINGSEN, JÜRGEN: Vom Klempner zum Schwätzer. Voraussagen zur Lehrerbil-
dung. In: WOLFGANG FISCHER u. a. (Hrsg.): Die Angst des Lehrers vor der Erzie-
hung. Duisburg 1980 (Braun), 23–42.
HENTIG, HARTMUT VON: Systemzwang und Selbstbestimmung. Über die Bedingun-
gen der Gesamtschule in der Industriegesellschaft. Stuttgart 1968 (Klett).
– Was ist eine humane Schule? München 1976 (Hanser).
– Vom Verkäufer zum Darsteller. Absagen an die Lehrerbildung. In: HENTIG: Auf-
wachsen in Vernunft. Kommentare zur Dialektik der Bildungsreform. Stuttgart
1981 (Klett-Cotta), 261–305.
HERBART, JOHANN FRIEDRICH: Pädagogische Schriften. Hrsg. v. OTTO WILLMANN
u. THEODOR FRITZSCH. Osterwieck (Harz) 1913 (Bd. 1), 1919 (Bd. 3) (Zickfeld).
HERRMANN, ULRICH: Emanzipation. Materialien zur Geschichte eines politisch-so-
zialen und politisch-pädagogischen Begriffs der Neuzeit, vornehmlich im 19.
Jahrhundert. Archiv für Begriffsgeschichte 18 (1974), 85–143.
HERRNSTEIN, RICHARD J.: IQ in the Meritocracy. Boston 1973 (Little, Brown);
deutsch: Chancengleichheit – eine Utopie? Die IQ-bestimmte Klassengesell-
schaft. Stuttgart 1974 (Deutsche Verlags-Anstalt).
HERSCH, JEANNE: Antithesen zu den »Thesen zu den Jugendunruhen 1980« der Eid-
genössischen Kommission für Jugendfragen. Der Feind heißt Nihilismus. Schaff-
hausen 1982 (Meili).
HERTLING, LUDWIG VON: Lehrbuch der aszetischen Theologie. Innsbruck 1930
(Rauch).
HERZ, THOMAS: Der Wandel von Wertvorstellungen in westlichen Industriegesell-
schaften. Kölner Zeitschrift für Soziologie und Sozialpsychologie 31 (1979), 282–
302.
HESSEN, JOHANNES: Religionsphilosophie. München ²1955 (Reinhardt).
HEUSS, ALFRED: »Ideologiekritik«. Ihre theoretischen und praktischen Aspekte.
Berlin 1975 (De Gruyter).
HEYDORN, HEINZ-JOACHIM: Über den Widerspruch von Bildung und Herrschaft.
Frankfurt 1970 (Europäische Verlagsanstalt).
HILDEBRAND, DIETRICH VON: Die Umgestaltung in Christus. Über christliche
Grundhaltung (unter dem Pseudonym: PETER OTT). Einsiedeln 1944 (Benziger).
– Das Trojanische Pferd in der Stadt Gottes. Regensburg ²1968 (Habbel).
– Der verwüstete Weinberg. Regensburg 1973 (Habbel).
HILLMANN, KARL-HEINZ: Umweltkrise und Wertwandel. Die Umwertung der
Werte als Strategie des Überlebens. Frankfurt 1981 (Lang).
HILTY, CARL: Glück. I. Teil. Leipzig 1914 (Hinrichs).
HÖFFE, OTFRIED: Ethik. In: HÖFFE (Hrsg.): Lexikon der Ethik. München ²1980
(Beck), 53–55.
HÖHN, ELFRIEDE: Kann die Familie noch erziehen? In: GERHARD SCHUSSER
(Hrsg.): Festschrift zum 65. Geburtstag von Günther Mühle. Osnabrück 1981
(Universität), 84–104.
HOFER, WALTHER (Hrsg.): Der Nationalsozialismus. Dokumente 1933–1945.
Frankfurt 1957 (Fischer).

HOFFMANN, MICHAEL: Kriminalität und Vandalismus in den Schulen der USA. Die Deutsche Schule 68 (1976), 318–330.
HOFFMANN-NOWOTNY, HANS-JOACHIM: Auf dem Wege zur autistischen Gesellschaft? In: SABINE RUPP u. a. (Hrsg.): Eheschließung und Familienbildung heute. Wiesbaden 1980 (Deutsche Gesellschaft für Bevölkerungswissenschaft), 161–185.
HOLM, SØREN: Das Ende der Vergangenheit. Denken und Glauben im 20. Jahrhundert. Bern 1963 (Haupt).
HOPF, CHRISTEL: Der Lehrer als Schüler. Überlegungen zur Praxis der Lehrerbeurteilung durch Schulräte. In: HELLMUT BECKER u. HARTMUT VON HENTIG (Hrsg.): Zensuren. Lüge – Notwendigkeit – Alternativen. Frankfurt 1983 (Ullstein), 203–218.
HÜBNER, PETER: Über das Berufsethos des sozialistischen Lehrers in der DDR. Ein Beitrag zu seiner theoretischen Begründung. Diss. der Pädagogischen Hochschule Potsdam 1970.
HUSÉN, TORSTEN: Soziale Umwelt und Schulerfolg. Perspektiven der Forschung zum Problem der Chancengleichheit. Frankfurt 1977 (Diesterweg).
– Schule in der Leistungsgesellschaft. Braunschweig 1980 (Westermann).

INGLEHART, RONALD: The Silent Revolution. Changing Values and Political Styles Among Western Publics. Princeton 1977 (Princeton University Press).
ISENSEE, JOSEF: Demokratischer Rechtsstaat und staatsfreie Ethik. In: Essener Gespräche zum Thema Staat und Kirche. Bd. 11, Münster 1977 (Aschendorff), 92–118 (hier zitiert als 1977a).
– Verfassungsgarantie ethischer Grundwerte und gesellschaftlicher Konsens. Neue Juristische Wochenschrift 30 (1977), 545–551 (hier zitiert als 1977b).
– Die verdrängten Grundpflichten des Bürgers. Die öffentliche Verwaltung 35 (1982), 609–618.

JAIDE, WALTER: Wertwandel? Grundfragen zur Diskussion. Opladen 1983 (Leske).
JAMES, WILLIAM: The Varieties of Religious Experience. A Study in Human Nature (1902). Enlarged Edition, New York 1963 (University Books); deutsch: Die religiöse Erfahrung in ihrer Mannigfaltigkeit. Leipzig 1907 (Hinrichs).
– Der Wille zum Glauben (1896). In: Essays über Glaube und Ethik. Gütersloh 1948 (Bertelsmann), 40–67.
JEHLE, PETER u. NORD-RÜDIGER, DIETLINDE: Angst des Lehrers – eine Literaturübersicht. In: Zeitschrift für internationale erziehungs- und sozialwissenschaftliche Forschung, 6. Jg. (1989), 193–217.
JENCKS, CHRISTOPHER: Chancengleichheit. Reinbek 1973 (Rowohlt).
JENSEN, ARTHUR R.: Genetics and Education. London 1972 (Methuen).
– Educability and Group Differences. London 1973 (Methuen) (hier zitiert als 1973a).
– Wie sehr können wir Intelligenzquotient und schulische Leistung steigern? In: HELMUT SKOWRONEK (Hrsg.): Umwelt und Begabung. Stuttgart 1973 (Klett), 63–155 (hier zitiert als 1973b).
JONAS, HANS: Das Prinzip Verantwortung. Versuch einer Ethik für die technologische Zivilisation. Frankfurt 1979 (Insel).
JOUHY, ERNEST: Zum Begriff der emanzipatorischen Erziehung. Gesellschaft, Staat, Erziehung 17 (1972), 145–149.
– Das programmierte Ich. Motivationslernen in der Krisengesellschaft. München 1973 (List).
JOYCE, JAMES AVERY (Hrsg.): Human Rights: International Documents. Alphen (Ndl.) 1978 (Sijthoff und Noordhoff).
Jugendrecht. München [15]1985 (dtv/Beck); [18]1991.
JUNGHÄNEL, GÜNTHER u. SACHNOWSKIJ, GABRIELE: Berufsethik des Pädagogen in der UdSSR. Vergleichende Pädagogik 12 (1976), 290–296.

KAHL, THOMAS N.: Lehrerausbildung. Situation, Analyse, Vorschläge. München 1979 (Kösel).

KASCH, WILHELM F. (Hrsg.): Entchristlichung und religiöse Desozialisation. Paderborn 1978 (Schöningh).

KERBER, WALTER: Säkularisierung und Wertewandel. Analysen und Überlegungen zur gesellschaftlichen Situation in Europa. München 1986 (Kindt).

KERSCHENSTEINER, GEORG: Die Schule der Zukunft eine Arbeitsschule (1908). In: Grundfragen der Schulorganisation. München [7]1954 (Oldenbourg), 98–117.

KITTEL, HELMUTH: Die Entwicklung der Pädagogischen Hochschulen 1926–1932. Hannover 1957 (Schroedel).

– Die Pädagogischen Hochschulen verdienen eine eigene Zukunft. Mitteilungen des Hochschulverbandes 28 (1980), 5–14.

KLAFKI, WOLFGANG: Die Inhalte des Lernens und Lehrens. In: Erziehungswissenschaft (Funk-Kolleg) II. Frankfurt 1970 (Fischer), 53–88.

– Erziehungswissenschaft als kritisch-konstruktive Theorie: Hermeneutik – Empirie – Ideologiekritik. Zeitschrift für Pädagogik, 17 (1971), 351–385.

KLAGES, HELMUT: Kleinräumige Sozialbeziehungen im Gesellschaftswandel. In: ELISABETH NOELLE-NEUMANN u. EDGAR PIEL (Hrsg.): Eine Generation später. Bundesrepublik Deutschland 1953–1979. München 1983 (Saur), 65–69.

– Wertorientierungen im Wandel. Rückblick, Gegenwartsanalyse, Prognosen. Frankfurt 1984 (Campus).

– u. HERBERT, WILLI: Wertorientierung und Staatsbezug. Untersuchungen zur politischen Kultur in der Bundesrepublik Deutschland. Frankfurt 1983 (Campus).

– u. KMIECIAK, PETER (Hrsg.): Wertwandel und gesellschaftlicher Wandel. Frankfurt 1979 (Campus).

KLAUER, KARL JOSEF: Gleichheit der Bildungschancen – Eine kritische Analyse: In: Hochschulverband – Bilanz einer Reform. Denkschrift zum 450jährigen Bestehen der Philipps-Universität zu Marburg. 1977, 189–200.

KLAUS-ROEDER, ROSEMARIE: Bildungswiderstände im ländlichen Bereich – ihre sozial-psychologischen Ursachen und ihre bildungspolitische Relevanz. In: KURT AURIN (Hrsg.): Bildungspolitische Probleme in psychologischer Sicht. Frankfurt 1969 (Europäische Verlagsanstalt), 97–114.

KLECATSKY, HANS R. u. MORSCHER, SIEGBERT (Hrsg.): Das österreichische Bundesverfassungsrecht. Wien [3]1982 (Manz).

KLINGLER, JOSEF: Der Blick durch die Augen des Fremden oder: Eltern und Lehrer sehen einander im Spiegel. In: MARIAN HEITGER u. INES M. BREINBAUER (Hrsg.): Innere Schulreform. Wien 1981 (Herder), 91–120.

KLINK, JOB GÜNTER: Des Kaisers neue Kleider. Die Deutsche Schule 64 (1972), 788–793; Nachdruck in: KLINK: Klasse H7e. Aufzeichnungen aus dem Schulalltag. Bad Heilbrunn 1974 (Klinkhardt), 170–179.

KLUCKHOHN, CLYDE u. a.: Werte und Wert-Orientierung der Theorie vom Handeln. In: C. A. SCHMITZ (Hrsg.): Kultur. Frankfurt 1963 (Akademische Verlagsgesellschaft), 321–357.

KLUXEN, WOLFGANG: Ethik des Ethos. Freiburg 1974 (Alber).

KMIECIAK, PETER: Wertstrukturen und Wertwandel in der Bundesrepublik Deutschland. Göttingen 1976 (Schwartz).

KNAUF, TASSILO: Lehrerfortbildung. Ritual oder Perspektive? In: GERHARD HECK u. MANFRED SCHURIG: Lehrerfort- und Lehrerweiterbildung. Theoretische Grundlagen und praktische Verwirklichung in Deutschland nach 1945. Darmstadt 1982 (Wissenschaftliche Buchgesellschaft), 238–247.

KNIGHT, MARGARET: Morals without Religion. London 1955 (Dennis Dobson).

– Erziehung ohne Religion. In: GERHARD SZCZESNY (Hrsg.): Club Voltaire. Jahrbuch für kritische Aufklärung I. München [2]1964 (Szczesny), 53–65.

KNOLL, JOACHIM H.: Begabung und Begabungsförderung im System des Bildungswesens. In: KURT AURIN (Hrsg.): Bildungspolitische Probleme in psychologischer Sicht. Frankfurt 1969 (Europäische Verlagsanstalt), 32–52.

KOB, JANPETER: Das soziale Bewußtsein des Lehrers der höheren Schule. Würzburg 1958 (Werkbund).

Köcher, Renate: Familie und Gesellschaft. In: Noelle-Neumann u. Köcher 1987, 74–163.
– Religiös in einer säkularisierten Welt. In: Noelle-Neumann u. Köcher 1987, 164–281 (hier zitiert als 1987 a).
Kövesi, Leo u. Jonak, Felix: Das österreichische Schulrecht. Wien ²1983 (Österreichischer Bundesverlag).
Kolakowski, Leszek: Der Anspruch auf die selbstverschuldete Unmündigkeit. In: Willi Oelmüller u. a. (Hrsg.): Diskurs: Sittliche Lebensformen. Paderborn 1978 (Schöningh), 378–389.
– Die Gegenwärtigkeit des Mythos. München ³1984 (Piper).
Kraft, Victor: Die Grundlagen der wissenschaftlichen Wertlehre. Wien ²1951 (Springer).
Kramp, Wolfgang: Die gesellschaftstheoretische und anthropologische Dimension von Berufsqualifikationen des Lehrers. In: Kurt Aregger u. a. (Hrsg.): Lehrerbildung und Unterricht. Bern 1978 (Haupt), 49–63.
Kraus, Oskar: Die Werttheorien. Geschichte und Kritik. Brünn 1937 (Rohrer).
Kraus, Wolfgang: Nihilismus heute. Wien 1983 (Zsolnay).
Krüger, Helga: Professionalisierung und Innovation in pädagogischen Berufen. In: Hartmut Lüdtke (Hrsg.): Erzieher ohne Status? Heidelberg 1973 (Quelle und Meyer), 110–130.
Kuchler, Klaus-Uwe: Praxisschock und Lehrerkonflikte aus der Sicht eines Seminar-Ausbilders. In: Friedhelm Beiner (Hrsg.): Zur Konfliktstruktur der Lehrerrolle. Heinsberg 1982 (Dieck), 42–46.
Kultusministerkonferenz, Statistische Veröffentlichungen der: Dokumentation Nr. 93/Juli 1985: Schüler, Klassen, Lehrer und Absolventen der Schulen 1975–1984.
Kumarin, V. V.: Das Kollektiv als Zelle der sozialistischen Gesellschaft. In: Isabella Rüttenauer (Hrsg.): Persönlichkeit, Kollektiv, Gesellschaft. Aufsätze aus der UdSSR. Mülheim/Ruhr 1972 (Anrich), 105–117.

Landis, Benson Y.: Professional Codes. A Sociological Analysis to Determine Applications to the Educational Profession. New York 1927 (Teachers College, Columbia University).
– (Hrsg.): Ethical Standards and Professional Conduct. The Annals of The American Academy of Political and Social Science, Vol. 297. Philadelphia 1955.
Landmann, Michael: Der Mensch als Schöpfer und Geschöpf der Kultur. Geschichts- und Sozialanthropologie. München 1961 (Reinhardt).
Langeveld, Martinus J.: Die Schule als Weg des Kindes. Braunschweig ⁴1968 (Westermann).
Lautmann, Rüdiger: Wert und Norm. Begriffsanalysen für die Soziologie. Köln 1969 (Westdeutscher Verlag).
Leclair, Anton von: Patriotismus. In: Joseph Loos (Hrsg.): Enzyklopädisches Handbuch der Erziehungskunde. Wien 1911 (Pichler), 238–240.
Lemberg, Eugen: Ideologie und Gesellschaft. Eine Theorie der ideologischen Systeme. Stuttgart ²1974 (Kohlhammer).
– Die ideologische Welle in der jungen Generation. Gesellschaftliche Hintergründe und Folgerungen für die politische Pädagogik. Stuttgart 1975 (Seewald).
Lempert, Wolfgang: Zum Begriff der Emanzipation. In: Martin Greiffenhagen (Hrsg.): Emanzipation. Hamburg 1973 (Hoffmann und Campe), 216–226.
Lenk, Hans: Eigenleistung. Plädoyer für eine positive Leistungskultur. Zürich 1983 (Interfrom).
Leopardi, Giacomo: Theorie des schönen Wahns und Kritik der modernen Zeit. Bern 1949 (Francke).
Lersch, Philipp: Aufbau der Person. München ⁵1952 (Barth).
Lewin, Kurt: Die Lösung sozialer Konflikte. Bad Nauheim 1953 (Christian).
Lieberman, Myron: Education as a profession. Englewood Cliffs, N.J. 1956 (Prentice-Hall).
Liebhart, Ernst H.: Sozialisation im Beruf. Ergebnisse einer Panelbefragung von

Studienreferendaren. Kölner Zeitschrift für Soziologie und Sozialpsychologie, 22 (1970), 715–736.

LIEDTKE, MAX: Anforderungen an die Schule der Gegenwart und das Problem der pädagogischen Qualifikation des Lehrers. Blätter für Lehrerfortbildung 34 (1982), 298–301.

LIETH, ELISABETH VON DER: Der Lehrer im Spannungsfeld von Wissenschaft und Erziehung. In: LIETH (Hrsg.): Wissensvermittlung ohne Erziehung? Düsseldorf 1978 (Patmos), 64–79.

– Der Lehrer und sein Beruf: Zwischen Resignation und Hoffnung. In: Hohenheimer Symposion zur christlichen Pädagogik 1983: Der Lehrer. Beruf, Rolle, Ethos. Stuttgart 1983 (Akademie der Diözese Rottenburg-Stuttgart), 49–70.

LITT, THEODOR: Hochschule und Lehrerbildung. In: OSKAR HAMMELSBECK (Hrsg.): Überlieferung und Neubeginn. Probleme der Lehrerbildung und Bildung nach zehn Jahren des Aufbaus. Ratingen 1957 (Henn), 33–37.

LÖWENTHAL, RICHARD u. a.: Schule 72. Schulkrise, Schulreform, Lehrerbildung. Köln 1972 (Markus).

LÖWISCH, DIETER-JÜRGEN: Die Angst des Lehrers vor der Erziehung. Zum Problem der Erziehung in der Lehrerbildung. In: WOLFGANG FISCHER u. a. (Hrsg.): Die Angst des Lehrers vor der Erziehung. Beiträge zur Lehrerbildung heute. Duisburg 1980 (BRAUN), 59–82.

LOHMANN, JOACHIM (Hrsg.): Gesamtschule – Diskussion und Planung. Weinheim 1968 (Beltz).

LORENZ, KONRAD: Die acht Todsünden der zivilisierten Menschheit. München ²1973 (Piper).

LUBAC, HENRI DE: Die Tragödie des Humanismus ohne Gott. Salzburg 1950 (Otto Müller).

LÜBBE, HERMANN: Unsere stille Kulturrevolution. Zürich 1976 (Interfrom).

MACHIAVELLI, NICCOLO: Discorsi. Gedanken über Politik und Staatsführung. Übersetzt von RUDOLF ZORN. Stuttgart 1966 (Kröner).

MACKENSEN, LUTZ: Zitate, Redensarten, Sprichwörter. Hanau ²1981 (Dausien).

MAGDEBURG, HORST: Gesamtschule. Modell für die Schule von morgen? Weinheim 1967 (Beltz).

MAIER, HANS: Kulturpolitik. München 1976 (Deutscher Taschenbuch Verlag).

– Zur inhaltlichen Gestaltung der Schule aus der Sicht von Politik und Verwaltung. In: Essener Gespräche zum Thema Staat und Kirche. Hrsg. v. JOSEPH KRAUTSCHEIDT u. HEINER MARRÉ. Bd. 12. Münster 1977 (Aschendorff), 11–32.

– Die Gesamtschule. Ziele – Probleme – Befunde. Köln 1980 (Bachem).

MARGREITER, WILHELM: Erziehung an der Hauptschule. Schule und Leben. Zeitschrift des Pädagogischen Instituts des Landes Tirol, 115 (1984), 21–23.

MATTHIAS, ADOLF: Praktische Pädagogik für höhere Lehranstalten. München ²1903 (Beck).

MAUNZ, THEODOR: Der Bildungsanspruch in verfassungsrechtlicher Sicht. Politische Studien 24 (1973), 255–265.

MEHNERT, KLAUS: Moskau und die Neue Linke. Stuttgart 1973 (Deutsche Verlags-Anstalt).

MESSNER, JOHANNES: Kulturethik. Innsbruck ²1954 (Tyrolia).

– Das Naturrecht. Handbuch der Gesellschaftsethik, Staatsethik und Wirtschaftsethik. Innsbruck ⁵1966 (Tyrolia).

MEULEMANN, HEINER: Bildungsexpansion und Wandel der Bildungsvorstellungen zwischen 1958 und 1979: Eine Kohortenanalyse. Zeitschrift für Soziologie 11 (1982), 227–253.

MEVES, CHRISTA: Der Bereich des Emotionalen in der Psyche des modernen Menschen. In: HEINRICH ZOLLER (Hrsg.): Die Befreiung vom wissenschaftlichen Glauben. Freiburg 1974 (Herder), 94–108.

– u. ORTLIEB, HEINZ-DIETRICH: Die ruinierte Gesellschaft. Freiburg 1982 (Herder).

MICHELS, ROBERT: Zur historischen Analyse des Patriotismus. Archiv für Sozial-
wissenschaft und Sozialpolitik 36 (1913), 14–43 u. 394–449.
MILLER, DEREK: Die Verantwortung der Eltern für das Heranreifen des Jugendli-
chen. In: KATHERINE ELLIOTT (Hrsg.): Hat die Familie noch eine Zukunft? Mün-
chen 1971 (Desch), 41–51.
MILLER, GEORGE A.: Einige psychologische Perspektiven für das Jahr 2000. In: Der
Weg ins Jahr 2000. Bericht der »Kommission für das Jahr 2000« der American
Academy of Arts and Sciences (1967). München 1968 (Desch), 276–293.
MITTER, WOLFGANG: Lehrerausbildung an der Universität im Spiegel historischer
und international-vergleichender Betrachtung. In: FRIEDRICH W. BUSCH u.
KLAUS WINTER (Hrsg.): Lehren und Lernen in der Lehrerausbildung. Oldenburg
1981 (Selbstverlag), 71–100.
MOLL, ALBERT: Ärztliche Ethik. Die Pflichten des Arztes in allen Beziehungen sei-
ner Tätigkeit. Stuttgart 1902 (Enke).
MOLLENHAUER, KLAUS: Erziehung und Emanzipation. München 1968 (Juventa).
MOLNAR, THOMAS: Christian Humanism. A Critique of the Secular City and its
Ideology. Chicago 1978 (Franciscan Herald).
MONTESQUIEU: Vom Geist der Gesetze (1748). Hrsg. v. KURT WEIGAND. Stuttgart
1967 (Reclam).
MOOR, PAUL: Heilpädagogische Psychologie. Bd. 1. Bern 1951 (Huber).
MÜNCH, WILHELM: Erziehung zur Vaterlandsliebe. In: Vermischte Aufsätze über
Unterrichtsziele und Unterrichtskunst. Berlin 1896 (Gärtner), 1–38.
MUTZ, FRANZ XAVER: Christliche Aszetik. Paderborn ³1913 (Schöningh).

NACHTIGALL, DIETER: Die deutsche Bildungsmisere. Die Deutsche Schule 70
(1978), 131–139.
NAJDER, ZDZISLAW: Values and Evaluation. Oxford 1975 (Clarendon Press).
NELL-BREUNING, OSWALD VON: Beruf. In: Beiträge zu einem Wörterbuch der Poli-
tik, Heft III. Freiburg 1949 (Herder), Sp. 89–102.
NENNING, GÜNTHER: Rot und realistisch. Gesamtsozialistische Strategie und So-
zialdemokratie. Wien 1973 (Europa).
NEUMANN, DIETER u. OELKERS, JÜRGEN: »Verwissenschaftlichung« als Mythos?
Legitimationsprobleme der Lehrerbildung in historischer Sicht. Zeitschrift für
Pädagogik 30 (1984), 229–252.
NEUNER, JOSEF u. ROOS, HEINRICH: Der Glaube der Kirche in den Urkunden ihrer
Lehrverkündigung. Regensburg ²1948 (Gregorius).
NEWMAN, JOHN HENRY: Holy Scripture in its Relation to the Catholic Creed (1838).
In: Discussions and Arguments on Various Subjects. London ⁴1885 (Longmans,
Green), 109–253.
– Zur Philosophie und Theologie des Glaubens, I. Teil. Mainz 1936 (Grünewald).
NIETZSCHE, FRIEDRICH: Werke. Hrsg. v. KARL SCHLECHTA. 5 Bde., Frankfurt 1976
(Ullstein).
– Die Unschuld des Werdens. Der Nachlaß. Hrsg. v. ALFRED BAEUMLER. 2 Bde.,
Stuttgart ²1978 (Kröner).
NIPPERDEY, THOMAS: Konflikt – Einzige Wahrheit der Gesellschaft? Zur Kritik der
hessischen Rahmenrichtlinien. Osnabrück 1974 (Fromm).
– u. LÜBBE, HERMANN: Gutachten zu den Hessischen Rahmenrichtlinien Gesell-
schaftslehre. Bad Homburg 1973. Bd. 1 der Schriftenreihe des Hessischen Eltern-
vereins.
NOELLE-NEUMANN, ELISABETH: Werden wir alle Proletarier? Wertewandel in unse-
rer Gesellschaft. Zürich 1978 (Interfrom).
– Was bleibt noch vom staatsbürgerlichen Grundkonsens? Jugendprotest, Wert-
wandel, Krise der politischen Kultur. In: Bergedorfer Gesprächskreis zu Fragen
der freien industriellen Gesellschaft. Protokoll Nr. 70, 1981, 19–26.
– Eine demoskopische Deutschstunde. Zürich 1983 (Interfrom).
– u. KÖCHER, RENATE: Die verletzte Nation. Über den Versuch der Deutschen, ihren
Charakter zu ändern. Stuttgart 1987 (Deutsche Verlags-Anstalt).

– u. PIEL, EDGAR (Hrsg.): Eine Generation später. Bundesrepublik Deutschland 1953–1979. München 1983 (Saur).
NOWOTNY, HANS: Planung im Bereich der Erziehung. Pädagogische Mitteilungen. Beilage zum Verordnungsblatt des Bundesministeriums für Unterricht (Wien) (1963) Stück 1, S. 1–14.

OELKERS, JÜRGEN: Das Ende der Lehrerbildung? Die Deutsche Schule 74 (1982), 228–237.
ORTEGA Y GASSET, JOSÉ: Der Aufstand der Massen. Stuttgart 1952 (Deutsche Verlags-Anstalt).
ORTLIEB, HEINZ-DIETRICH: Die verantwortungslose Gesellschaft oder wie man die Demokratie verspielt. München 1971 (Goldmann).
– Glanz und Elend des deutschen Wirtschaftswunders oder von der Verderblichkeit des Wohlstands. München 1974 (Goldmann).
– Vom totalitären Staat zum totalen Egoismus. Anarchistische Schatten deutscher Vergangenheit. Zürich 1978 (Interfrom).
OSSENBÜHL, FRITZ: Die Rechtsstellung des Lehrers – unter besonderer Berücksichtigung der pädagogischen Freiheit. Bildung real 12 (1977) 1, 22–34 (Schriftenreihe des Realschullehrerverbandes Nordrhein-Westfalen Nr. 13).
– Das elterliche Erziehungsrecht im Sinne des Grundgesetzes. Berlin 1981 (Duncker und Humblot).
OSWALD, PAUL: Erziehen? – Heute? Prinzipien verantwortlicher Erziehung. Kastellaun 1980 (Henn).
OTTO, BRITTA: Der Lehrer als Kollege. Weinheim 1978 (Beltz).

PARETO, VILFREDO: System der allgemeinen Soziologie. Stuttgart 1962 (Enke).
PASSMORE, JOHN: Der vollkommene Mensch. Eine Idee im Wandel von drei Jahrtausenden. Stuttgart 1975 (Reclam).
PAULSEN, FRIEDRICH: System der Ethik. Stuttgart ⁶1903 (Cotta).
PAUSE, GERHARD: Merkmale der Lehrerpersönlichkeit. In: KARLHEINZ INGENKAMP (Hrsg.): Lehrer und soziale Interaktion in der Unterrichtsforschung. Weinheim 1973 (Beltz), 11–97.
PEISERT, HANSGERT: Soziale Lage und Bildungschancen in Deutschland. München 1967 (Piper).
PELLEGRINO, EDMUND D. u. THOMASMA, DAVID C.: A Philosophical Basis of Medical Practice. Toward a Philosophy and Ethic of the Healing Profession. New York 1981 (Oxford University Press).
PERRY, CYRUS C.: A Code of Ethics for Public School Teachers. The Annals of The American Academy of Political and Social Science, Vol. 297, 1955, 76–82, Philadelphia.
PESTALOZZI, JOHANN HEINRICH: Die Abendstunde eines Einsiedlers (1780). In: Gesammelte Werke, Bd. 8. Zürich 1946 (Rascher), 1–23.
PETERS, HANS: Die freie Entfaltung der Persönlichkeit als Verfassungsziel. In: DIMITRI S. CONSTANTOPOULOS (Hrsg.): Gegenwartsprobleme des internationalen Rechts und der Rechtsphilosophie. Festschrift für Rudolf Laun. Hamburg 1953 (Girardet), 669–678.
– Elternrecht, Erziehung, Bildung und Schule. In: KARL AUGUST BETTERMANN u. a. (Hrsg.): Die Grundrechte. Berlin 1960 (Duncker und Humblot), 369–445.
PETERS, OTTO: Soziale Interaktion in der Schulklasse. In: KARLHEINZ INGENKAMP (Hrsg.): Lehrer und soziale Interaktion in der Unterrichtsforschung. Weinheim 1973 (Beltz), 99–187.
PFLEGER, KARL: Nur das Mysterium tröstet. Frankfurt 1957 (Knecht).
PICHT, GEORG: Die deutsche Bildungskatastrophe (1964). München 1965 (Deutscher Taschenbuch Verlag).
PIEPER, JOSEF: Traktat über die Klugheit. Leipzig ²1940 (Hegner).
– Die Wirklichkeit und das Gute. München 1949 (Kösel) (hier zitiert als 1949a).
– Über die Hoffnung. München 1949 (Kösel) (hier zitiert als 1949b).

PLOTKE, HERBERT: Schweizerisches Schulrecht. Bern 1979 (Haupt).
PÖGGELER, FRANZ: Zur Geschichte der katholischen Lehrerverbände seit 1945. In: MANFRED HEINEMANN (Hrsg.): Der Lehrer und seine Organisation. Stuttgart 1977 (Klett), 367–391.
POPITZ, HEINRICH: Die Ungleichheit der Chancen im Zugang zur höheren Schulbildung. In: LUDWIG VON FRIEDEBURG (Hrsg.): Jugend in der modernen Gesellschaft. Köln ⁴1967 (Kiepenheuer), 392–408.
POSCHARDT, DIETER: Die Berufsrolle des Schulrats. Pädagoge oder Verwaltungsbeamter? Eine empirische Untersuchung zu Aufgabenbereich und Rollenselbstdeutung von Schulaufsichtsbeamten. Hannover 1978 (Schroedel).
PROSS, HELGE: Was ist heute deutsch? Reinbek 1982 (Rowohlt).

RADNITZKY, GERARD: The Boundaries of Science and Technology. In: The Search for Absolute Values in a Changing World. New York 1978 (International Cultural Foundation), 1007–1036.
– Die Sein-Sollen-Unterscheidung als Voraussetzung der liberalen Demokratie. In: KURT SALAMUN (Hrsg.): Sozialphilosophie als Aufklärung. Festschrift für Ernst Topitsch. Tübingen 1979 (Mohr), 459–493.
RAES, JEAN: Hypothesen über die Werte von heute. In: KERBER 1986, 111–119.
RAHNER, KARL u. VORGRIMLER, HERBERT (Hrsg.): Kleines Konzilskompendium. Freiburg ¹²1978 (Herder).
RASCHERT, JÜRGEN: Gesamtschule: ein gesellschaftliches Experiment. Stuttgart 1974 (Klett).
RECUM, HASSO VON: Aspekte der Bildungsökonomie. Neuwied 1969 (Luchterhand).
– Von der Leistungsgesellschaft zur postmaterialistischen »Collage«-Gesellschaft. Zur Genese eines neuen Gesellschaftstyps. In: HERMANN AVENARIUS u. a. (Hrsg.): Festschrift für Erwin Stein. Bad Homburg 1983 (Gehlen), 471–488.
Reichsschulkonferenz 1920, Die. Ihre Vorgeschichte und Vorbereitung und ihre Verhandlungen. Amtlicher Bericht, erstattet vom Reichsministerium des Innern. Leipzig 1921 (Quelle und Meyer).
REINER, HANS: Die Funktionen des Gewissens. In: JÜRGEN BLÜHDORN (Hrsg.): Das Gewissen in der Diskussion. Darmstadt 1976 (Wissenschaftliche Buchgesellschaft), 285–316.
REINHARDT, SIBYLLE: Zum Professionalisierungsprozeß des Lehrers. Frankfurt 1972 (Athenäum).
– Die Konfliktstruktur der Lehrerrolle. Zeitschrift für Pädagogik 24 (1978), 515–531.
REININGER, ROBERT: Wertphilosophie und Ethik. Wien ³1947 (Braumüller).
RESCHER, NICHOLAS: What is value change? In: KURT BAIER u. N. RESCHER (Hrsg.): Values and the Future. New York 1969 (Free Press), 68–109.
RETTER, HEIN: Spielzeug. Handbuch zur Geschichte und Pädagogik der Spielmittel. Weinheim 1979 (Beltz).
– Antifernseh-Fibel. Kindererziehung ohne Fernsehen. Anstiftung zu einem fernsehfreien Familienleben. Bamberg 1981 (Wenos).
RICHERT, ERNST: Die radikale Linke von 1945 bis zur Gegenwart. Berlin 1969 (Colloquium).
RIESE, HAJO: Die Entwicklung des Bedarfs an Hochschulabsolventen in der Bundesrepublik Deutschland. Wiesbaden 1967 (Steiner).
RIESMAN, DAVID: Anmerkungen zur Meritokratie. In: Der Weg ins Jahr 2000. München 1968 (Desch), 294–308.
– u. a.: Die einsame Masse. Hamburg 1958 (Rowohlt).
RINGER, FRITZ K.: Bildung, Wirtschaft und Gesellschaft in Deutschland 1800–1960. Geschichte und Gesellschaft. Zeitschrift für Historische Sozialwissenschaft 6 (1980), 5–35.
RÖNNE, LUDWIG VON: Die Verfassungs-Urkunde für den Preußischen Staat, vom

31. Januar 1850, unter Vergleichung mit . . . der Verfassungs-Urkunde vom 5. December 1848. Berlin 1850 (Heymann).

RÖSSNER, LUTZ: Erziehungswissenschaft und Kritische Pädagogik. Stuttgart 1974 (Kohlhammer).

ROHRACHER, HUBERT: Steuerung des Verhaltens durch Einstellung. In: HEINZ HECKHAUSEN (Hrsg.): Bericht über den 24. Kongreß der Deutschen Gesellschaft für Psychologie Wien 1964. Göttingen 1965 (Verlag für Psychologie), 1–9.

– Einführung in die Psychologie. München [11]1976 (Urban und Schwarzenberg).

ROLFF, HANS-G. u. SANNÉ, GÜNTER (Hrsg.): Sicherheit und Aufstieg. Materialien zum Berliner Modell der Bildungswerbung. Düsseldorf 1967 (Arbeit und Leben, Heft 1–2/1967).

ROSENMAYR, LEOPOLD (Hrsg.): Politische Beteiligung und Wertwandel in Österreich. München 1980 (Oldenbourg).

– Über Familie in den Strukturumbrüchen heute. In: Archiv für Wissenschaft und Praxis der sozialen Arbeit, 17. Jg. (1986), Heft 2–4, 48–81.

– Ein neues tragfähiges Gefüge zwischen den Geschlechtern und den Generationen? Entwicklungen der nach-familiären »Familie«. In: Neuburger Gespräche Regionale Identität 2. Wien 1989 (Böhlau), 67–101.

ROTH, ERWIN: Einstellung als Determination individuellen Verhaltens. Göttingen 1967 (Verlag für Psychologie).

ROTH, HEINRICH: Pädagogische Anthropologie. Bd. I: Bildsamkeit und Bestimmung. Hannover 1966 (Schroedel).

– Begabung und Begaben. Die Sammlung 7 (1952), 395–407; Nachdruck in: THEODOR BALLAUF u. HUBERT HETTWER (Hrsg.): Begabungsförderung und Schule. Darmstadt 1967 (Wissenschaftliche Buchgesellschaft), 18–36.

ROTHE, KLAUS: Chancengleichheit, Leistungsprinzip und soziale Ungleichheit. Zur gesellschaftspolitischen Fundierung der Bildungspolitik. Berlin 1981 (Duncker und Humblot).

RUDDER, HELMUT DE (Hrsg.): Die Lehrerbildung zwischen Pädagogischer Hochschule und Universität. Probleme des Lehrerstudiums. Bad Heilbrunn 1982 (Klinkhardt).

RUDERT, JOHANNES: Gemüt als charakterologischer Begriff. In: ADOLF DÄUMLING (Hrsg.): Seelenleben und Menschenbild. Festschrift für Philipp Lersch. München 1958 (Barth), 53–73.

RÜSTOW, ALEXANDER: Ortsbestimmung der Gegenwart. Eine universal-geschichtliche Kulturkritik, Bd. 3. Erlenbach-Zürich 1957 (Rentsch).

RUGE, RAINER: Ziele und Ergebnisse der Bildungspolitik. In: WOLFGANG ZAPF (Hrsg.): Lebensbedingungen in der Bundesrepublik. Frankfurt 1977 (Campus), 743–841.

RUMMEL, PETER (Hrsg.): Kommentar zum Allgemeinen bürgerlichen Gesetzbuch. Wien 1983 (Manz).

RUTTER, MICHAEL: Maternal Deprivation Reassessed. Harmondsworth [2]1981 (Penguin). Deutsch: Bindung und Trennung in der frühen Kindheit. München 1978 (Juventa).

– u. a.: Fünfzehntausend Stunden. Schulen und ihre Wirkung auf die Kinder. Weinheim 1980 (Beltz).

SAILER, JOHANN MICHAEL: Über Erziehung für Erzieher ([3]1822). Hrsg. v. EUGEN SCHOELEN. Paderborn 1962 (Schöningh).

SALZMANN, CHRISTIAN GOTTHILF: Ameisenbüchlein oder Anweisung zu einer vernünftigen Erziehung der Erzieher (1806). Bad Heilbrunn [2]1964 (Klinkhardt).

SANDER, THEODOR, ROLFF, HANS-G., u. WINKLER, GERTRUD: Die Demokratische Leistungsschule – Grundzüge der Gesamtschule. Hannover [3]1971 (Schroedel).

SAUER, KARL: Schulreform und Lehrerqualifikation. In: SAUER: Lehrerausbildung zwischen Wissenschaft, Politik und Praxis. Lüneburg 1980 (Klaus Neubauer), 79–95.

SCHAEFER, HANS: Kind – Familie – Gesellschaft. Berlin 1977 (Springer).

– Medizinische Ethik. Heidelberg 1983 (Verlag für Medizin).
SCHALLER, KLAUS: Antiautoritäre Erziehung – Sinn und Grenzen. In: JOHANNES
   CLASSEN (Hrsg.): Antiautoritäre Erziehung in der wissenschaftlichen Diskussion.
   Heidelberg 1973 (Quelle und Meyer), 185–199.
– Einführung in die Kritische Erziehungswissenschaft. Darmstadt 1974 (Wissen-
   schaftliche Buchgesellschaft).
SCHELER, MAX: Ordo amoris. In: Schriften aus dem Nachlaß, Bd. I: Zur Ethik und
   Erkenntnislehre. Berlin 1933 (Der Neue Geist), 227–261.
– Der Formalismus in der Ethik und die materiale Wertethik. Bern ⁴1954 (Francke).
SCHELSKY, HELMUT: Schule und Erziehung in der industriellen Gesellschaft. Würz-
   burg ³1961 (Werkbund).
– Die Arbeit tun die anderen. Klassenkampf und Priesterherrschaft der Intellektuel-
   len. Opladen 1975 (Westdeutscher Verlag).
SCHEUERL, HANS (Hrsg.): Klassiker der Pädagogik, Bd. II: Von Karl Marx bis Jean-
   Piaget. München 1979 (Beck).
SCHILLER, HERMAN: Handbuch der praktischen Pädagogik für höhere Lehranstal-
   ten. Leipzig ³1894 (Reisland).
SCHLAICH, KLAUS: Neutralität als verfassungsrechtliches Prinzip. Tübingen 1972
   (Mohr).
SCHMIDT, HEINER u. LÜTZENKIRCHEN, F. J. (Hrsg.): Bibliographie zur Lehrerbil-
   dung und zum Berufsbild des Lehrers und Erziehers. Zeitschriften-Nachweis
   1947–1967. Weinheim 1968 (Beltz).
SCHMIDTCHEN, GERHARD: Protestanten und Katholiken. Soziologische Analyse
   konfessioneller Kultur. Bern 1973 (Francke).
– Was den Deutschen heilig ist. Religiöse und politische Strömungen in der Bundes-
   republik Deutschland. München 1979 (Kösel).
– Neue Technik, neue Arbeitsmoral. Eine sozialpsychologische Untersuchung über
   Motivation in der Metallindustrie. Köln 1984 (Deutscher Institutsverlag).
SCHMITT, CARL: Staatsethik und pluralistischer Staat (1930). In: Positionen und Be-
   griffe. Hamburg 1940 (Hanseatische Verlagsanstalt), 133–145.
SCHMITT-GLAESER, WALTER: Das elterliche Erziehungsrecht in staatlicher Regle-
   mentierung. Bielefeld 1980 (Gieseking).
SCHMITT-KAMMLER, ARNULF: Elternrecht und schulisches Erziehungsrecht nach dem
   Grundgesetz. Berlin 1983 (Duncker und Humblot).
SCHMÖLDERS, GÜNTER: Staatsbürger oder Untertan? Zur Krise zwischen Bürger
   und Staat. München o. J. (Goldmann).
SCHNABEL, FRANZ: Deutsche Geschichte im 19. Jahrhundert. Bd. 3: Monarchie und
   Volkssouveränität. Freiburg 1964 (Herder-Bücherei).
SCHNEIDER, FRIEDRICH: Unterrichten und Erziehen als Beruf. Eine christliche Be-
   rufsethik für Pädagogen. Einsiedeln 1940 (Benziger); Neuauflage unter dem Titel:
   Der christliche Erzieher. Das pädagogische Ethos in Unterricht und Erziehung.
   Graz 1947 (Pustet).
SCHOECK, HELMUT: Der Neid und die Gesellschaft. Freiburg ³1973 (Herder).
– Das Recht auf Ungleichheit. München 1979 (Herbig).
– Seelische Krankheiten in der Gleichheitsgesellschaft. In: M. BERGENER (Hrsg.):
   Psychiatrie der 80er Jahre. München 1982 (Thiemig), 44–55.
– Ist Leistung unanständig? Asendorf 1988 (Mut).
SCHÖLLGEN, WERNER: Ethos. In: Staatslexikon. Herausgegeben von der Görres-Ge-
   sellschaft. Bd. 3, Freiburg ⁶1959 (Herder), Sp. 56–58.
SCHOENEBECK, HUBERTUS VON: Unterstützen statt Erziehen. München 1982 (Kösel).
– Antipädagogik im Dialog. Eine Einführung in antipädagogisches Denken. Wein-
   heim 1985 (Beltz).
SCHRECKENBERG, WILHELM: Vom »guten« zum »besseren« Lehrer. Über Eignung
   und Leistung von Lehrern. Düsseldorf 1982 (Schwann-Bagel).
SCHRENCK-NOTZING, CASPAR VON: Zukunftsmacher. Die neue Linke in Deutsch-
   land und ihre Herkunft. Stuttgart 1968 (Seewald).
SCHULENBERG, WOLFGANG: Schule als Institution der Gesellschaft. In: JOSEF SPECK

u. GERHARD WEHLE (Hrsg.): Handbuch pädagogischer Grundbegriffe, Bd. II. München 1970 (Kösel), 391–422.

SCHWENDENWEIN, WERNER: Autoselektion als untaugliches Konzept der Gymnasiallehrerausbildung. Psychologie in Erziehung und Unterricht 31 (1984), 225–230.

SIELSKI, GERHARD: Auseinandersetzung mit kleinbürgerlich-revolutionistischen Erziehungsauffassungen der »Neuen Linken«. Pädagogik 27 (1972), 1048–1056.

SPAEMANN, ROBERT: Emanzipation – ein Bildungsziel? In: CLEMENS PODEWILS (Hrsg.): Tendenzwende? Stuttgart 1975 (Klett), 75–93.

SPERRY, WILLARD L.: The Ethical Basis of Medical Practice. London 1951 (Cassell).

SPRANGER, EDUARD: Gedanken über Lehrerbildung (1920). In: HELMUTH KITTEL (Hrsg.): Die Pädagogischen Hochschulen. Dokumente ihrer Entwicklung (I). Weinheim 1965 (Beltz), 17–65.

– Die Verschulung Deutschlands. In: Die Erziehung 3 (1927/28), 273–284; auch in: Gesammelte Schriften, Bd. 3. Heidelberg 1970 (Quelle und Meyer), 90–101.

Ständige Konferenz der Kultusminister (Hrsg.): Handbuch für die Kultusministerkonferenz 1981.

STEINBUCH, KARL: Ja zur Wirklichkeit. Stuttgart 1975 (Seewald).

STELTMANN, KLAUS: Warum ist das Lehrerstudium so ineffektiv? Bildung und Erziehung 32 (1979), 65–73.

– Motive für die Wahl des Lehrerberufs. Ergebnisse einer empirischen Untersuchung. Zeitschrift für Pädagogik 26 (1980), 581–586.

STERN, WILLIAM: Allgemeine Psychologie auf personalistischer Grundlage. Haag 1935 (Nijhoff).

STIKSRUD, HANS ARNE: Diagnose und Bedeutung individueller Werthierarchien. Frankfurt 1976 (Lang).

STREITHOFEN, HEINRICH BASILIUS: Die Familie im Schulbuch. Walberberg ³1980 (Institut für Gesellschaftswissenschaften).

STROHAL, RICHARD: Autorität. Ihr Wesen und ihre Funktion im Leben der Gemeinschaft. Eine psychologisch-pädagogische Darstellung. Freiburg 1955 (Herder).

Studienzentrum Weikersheim (Hrsg.): Abkehr vom Staat. Mainz 1982 (Hase und Koehler).

SÜLLWOLD, FRITZ: Theorie und Methodik der Einstellungsmessung. In: CARL-FRIEDRICH GRAUMANN (Hrsg.): Sozialpsychologie (Handbuch der Psychologie, Bd. 7/1). Göttingen 1969 (Verlag für Psychologie), 475–514.

– Begriff und Bedeutung subjektiver Hierarchien. Zeitschrift für experimentelle und angewandte Psychologie 24 (1977), 107–128.

SÜSSMUTH, RITA (Hrsg.): Lehrerbildung und Entprofessionalisierung. Europäische Ansätze zu einem erweiterten Praxisverständnis. Köln 1984 (Böhlau).

SWS-Meinungsprofile: Österreichisches Nationalbewußtsein. Journal für Sozialforschung 20 (1980) 3/4, 55–58.

SZCZESNY, GERHARD: Die Disziplinierung der Demokratie oder die vierte Stufe der Freiheit. Reinbek 1975 (Rowohlt).

TEICHLER, ULRICH: Hochschule und Gesellschaft in Japan. Bd. II: Das Dilemma der modernen Bildungsgesellschaft. Japans Hochschulen unter den Zwängen der Statuszuteilung. Stuttgart 1976 (Klett).

TENORTH, HEINZ-ELMAR: Professionen und Professionalisierung. Ein Bezugsrahmen zur historischen Analyse des »Lehrers und seiner Organisationen«. In: MANFRED HEINEMANN (Hrsg.): Der Lehrer und seine Organisation. Stuttgart 1977 (Klett), 457–475.

TOPITSCH, ERNST: Gottwerdung und Revolution. Beiträge zur Weltanschauungsanalyse und Ideologiekritik. Pullach 1973 (Dokumentation).

TSCHERNOKOSOWA, WALENTINA u. TSCHERNOKOSOW, IWAN: Das Berufsethos des Lehrers. Berlin-Ost 1977 (Volk und Wissen); russisches Original: Kiew 1973.

Ullstein Lexikon der deutschen Sprache. Frankfurt 1969 (Ullstein).

URBAN, WILHELM: Bemerkungen zur Differentiellen Psychologie der Lehrerpersönlichkeit. Erziehung und Unterricht 131 (1981), 719–737.

– Persönlichkeitsstruktur und Studien- und Berufserfolg bei Studierenden an Pädagogischen Akademien (Hauptschullehrerausbildung) – eine Längsschnittstudie, Bd. IV. Wien 1982 (hektographiert).
USLAR, DETLEV VON: Das Problem der Deutung in der Psychologie. In: RÜDIGER BUBNER u. a. (Hrsg.): Hermeneutik und Dialektik, Bd. 2. Tübingen 1970 (Mohr), 337–351.

Verband Bildung und Erziehung (Hrsg.): Lehrerbildung in der Bundesrepublik. Bestandsaufnahme Mai 1984. Heft 84–3 in der Reihe VBE-Dokumentationen. Bonn 1984.
Verfassungen der deutschen Bundesländer. München ²1981 (dtv/Beck).
VOGEL, EZRA F.: Japan as Number One. Cambridge, Mass. 1979 (Harvard University Press).
VOGEL, MARTIN RUDOLF: Einführung in die Soziologie der Erziehung. In: JOHANNES BECK u. a.: Erziehung in der Klassengesellschaft. München 1970 (List), 249–257.

WACH, JOACHIM: Vergleichende Religionsforschung. Stuttgart 1962 (Kohlhammer).
WAELDER, ROBERT: Fortschritt und Revolution. Stuttgart 1970 (Klett).
WAGNER-WINTERHAGER, LUISE: Die Angst des Lehrers vor der Erziehung. In: Die Deutsche Schule, 74. Jg. (1982), 259–272.
WAITZ, THEODOR: Allgemeine Pädagogik. Herausgegeben von OTTO WILLMANN. Braunschweig ⁴1898 (Vieweg).
WANNENMACHER, WALTER: Der zerdachte Staat. Stuttgart 1979 (Deutsche Verlags-Anstalt).
WASSERMANN, RUDOLF: Ist der Rechtsstaat noch zu retten? Zur Krise des Rechtsbewußtseins in unserer Zeit. Hannover 1985 (Niedersächsische Landeszentrale für politische Bildung).
WEHLE, GERHARD: Bildungswesen. In: JOSEF SPECK und GERHARD WEHLE (Hrsg.): Handbuch pädagogischer Grundbegriffe, Bd. I. München 1970 (Kösel), 210–239.
– Emanzipation. In: Pädagogik aktuell. Lexikon pädagogischer Schlagworte und Begriffe, Bd. I. München 1973 (Kösel), 43–45.
WEISCHEDEL, WILHELM: Skeptische Ethik. Frankfurt 1980 (Suhrkamp).
WEISS, ANDREAS VON: Die Neue Linke. Kritische Analyse. Boppard 1969 (Boldt).
WEITHOFER, WINFRIED: Erfahrungen eines Referendars (am Seminar Eßlingen). Schulintern. Informationen für Lehrer in Baden-Württemberg (1984), Heft 2, 12–13.
WELLENDORF, FRANZ: Zur Situation des höheren Schülers in Familie und Schule. In: MANFRED LIEBEL u. WELLENDORF: Schülerselbstbefreiung. Frankfurt ³1970 (Suhrkamp), 11–91.
WIDMAIER, HANS PETER: Rationale Grundlagen der Bildungspolitik. Schweizerische Zeitschrift für Nachwuchs und Ausbildung 6 (1967), 277–328.
WIDMER, KONRAD: Die Lehrerqualifikationen im gesellschaftlich-sozialen Umfeld der Schule. In: KURT AREGGER u. a. (Hrsg.): Lehrerbildung und Unterricht. Bern 1978 (Haupt), 65–81.
WIESE, LEOPOLD VON: Der Liberalismus in Vergangenheit und Zukunft. Berlin 1917 (S. Fischer).
WILFERT, OTTO (Hrsg.): Lästige Linke. Ein Überblick über die außerparlamentarische Opposition der Intellektuellen, Studenten und Gewerkschaften. Mainz ³1968 (Asche).
WILLIAMS, BERNARD: Der unverzichtbare Gehalt des christlichen Glaubens. In: NORBERT HOERSTER (Hrsg.): Glaube und Vernunft. Texte zur Religionsphilosophie. München 1979 (Deutscher Taschenbuch Verlag), 171–178.
WILLMANN, OTTO: Philosophische Propädeutik. Teil II: Empirische Psychologie. Wien ²1908 (Herder).
WILSON, BRYAN R.: Die Rolle des Lehrers – eine soziologische Analyse. In: KLAUS

BETZEN u. KARL ERNST NIPKOW (Hrsg.): Der Lehrer in Schule und Gesellschaft. München 1971 (Piper), 11–33.

WINGEN, MAX: Was hält die junge Generation von der Ehe? Aufschlußreiche Ergebnisse einer Emnid-Untersuchung. Herder-Korrespondenz 38 (1984) 7, 317–322.

WINKLER, HANS-JOACHIM: Das Establishment antwortet der APO. Eine Dokumentation. Opladen 1968 (Leske).

WITTMANN, WALTER: Die neuen Ausbeuter. Stuttgart 1980 (Seewald).

WÖLLER, FRIEDRICH: Psychische Störungen bei Studenten und ihre sozialen Ursachen. Eine empirische Untersuchung unter Göttinger »Lehrer«-Studenten. Weinheim 1978 (Beltz).

WOHLGENANNT, RUDOLF: Was ist Wissenschaft? Braunschweig 1969 (Vieweg).

WOLF, KARL: Das Emotionale in der Erziehung. In: Wirklichkeit der Mitte. Festgabe für August Vetter. Freiburg 1968 (Alber), 372–381.

– Konkrete Bildung. Wien ²1972 (Cura).

– Individuelle und soziale Erziehungsziele in der pluralistischen Gesellschaft. In: HANS ASPERGER u. FRANZ HAIDER (Hrsg.): Das Werden sozialer Einstellungen. Wien 1974 (Österreichischer Bundesverlag), 131–139.

– Pluralistische Gesellschaft und Erziehung. Erziehung und Unterricht 125 (1975), 768–775.

– Christliche Erziehung im Pluralismus. In: Arbeitsgemeinschaft Tiroler Volksbildungskurse (Hrsg.): Menschen in Aktion. Innsbruck 1977 (Grillhof), 33–40.

WULF, CHRISTOPH (Hrsg.): Wörterbuch der Erziehung. München 1974 (Piper).

WUST, PETER: Naivität und Pietät. Tübingen 1925 (Mohr).

– Ungewißheit und Wagnis. Graz ²1946 (Anton Pustet).

YOUNG, MICHAEL: Es lebe die Ungleichheit. Auf dem Wege zur Meritokratie. Düsseldorf 1961 (Econ).

ZEIDLER, WOLFGANG: Ehe und Familie. In: ERNST BENDA u. a. (Hrsg.): Handbuch des Verfassungsrechts der Bundesrepublik Deutschland. Berlin 1983 (De Gruyter), 555–606.

역자 후기

이 책은 그 부제가 시사하는 바와 같이 실천 교육학(實踐 敎育學)을 위한 기고(寄稿)를 묶은 것이다. 1986년 초판이 나왔다. 우리말로 옮겨서 교육학도들은 물론이요 사회과학을 하는 사람, 교육정책 관계자, 교육 실천 종사자, 그리고 학부모들이 일독하면 오늘의 교육의 위기와 본질이 무엇인지, 해결책은 어디서 나올 수 있는지, 교육이 무엇인지, 학교가 무엇인지, 교육자로서의 부모와 교육기관으로서의 가정이 어떤 것인지 안목을 넓히는 데 도움이 될 것이라는 생각이 들었다. 일상에 쫓겨 차일피일 미루다가 언론학을 연구하는 역자가 오랜 독일 생활을 마치고 귀국을 하게 되어 두 사람은 함께 일을 추진하기로 마음이 모였다.

우선 한국어 번역에 대한 승낙을 저자로부터 받는 일부터 시작하였다. 1995년 11월 9일 콘스탄츠 대학으로 서신을 발송하였다. 같은 달 13일자로 승낙서가 날아 왔다. 저자는 승낙서 서신을 보내 주면서 에른스트 라인하르트 출판사로 하여금 1993년 나온 개정증보판 한 권을 발송하게 해 주었다. 이것이 번역의 대본(臺本)이 되었다. 그리하여 옮기는 작업에 들어 갔다. 우리말 상당어를 찾기 어려운 낱말들이나 한국과 독일 두 나라의 제도의 차이로 인해 그대로 옮겨서 의미 전달이 잘 안되는 용어들이 적지 않았다. 두 역자는 시일을 두고 함께 숙고하여 그중 적당한 표현을 찾으려 애를 썼다. 그 사이 저자 브레징카 교수의 은퇴 및 남독(南獨)의 콘스탄츠로부터 오스트리아 티롤(Tirol)로의 이주(移住), 우리나라 교육정책 책임을 맡고 있던 철학자와의 만남, 학술진흥 차원의 지원 결정, 국내 출판사의 선정 들이 이어졌다.

브레징카 교수는 교육과학에 있어 "분석적 경험주의" 확파를 이끌고 있는 구미 교육학계의 거봉이다. ≪교육과학의 기본 개념≫, ≪교육의 메타 이론≫, ≪교육이론에 대한 계몽≫ 등은 분석적 경험주의 입장이 나타난 교육과학 연구서로서 그 탁월성을 높이 평가받고 있다. 한편 독일, 오스트리아 등 유럽 선진국 교육의 현실적 문제를 분석하고 처방을 제시하는 노력도 높은 평가를 얻고 있다. 동양의 경우 일본 교육학계가 그의 이론과 사상을 주목하고 역서를 내거나 본인을 직접 초빙하여 생각을 청취하고 가르침도 얻고 있다. 그의 이른바 '실천 교육학'의 범주에서 쓰여진 글들은 오늘의 우리 한국의 사회 현실을 파악하고 개선해 나가는 데 있어서도 시사하는 바가 클 것으로 생각된다.

브레징카 교수는 상아탑의 학자로서 높은 경지를 개척하여 왔을 뿐만 아니라 현실을 살피고 문제점을 지적하고 이를 개선하고 바른 길을 제시해 온 당대의 지식인으로서도 존경을 받고 있다. 그는 분별력과 혜안으로써 사회의 문제 연관을 진단하고 그 해결을 위한 실마리를 제시하고 있다.

지난 80대 유럽, 특히 서독(당시)의 학계에 이른바 신좌파의 물결이 아직 출렁거리고, 네오 마르크시즘, 비판 이론, 해방 교육학이 여전히 낙양의 지가(紙價)를 올리고 있는 그런 분위기에서도 그는 이들의 사상과 이론의 문제점을 분석하고 그 맹점과 위험성을 지적하였고, 단순히 분석과 비판에 머물지 않고 극복의 논리를 펴고 교육 실천을 위한 대안을 내는가 하면, 나치가 오용했다고 해서 좀처럼 입에 올리기 꺼려하던 낱말에 속하는 "애국심"이라든가 "국민 국가"라는 말을 사용하는 데 주저함이 없었고, 그런 언어가 지닌 본연의 의미를 밝히고 진가(眞價)를 되살려 내는 등 계몽에도 앞장 서 왔다. 우리 시대 교육 위기의 근본 원인을 가치정향의 위기에서 찾고 이것이 오늘의 시대 정신과 결부되는 것임을 관찰하여 그 내용을 분석해 내고 그 해결의 길을 제시해 왔다. "공공심(公共心)"도 그렇다. 다원주의가 특징이 되는 자유의 시대에 있어 인간의 삶을 위해 - 개인의 자아완성을 위해서나 공동체의 유지와 발전을 위해 - 그것이 소중한 인격 특성에 속하고 이를 함양시키는 것은 학교라는 제도의 존재 이유와 관련되는 것임을 설파하여 왔다. 독자들은 탁월한 한 학자의 이같은 면모와 사상을 이 책을 통해서 접할 수 있을 것이다.

탈고를 하고 나서 읽어 보니 아직 미진한 부분들이 더러 눈에 띈다. 차후 판(版)을 다시 낼 때 보완을 할 수 있을 것으로 기대한다. 이나마 우리말로 나오게 된 데는 여러 분의 도움이 컸다. 본서의 한국어 번역을 흔쾌히 승낙하시고 번역의 대본을 주선하여 주시고 한국어판 서문까지 작성하여 보내 주시는 등 관심과 배려가 깊으신 브레징카 교수님, 철학자로서 본서의 가치를 인정하시고 지원을 아끼지 않으신 박영식 교수님께 충심의 감사를 올린다. 양서를 다듬어 내어 주신 서문당의 최석로 사장님, 교육부와 학술진흥재단 관계자, 그리고 한독 이음쇠 이영희 선생님의 노고 또한 잊을 수 없다. 깊은 감사를 드려 마지 않는다.

1997년 9월
역　자

저자에 대하여

볼프강 브레징카(Wolfgang Brezinka) 교수는 1928년 6월 9일 베를린에서 출생하여 1967년 이래 30여 년간 콘스탄츠(Konstanz) 대학에서 교육학 교수로 봉직하다가 지난 해(1996년) 가을 은퇴하였다. 현재는 그의 오스트리아 고향 텔페스 임 슈투바이(티롤)로 이사하여 만년의 학문 생활을 향유하고 있다.

그는 잘츠부르크, 인스브루크, 콜롬비아, 하버드 대학에서 심리학, 교육학, 철학, 국가학, 사회학을 공부하였다. 잘츠부르크에서 심리학적·치료교육학적 직업에 종사한 이후 1954년부터 인스브루크와 뷔르츠부르크 대학에서 교편을 잡았다.

브레징카 교수는 ≪교육과학의 기본 개념≫, ≪교육이론에 관한 계몽≫, ≪교육의 메타 이론≫, ≪신좌파의 교육학≫ 등 수많은 저서를 내고 있는데 그 발행 부수가 25만 부를 넘어 섰고, 영어, 스페인어, 이탈리아어, 노르웨이어, 체코어, 일본어, 페르시아어로 번역된 바 있다. 이로써 그는 국제적으로 존중받는 소수의 교육학자에 속하며, 유럽의 대다수 나라들과 아프리카, 미국, 일본 등지에서 강연을 계속해 왔다.

은퇴하였지만 그의 학문 활동은 여전히 활발하다. 교육학을 계속 집중적으로 연구하면서 국내외 대학과 교사 연수 과정에서 수많은 강연을 행하고 있다. 현재 그는 오스트리아 학술원(學術院) 정회원으로서 빈에 있는 그 위원회에서 정기적으로 활동하는 한편 '오스트리아 학술연구 협회'의 회원으로서 교육 계획 및 학교 정책 분야의 일을 맡고 있다. '그러나 주로 몰두하고 있는 것은 교육학 논문과 저서를 집필하는 일'이라고 한다.

역자 안정수 교수에 대하여

　　역자 안정수(安正秀) 교수는 서울대 독문학과를 졸업하고 동 대학원에서 미학, 연세대 대학원에서 교육학, 독일 튀빙겐 대학에서 교육철학과 정치교육학을 연구하였다. 통일원 정책자문위원, 간행물윤리위원회 출판심의위원 등을 역임하였고, 현재 경희대 교수로 재직중이며 민주이념연구소 소장, 한국국민윤리학회 회장 등을 맡고 있다. ≪마르크스와 프로이트를 넘어서≫, ≪통일을 위한 정치철학≫, ≪자유민주주의의 본질과 미래≫, ≪한국 청년의 삶의 의미충족도와 민족적 태도≫ 등의 저서와 ≪매혹적인 오류 : 카를 마르크스와 그 귀결≫, ≪문화 혁명의 도전≫ 등의 역서가 있다.

역자 엄호현 원장에 대하여

　역자 엄호현(嚴淏鉉) 원장은 한국외국어대학 독어과를 졸업하고 독일 자유 베를린 대학에서 신문방송학 박사과정을 수료하였다. 중앙일보와 KBS의 주(駐)서독 특파원, 주독(駐獨) 한국대사관 공보관을 역임하였고, 20여 년에 걸친 현지 생활 동안 이 나라의 정치·경제·교육·문화·역사에 대한 폭넓은 관찰과 연구를 계속해 왔다. 특히 비스마르크 시대 이후부터 1990년 동서독 통일에 이르기까지의 독일 현대사에 대한 인식 관심을 깊게 추구하고 있다. 1991년 귀국하여 민주사회연구소 소장, 대통령 비서실 정무 비서관을 역임하고 현재 한국방송개발원 원장으로 재직 중이다. ≪정치적 행동의 제원칙 : 정치인 Schmidt의 도덕·의무·책임에 대한 소견≫, ≪329일 : 베를린 장벽 붕괴에서 독일 통일까지≫ 등의 저서가 있다.

가치 불확실 사회의 교육

볼프강 브레징카 지음
안정수 · 엄호현 옮김

초판 인쇄 / 1997년 9월 30일
초판 발행 / 1997년 10월 05일

발행처 / 서 문 당
발행인 / 최 석 로

등록번호 / 제13-16
등록일자 / 1973. 10.10

서울시 마포구 성산동 103-7호 동원빌딩
전화 322-4916~8 팩시밀리 322-9154

정가 10,000원